제 4 판

특수교육평가

이승희 지음

Evaluation in Special Education

학지사

존경하고 사랑하며 그리운 어머님께
삼가 이 책을 바칩니다.

제4판 머리말

이 책의 초판, 2판, 3판이 각각 2006년, 2010년, 2019년에 출간되었으니 이번 4판은 5년 만에 나오는 개정판이다. 이번 개정판은 『장애아동관찰』(이승희, 2021)의 출간이 큰 계기가 되었는데, 그 이유는 『특수교육평가(3판)』(이승희, 2019)의 '제4장 관찰'은 2005년 연구년에 집필한 초판(2006)의 내용이고 『장애아동관찰』(이승희, 2021)은 2020년 연구년에 집필한 초판이라 두 저서(즉, 『특수교육평가(3판)』와 『장애아동관찰』) 간에 관찰관련 용어나 개념의 일관성이 다소 결여되는 측면이 있었기 때문이다. 따라서 이번 개정판에서는 '제4장 관찰'이 전반적으로 수정·보완되었다. 그리고 '제5장 면접'도 이번 개정판에서 일부가 수정·보완되었다. 또한 평가와 관련된 개념들(예: 공식적 평가와 비공식적 평가, 성장참조평가와 능력참조평가, 과정중심평가)도 추가하여 설명하였다. 특히 '제3부 사정도구'에서는 2000년 이전에 출시된 사정도구는 삭제하고 새로 개발되었거나 개정된 사정도구를 추가하였다.

이상과 같이 4판에서 개정된 내용을 책의 차례에 따라 간략하게 소개하면 다음과 같다. 첫째, '제1장 평가의 이해'에서는 공식적 사정과 비공식적 사정에 대한 내용을 보완하고자 '공식적 평가와 비공식적 평가'를 [보충설명 1-2]로 추가하여 설명하였다. 둘째, '제2장 측정의 기본개념'에서는 규준참조평가와 준거참조평가에 대한 내용을 보완하기 위해 '성장참조평가와 능력참조평가'를 [보충설명 2-3]으로 추가하여 설명하였고, 지수점수와 관련하여 '지수점수 산출의 예'를 [보충설명 2-5]에 제시하였으며, 타당도와 신뢰도의 관계에 대한 이해를 돕고자 〈그림 2-10〉을 추가하였고, 타당도와 신뢰도에 더하여 '객관도와 실용도'를 본문에 추가하여 설명하였다. 셋째, '제4장 관찰'에서는 관찰의 유형이 추가되었고, 기록방법의 종류 및 유형이 수정되었으며, 관찰자간 신뢰도와 비교하여 관찰자내 신뢰도를 추가로 설명하였다. 넷째, '제5장 면접'에서는 면접의 유형이 수정·보완되었다. 다섯째, '제7장 수행사정'에서는 2015년 개정 교육과정과 더불어 우리나라 학교현장에 도입된 '과정중심평가'를 [보충설명 7-2]에 간략하게 소개하였다. 여섯째, '제3부 사정도구'에서는 '제13장 지각 및 운동'과 '제14장 적응행동'의 제목이 각각 '제13장 감각/지각 및 운동'과 '제14장 적응행동 및 지원요구'로 수정되었으며, '제16장 특수영역Ⅰ: 주의력결핍과잉행동장애'를 제외한 모든 장(제9장, 제10장, 제11장, 제12장, 제13장, 제14장, 제15장, 제17장)에서 사정도구가 삭제·추가되어 결과적으로 3판보다 2개 증가한 총 78개의 사정도구가 소개되어 있다. 일곱째, 용어해설에서는 필요한 경우 기존 용어(예: 공식적 사정, 비공식적 사정 등)에 대한 정의를 수정하였으며 4판에서 추가된 용어들(예: 공식적 평가, 비공식적 평가 등)에 대한 정의도 제시하였다. 여덟째, 평소에 3판을 보면서 수정이나 보완이 필요한 부분에 작성해 놓은 메모를 점검하고 최대한 반영하고자 하였다.

지금까지 네 권의 책을 저술하고 그 책들을 개정하면서 한결같이 느낀 점이 있다면 책을 쓰는 데는 많은 인내와 부단한 노력이 필요하다는 것이다. 이러한 인내와 노력은 무엇이 독자들에게 필요한 내용인지 그리고 어떻게 그 내용을 명료하고 논리적으로 전개할지에 대한 고민에서 비롯된다고 할 수 있다. 스페인 작가인 폰셀라(Enrique Jardiel Poncela, 1901~1952)도 "저자가 어떤 것을 쓰는 데 엄청난 노력을 쏟아부어야만 독자가 수월하게 읽을 수 있다."라고 한 바 있다. 만약 인내와 노력을 들여서 쓴 책을 독자들이 유익하게 읽는다면 그러한 인내와 노력은 감내할 만한 것이 아닐까 한다. 마치 의미 있는 인생을 위해서는 인내와 노력을 감수해야 하는 것처럼 말이다.

4판 출간을 앞두고 감사인사도 빼놓을 수 없다. 먼저, 김진환 사장님, 김순호 이사님, 정은혜 차장님, 윤상우 과장님 등 학지사 분들에게 감사를 표한다. 그리고 멀리서 잊지 않고 가끔 안부와 함께 소식을 전해 주시는 분들에게 고마운 마음을 전한다. 또한 가까이서 늘 삶의 온기를 느끼게 해 주시는 분들에게도 따뜻한 사랑을 담은 감사한 마음을 보내드린다.

2024년 5월 31일
John Field의 '녹턴'이 흐르는
시카고특수교육연구소(Chicago RISE)에서
양정(養正) 이승희

제3판 머리말

이 책의 초판이 2006년에 출간되었고 2판은 4년 후인 2010년에 출간되었는데, 이후 거의 10년 만에 3판을 출간하려고 하니 다소 늦은 감이 있어 부끄러움이 앞선다. 물론 2015년과 2017년에 각각 『자폐스펙트럼장애의 이해(2판)』와 『정서행동장애개론』을 출간하여 집필을 멀리한 것은 아니지만 이 책 3판의 출간이 늦었다는 데는 변명의 여지가 없을 듯하다. 그러나 지난 10년은 2판으로 강의하면서 보완내용을 메모하거나 관련자료를 수집했던 소중한 시간이기도 했다. 왜냐하면 그렇게 작성된 메모나 수집된 자료가 3판 개정의 밑거름이 되어 주었기 때문이다.

지난 10년의 시간이 허락한 메모나 자료를 토대로 3판에서 개정된 내용을 간략하게 소개하면 다음과 같다. 첫째, 국가수준학업성취도평가를 위한 장애학생의 대체사정(alternate assessment)에 대한 내용을 정규사정(regular assessment)과 대비시켜 포괄적이고 체계적으로 다루었다(제1장 참조). 둘째, 표준화검사와 관련하여 규준, 준거, 기준의 정의를 새롭게 정리하였다(제2장 참조). 셋째, 점수의 유형 중 하나인 학년등가점수(grade-equivalent scores)는 국가에 따라 적용에서 차이가 나타나기도 하는데 이러한 차이를 미국과 우리나라를 비교하여 설명하였다(제2장 참조). 넷째, 표준화검사의 구인타당도와 관련하여 구인(construct)에 대한 설명을 보완함으로써 구인타당도의 개념을 좀 더 명확히 하였다(제2장 참조). 다섯째, 앞서 언급하였듯이 규준, 준거, 기준의 정의가 새롭게 정리됨에 따라 규준참조검사와 준거참조검사를 포함하는 검사에 대한 내용이 수정ㆍ보완되었다(제3장 참조). 여섯째, 관찰의 기록방법에 서술기록의 한 유형으로 ABC기록을 추가하였다. 또한 평정기록의 한 유형인 범주기록과 관련하여 관찰지의 예를 추가하고 관찰자간 신뢰도 추정방법을 보완하였으며, 평정기록의 또 다른 유형인 검목표기록과 관련하여서도 관찰자간 신뢰도 추정방법을 다소 수정하였다(제4장 참조). 일곱째, 수행사정의 개념이 '과제를 수행하는 과정이나 결과를 통하여 아동의 지식, 태도, 또는 기능에 대한 자료를 수집하는 방법'으로 다소 수정되었다(제7장 참조). 여덟째, 수행사정의 신뢰도는 관찰의 기록방법 중 사건기록, 척도기록, 검목표기록의 관찰자간 신뢰도 추정방법을 통하여 검증할 수 있는데, 앞서 언급되었듯이 제4장에서 관찰자간 신뢰도 추정방법에 다소 수정이 있었다. 이에 따라 수행사정의 신뢰도 검증과 관련된 내용에서도 수정이 이루어졌다(제7장 참조). 아홉째, 2판과 마찬가지로 3판에서 가장 많이 달라진 부분은 제3부 사정도구인데 2판에는 60개의 사정도구가 소개되었으나 3판에서는 76개의 사정도구가 소개되어 있다. 이 76개 사정도구에는 2판에 이어 3판에도 소개된 사정도구, 2판에 소개되었으나 3판에는 개정된 도구로 대체된 사정도구, 그리고 3판에 새로 소개된 사정도구가 포함되어 있다. 특히 K-WISC-IV와 K-WISC-V는 K-WISC-III를 대체한 경우인데, K-WISC-IV와 K-WISC-V는 2011년과 2019년에 각각 출시되어 현장에서 둘 다 사용되고 있는 실정이므로 모두 포함시키면서 두 도구의 구성 및 지표점수를 비교하여 제시하였다(제3부 참조). 열째, 이상에서 언급한 내용 외에도 2판으로 강의하면서 보완이 필요하다고 느꼈던 소소한 부분들을 놓치지 않고자 최대한 노력하였다.

개정작업을 할 때마다 항상 조심스러운 부분은 수정 또는 추가 내용이 책의 전반적 흐름을 저해하거나 전반적 흐름에서 벗어나지는 않는가 하는 것이다. 베토벤은 "나중에 덧붙인 악절은 기존 악절들과 조화를 이루지 못한다."라고 한 바 있다. 물론 저서와 곡(曲)을 동일 선상에 놓고 비교할 수는 없으나 전반적 흐름이 있다는 점에서는 다를 바 없을 것이다. 따라서 이번 개정작업에서도 이 점을 소홀히 하지 않고자 고심하였으나 부족한 점에 대해서는 독자들의 고언을 기다린다.

3판을 출간하면서 김진환 사장님, 정승철 이사님, 김순호 이사님, 이영봉 대리님 등 학지사 분들에게 먼저 감사를 드린다. 그리고 이번 3판에서는 학생들에게 특히 감사를 표하고 싶다. 2판으로 학생들을 가르치는 과정에서 나도 많이 배웠고 그 배움이 3판 개정의 원동력이 되었음을 학생들에게 진심으로 고백하면서 고마운 마음을 전한다.

2019년 6월 10일
무등산 자락에서 들리는 새소리를 들으며
운림동 보금자리에서
양정(養正) 이승희

제2판 머리말

첫 저서로서 본인에게 두려움과 설렘을 동시에 안겨주었던 이 책의 초판이 출간된 지 어느덧 4년이란 시간이 흘렀다. 그동안 특수교육분야에서 적지 않게 나타났던 변화들은 이 책의 부족함으로 다가와 개정판(제2판) 작업을 시작하는 계기가 되어 주었다. 이러한 변화들 가운데 몇 가지를 살펴보면, 첫째 국내 특수교육관련법이 「특수교육진흥법」에서 「장애인 등에 대한 특수교육법」으로 개정되면서 특수교육분야의 평가와 관련된 내용(예: 장애유형의 분류 및 명칭, 개별화교육계획의 작성 등)에 변화가 있었다. 둘째, 대학에 따라 다소 다른 명칭으로 개설되어 있던 특수교육평가 관련과목이 '장애아진단및평가'라는 명칭으로 특수학교 교사자격증 취득을 위한 공통 기본이수과목 중 하나로 지정되었다. 셋째, 새로운 사정도구들이 다수 출시되었다.

이상의 변화들을 반영하고 관련문헌들을 추가하여 살펴보면서 수정 · 보완한 결과 초판과 비교하여 개정판에서 달라진 부분을 전반적으로 요약해 보면 다음과 같다. 첫째, 특수교육분야의 평가와 관련하여 「특수교육진흥법」 내용을 삭제하고 「장애인 등에 대한 특수교육법」 내용으로 대체하였다. 둘째, 용어들도 추가되었는데 대체사정(alternate assessment), 대체점수(alternate scores), 바닥효과(bottom effect), 천장효과(ceiling effect) 등이 그 예다. 셋째, 초판에서 참고한 저서들 중 개정판이 출간된 경우(예: Cohen & Spenciner, 2007; McLoughlin & Lewis, 2008) 개정판을 참고하여 수정 · 보완하였다. 넷째, 필요한 경우 관련문헌(예: 이승희, 2009; Hosp, Hosp, & Howell, 2007)을 추가하여 내용을 보완하였다. 다섯째, 가장 많이 달라진 부분은 제3부 사정도구인데 그 이유는 초판에 소개된 총 37개 도구 중 2개(BASA-Reading-II, AEPS)는 보완되었으나 23개가 추가되어 개정판에서는 총 60개의 도구가 소개되어 있기 때문이다. 여섯째, 저자가 초판을 교재로 강의하면서 수정 또는 보완하여야 할 점으로 느꼈던 소소한 부분들도 최대한 수정 · 보완하였다.

제2판의 출간을 앞두고 보니 초판의 출간을 앞두고 이 책의 부족함을 계속 메워 나가는 데 게으름을 피우지 말아야 한다고 다짐했던 기억이 떠오른다. 수학의 노벨상이라는 필즈상 수상자인 히로나카 헤이스케는 『학문의 즐거움』에서 "나를 가리켜서 재주가 뛰어나다라든가 두뇌가 명석하다고 말해 주시는 것은 대단히 기쁩니다만, 그것은 사실이 아닙니다. 히로나카 헤이스케는 뛰어난 노력가일 뿐입니다."라고 말하고 있다. 그는 『학문의 즐거움』에서 소심(素心)을 여러 번 강조할 만큼 겸손한 사람이므로 이 말도 그의 겸손한 마음에서 비롯된 말이라 생각된다. 그러나 나의 경우 솔직한 마음으로 히로나카 헤이스케처럼 '뛰어난 노력가'는 못 되지만 '꾸준한 노력가'라고 나 자신을 표현하고 싶다. 그리고 이 꾸준한 노력의 중요한 원동력은 누군가에게 도움이 되었다는 소식을 접할 때 오는 기쁨과 보람이었음을 고백하지 않을 수 없다.

따라서 제2판을 출간하면서 그동안 이 책의 도움을 많이 받았다고 전해 주신 분들에게 제일 먼저 감사드리고 싶다. 그리고 이따금 연구실에 들러 개정작업을 응원해 주신 정승철 차장님, 항상 지원을 아끼지 않으시는 김진환 사장님, 초판과 제2판 모두 한결같은 세심함으로 정성껏 편집해 주신 이세희 차장님 등 학지사 분들에게도 고마움을 전한다. 특히 지난 3월 갑작스럽게 어머님 곁으로 가신 아버님께 못다한 감사함을 드리며 두 분에게 끝없는 그리움과 사랑도 함께 보내드린다. 또한 부모님의 뜻을 잊지 않고 서로 의지하고 보살피는 언니와 동생들에게도 그리움과 사랑을 전한다. 마지막으로 지난 봄이 유난히 추웠던 저를 가까이에서 따뜻하게 감싸주셨던 많은 분들에게도 진심으로 감사를 드린다.

2010년 7월
무등산 자락이 항상 정겹게 내다보이는
운림동 보금자리에서
이승희

제1판 머리말

교육에 있어서 평가의 역할은 교육평가(educational evaluation)라는 단어가 교육학에서 오래전부터 사용되어 왔듯이 매우 중요하다. 또한 교육평가가 교육학의 한 영역으로서 많은 논저와 전문가들을 비축하고 있다는 사실에서도 그 중요성은 널리 인식되어 있다. 특수교육에 있어 평가의 역할도 이 책의 첫 부분에서 언급되고 있듯이 '특수교육은 평가로 시작하여 평가로 끝난다.'고 할 수 있을 만큼 그 비중이 매우 높다. 그러나 특수교육학의 학문적 역사가 그다지 길지 않을 뿐 아니라 그 학문적 영역이 장애유형을 중심으로 형성되어 온 이유도 있겠지만 특수교육학에 있어 평가는 교육학에 비해 이론적으로나 실제적인 측면에서 결실이 부족해 많은 관심과 노력이 절실히 필요한 실정이다. 이러한 실정은, 특히 우리나라의 경우 특수교육평가와 관련된 논저와 양적·질적인 전문가의 부족으로 드러나 있다고 해도 과언이 아닐 것이다. 물론 평가가 측정의 기본 개념에 기반을 두고 있고 지속적이며 포괄적으로 실시되어야 한다는 점 등의 큰 맥락에서는 교육학과 특수교육학의 평가가 공유하는 부분도 많지만 특수교육의 특성상 그 목적이나 과정 등에서 상이한 부분도 적지 않다. 따라서 특수교육학 분야의 평가는 교육평가의 기본적인 내용과 더불어 특수교육의 특성이 반영된 이론적·실제적 기반을 나름대로 갖출 필요가 있다. 이러한 필요성을 항상 느끼면서도 실천으로는 옮기지 못해 늘 안타까워하던 중 연구년으로 1년간 미국에 머물게 되면서 이 책의 집필을 시작할 기회를 갖게 되었다.

이 책은 구성상 개관, 사정방법, 사정도구의 세 부분으로 나뉘어 있다. 제1부 개관에서는 평가의 개념을 관련 용어인 측정 및 사정과 비교하여 설명하였고 특수교육에 있어 평가의 단계(선별, 진단, 적부성, 프로그램계획 및 배치, 형성평가, 총괄평가)를 살펴보았으며, 평가에 반드시 필요한 측정의 기본 개념들(기술통계, 표준화, 점수의 유형, 타당도, 신뢰도)을 기술하였다. 그리고 제2부 사정방법에서는 제1부에서 살펴본 평가의 단계들에서 사용되는 여섯 가지 사정방법(검사, 관찰, 면접, 교육과정중심사정, 수행사정, 포트폴리오사정)을 개념, 타당도, 신뢰도 등을 중심으로 설명하였다. 마지막으로 제3부 사정도구에서는 아홉 개의 영역(지능, 언어, 학습, 정서 및 행동, 지각 및 운동, 적응행동, 영유아발달, 주의력결핍과잉행동장애, 자폐스펙트럼장애)별로 국내에 출판되어 있는 도구들의 개요, 목적 및 대상, 구성, 실시, 결과를 기술하였으며 〈부록〉에서는 제3부와 관련하여 국외에서 사용되고 있는 사정도구들도 각 영역별로 소개하였다.

　이 책의 출간을 앞두고 보니 미국 시카고에서 보낸 지난 한 해를 새삼 되돌아보게 된다. 박사과정 지도교수의 정년퇴임을 지켜보면서 이제는 내가 배움을 받는 위치에서 배움을 주는 위치로 옮겨 가야 할 시기가 온 것 같다는 생각을 하며 이제부터는 알기 위해 공부하기보다는 베풀기 위해 공부하는 자세를 가져야겠다고 마음속으로 다짐을 했었다. 그 다짐이 부족하나마 이 책으로 그 첫 결실을 맺은 게 아닌가 하는 느낌이 드니 집필과정에서 겪었던 어려움들이 하나하나 의미 있게 다가온다. 동시에 이 책의 부족함을 앞으로 계속 메워 나가는 데 게으름을 피우지 말아야 한다는 소리도 들려오는 듯하다.

　집필을 마무리하면서 많은 분들에게 감사를 드려야 할 것 같다. 먼저, 이 책을 쓰면서 참고했던 논저 및 사정도구의 저자와 연구자들에게 감사를 드리고 싶다. 그분들의 발자취가 없었다면 이 책도 세상의 빛을 보지 못했을 것이다. 그리고 필자의 학문적 밑거름이 되어 주신 은사님, 선배 교수님, 동료 교수님들에게 감사의 뜻을 전한다. 또한 이 책의 집필을 적극적으로 권유하신 정승철 과장님, 세심한 배려를 아끼지 않으시던 김진환 사장님, 정성을 담아 편집해 주신 이세희 대리님 등의 학지사 분들에게도 지면을 통해 고마움을 표하고 싶다. 특히 몸은 떠나셨어도 항상 사랑과 보살핌의 끈을 놓지 않으시는 어머님, 그리고 멀리 있으면서도 서로에게 늘 힘이 되어 주고 싶어 하는 아버님, 언니와 동생들을 포함한 가족에게 깊은 감사와 그리움을 전한다. 마지막으로 가까이에서 힘든 순간마다 격려와 애정을 아끼지 않으신 분들에게도 진심으로 감사를 드린다.

2006년 8월 20일
무등산 자락이 항상 정겹게 내다보이는
운림동 보금자리에서
이승희

개괄 차례

차례

제1부 ▶▷

개관

제1장 ⋯ 평가의 이해 ⋯⋯⋯⋯⋯⋯⋯⋯⋯ 39

제2장 ⋯ 측정의 기본개념 ⋯⋯⋯⋯⋯⋯⋯⋯⋯ 61

제2부

사정방법

제3장 ···· 검사 --- 127

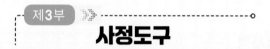

제3부 사정도구

제12장 ··· 정서 및 행동 --- 329

제15장 ··· 영유아발달 -- **379**

표 차례

그림 차례

보충설명 차례

제1부

개관

• • • E V A L U A T I O N   I N   S P E C I A L   E D U C A T I O N • • •

제**1**장

평가의 이해

1. 평가의 개념

특수교육은 평가로 시작하여 평가로 끝난다고 할 수 있을 만큼 특수교육에서 평가가 차지하는 비중은 매우 크다. 따라서 평가에 대한 이해는 특수교육을 이해하고 실시하는 데 있어 필수적인 요소라고 할 수 있다. 그러나 평가 및 이와 관련된 용어들의 개념이 문헌마다 다소 다르게 제시되고 있어 평가에 대한 이해는 이러한 용어들을 정확히 이해하는 일에서부터 시작할 필요가 있다. 평가(evaluation)와 관련된 용어로는 사정(assessment)과 측정(measurement)이 있는데, 먼저 관련문헌에서 이러한 용어들이 어떻게 정의되고 있는지 살펴보고 이 책에서 사용될 정의를 제시하고자 한다.

〈표 1-1〉은 평가, 사정, 및 측정이라는 세 가지 용어에 대한 개념이 문헌에 따라 다소 다르게 제시되고 있음을 보여 주고 있다. 〈표 1-1〉에 제시된 정의들을 살펴보면, 측정의 정의를 제시하고 있는 대부분의 문헌들(예: 서경희 외, 2003; 한국교육평가학회, 2004; Howell & Nolet, 2000; Joint Committee of Standards for Educational Evaluation, 2003; Venn, 2004)이 일관성 있게 측정을 양적·수량적 자료를 수집하는 과정으로 보고 있는 데 비해, 평가 그리고/또는 사정의 정의를 제시하고 있는 문헌들은 두 가지 다른 입장을 보이고 있다. 첫 번째 입장(예: 서경희 외, 2003; 한국교육평가학회, 2004; Cohen & Spenciner, 2007; Gullo, 2005; Howell & Nolet, 2000; Joint Committee of Standards

▷ 〈표 1-1〉 관련문헌에 제시된 평가 · 사정 · 측정의 개념

문헌	평가(evaluation)	사정(assessment)	측정(measurement)
서경희 외(2003)	양적 및 질적인 특성을 파악한 후 가치판단을 통하여 미래 방향을 설정해 주는 것.	양적인 특성뿐만 아니라 질적인 특성을 파악하는 것.	단순히 양적인 혹은 수적인 특성을 재는 것.
한국교육평가학회 (2004)	일반적으로 평가대상의 장점과 가치를 결정하는 과정.	평가와 측정의 중간개념으로서, 체계적인 가치판단에 관심을 두기보다는 측정활동을 통하여 특정 목적을 달성하기 위한 근거자료를 수집하는 과정에 중점을 두는 활동.	물리적 대상을 자나 저울과 같은 도구를 사용하여 양을 나타내듯이 인간의 인지적, 정의적, 심동적 영역에 속하는 여러 가지 특성을 검사나 질문지와 같은 도구를 이용하여 수량화하는 일련의 과정.
Cohen & Spenciner(2007)	실제 자료의 수집에 근거하여 가치판단을 내리는 과정.	아동에 관한 질문에 대답하고 법적 · 교육적 결정을 내리기 위하여 정보를 수집 · 기록 · 해석하는 과정.	·
Gullo(2005)	교육적 프로그램, 프로젝트, 자료 또는 기술의 장점이나 가치에 대한 판단을 내리는 과정.	교육적 의사결정을 하기 위하여 아동에 대한 정보를 수집하는 과정.	사정과 상호교환적으로 사용될 수 있는 용어.
Howell & Nolet(2000)	사정을 통해 수집된 정보를 사용하여 의사결정을 내리거나 결론에 도달하는 과정.	학업수행물 검토, 면접, 관찰 또는 검사를 통하여 평가에서 사용될 정보를 수집하는 과정.	규칙에 따라 사물이나 사건에 수치를 부여하는 과정.
Joint Committee of Standards for Educational Evaluation (2003)	학습자 수행기대치 또는 수행기준과 관련하여 아동수행의 가치나 장점에 대해 이루어지는 체계적인 조사.	아동의 진전과 발달에 대한 의사결정에 도움을 주기 위해 아동에 대한 정보를 수집하는 과정.	명시된 규칙에 따라 수행에 대해 수치나 범주를 부여하는 과정.
Overton(2006)	·	발달을 감시하고 필요한 경우 교육적 의사결정을 하기 위해 정보를 수집하는 과정.	·
Salvia & Ysseldyke(2007)	·	문제를 명시 · 확인하고 아동에 대한 의사결정을 하기 위해 자료를 수집하는 과정.	·
Taylor(2006)	·	의사결정을 돕기 위해 관련된 정보를 수집하는 것.	·
Venn(2004)	·	교육적 의사결정을 하기 위해 아동의 수행과 행동에 대한 검사와 그 밖의 척도들을 사용하는 과정.	수치, 점수 그리고 그 밖의 수량적 자료와 같은 객관적인 정보를 이용하여 능력이나 수행 수준을 결정하는 과정.

for Educational Evaluation, 2003)에서는 평가와 사정을 구분하고 있는데, 평가를 수집된 자료를 근거로 가치판단 또는 의사결정을 내리는 과정으로 보고 사정을 평가에서 사용될 자료를 수집하는 과정으로 본다. 두 번째 입장(예: Overton, 2006; Salvia & Ysseldyke, 2007; Taylor, 2006; Venn, 2004)은 평가를 사정과 구분하여 별도로 언급하지 않으면서, 사정을 자료수집 및 의사결정을 포함하는 포괄적인 개념으로 본다. 이 책에서는 첫 번째 입장과 같이 평가와 사정을 구분하고자 하는데, Hopkins(1998)도 평가란 가치판단에 의거한 요약과정(a summing-up process)이며 사정과 측정을 통해 수집된 자료를 해석하는 것은 평가에 속하는 일이라고 설명하면서 평가와 사정의 차이점을 지적하고 있다.

따라서 이 책에서는 평가, 사정, 및 측정을 다음과 같이 정의하고자 한다. 먼저, 평가(evaluation)란 수집된 자료에 근거하여 가치판단을 통하여 교육적 의사결정을 내리는 과정으로 본다. 그리고 사정(assessment)은 교육적 의사결정에 필요한 자료를 수집하는 과정으로, 측정(measurement)은 양적 또는 수량적 자료를 수집하는 과정으로 정의한다. 사정을 통하여 수집되는 자료는 양적 자료 그리고/또는 질적 자료일 수 있는데, 자료수집이 양적 자료에 국한되는 경우를 특히 측정이라고 한다. 따라서 사정이 측정보다 더 포괄적인 용어라고 할 수 있다.

이와 같이 평가를 위해 사정을 통하여 수집되는 자료로는 양적 자료와 질적 자료가 있는데, 양적 자료(quantitative data)란 수량적 형태로 제시되거나 요약된 자료(예: 지필검사 점수, 5점척도 점수 등)를 의미하고 질적 자료(qualitative data)란 서술적 형태로 제시되거나 요약된 자료(예: 행동 또는 과제물에 대한 기술적 표현)를 의미한다(Joint Committee of Standards for Educational Evaluation, 2003).

사정에서 어떤 자료가 수집되어야 하는지는 평가에서 내리고자 하는 의사결정의 유형에 따라 달라질 수 있다. 의사결정에 필요한 자료가 결정이 되면 적절한 사정방법(예: 검사, 관찰, 면접, 교육과정중심사정, 수행사정, 포트폴리오사정 등)을 통해 자료를 수집하게 되는데, 사정방법에 따라 양적 그리고/또는 질적 자료를 수집할 수 있다. 예를 들어, 검사는 양적 자료를 제공하고 관찰은 양적 그리고/또는 질적 자료를 제공한다. 다음 절에서는 특수교육에서 이루어지는 평가를 단계별로 제시하면서 각 단계에서 이루어지는 의사결정에 대해 살펴보고, 그다음 절에서는 사정방법의 종류를 간략하게 소개한 후 평가의 각 단계와 사정방법 간의 관계를 요약해 보고자 한다(저자주: 각각의 사정방법에 대해서는 제2부에서 구체적으로 다루어짐). 그리고 마지막 절에서는 사정방법의 종류를 분류할 때 사용되는 용어들을 살펴볼 것이다.

2. 평가의 단계

앞서 언급한 바와 같이 특수교육은 평가로 시작하여 평가로 끝난다고 할 수 있는데, 이는 특수교육에 있어서 평가가 일련의 연속적이고 점진적인 과정을 통해 이루어진다는 것을 암시한다. 이러한 평가의 과정은 여섯 단계(선별, 진단, 적부성, 프로그램계획 및 배치, 형성평가, 총괄평가)로 나눌 수 있는데, 각 단계마다 특정 유형의 의사결정이 요구된다. 각 단계에 대한 설명에 앞서, 평가의 여섯 단계와 의사결정의 유형을 요약하여 제시하면 〈표 1-2〉와 같다. 참고로, 일반교육의 경우 학교에서의 평가를 진단평가, 형성평가, 총괄평가의 세 가지 유형으로 구분하기도 하는데 [보충설명 1-1]은 이 세 가지 유형의 특징을 간략하게 기술하고 있다.

▷ 〈표 1-2〉 평가의 단계와 의사결정의 유형

평가의 단계	의사결정
선별	아동을 심층평가에 의뢰할 것인가를 결정.
진단	아동이 장애를 가지고 있는가, 그렇다면, 장애의 원인은 무엇인가를 결정.
적부성	아동이 특수교육대상자로 적격한가를 결정.
프로그램계획 및 배치	아동에게 어떤 교육 및 관련서비스를 어디에서 제공할 것인가를 결정.
형성평가	아동이 적절한 진전을 보이는가를 결정.
총괄평가	아동이 예상된 진전을 보였는가를 결정.

1) 선별

선별(screening)이란 심층평가가 필요한 아동을 식별해 내는 과정이라고 할 수 있다. 즉, 선별에서는 아동을 효율적이고 경제적으로 평가하여 심층평가에 의뢰할 것인가를 결정하게 된다(Cohen & Spenciner, 2003). 따라서 선별에서 사용되는 사정도구들은 제한된 수의 문항으로 아동의 수행이나 행동을 사정하도록 고안되므로, 선

보충설명 1-1   일반교육에서 수업의 진행에 따라 실시되는 평가의 유형

일반적으로 학교에서의 평가는 진단평가, 형성평가, 총괄평가의 세 가지 유형으로 구분된다. 이 세 가지 유형은 수업의 흐름, 즉 수업의 진행 과정에 따라 실시되며 다음과 같은 특징이 있다(임규혁, 임웅, 2007).

• 진단평가(diagnostic evaluation)

진단평가란 학년이나 학기, 또는 단원이 시작되는 시기에 학생들의 수준을 파악하기 위해 실시하는 평가다. 이 평가는 학습자의 선수학습능력의 결핍여부와 이전 학습의 성취수준을 파악하고 수업방법과 관련 있는 여러 특성에 따라 학생들을 분류하며 교수하고자 하는 과정의 이해여부를 확인하는 기능을 한다.

• 형성평가(formative evaluation)

형성평가란 교수·학습이 진행되고 있는 동안 유동적인 상태에서 학생에게 피드백을 주고 교과과정과 수업방법을 개선하기 위해 실시하는 평가다. 이 평가는 학생의 학습관을 교정하고 교사의 지도방법과 교육과정을 개선하며 수업 진행속도를 조절하는 기능을 한다.

• 총괄평가(summative evaluation)

총괄평가란 일정기간 동안의 수업이 종결되었을 때 학생들의 학업성취도를 총괄적으로 평가하여 수업활동의 효율성을 판단하기 위해 실시하는 평가이며 총합평가라고도 한다. 이 평가는 학년이나 학기, 또는 단원의 종료 시에 이루어지는 것으로 학점이나 성적을 확정하는 기능을 한다.

별을 위한 사정도구를 실시하는 데는 보통 15~20분 정도가 소요된다(Venn, 2004). Meisels와 Wasik(1990)에 의하면 선별도구는 간단·저렴하고, 규준참조이며, 표준화되었고, 객관적으로 채점되며, 신뢰롭고 타당해야 한다. 이와 같은 선별도구의 요건에서 알 수 있듯이, 선별에서는 표준화된 규준참조검사가 주로 실시된다(저자주: 규준참조검사에 대한 자세한 내용은 2장과 3장을 참조할 것).

선별에 의뢰된 아동은 특수교육이 필요하거나 그렇지 않을 수 있으며 또한 심층평가에 의뢰되거나 의뢰되지 않을 수 있으므로, 선별을 실시했을 때 예상되는 결과는 〈표 1-3〉에 제시된 바와 같이 네 가지로 나누어 볼 수 있다. 〈표 1-3〉에서 A와 D의 경우는 선별에서 정확한 판단이 내려진 경우이나 B와 C는 부정확한 판단이 내려진 경우인데 B의 경우는 위양, C의 경우는 위음이라고 한다. 위양(false positive)이란 아동이 심층평가로 의뢰되었으나 특수교육이 필요하지 않는 것으로 판별된 경우를 말한다. 즉, 선별에서 아동을 특수교육이 필요한 아동으로 잘못 판단한 것이다. 위음(false negative)이란 아동이 심층평가로 의뢰되지 않았는데 나중에 특수교육이 필요한 아동으로 확인되는 경우다. 위양은 가족들에게 불필요한 불안을 야기하고 평가경비 면에서 불필요한 지출을 초래할 수 있다. 그러나 위음은 더 심각한 결과를 낳게 되는데 그 이유는 선별과정의 실수로 인해 해당아동이 필요한 특수교육을 조기에 받지 못하는 불이익을 당하게 되기 때문이다(McLean, Wolery, & Bailey, 2004).

따라서 선별에서 위양과 위음의 발생률을 낮추어 선별의 정확성을 높일 필요가 있는데, 선별에서 사용되는 사정도구의 민감도와 명확도가 이와 연관되어 있다. 민감도(sensitivity)란 선별도구가 장애를 실제로 가지고 있는 아동을 선별해 내는 정도를 말하며, 명확도(specificity)란 선별도구가 장애를 가지고 있지 않은 아동을 선별해 내지 않는 정도를 말한다(McLean et al., 2004). 그러므로 선별도구의 민감도가 높을수록 위음의 발생률이 낮아지고 명확도가 높을수록 위양의 발생률이 낮아진다. 이와 같은 이유로, 선별도구를 선정할 때는 민감도와 명확도를 확인하는 것이 특히 중요하다(Gredler, 2000; Meisels & Wasik, 1990).

선별과 관련하여 한 가지 유의할 점은 심층평가(즉, 진단)에 의뢰된 모든 아동이 선별을 거치는 것은 아니며 부모나 교사의 요청에 의해 심층평가로 바로 의뢰될 수도 있다는 것이다. 즉, 선별에 의해 또는 부모나 교사에 의해 심층평가로 의뢰되는데 이처럼 아동을 심층평가로 의뢰하기 전에 그 아동에게 제공되는 중재를 의뢰전 중재라고 한다(Kauffman & Landrum, 2009; Shepherd, 2010; Webber & Plotts, 2008). 의뢰전 중재(prereferral intervention)란 일반적으로 학습문제 그리고/또는 행동문제와 관련하여 공식적인 심층평가에 의뢰하기 전에 주로 일반학급에서 실시되는 비공식적 문제

▽ 〈표 1-3〉 선별의 네 가지 가능한 결과

특수교육 필요 여부	심층평가로의 의뢰 여부	
	의뢰됨	의뢰되지 않음
필요함	A	C (위음: false negative)
필요하지 않음	B (위양: false positive)	D

해결 과정으로서(McCarney & Wunderlich, 2006) 특수교육이 필요하지 않은 아동을 심층평가에 의뢰하는 위양(false positive)을 줄이는 데 목적이 있다(Kauffman & Landrum, 2009; Webber & Plotts, 2008). 이와 같은 의뢰전 중재는 우리나라의「장애인 등에 대한 특수교육법」이나 미국의「장애인교육법(Individuals with Disabilities Education Improvement Act: IDEA 2004)」에 의해 심층평가의 선행조건으로 요구되는 절차는 아니다. 그러나 미국의 경우 대부분의 주(state)에서는 교사가 아동을 공식적인 심층평가에 의뢰하기 전에 적절한 중재를 실시하고 그 효과를 문서화하도록 요구하고 있다 (Salvia & Ysseldyke, 2007).

2) 진단

진단(diagnosis)이란 어떤 상태의 특성과 원인을 파악하는 과정이라고 할 수 있다. 즉, 진단에서는 아동이 장애를 가지고 있는지, 만약 그렇다면, 그 장애의 원인은 무엇인지에 대한 결정을 하게 된다(Benner, 2003; Wolery, Strain, & Bailey, 1992). 이와 같은 진단 단계에서는 제한된 수의 문항을 사용하는 선별과는 달리 상대적으로 많은 수의 문항을 활용하게 되고, 다양한 사정방법을 통한 포괄적인 사정(comprehensive assessment)이 이루어지며, 사정을 실시하는 사람의 자격도 더 제한된다(한국교육평가학회, 2004; Benner, 2003; Wolery et al., 1992).

진단에서는 특정 장애의 유무뿐만 아니라 그 장애의 원인을 파악하는 것도 중요한데, 그 이유는 적절한 중재나 교육 프로그램의 계획을 위한 유익한 정보를 제공하기 때문이다(Benner, 2003). 이는 의학분야에서 의사가 환자를 진단할 때 병명뿐만 아니라 그 병의 원인을 파악한 후 적절한 치료방안을 처방하는 것과 맥락을 같이 한다. 그러나 진단결과, 특정 장애의 유무는 파악이 되지만 그 장애의 정확한 원인은 파악이 되지 않는 경우도 있다. 예를 들어, 자폐증은 근래 비교적 쉽게 진단이 이루어지지만 그 원인은 아직 밝혀지지 않고 있다. 이처럼 장애의 원인이 불분명할 경우는 진단에 관여된 사람들(임상가, 부모, 교사, 아동 등)을 난감하게 만들기도 한다. 이와 같은 경우에는 원인에 대한 해답을 계속 구하기보다는, 프로그램계획을 위한 사정으로 옮겨가는 것이 더 바람직하다. 왜냐하면 장애의 원인을 모르는 상황이라 할지라도 중재나 교육 프로그램을 위한 사정을 통해서 향후 프로그램계획을 위한 지침을 얻는 것이 가능하기 때문이다.

3) 적부성

여기에서 적부성(eligibility)이란 특수교육대상자로서의 적격성을 말한다. 따라서 이 단계에서는 아동이 특수교육대상자로 적격한가를 결정하게 된다. 이는 이전 단계인 진단과정에서 아동이 장애를 가진 것으로 판명되었다 하더라도 특수교육대상자로 반드시 선정되는 것이 아님을 뜻한다. 즉, 장애를 가졌어도 특수교육대상자로 선정이 되지 않을 수도 있다는 것을 의미한다. 미국에서는 연방법인 「장애인교육법(IDEA 2004)」과 주(state) 관련법에 제시된 선정기준에 의거하여 그리고 우리나라에서는 「장애인 등에 대한 특수교육법」에 제시된 선정기준에 의거하여 특수교육대상자를 선정하게 된다. 따라서 특수교육대상자로 선정되기 위해서는 아동이 가진 장애의 유형과 정도가 이러한 선정기준에 적합해야 한다.

4) 프로그램계획 및 배치

아동이 특수교육대상자로 선정이 되고 나면 아동에게 제공될 교육이나 관련서비스에 대한 프로그램계획(program planning) 단계로 옮겨가게 된다. 앞서 언급된 바와 같이, 진단 단계에서 장애의 원인이 파악된 경우에 중재나 교육 프로그램계획을 위한 유익한 정보를 얻을 수 있으나 원인이 파악되지 않은 경우에도 중재나 교육프로그램을 위한 사정을 통해 프로그램계획을 위한 지침을 얻을 수 있다. 이는 진단 단계에서는 중재나 교육의 목표설정 및 전략수립에 필요한 구체적인 정보를 제공하지 않는 반면, 프로그램계획 단계에서는 그러한 정보를 얻기 위한 사정이 이루어지기 때문이다. 이러한 정보를 바탕으로 프로그램계획 단계에서는 아동에게 어떤 교육 및 관련서비스를 제공할 것인가를 결정하게 되는데, 이와 같은 결정을 구체적으로 문서화한 것이 개별화교육프로그램(individualized education program: IEP)이다. 즉, 개별화교육프로그램(IEP)이란 아동의 적절한 교육을 위하여 작성된 문서라고 할 수 있는데 〈그림 1-1〉에 개별화교육프로그램(IEP) 양식의 예가 제시되어 있다.

〈그림 1-1〉에 보이듯이, 미국의 개별화교육프로그램(IEP)은 아동의 인적사항, 아동의 현행수준, 연간목표, 사정방법, 교육 및 관련서비스, 교육적 배치(정규교육 참여정도), 공식적 학업성취도평가 참여방식, 관련전문가 및 부모의 동의 등의 요소로 구성된다. 이러한 구성요소와 관련하여 2000년대 중반 이후 두 가지 큰 변화가

● ⟨그림 1-1⟩ **개별화교육프로그램(IEP) 양식**

작성일자:　년　월　일

다음 위원회 개최 예정일:　년　월　일

(1) 아동	(2) 위원회			
	성명	직위	역할	찬성(서명)
성　　명:	＿＿＿＿	＿＿＿＿	＿＿＿＿	＿＿＿＿
성　　별:	＿＿＿＿	＿＿＿＿	＿＿＿＿	＿＿＿＿
생년월일:	＿＿＿＿	＿＿＿＿	＿＿＿＿	＿＿＿＿
연　　령:	＿＿＿＿	＿＿＿＿	＿＿＿＿	＿＿＿＿
학　　교:	＿＿＿＿	＿＿＿＿	＿＿＿＿	＿＿＿＿
학　　년:	＿＿＿＿	＿＿＿＿	＿＿＿＿	＿＿＿＿
현재배치:	＿＿＿＿	＿＿＿＿	＿＿＿＿	＿＿＿＿

(3) 현행수준:

(4) 측정가능한 연간목표	(5) 객관적 사정방법

(6) 제공될 교육 및 관련서비스

필요한 교육 및 관련서비스	시작일자	종료일자	책임자

(7) 교육적 배치:

　교육적 배치의 이유:

(8) 공식적 학업성취도평가 참여방식:

(9) 부모의 동의
- 나는 개별화교육프로그램 작성에 참석기회를 가졌다. (예 ＿＿＿ 아니요 ＿＿＿)
　　작성된 개별화교육프로그램에 찬성한다. (　)
　　작성된 개별화교육프로그램에 반대한다. (　)

　　부모의 서명 ＿＿＿＿＿＿＿＿＿＿＿＿＿＿ (인)

있었다. 첫째, 연간목표와 단기목표로 나누어 기술하는 대신 측정가능한 연간목표 (measurable annual goals)를 기술하고 연간목표에 대한 아동의 진전도를 측정할 수 있는 사정방법을 명시하도록 되었다. 둘째, 주(州)수준 학업성취도평가에 참여할 학업성취도사정 유형에 대해 설명하도록 되었다. 미국에서는 다섯 가지 학업성취도사정 유형(정규사정, 조정이 제공되는 정규사정, 학년수준 학업성취기준에 근거한 대체사정, 수정 학업성취기준에 근거한 대체사정, 대체 학업성취기준에 근거한 대체사정) 가운데 한 가지를 선택하여 장애학생이 공식적인 주(州)수준 학업성취도평가에 참여하도록 하고 있는데(이승희, 2010), 이에 대한 구체적인 내용은 이 장 4절의 '3) 정규사정과 대체사정'을 참고하기 바란다. 또한 미국의 「장애인교육법(IDEA 2004)」에 의하면 전환서비스(transition services)와 관련하여 IEP팀은 아동이 16세[저자주: 주(州)에 따라 혹은 IEP 팀이 적절하다고 판단하면 더 이른 나이]가 되는 해의 첫 번째 IEP에 전환계획(transition planning)을 반드시 포함시켜야 하며 이후 전환계획은 매년 갱신되어야 한다[저자주: 특수교육 분야에서 전환교육(transition education) 그리고 개별화전환계획(individualized transition plan: ITP)이라는 용어가 사용되고 있으나 미국의 「장애인교육법(IDEA 2004)」에서는 이 두 용어에 대한 언급은 없으며 대신 전환서비스(transition services) 그리고 전환계획 (transition planning)이라는 용어가 사용되고 있음]. 이와 같은 개별화교육프로그램(IEP) 은 진단 및 적부성 단계에서 관여했던 전문가들, 부모 그리고 필요한 경우 아동이 참여한 가운데 작성된다. 이와 같이 배치기관(일반학급, 학습도움실, 시간제 특수학급, 전일제 특수학급, 통학제 특수학교, 기숙제 특수학교, 기숙제 시설, 병원 또는 가정 등)이 포함된 개별화교육프로그램(IEP)이 개발되어 아동이 해당 교육기관에 배치(placement)되고 나면 학교중심팀(school-based team)이 구성되어 학교수준의 개별화교육프로그램 (IEP)이 작성된다. Venn(2004)은 이 두 가지 유형의 개별화교육프로그램(IEP)을 각각 선행 개별화교육프로그램(initial IEP)과 후속 개별화교육프로그램(subsequent IEP)으로 구별하고 있다.

이와 같은 미국의 개별화교육프로그램(IEP) 개발과 비교해 볼 때 우리나라의 경우 몇 가지 차이점을 보이고 있다. 첫째, 우리나라의 경우 법적으로 '개별화교육프로그램'이 아닌 '개별화교육계획'이라는 용어를 사용하고 있다(「장애인 등에 대한 특수교육법」 시행규칙 제4조 참조). 둘째, 우리나라의 경우 시·도 또는 시·군·구 특수교육운영위원회의 심사를 거쳐 배치결정을 내리게 되며(「장애인 등에 대한 특수교육법」 제4조와 제17조 참조), 아동이 해당 교육기관에 배치되고 난 후 당해 학교의 개별화교육지원팀에서 개별화교육계획을 작성한다(「장애인 등에 대한 특수교육법」 시행규칙 제4조 참조). 셋째, 우리나라의 경우 개별화교육계획에 특수교육대상자의 인적사항과 특별한 교육지원이 필요한 영역의 현재 학습수행수준, 교육목표, 교육내용, 교육방법, 평가계획, 및 제공할 특수교육 관련서비스의 내용과 방법 등을 포함하도록 되어 있어(「장애인 등에 대한 특수교육법」 시행규칙 제4조 참조), 미국의 개별화교육프로그램의 구성요소와 비교해 볼 때 위에서 언급한 교육적 배치뿐만 아니라 공식적 학업성취도평가 참여방식에 대한 내용을 포함하지 않고 있다. 이는 우리나라에서 매년 실시되고 있는 '국가수준 학업성취도평가'에 장애학생들을 참여시킬 법적 근거가 없다는 것을 의미하는데, 관련내용은 이 장 4절의 '3) 정규사정과 대체사정'을 참고하기 바란다. 넷째, 미국의 경우 개별화교육프로그램에 전환교육과 관련하여 전환계획이 포함되어 있으나 우리나라의 경우는 개별화교육계획에 전환교육과 관련된 내용이 포함되어 있지 않다. 다섯째, 미국의 경우 출생에서 2세까지의 장애영아를 위해서는 의무적으로 그리고 3세에서 5세까지의 장애유아를 위해서는 부모가 동의할 경우 개별화교육프로그램 대신 개별화가족서비스계획(individualized family service plan: IFSP)을 작성하도록 되어 있으나, 우리나라의 경우에는 장애영유아를 위한 별도의 개별화교육계획에 대한 법적인 근거가 없다.

5) 형성평가

IEP 작성과 배치가 이루어진 다음 교수·학습이 시작되고 나면, 아동의 진전에 대한 지속적인 평가, 즉 형성평가를 통해 아동이 적절한 진전을 보이고 있는가에 대한 결정을 해야 한다. 만약 아동이 적절한 진전을 보이지 않을 경우에는 교수·학습방법을 수정할 것인가에 대한 결정도 내려야 한다. 따라서 형성평가(formative evaluation)란 교수·학습이 진행되는 과정에서 아동의 진전을 점검하고 필요한 경우 교과과정이나 수업방법을 개선시키기 위해 실시하는 평가라고 할 수 있다(한국교육평가학회, 2004). 이와 같은 형성평가는 일반적으로 아동의 교육에 직접 관여하는 교사들에 의해 실시되는데, 이때 교사들은 다양한 사정방법을 통해 자료를 수집하게 된다.

6) 총괄평가

IEP에 제시된 기간 동안 지속적인 형성평가와 함께 교수 · 학습이 이루어지고 나면, 이에 대한 종합적인 평가, 즉 총괄평가를 통해 아동이 제시된 기간 동안 IEP에 명시되어 있는 예상된 진전을 보였는지에 대한 결정을 하게 된다. 이와 같이 총괄평가(summative evaluation)는 일정 단위의 교육프로그램이 실시된 후에 애초에 설정된 프로그램의 성공기준에 비추어 프로그램이 산출한 가치를 판단하기 위해 실시하는 평가를 말한다(한국교육평가학회, 2004). 총괄평가의 결과에 근거해 그 아동이 특수교육을 계속 받아야 될 필요가 있는지에 대한 결정도 하게 된다. 만약 총괄평가에서 특수교육을 계속 받아야 한다는 결론이 나오면, 아동의 사정자료를 바탕으로 IEP가 수정 · 보완되고 그 아동을 적절한 교육환경에 배치하는 단계로 돌아가게 된다.

3. 사정방법의 종류

앞서 살펴본 바와 같이 평가의 각 단계에서는 그 단계에서 요구되는 의사결정을 내리기 위해 적절한 사정방법을 통하여 자료를 수집하게 된다. 사정방법(assessment method)이란 평가에 필요한 자료를 수집하기 위하여 사용되는 전략 또는 기법이라고 할 수 있다(Joint Committee of Standards for Educational Evaluation, 2003). 이 책에서는 여섯 가지 사정방법(검사, 관찰, 면접, 교육과정중심사정, 수행사정, 포트폴리오사정)을 소개하고 있는데, 제2부에서 구체적으로 다루어질 여섯 가지 사정방법을 간단히 살펴보면 다음과 같다.

첫째, 검사(test)란 사전에 결정된 반응유형을 요구하는 일련의 질문이나 과제를 통하여 점수 또는 다른 형태의 수량적 자료를 수집하는 방법이라고 할 수 있다. 검사의 대표적인 유형으로 규준참조검사와 준거참조검사가 있는데, 규준참조검사(norm-referenced test)는 그 검사를 받은 규준집단의 점수의 분포인 규준에 아동의 점수를 비교함으로써 규준집단 내 아동의 상대적 위치에 대한 정보를 제공하는 검사이며 준거참조검사(criterion-referenced test)는 사전에 설정된 숙달수준인 준거에 아동의 점수를 비교함으로써 특정 지식이나 기술에 있어서의 아동의 수준에 대한 정보를 제공하는 검사다.

둘째, 관찰(observation)은 일반적으로 일상적인 상황에서 자연스럽게 나타나는 아동의 행동을 기술 또는 기록함으로써 특정 현상에 대한 객관적인 자료를 수집하는 방법이라고 할 수 있다. 관찰의 유형에는 관찰도구의 표준화 여부, 관찰절차의 구조화 여부, 관찰실시의 직접성 여부, 관찰자료의 형태에 따라 각각 공식적 관찰과 비공식적 관찰, 구조적 관찰과 비구조적 관찰, 직접적 관찰과 간접적 관찰, 양적 관찰과 질적 관찰이 있다. 또한 관찰에서 사용할 수 기록방법으로는 서술기록, 간격기록, 사건기록, 산물기록, 그리고 평정기록이 있다. 서술기록(narrative recording)이란 특정 사건이나 행동의 전모를 이야기하듯 있는 그대로 사실적으로 묘사하는 방법인데 일화기록, 표본기록, 그리고 ABC기록의 세 가지 유형이 있다. 일화기록(anecdotal record)은 특정한 시간이나 장소에 제한 없이 관찰자가 기록할 만한 가치가 있다고 느꼈던 어떤 짧은 내용의 사건, 즉 일화(逸話)에 대한 간략한 서술적 기록이고, 표본기록(specimen recording)은 일정한 시간 또는 미리 정해진 활동이 끝날 때까지 사건이 발생한 순서대로 상세하게 이야기식으로 서술하는 기록이며, ABC기록(ABC recording: antecedent-behavior-consequence recording)은 관심을 두는 행동이 잘 발생할 만한 상황에서 일정한 시간 동안 관찰하면서 해당 행동이 발생할 때마다 그 행동(B: behavior)을 중심으로 행동이 발생하기 직전의 사건인 선행사건(A: antecedent)과 행동이 발생한 직후의 사건인 후속사건(C: consequence)을 시간의 흐름에 따라 사실적으로 서술하는 기록이다. 간격기록(interval recording)이란 관찰행동을 관찰기간 동안 일정한 간격으로 여러 회에 걸쳐 관찰하여 그 행동의 발생여부를 기록하는 방법으로서 시간표집(time sampling) 또는 시간기반기록(time-based recording)이라고도 하는데 전체간격기록, 부분간격기록, 그리고 순간간격기록의 세 가지 유형이 있다. 전체간격기록(whole interval recording)은 전체관찰시간을 일정한 간격으로 나눈 후 행동이 간격의 처음부터 끝까지 나타났을 때 해당 간격에 행동이 발생했다고 기록하는 것이고, 부분간격기록(partial interval recording)은 전체관찰시간을 일정한 간격으로 나눈 후 행동이 간격의 어느 한 순간에 한 번이라도 나타났을 때 해당 간격에 행동이 발생했다고 기록하는 것이며, 순간간격기록(momentary interval recording)은 전체관찰시간을 일정한 간격으로 나눈 후 행동이 각 간격의 한 순간(예: 마지막 순간)에 나타났을 때 해당 간격에 행동이 발생했다고 기록하는 것이다. 사건기록(event recording)이란 관찰기간 동안 지속적으로 관찰하여 관찰행동이 발생할 때마다 그 행동의 어떤 차원을 기록하는 방법으로서 사건표집(event sampling) 또는 사건기반기록(event-based recording)이라고도 하는데 빈도기록, 강도기록, 지속시간기록, 그리고 지연시간기록의 네 가지 유형이 있다. 빈도기록(frequency recording)은 관찰기간 동안 행동이 발생한 횟수를 기록하는 것이고, 강도기록(intensity recording)은 관찰기간 동안 행동이 발생할 때마다 행동의 강도를 기록하는 것이며, 지속시간기록(duration recording)은 관찰기간 동안 행동이 발생할 때마다 행동의 지속시간을 기록하는 것이며, 지연시간기록(latency recording)은 관찰기간 동안 행동이 발생할 때마다 행동의 지연시간을 기록하는 것이다. 산물기록(product recording)이란 행동이 낳은 산물(産物)의 개수(number)를 세어 행동발생의 추정치를 기록하는 방법인데 학업산물기록과 비학업산물기록의 두 가지 유형이 있다. 학업산물기록(academic product recording)은 학업적 행동을 관찰행동으로 하는 산물기록이라고 할 수 있고 비학업산물기록(nonacademic product recording)은 비학업적 행동을 관찰행동으로 하는 산물기록이라고 할 수 있다. 평정기록(rating recording)이란 관찰행동을 관찰한 후 사전에 준비된 평정수단(범주, 척도, 또는 검목표)을 사용하여 행동의 양상, 정도, 또는 유무를 판단해 기록하는 방법인데 범주기록, 척도기록, 그리고 검목표기록의 세 가지 유형이 있다. 범주기록(category recording)은 연속적으로 기술된 몇 개의 질적 차이가 있는 범주 중 관찰행동을 가장 잘 나타내는 범주를 선택하여 기록하는 것이고, 척도기록(scale recording)은 행동의 정도를 몇 개의 숫자로 표시해 놓은 척도, 즉 숫자척도(numerical scale)에 관찰행동을 가장 잘 나타내는 숫자를 선택하여 기록하는 것이며, 검목표기록(checklist recording)은 일련의 행동이나 특성들의 목록, 즉 검목표(checklist)에 해당 행동이나 특성의 유무를 기록하는 것이다.

셋째, 면접(interview)이란 면접자(interviewer)와 피면접자(interviewee) 간의 면대면 대화를 통해 일련의 질문에 대한 반응을 기록함으로써 자료를 수집하는 방법이라고 할 수 있다. 면접의 유형은 면접도구의 표준화 여부에 따라 공식적 면접과 비공식적 면접으로 분류될 수 있고, 면접진행의 구조화정도에 따라 구조화면접, 반구조화면접, 비구조화면접으로 분류될 수 있으며, 피면접자에 따라 아동면접, 부모면접, 교사면접으로 분류될 수 있다.

넷째, 교육과정중심사정(curriculum-based assessment: CBA)은 아동에게 가르치는 교육과정과 관련하여 아동의 수행에 대한 자료를 수집하는 방법이라고 할 수 있다. 교육과정중심사정(CBA)에는 다양한 유형이 있는데 문헌에서 주로 언급되고 있는 유형은 준거참조-교육과정중심사정, 교육과정중심측정, 교수설계용교육과정중심사

정, 교육과정중심평가, 그리고 교육과정-교수중심사정의 다섯 가지 유형이다. 준거
참조-교육과정중심사정(criterion-referenced curriculum-based assessment: CR-CBA)은
학급수행으로부터 추출된 목표들에 대한 아동의 숙달정도를 측정하는 데에 초점을
두고, 교육과정중심측정(curriculum-based measurement: CBM)은 아동의 요구에 맞도
록 교수프로그램을 변경하거나 수정하기 위해 교사가 활용할 수 있는 자료를 제공하
도록 설계됨으로써 교수프로그램 수정 후 아동의 진전을 사정하는 데에 강조점을 두
며, 교수설계용교육과정중심사정(curriculum-based assessment for instructional design:
CBA-ID)은 아동들의 수행에 근거하여 그들의 요구를 결정하기 위한 방법으로서 교
수내용의 확인 및 수정뿐만 아니라 교수자료가 제시되는 수준의 조절에도 초점을 두
고, 교육과정중심평가(curriculum-based evaluation: CBE)는 아동의 착오를 분석하고
결핍된 기술을 확인하는 데에 초점을 두며, 교육과정-교수중심사정(curriculum and
instruction-based assessment: CIBA)은 교육과정에 포함된 아동수행의 타당성 및 학습
을 위한 교수환경의 적절성에 초점을 둔다.

　다섯째, 수행사정(performance assessment)이란 과제를 수행하는 과정이나 결과를
통하여 아동의 지식, 태도, 또는 기능에 대한 자료를 수집하는 방법이라고 할 수 있
다. 수행사정에서는 수행의 과정(process) 혹은 결과(product)에 초점을 두거나 또는
과정과 결과 모두에 초점을 둘 수도 있다.

　여섯째, 포트폴리오사정(portfolio assessment)은 아동의 성취를 평가하기 위하여 아
동 그리고/또는 교사가 선택한 아동의 작업이나 작품의 수집에 의존하는 사정방법인
데 포트폴리오사정에서 아동의 성취를 평가하기 위하여 수집된 아동의 작업집이나
작품집을 포트폴리오(portfolio)라고 한다.

　이상의 사정방법과 앞서 살펴본 평가의 각 단계와의 관계를 요약해 보면 〈표 1-4〉
와 같다.

4. 사정방법의 분류

　사정방법의 종류에 대해 논의할 때 흔히 사용되는 용어로 공식적·비공식적 사정
그리고 전통적·대안적 사정이라는 용어가 있다. 또한 국가의 교육책무성과 관련하여
정규사정·대체사정이라는 용어도 있다. 이러한 용어는 특정 사정방법을 지칭하기보

▷ 〈표 1-4〉 **평가단계와 사정방법**

평가의 단계	사정방법
선별	• 검사(규준참조검사, 표준화된 준거참조검사) • 관찰(공식적 관찰) • 교육과정중심사정(교육과정중심측정)
진단	• 검사(규준참조검사, 표준화된 준거참조검사) • 관찰(공식적 관찰) • 면접(공식적 면접) • 교육과정중심사정(교육과정중심측정)
적부성	• 검사(규준참조검사, 표준화된 준거참조검사) • 관찰(공식적 관찰) • 면접(공식적 면접) • 교육과정중심사정(교육과정중심측정)
프로그램 계획 및 배치	• 검사(규준참조검사, 표준화된 준거참조검사) • 관찰(공식적 관찰) • 면접(공식적 면접) • 교육과정중심사정(교육과정중심측정, 준거참조-교육과정중심사정) • 수행사정 • 포트폴리오사정
형성평가	• 검사(표준화된 또는 교사제작 준거참조검사) • 관찰(비공식적 관찰) • 면접(비공식적 면접) • 교육과정중심사정(교육과정중심측정, 준거참조-교육과정중심사정) • 수행사정 • 포트폴리오사정
총괄평가	• 검사(규준참조검사, 표준화된 준거참조검사) • 관찰(공식적 관찰, 비공식적 관찰) • 교육과정중심사정(교육과정중심측정, 준거참조-교육과정중심사정) • 수행사정 • 포트폴리오사정

다는 어떤 기준을 가지고 사정방법을 분류하는 용어로 이해하는 것이 바람직하다.

1) 공식적 사정과 비공식적 사정

공식적 사정(formal assessment)이란 실시·채점·해석에 대한 명확한 지침을 가지고 자료를 수집하는 방법(예: 규준참조검사, 표준화된 준거참조검사, 공식적 관찰, 공식적 면접, 교육과정중심측정 등)을 말하며, 비공식적 사정(informal assessment)은 실시·채점·해석에 대한 엄격한 지침 없이 자료를 수집하는 방법(예: 교사제작 준거참조검사, 비공식적 관찰, 비공식적 면접, 준거참조-교육과정중심사정 등)을 의미한다(McLoughlin &

보충설명 1-2 공식적 평가와 비공식적 평가

교육적 의사결정에 필요한 자료를 수집하는 과정인 사정을 공식적 사정과 비공식적 사정으로 분류할 수 있다면 수집된 자료에 근거하여 가치판단을 통하여 교육적 의사결정을 내리는 과정인 평가도 공식적 평가와 비공식적 평가로 분류할 수 있다. 즉, 실시·채점·해석에 대한 명확한 지침 여부에 따라 사정을 공식적 사정과 비공식적 사정으로 구분한다면 교육적 의사결정의 공식성 여부에 따라 평가를 다음과 같이 공식적 평가와 비공식적 평가의 두 가지 유형으로 구분할 수 있다.

• 공식적 평가(formal evaluation)

공식적 평가는 수집된 자료에 근거하여 가치판단을 통하여 공식적인 교육적 의사결정을 내리는 평가라고 할 수 있는데, 공식적인 교육적 의사결정이란 성적, 선발, 배치, 진로 등에 대한 의사결정을 말한다. 공식적 평가를 위해서는 공식적 사정으로 수집된 자료가 주로 사용되지만 경우에 따라서는 비공식적 사정으로 수집된 자료도 보완적으로 사용될 수 있다. 예를 들어, 아동의 진전에 대한 종합적인 평가인 총괄평가에서는 공식적 사정이 주로 요구되지만(Venn, 2004) 비공식적 사정으로 수집된 자료도 유용할 수 있다(〈표 1-4〉 참조).

• 비공식적 평가(informal evaluation)

비공식적 평가는 수집된 자료에 근거하여 가치판단을 통하여 비공식적인 교육적 의사결정 내리는 평가라고 할 수 있는데, 비공식적인 교육적 의사결정이란 진척 상황, 부차적인 사항 등에 대한 의사결정을 말한다. 비공식적 평가를 위해서는 비공식적 사정으로 수집된 자료가 주로 사용되지만 경우에 따라서는 공식적 사정으로 수집된 자료도 보완적으로 사용될 수 있다. 예를 들어, 아동의 진전에 대해 지속적으로 평가하는 형성평가에서는 비공식적인 사정에 주로 의존하지만(Venn, 2004) 공식적 사정으로 수집된 자료도 유용할 수 있다(〈표 1-4〉 참조).

Lewis, 2008). 이처럼 사정을 공식적 사정과 비공식적 사정으로 구분하듯이 평가도 공식적 평가와 비공식적 평가로 구분할 수 있는데 이에 대해서는 [보충설명 1-2]를 참고하기 바란다.

2) 전통적 사정과 대안적 사정

전통적 사정(traditional assessment)이란 표준화검사 혹은 선다형중심의 지필검사를 통하여 아동의 성취수준·능력·잠재력 등에 대한 자료를 수집하는 것을 말하며 대안적 사정(alternative assessment)은 전통적 사정방법을 지양하는 일련의 사정방법을 총칭하는 용어다(한국교육평가학회, 2004; Taylor, 2006). 최근에는 대안적 사정을 전통적 사정에 반하기보다는 전통적 사정에 대한 보완적·대용적 의미로 받아들이고 있는데(한국교육평가학회, 2004; McLoughlin & Lewis, 2008), 대안적 사정의 대표적인 예로는 수행사정과 포트폴리오사정을 들 수 있다. 이와 같은 대안적 사정은 신체적 활동이나 기능과 관련된 심동적 영역(psychomotor domain)에서 오래 전부터 사용되어 왔으므로 전혀 새로운 방법은 아니며, 다만 인지적 영역(cognitive domain)이나 정의적 영역(affective domain)에 도입되면서 근래 관심이 높아지고 있는 방법이다(성태제, 2010; Venn, 2000). 이러한 관심은 일반교육에서는 이미 관련서적뿐만 아니라 교사들의 이해 측면에서 주목할 만한 성과로 나타나고 있지만, 특수교육에서는 아직 그렇지 못한 실정이다(Harris & Curran, 1998; Taylor, 2006). 그러나 특수아들의 특성을 고려할 때 특수아 평가에 있어서 대안적 사정의 활용가치는 매우 클 것으로 기대되므로(Kubiszyn & Borich, 2003) 이에 대한 이론적·실천적 노력이 적극적으로 이루어져야 할 것으로 보인다.

종종 수행사정과 더불어 대안적 사정방법의 하나로서 참사정이 언급되기도 하는데(Cohen & Spenciner, 2007; Taylor, 2006), 참사정(authentic assessment)이란 인위적으로 고안되지 않은 실제상황에서 지식이나 기술의 적용능력에 대한 자료를 수집하는 것을 말한다(Cohen & Spenciner, 2007). 이러한 참사정은 수행사정과는 달리 실지로 실시되는 경우가 드문데 이와 관련하여 문헌에서는 다음과 같은 세 가지 사항이 언급되고 있다. 첫째, 사정은 주로 인위적으로 고안된 교실환경에서 실시되므로 학교외부의 실제상황에서 사정을 실시하는 데는 많은 현실적인 어려움이 따른다(King-Sears, 1994). 둘째, 참사정은 학교외부의 실제상황에 초점을 두지만 많은 아동들 특히 연령이 낮은 아동들에게는 학교환경이 주된 실제생활환경일 수 있다(Poteet, Choate, & Stewart, 1993; Taylor, 2006). 셋째, 참사정과 수행사정의 관계에 대한 관점이 문헌에서 다양하게 제시되고 있다(Coutinho & Malouf, 1993). 이러한 관점은 세 가지로 요약할 수 있는데, 첫 번째 관점은 참사정과 수행사정을 상호교환적으로 사용할 수 있는 동일한 개념으로(Herman, Aschbacher, & Winters, 1992; Shepard in Kirst, 1991), 두 번째 관점은 수행사정을 참사정의 하위범주로(Elliott, 1992), 그리고 세 번째 관점은 참사정을 수행사정의 하위범주로(Meyer, 1992) 본다. Meyer(1992)에 의하면, 수행사정이 실제생활상황에서 과제나 행동을 수행하도록 요구할 때는 참사정이 되며 따라서 모든 수행사정은 참사정이 될 수 없지만 참사정은 모두 수행사정이 될 수 있다. 이러한 Meyer의 관점은 수행사정이 참사정일 수도 있고 아닐 수도 있다고 보는 견해(성태제, 2010; King-Sears, 1994; Taylor, 2006)와 일치한다. 이 책에서도 Meyer의 관점에 동의하면서 수행사정을 제7장에서 다루기로 한다.

3) 정규사정과 대체사정

정규사정(regular assessment)이란 통상적으로 실시되는 일반적 사정을 말하며 대체사정(alternate assessment)은 조정(accommodation)(저자주: 조정에 대해서는 이 책 제2장 2절의 '특수아를 위한 수정'을 참조할 것)에도 불구하고 정규사정에 참여할 수 없는 소수의 특수아동(즉, 장애학생)을 위해 고안된 사정을 말한다(Erickson, Ysseldyke, Thurlow, & Elliott, 1998). 대체사정은 장애학생들에 대한 교육책무성(educational accountability)을 보장하기 위한 노력의 일환으로 1997년 미국의 「장애인교육법(IDEA 1997)」에서 새롭게 등장하였다(Salvia & Ysseldyke, 2007). 이후 10여년에 걸친 지속적인 노력의 결과로 현재 미국에서는 장애학생들이 공식적인 주(州)수준 학업성취도평가에서 제외되지 않도록 법적 근거가 마련되어 있으며 장애학생을 위한 다양한 학업성취도사정 유형이 제시되어 있다. 이러한 유형에는 크게 정규사정(regular assessments), 조정이 제공되는 정규사정(regular assessments with accommodations), 대체사정(alternate assessments)의 세 가지가 있고, 대체사정에는 학년수준 학업성취기준에 근거한 대체사정(alternate assessments based on the grade-level academic achievement standards: AA-GLAS), 수정 학업성취기준에 근거한 대체사정(alternate assessments based on the modified academic achievement standards: AA-MAS), 대체 학업성취기준에 근거한 대체

▷〈표 1-5〉 미국에서 실시되는 대체사정의 유형별 비교

특성	학년수준 학업성취기준에 근거한 대체사정 (AA-GLAS)	수정 학업성취기준에 근거한 대체사정 (AA-MAS)	대체 학업성취기준에 근거한 대체사정 (AA-AAS)
도입연도	2001년	2007년	2003년
대상학생	정규사정과 동일한 학업기준(학업내용기준 및 학업성취기준)[1]이 적용되지만 기대되는 지식 또는 기술을 드러내는 데 있어 정규사정에서 사용되는 사정방법과는 다른 종류의 사정방법을 필요로 하는 학생	정규사정과 동일한 학업내용기준이 적용되지만 일반학생들과 동일한 기간 동안 학년수준의 학업성취를 달성하는 데 어려움이 있는 학생	가장 심한 인지적 장애를 가지고 있어 학년수준의 학업성취를 기대하기 힘든 학생
학업기준	학업내용기준은 학년수준 학업내용기준과 동일하며 학업성취기준도 학년수준 학업성취기준에 근거	학업내용기준은 학년수준 학업내용기준에 부합되어야 하지만 학업성취기준은 학년수준 학업성취기준보다 다소 관대한 수정 학업성취기준에 근거	학업내용기준은 학년수준 학업내용기준에 부합되어야 하지만 학업성취기준은 학년수준 학업성취기준보다 매우 관대한 대체 학업성취기준에 근거
사정방법	교사제작 준거참조검사, 관찰, 교육과정중심사정, 수행사정, 포트폴리오사정 등을 적절하게 조합하여 사용	교사제작 준거참조검사, 관찰, 교육과정중심사정, 수행사정, 포트폴리오사정 등을 적절하게 조합하여 사용하되 수정 학업성취기준을 고려하여 난이도를 조절	교사제작 준거참조검사, 관찰, 교육과정중심사정, 수행사정, 포트폴리오사정 등을 적절하게 조합하여 사용할 수 있으나 대체 학업성취기준을 고려하여 일반적으로 관찰, 수행사정, 포트폴리오사정 등을 사용
공통점	<ul><li>학년수준 학업내용기준에 부합되어야 함.</li><li>학업성취기준에 제시된 분할점수가 적용될 수 있도록 결과가 수량적 자료(예: 백분율점수, 표준점수 등)로 산출되어야 함.</li><li>특정 유형의 대체사정 실시여부는 주정부가 제공한 지침에 따라 학생의 IEP팀이 결정함.</li></ul>		

수정발췌: 이승희(2010). 국가수준학업성취도평가를 위한 장애학생의 대체사정에 대한 고찰: 미국의 관련 연방법을 중심으로. 특수교육학연구, 45(3), 189-210. (p. 204)

[1] 미국의 연방법인 「아동낙오방지법(No Child Left Behind Act: NCLB)」은 모든 주(州)가 학업기준을 제시하고 이에 근거하여 학생들의 학업성취도를 보고하도록 요구하고 있는데 학업기준(academic standards)에는 다음과 같이 학업내용기준과 학업성취기준이 포함된다(Cortiella, 2006).

- 학업내용기준(academic content standards)이란 학교가 학생들에게 가르치도록 기대되는 교과특유의 지식과 기술에 대한 진술을 말하는데 이러한 진술은 학생들이 알아야 하고 할 수 있어야 하는 바를 나타낸다.
- 학업성취기준(academic achievement standards)이란 학생들이 학업내용기준 습득의 정도를 보여 줄 수준들에 대한 진술을 말하는데 다음 네 가지 요소로 구성된다. 첫째, 학업성취의 단계별 수준이다. 미국의 NCLB Title I은 적어도 세 단계의 성취수준을 제시하도록 하고 있는데 대부분의 주(州)가 3개 이상의 단계를 제시하고 있으며 각 단계의 명칭은 주(州)에 따라 다양하다. 예를 들어, Maryland는 distinguished, proficient, apprentice, novice의 네 단계를 그리고 Minnesota는 level IV, level III, level II, level I의 네 단계를 제시하고 있다. 둘째, 각 성취수준에 대한 기술이다. 즉, 각 수준별로 과제와 관련하여 학생들이 드러내야 할 바가 무엇인지 기술되어야 한다. 셋째, 각 성취수준에 대한 예시다. 이러한 예시는 해당 성취수준의 수행범위를 예증하여야 한다. 넷째, 각 수행수준을 명확히 분리하는 분할점수(cut scores)다. 이러한 분할점수는 일반적으로 백분율점수(percentage scores) 또는 표준점수(standard scores)로 제시된다.

사정(alternate assessments based on the alternate academic achievement standards: AA-AAS)의 세 가지 하위유형이 포함되어 있다(U.S. Department of Education, 2007). 따라서 미국에서는 다섯 가지 학업성취도사정 유형(정규사정, 조정이 제공되는 정규사정, 학년수준 학업성취기준에 근거한 대체사정, 수정 학업성취기준에 근거한 대체사정, 대체 학업성취기준에 근거한 대체사정) 가운데 한 가지를 선택하여 장애학생이 공식적인 주(州)수준 학업성취도평가에 참여하도록 하고 있다(이승희, 2010). 〈표 1-5〉는 대체사정의 세 가지 하위유형별 특성을 간략하게 비교하여 제시하고 있다.

이처럼 미국은 교육책무성과 관련하여 주(州)수준 학업성취도평가를 실시하고 있는데, 이와 더불어 국가수준 학업성취도평가도 실시하고 있다. 우리나라에서도 매년 국가수준 학업성취도평가가 실시되고 있으나 장애학생들의 참여에 대한 법적 근거는 없는 실정이다. 국가의 교육책무성과 관련하여 미국과 우리나라에서 실시되고 있는 학업성취도평가에 대한 좀 더 구체적인 내용은 [보충설명 1-3]에 제시되어 있다.

보충설명 1-3 미국과 우리나라의 공식적인 학업성취도평가

국가는 장애학생을 포함한 모든 학생이 질 높은 교육을 받도록 할 책임이 있다. 즉, 국가는 체계적인 관리를 통하여 모든 학생에게 보다 높은 학업성취를 보장하는 책무성(accountability)을 지닌다. 그러나 국가의 교육책무성이 항상 만족스럽게 수행되는 것은 아니며 따라서 이를 개선하고자 하는 관심과 노력이 지속되고 있다. 이러한 국가의 교육책무성과 관련하여 미국과 우리나라에서 실시되고 있는 공식적인 학업성취도평가에 대해 간략하게 살펴보면 다음과 같다.

• 미국

2014년 현재 미국의 경우 국가수준에서 실시되는 학업성취도평가와 주(州)수준에서 실시되는 학업성취도평가가 있다. 전자는 '국가수준 교육진전도사정(National Assessment of Educational Progress: NAEP)'이라고 하며 후자는 흔히 '주수준 성취도검사(state achievement tests)'로 불린다.

국가수준 교육진전도사정(NAEP)은 격년마다 전국적으로 실시된다. 평가영역은 일반적으로 모든 학교의 교육과정에 공통적으로 포함된 과목으로 구성되고 평가대상은 표집으로 선정된 4, 8, 12학년 학생들이며 결과는 세 단계의 성취수준(advanced, proficient, basic)으로 표시된다. 개인별 또는 학교별 성적은 산출되지 않으며 국가, 주, 일부 대도시 수준에서 결과를 요약하여 학생들의 교육진전도 상황을 파악한다.

주수준 성취도검사는 매년 주별로 실시되며 주에 따라 명칭이 다양하다. 예를 들어,

보충설명 1-3   계속됨

Illinois의 경우 Illinois Standards Achievement Test(ISAT)이고 Pennsylvania의 경우는 Pennsylvania System of School Assessment(PSSA)이다. 평가영역은 읽기/언어와 수학으로 구성되며 평가대상은 3학년부터 8학년까지의 모든 학생이다. 고등학교 학생들을 대상으로도 10학년에서 12학년 중에 읽기/언어와 수학에 대한 사정을 실시해야 한다. 결과는 성취도검사에 참여한 학생의 비율(즉, 참여율)과 학업성취기준(〈표 1-5〉 참조)에 제시된 숙달수준 이상을 보인 학생들의 비율을 정부에 보고하여야 하는데 이는 각 학교, 각 지역교육청, 및 주 모두에게 요구된다. 이때 숙달수준 이상을 보인 학생들의 비율은 학생전체를 대상으로 그리고 네 집단(경제적 결손 학생, 주요 인종별 학생, 영어능숙 제한 학생, 장애학생)별로 분리하여 보고된다.

• 우리나라

우리나라의 경우에는 국가에서 정한 교육과정에 근거해 학생들의 학업성취도 현황 및 변화추이를 파악하고 학교교육의 질을 체계적으로 관리하기 위해 매년 '국가수준 학업성취도평가(National Assessment of Educational Achievement: NAEA)'가 실시되고 있다. NAEA는 1998년 기본계획 수립 이후 지금까지 시행되어 오면서 평가영역, 대상학년, 표집여부(전집평가 또는 표집평가), 결과공시여부 등에 변화가 있었는데 2018년 현재 평가영역은 국어, 수학, 영어로 구성되며 평가대상은 표집으로 선정된 중학교 3학년과 고등학교 2학년 학생들이다. 결과는 네 단계의 성취수준(우수학력, 보통학력, 기초학력, 기초학력 미달)으로 표시되며 응시한 학생들에게 개별적으로 통지된다. 또한 결과는 교육부가 학생들의 기초학력 수준을 파악하고 교육과정을 설계하는 데 자료로 활용된다. 참고로 네 단계의 성취수준을 양적으로 표현하면, '우수학력'은 교육과정 기본내용의 80% 이상을 이해한 수준, '보통학력'은 80% 미만~50% 이상을 이해한 수준, '기초학력'은 50% 미만~20% 이상을 이해한 수준, '기초학력 미달'은 20% 미만을 이해한 수준이라 할 수 있다(정구향, 김경희, 김재철, 반재천, 민경석, 2004).

미국의 학업성취도평가와 비교해 보았을 때 우리나라의 학업성취도평가에서 한 가지 주목할 만한 사항은 장애학생들의 참여가 법적으로 보장받지 못하고 있을 뿐 아니라 대체사정의 개념이나 유형에 대한 언급이 없다는 것이다. 이와 관련하여 이승희(2010)는 향후 우리나라에 대체사정의 개념과 유형이 정립될 필요가 있을 뿐 아니라 장애학생들의 국가수준 학업성취도평가 참여를 위한 제도적 절차 및 법적 근거가 마련되어야 한다고 하였다.

제2장

측정의 기본개념

1. 기술통계

기술통계(descriptive statistics)란 수량적 자료를 체계화하고 설명하는 통계라고 할 수 있는데, 다음에서는 측정과 관련된 몇 가지 기술통계의 개념들을 살펴보고자 한다.

1) 척도

제1장에서 정의된 바와 같이 측정이란 양적 또는 수량적 자료를 수집하는 과정이다. 흔히 무엇인가를 측정한다고 했을 때 물리적 대상을 자나 저울과 같은 도구를 사용하여 양을 나타내는 과정을 연상하게 되지만 교육현장에서는 인간의 인지적(예: 지능, 수학능력), 정의적(예: 흥미, 태도), 심동적(예: 속도, 높이) 영역에 속하는 여러 가지 특성도 사정도구를 이용하여 수량화하는 과정이 지속적으로 이루어진다. 따라서 측정에서는 사물이나 사람의 특성을 수량화하기 위해 체계적인 단위를 가지고 그 특성에 숫자를 부여하게 되는데, 이러한 체계적인 단위를 척도(scale)라고 한다. 척도는 명명척도, 서열척도, 등간척도, 비율척도, 절대척도의 다섯 가지 유형으로 분류된다(성태제, 2010). 교육이나 심리측정에서 서열척도와 등간척도는 흔히 사용되나 명명척도, 비율척도, 절대척도를 사용하는 경우는 거의 없다(Salvia & Ysseldyke, 2007).

명명척도(nominal scale)란 측정대상을 구분·분류하기 위하여 사용되는 척도다. 따라서 명명척도로 사용되는 숫자는 분류종목에 대한 명명수단에 불과하며 수의 의미는 갖지 않는다. 예를 들어, 운동선수들의 배번(uniform number)은 각각의 선수들을 구분하기 위한 수단이므로 1번 선수가 2번 또는 3번 선수보다 더 뛰어난 선수라는 등의 의미는 전혀 없다. 수업 중 그룹과제를 위해 각 그룹에 부여된 번호(예: 1조, 2조, 3조 등)나 성별을 구분하기 위해 사용된 번호(예: 남자 1, 여자 2)도 같은 예다. 이와 같이 명명척도로 사용된 숫자는 수의 의미를 갖지 않기 때문에 사칙연산을 적용할 수 없으나 경우에 따라 빈도를 산출하는 것은 가능하다. 〈표 2-1〉에서 아동의 성별(남자 1, 여자 2) 빈도는 남·여 각각 13과 12로 산출된다.

서열척도(ordinal scale)는 측정대상의 분류에 관한 정보를 주는 명명척도의 특성을 가지면서 동시에 측정대상의 상대적 서열을 표시하기 위하여 사용되는 척도다. 아동들의 성적 등위, 키 순서, 인기 순위 등은 서열척도의 예가 된다. 이와 같은 서열척도는 서열 간의 간격이 같지 않으므로 측정단위의 간격 간에 동간성이 유지되지 않는다. 예를 들어, 〈표 2-1〉에서 볼 수 있듯이, 1등과 2등의 점수차이(1)와 3등과 4등의 점수차이(2)를 비교할 때 등위의 차이는 각각 1등급으로 같으나 점수의 차이는 같지 않다. 따라서 명명척도와 마찬가지로 서열척도로 측정된 자료에는 사칙연산을 적용할 수 없으나, 앞서 언급된 바와 같이 명명척도와는 달리 서열척도는 교육이나 심리측정에서, 특히 규준참조검사에서 종종 사용된다. 예를 들어, 이 장의 3절 '점수의 유형'에 소개되는 연령등가점수(age-equivalent scores), 학년등가점수(grade-equivalent scores), 백분위점수(percentile scores) 등은 서열척도가 사용된 경우다.

등간척도(interval scale)는 측정대상의 분류와 서열에 관한 정보를 주는 서열척도의 특성을 가지면서 동시에 동간성을 갖는 척도다. 동간성이란 동일한 측정단위 간격에 동일한 수적 차이를 부여하는 속성을 말한다. 또한 등간척도는 임의영점과 가상단위를 지니고 있다. 이와 같은 등간척도의 예로 온도와 연도를 들 수 있다. 온도를 측정하는 단위에서 0℃는 온도가 전혀 없다는 것을 뜻하는 것이 아니라 물이 어는 점을 0℃로 하자고 임의적으로 협약했다는 것을 의미하므로 이와 같은 영점을 임의영점이라고 한다. 또한 1℃라는 단위도 절대적인 것이 아니라 협약에 의해 얼마만큼의 온도를 1℃로 할 것인지 정해진 것이므로 ℃는 가상단위가 되며 동간성을 유지한다. 따라서 0℃에서 5℃까지의 온도차이는 20℃에서 25℃까지의 온도차이와 같다. 이와 같은 등간척도로 측정된 자료는 동간성을 가지고 있으므로 사칙연산 중 가감법

▷〈표 2-1〉 A학급 아동들의 수학시험 점수(내림차순)

아동	성별 (남 1, 여 2)	원점수	등위	다음 상위 점수와의 차이
범수	1	27	1	0
진비	2	26	2	1
세민	1	22	3	4
민정	2	20	4	2
남석	1	18	5	2
보라	2	17	6	2
근혜	2	16	7	1
진영	2	16	7	1
건웅	1	16	7	1
혁주	1	14	10	2
영하	1	14	10	2
찬규	1	14	10	2
민혁	1	14	10	2
서영	2	14	10	2
유나	2	14	10	2
민우	1	14	10	2
준표	1	12	17	2
나영	2	12	17	2
지훈	1	12	17	2
가인	2	11	20	1
혜리	2	10	21	1
현진	2	8	22	2
유정	2	6	23	2
지성	1	2	24	4
찬욱	1	1	25	1

수정발췌: Salvia, J., & Ysseldyke, J. E. (2007). *Assessment in special and inclusive education* (10th ed.). Boston, MA: Houghton Mifflin. (p. 71)

은 적용할 수 있으나 절대영점이 아닌 임의영점을 가지고 있어서 승제법은 적용할 수 없다. 앞서 등간척도는 교육이나 심리측정에서 자주 사용된다고 하였는데, 이 장

3절 '점수의 유형'에 소개되는 여러 가지 표준점수(standard scores)가 그 예에 해당된다. 예를 들어, 표준점수를 제공하는 Wechsler Intelligence Scale for Children-Fifth Edition(WISC-V)(Wechsler, 2015)에서 IQ 100은 IQ 50에 IQ 50을 더한 것으로 덧셈법칙은 적용되나, IQ 100이 IQ 50의 두 배라는 곱셈법칙은 적용되지 않는다. 즉, IQ 100인 아동의 지적 능력이 IQ 50인 아동의 지적 능력의 두 배가 되는 것은 아니라는 뜻이다.

비율척도(ratio scale)는 분류, 서열, 동간성의 속성을 지닌 등간척도의 특성을 지니면서 동시에 절대영점과 가상단위를 갖는 척도다. 이와 같은 비율척도의 예로 무게와 길이를 들 수 있다. 무게에서 0이란 아무것도 존재하지 않는다는 것을 의미하므로 이와 같은 영점을 절대영점이라고 한다. 또한 g, kg 등의 무게단위도 절대적인 것이 아니라 국제적으로 협약된 가상단위이며 동간성을 유지한다. 따라서 1g과 5g의 무게차이는 21g과 25g의 무게차이와 같다. 이와 같은 비율척도로 측정된 자료는 동간성과 절대영점을 가지고 있으므로 사칙연산을 모두 적용할 수 있다. 앞서 언급된 바와 같이, 비율척도가 교육이나 심리측정에서 사용되는 경우는 거의 없으나, 일상적인 예로 수입이나 수행시간 등은 비율척도가 사용된 경우다. 수입의 경우, 100만 원은 50만 원에 50만 원을 더한 것으로 덧셈법칙이 적용되며, 100만 원은 50만 원의 두 배가 되는 수입이므로 곱셈법칙도 적용된다.

절대척도(absolute scale)는 분류, 서열, 동간성의 속성을 지닌 등간척도의 특성을 지니면서 동시에 절대영점과 절대단위를 갖는 척도다. 절대영점이란 임의로 설정된 출발점이 아니라 실제로 아무것도 없는 상태를 말하며, 절대단위란 협의를 거치지 않아도 모든 사람이 동의하는 단위를 말한다. 예를 들어, 사람수, 자동차수, 책상수, 걸상수 등에서 0은 하나도 없음을 의미하며 1, 2, 3 등은 모두가 공감하는 측정단위다. 이와 같은 절대척도로 측정된 자료는 비율척도로 측정된 자료처럼 동간성과 절대영점을 가지고 있으므로 사칙연산을 모두 적용할 수 있다.

이상에서 살펴본 다섯 가지 유형의 척도를 비교하여 그 특성을 요약하여 제시하면 〈표 2-2〉와 같다.

2) 분포

측정에 의해 특정 집단에 대한 점수가 수집되면, 점수의 분포(distribution)를 그래

▷ 〈표 2-2〉 **척도의 유형과 특성**

척도	특성	사칙연산의 적용	예
명명척도	• 분류	• 사칙연산을 적용할 수 없다.	• 성별(남자 1, 여자 2)
서열척도	• 분류 • 서열	• 사칙연산을 적용할 수 없다.	• 성적 등위 • 키 순서 • 인기 순위 • 연령등가점수 • 학년등가점수 • 백분위점수
등간척도	• 분류 • 서열 • 동간성 • 임의영점과 가상단위	• 가감법은 적용할 수 있으나 승제법은 적용할 수 없다.	• 온도 • 연도 • 표준점수
비율척도	• 분류 • 서열 • 동간성 • 절대영점과 가상단위	• 사칙연산을 모두 적용할 수 있다.	• 무게 • 길이 • 수입
절대척도	• 분류 • 서열 • 동간성 • 절대영점과 절대단위	• 사칙연산을 모두 적용할 수 있다.	• 사람수 • 자동차수

프로 그려 점수들 간의 관계를 시각적으로 살펴볼 수 있다. 이와 같은 그래프에서, 가로축은 일련의 점수를 나타내고 세로축은 가로축에 제시된 점수들의 빈도를 나타낸다. 교육과 심리측정에서 흔히 사용되는 분포그래프에는 히스토그램(histogram), 폴리그램(polygram), 곡선(curve)의 세 가지 유형이 있다(Salvia & Ysseldyke, 2007). 〈그림 2-1〉은 앞서 〈표 2-1〉에 제시된 시험점수를 이용하여 그린 세 가지 유형의 분포 그래프를 보여 주고 있다. 먼저, 상단에 위치한 그래프가 히스토그램인데 이 그래프에서는 A학급 수학시험 점수를 3점 간격(즉, 1-3, 4-6, … , 25-27)으로 묶어서 제시하고 있다. 그다음, 중간에 위치한 그래프는 히스토그램에서 사용된 간격의 중간 점을 연결하여 그린 폴리그램이다. 마지막으로, 하단에 위치한 그래프가 폴리그램을 매끄럽게 그려 표현한 곡선이다.

〈그림 2-1〉의 하단에 위치한 곡선은 A학급 수학시험 점수가 정규분포를 이루고 있음을 보여 주는 것이다. 정규분포(normal distribution)란 대부분의 점수가 평균 주위에 모여 있으면서 평균 이상과 이하의 점수가 좌우대칭 모양을 갖춘 분포를 말하는데, 정상분포라고 불리기도 한다. 측정에 있어서 정규분포의 사용은 모집단의 인지적·심리적·정서적 특성이 균일하게 분포되어 있다는 개념에 근거를 두고 있으며 이 개념은 검사도구 개발에서 중요한 이론적 가정으로 받아들여져 있다. 따라서 새로운 규준참조검사를 개발할 때는 검사점수가 정규분포를 이룰 것으로 예상한다. 마찬가지로, 〈표 2-1〉과 〈그림 2-1〉에 나타난 A학급 수학시험 점수처럼, 교사가 교과목 시험문제를 출제할 때에도 시험을 실시했을 때 아동들의 시험점수가 정규분포를 이룰 것을 일반적으로 기대한다. 그러나 한편으로, 인간의 인지적·심리적·정서적 특성이 정규분포를 이룬다는 개념에 대한 논쟁도 계속되어 왔다. 즉, 키나 몸무게와 같은 신체적 특성들의 정규분포에 대해서는 다소 동의가 이루어졌으나 지능·발달·학업성취 등과 같은 특성들이 정규분포를 이루는가에 대한 논의는 아직도 활발하게 진행되고 있다(Cohen & Spenciner, 2007). 이러한 논쟁과 관련하여 Mehrens와 Lehmann(1991)은 특정 특성에 있어서 소규모 아동들의 수행이 정규분포를 보일 가능성은 다소 낮은 반면에 대규모 규준집단에서 얻은 검사결과는 정규분포의 형태를 보일 가능성이 높다라고 지적하고 있다.

이와 같은 정규분포와는 달리 점수의 분포가 한쪽으로 치우친 경우도 가끔 있는데 이러한 분포를 편포(skewed distribution)라고 한다. 편포에는 정적 편포와 부적 편포의 두 가지 유형이 있다. 정적 편포(positively skewed distribution)란 분포의 긴 꼬리부분이 오른쪽, 즉 양의 부호쪽으로 길게 뻗어 있는 분포를 말한다. 만약 A학급 수학시험이 아주 어렵게 출제되어 대부분의 아동들이 낮은 점수를 받고 소수의 아동들이 높은 점수를 받았을 경우 나타나는 분포다. 이에 반해 부적 편포(negatively skewed distribution)는 분포의 긴 꼬리부분이 왼쪽, 즉 음의 부호쪽으로 길게 뻗어 있는 분포를 말한다. 만약 A학급 수학시험이 너무 쉽게 출제되어 대부분의 아동들이 높은 점수를 받고 소수의 아동들이 낮은 점수를 받은 경우에 나타나는 분포다. 〈그림 2-2〉는 이 두 가지 유형의 예를 보여 주고 있는데, 분포의 긴 꼬리부분의 방향에 의해 두 가지 유형을 쉽게 구별할 수 있다.

● 〈그림 2-1〉 **A학급 수학시험 점수의 분포그래프**

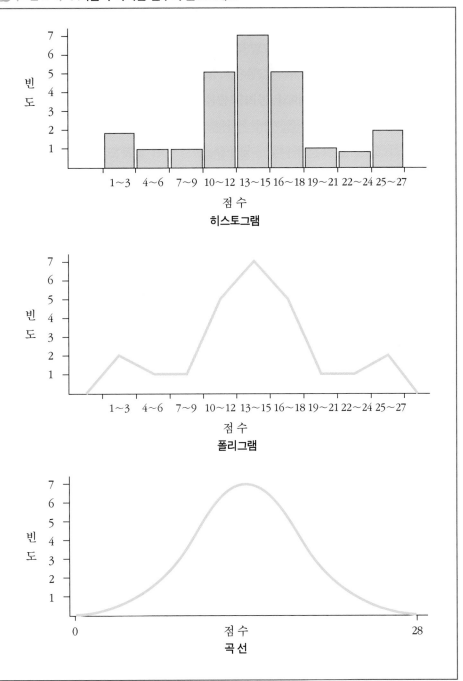

수정발췌: Salvia, J., & Ysseldyke, J. E. (2007). *Assessment in special and inclusive education* (10th ed.). Boston, MA: Houghton Mifflin. (p. 73)

● 〈그림 2-2〉 정적 편포와 부적 편포

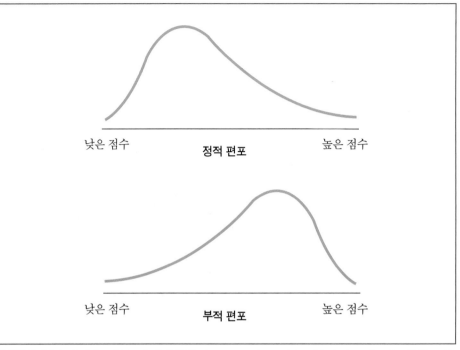

수정발췌: Salvia, J., & Ysseldyke, J. E. (2007). *Assessment in special and inclusive education* (10th ed.). Boston, MA: Houghton Mifflin. (p. 74)

3) 집중경향성

한 집단으로부터 얻어진 자료는 어떤 특정값을 중심으로 분포를 형성하는 경향, 즉 집중경향성(또는 중심경향성: central tendency)을 보이게 된다. 따라서 전체 자료의 값을 일일이 나열하는 것보다 집중경향성을 이용하여 그 자료를 하나의 대푯값으로 요약할 수 있는데 이러한 대푯값을 집중경향값(또는 중심경향값: measure of central tendency)이라고 한다. 즉, 집중경향값은 자료분포에서 가장 전형적인 특정 수치이며 그 종류로는 평균, 중앙값, 그리고 최빈값이 있다.

평균(mean)이란 전체 자료의 값을 모두 더한 다음 전체 자료의 사례수로 나눈 값을 말하며 집중경향값으로 가장 많이 활용된다. 예를 들어, 〈표 2-1〉의 자료에서 모든 점수를 더한 값(350)을 사례수(25)로 나누면 14라는 평균을 얻을 수 있다. 이와 같은 평균은 등간척도, 비율척도, 절대척도로 측정된 자료에만 사용할 수 있다(Salvia & Ysseldyke, 2007).

중앙값(median)은 자료를 크기 순서대로 배열했을 때 중앙에 위치하게 되는 값이다. 따라서 중앙값을 기준으로 자료의 반은 중앙값보다 큰 값을 갖고 나머지 반은 중앙값보다 작은 값을 갖는다. 예를 들어, 자료가 4, 5, 7, 8, 10으로 구성되어 있다면 7이 중앙값이 되고, 자료가 1, 3, 5, 7, 8, 9와 같이 짝수로 구성되어 있는 경우에는 가운데 있는 두 값인 5와 7의 평균(6)으로 중앙값이 결정된다. 그러나 〈표 2-1〉에 제시된 바와 같이 자료에 중복된 값이 있는 경우 중앙값 산출은 복잡해지며, 이러한 경우에는 누적백분율이 50%인 점을 계산하는 공식을 활용하여 중앙값을 산출하게 된다(한국교육평가학회, 2004)(저자주: 이 과정에 대해서는 통계전문서적을 참고할 것). 이와 같은 중앙값은 서열척도, 등간척도, 비율척도, 절대척도로 측정된 자료에는 적용할 수 있으나 명명척도로 측정된 자료에는 적용할 수 없다(Salvia & Ysseldyke, 2007).

최빈값(mode)은 자료에서 가장 빈번히 관찰된 최다도수를 갖는 값이다. 예를 들어, 〈표 2-1〉에서 14가 일곱 번, 12와 16은 세 번씩, 나머지 값들은 한 번씩 관찰되었으므로 14가 최빈값이 된다. 최빈값은 〈표 2-1〉에서와 같이 1개인 경우도 있고 또 2개 이상 존재할 수도 있는데, 최빈값이 1개인 경우를 단봉분포(unimodal distribution), 2개 존재할 경우를 이봉분포(bimodal distribution), 3개 이상 존재할 경우를 다봉분포(multimodal distribution)라고 한다. 이와 같은 최빈값은 명명척도, 서열척도, 등간척도, 비율척도, 혹은 절대척도로 측정된 자료에 모두 적용할 수 있다(Salvia & Ysseldyke, 2007).

이상에서 살펴본 평균, 중앙값, 최빈값은 분포의 왜도에 따라 그 관계가 달라진다. 왜도(skewness)란 분포가 기울어진 방향과 정도를 나타내는 척도로서, 왜도값이 '0'이면 좌우대칭분포를 가지고 '0'보다 크면 양의 왜도를 가지며 '0'보다 작으면 음의 왜도를 가진다(한국교육평가학회, 2004). 앞서 살펴본 정적 편포는 양수의 왜도값을 가지고 부적 편포는 음수의 왜도값을 가진다. 〈그림 2-3〉에 보이는 바와 같이 좌우대칭단봉분포(symmetrical unimodal distribution), 즉 정규분포의 경우 평균, 중앙값, 최빈값이 일치하고 정적 편포에서는 최빈값이 가장 왼쪽에, 평균이 가장 오른쪽에, 중앙값이 최빈값과 평균 사이에 위치하며 부적 편포에서는 평균이 가장 왼쪽에, 최빈값이 가장 오른쪽에, 중앙값이 평균과 최빈값 사이에 위치한다.

● 〈그림 2-3〉 **분포의 왜도에 따른 평균, 중앙값, 최빈값의 관계**

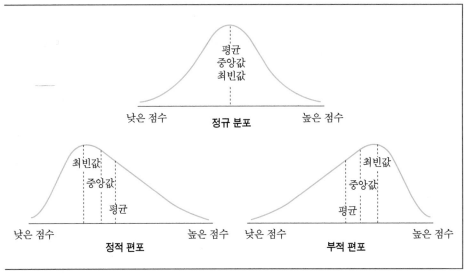

수정발췌: Salvia, J., & Ysseldyke, J. E. (2007). *Assessment in special and inclusive education* (10th ed.). Boston, MA: Houghton Mifflin. (p. 76)

4) 변산도

수집된 자료는 다양한 값을 가지고 있게 마련인데, 이와 같이 자료가 흩어져 있는 정도를 변산도(variability)라 하고, 그 정도를 나타낸 수치를 변산도값(measure of variability)이라고 한다. 이와 같은 변산도값의 종류로는 범위, 분산, 그리고 표준편차가 있다.

범위(range: R)란 관찰된 자료의 양극단 점수 간의 간격을 말한다. 범위를 산출하는 방법은 문헌에 따라 두 가지로 소개되고 있는데, 첫 번째 방법은 최고값에서 최저값을 빼는 것(Hopkins, 1998; Kubiszyn & Borich, 2003; Overton, 2006; Pierangelo & Giuliani, 2006; Sattler, 2001)이고 두 번째 방법은 최고값에서 최저값을 뺀 후 1을 더하는 것(한국교육평가학회, 2004; Salvia & Ysseldyke, 2007)이다. Kubiszyn과 Borich(2003)는 두 번째 방법에 의해 산출되는 범위를 첫 번째 방법에 의해 산출되는 범위와 구별하여 포함범위(inclusive range: inclusive R)라고 부르면서 통계학분야에서 주로 사용되는 개념이므로 평가분야에서는 첫 번째 방법을 사용할 것을 권장하고 있다. 〈표 2-1〉에 제시된 자료에서, 첫 번째 방법에 의한 범위는 26(26=27-1)이고 두 번째 방법에 의한 범위는 27(27=27-1+1)이 된다. 이와 같은 범위는 계산하기 간편하고 쉽게 이해할 수 있다는 장점은 있으나 최고값과 최저값에 의해서만 범위가 결정되므로 그 사이에 존재하는 값들이 어느 정도 퍼져 있는지를 알 수 없다는 단점이 있다.

　분산(variance)은 편차점수 제곱의 평균이라고 할 수 있다. 분산은 평균을 중심으로 자료가 흩어진 정도를 수량화하기 위해 개별점수와 평균의 차이인 편차점수를 이용한다. 그러나 앞서 구한 평균 14를 이용하여 〈표 2-3〉에서 편차점수의 합을 구해 보았을 때 알 수 있듯이, 편차점수의 합은 '0'이 되므로 편차점수를 제곱한 후 이를 사례수로 나누어 그 평균을 구하게 되는데 이것이 분산이다. 〈표 2-3〉의 자료에서 분산을 구해 보면 36(36=900÷25)이 된다. 분산은 측정이론에서 아주 중요한 개념이지만 점수해석에 적용하기에는 많은 제한이 따른다. 그러나 점수해석에서 매우 중요한 표준편차를 산출하기 위해서는 분산이 반드시 필요하다.

　표준편차(standard deviation: SD)는 분산에 제곱근을 취해 구한 값이라고 할 수 있다. 즉, 자료의 모든 값에서 평균을 빼서 나온 편차점수들을 제곱하여 모두 더한 값을 사례수로 나눈 후 제곱근을 구한 값이다. 〈표 2-3〉의 자료에서 표준편차는 36의 제곱근인 6이 된다. 이와 같은 표준편차는 이 장 3절 '점수의 유형'에 소개되는 표준점수(standard scores)와 5절 '신뢰도'에서 다루게 될 측정의 표준오차(standard error of measurement) 등을 산출할 때 활용하게 되는데, 표준편차의 산출공식은 [보충설명 2-1]에 제시되어 있다.

　앞서 살펴본 집중경향값 중에서 평균이 가장 많이 활용된다면, 변산도값 중에서는 표준편차가 가장 많이 활용된다. 이 두 가지 개념은 교육 및 심리측정에서 매우 중요한 역할을 하는데, 특히 자료가 정규분포를 나타낼 경우, 〈그림 2-4〉에 제시된 바와 같이 평균과 특정 표준편차 사이에 존재하는 사례의 비율을 정확히 알 수 있다. 즉, 정규분포에서는 사례의 약 34%가 평균과 평균하위 1표준편차 사이 또는 평균과 평균상위 1표준편차 사이에 항상 존재한다. 따라서 사례의 약 68%는 평균하위 1표준편차와 평균상위 1표준편차 사이에 존재하게 된다(34%＋34%=68%). 그리고 사례의 약 14%가 평균하위 1표준편차와 평균하위 2표준편차 사이 또는 평균상위 1표준편차와 평균상위 2표준편차 사이에 존재한다. 따라서 사례의 약 48%는 평균과 평균하위 2표준편차 사이 또는 평균과 평균상위 2표준편차 사이에 존재하게 된다(34%＋14%=48%). 그러므로 사례의 약 96%가 평균하위 2표준편차와 평균상위 2표준편차 사이에 존재한다.

▽ 〈표 2-3〉 A학급 아동들의 수학시험 편차점수

아동	점수	편차점수(개별점수−평균)	편차점수의 제곱
범수	27	13	169
진비	26	12	144
세민	22	8	64
민정	20	6	36
남석	18	4	16
보라	17	3	9
근혜	16	2	4
진영	16	2	4
건웅	16	2	4
혁주	14	0	0
영하	14	0	0
찬규	14	0	0
민혁	14	0	0
서영	14	0	0
유나	14	0	0
민우	14	0	0
준표	12	−2	4
나영	12	−2	4
지훈	12	−2	4
가인	11	−3	9
혜리	10	−4	16
현진	8	−6	36
유정	6	−8	64
지성	2	−12	144
찬욱	1	−13	169
합계	350	0	900

수정발췌: Salvia, J., & Ysseldyke, J. E. (2007). *Assessment in special and inclusive education* (10th ed.). Boston, MA: Houghton Mifflin. (p. 78)

보충설명 2-1　**표준편차의 산출공식**

$$SD = \sqrt{\frac{\sum(X-\bar{X})^2}{N}}$$

SD　= 표준편차
$\sqrt{}$　= 제곱근
Σ　= 합계
X　= 원점수
$\bar{X}$　= 평균
N　= 사례수

● 〈그림 2-4〉 **정규분포의 평균과 표준편차**

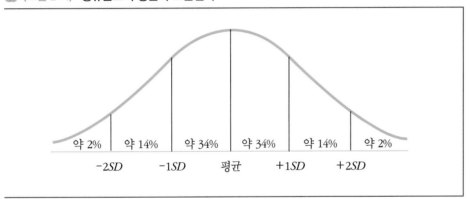

5) 상관

상관(correlation)이란 두 변인(저자주: 무게, 길이, 성별, 지능 등과 같이 사물이나 사람을 구별짓는 특성) 간의 관계를 말한다. 상관계수(correlation coefficient: r)는 이러한 관계의 방향과 강도를 나타내는 통계적 수치로서 그 범위는 -1.00에서 $+1.00$까지다(저자주: 상관계수는 교육 및 심리측정에서 매우 중요한 개념인데, 이 장 4절과 5절에서 각각 타당도와 신뢰도를 추정하기 위해 상관계수가 어떻게 사용되는지를 볼 수 있음). 상관계수에서 부호($-$ 또는 $+$)는 관계의 방향을 나타내고 숫자는 관계의 강도를 나타낸다. 상관계수 0.00은 두 변인 간에 관계가 전혀 없음을 의미하고, -1.00과 $+1.00$은 두 변인 간에 완벽한 관계가 있음을 의미한다. 그러나 완벽한 상관을 보이는 경우는 현실적으로 거의 없다. 따라서 ±1.00에 가까울수록, 즉 상관계수의 절대값이 클수록 상관이 강하다고 할 수 있으며, 부호(- 또는 +)는 관계의 방향을 나타낼 뿐 관계의 강도와는 관련이 없다. 대신 부호는 상관의 유형과 관련이 있는데, 상관에는 정적 상관, 부적 상관, 영 상관의 세 가지 유형이 있다. 〈그림 2-5〉는 산포도(scatterplot)(저자주: 두 변인 간의 관계를 알아보기 위하여 두 변인의 값을 나타내는 점을 도표에 나타낸 것)를 이용하여 상관의 세 가지 유형을 보여 주고 있다.

정적 상관(positive correlation)이란 상관계수(r)가 $0.00 < r \leq +1.00$으로 나타나는 경우다. 이 관계를 가진 두 변인은 같은 방향으로 이동한다. 즉, 한 변인의 점수가 높아지면 다른 변인의 점수도 높아지고, 한 변인의 점수가 낮아지면 다른 변인의 점수도 낮아진다. 예를 들어, 지능과 학업성취가 이러한 관계를 보인다고 할 수 있다.

부적 상관(negative correlation)이란 상관계수(r)가 $-1.00 \leq r < 0.00$으로 나타나는 경우다. 이 관계를 가진 두 변인은 반대 방향으로 이동한다. 즉, 한 변인의 점수가 높아지면 다른 변인의 점수는 낮아지고, 한 변인의 점수가 낮아지면 다른 변인의 점수는 높아진다. 예를 들어, 교사의 스트레스와 직무만족은 이러한 관계를 보인다.

영 상관(zero correlation)은 상관계수(r)가 $r=0.00$으로 나타나는 경우다. 이러한 경우는 두 변인 사이에 아무런 관계가 없다는 것을 의미한다. 몸무게와 지능, 키와 학업성취 등이 그 예가 될 수 있다.

상관과 관련하여 반드시 기억해야 할 사항 중의 하나는 상관(correlation)이 인과관계(causal relation)의 필요조건은 되지만 충분조건은 아니라는 것이다. 즉, 두 변인 사이에 상관이 없이는 인과관계가 이루어질 수 없지만, 단지 상관이 있다고 해서 인과

● 〈그림 2-5〉 세 가지 유형의 상관과 산포도

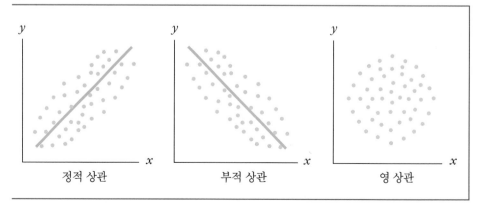

관계가 이루어지는 것은 아니라는 것이다. 예를 들어, 불안과 우울 간에 정적 상관이 있다고 해서 우울이 불안을 야기한다든지 또는 불안이 우울을 초래한다든지 등의 인과관계는 알 수가 없는 것이다.

2. 표준화

측정과 관련하여 표준화(standardization)란 사정도구의 구성요소, 실시과정, 채점방법, 결과해석기법을 엄격히 규정하는 것이라고 할 수 있다(Venn, 2004). 이러한 표준화 과정을 거쳐 제작된 사정도구를 표준화된 사정도구(standardized assessment instrument)라고 하며 사정방법의 종류에 따라 표준화된 검사도구, 표준화된 관찰도구, 표준화된 면접도구 등으로 분류된다. 특히 표준화된 검사도구는 표준화검사(standardized test)라고도 하는데(Pierangelo & Giuliani, 2006), 표준화검사의 목적은 모든 피검자들이 동일한 물질로 동일한 과제를 수행하고, 검사자로부터 동일한 정도의 보조를 받고, 동일한 채점방법 및 해석지침에 따라 수행결과를 평가받도록 하는 것이다(McLean et al., 2004). 다음에서는 표준화검사에 대한 일반적인 설명과 더불어 표준화검사와 관련된 몇 가지 사항(생활연령 산출, 기저점과 최고한계점, 특수아를 위한 수정)을 살펴보고자 한다.

1) 표준화검사

앞서 언급한 바와 같이, 표준화검사(standardized test)란 검사의 구성요소, 실시과정, 채점방법, 결과해석기법을 엄격히 규정하는 과정을 거쳐 제작된 검사다. 따라서 표준화검사는 검사설명서(test manual)(저자주: 검사요강 또는 검사지침서라고도 함)에 제시되어 있는 지침을 엄격히 따라야 한다(Cohen & Spenciner, 2007). 이와 같은 표준화검사에는 규준참조검사(norm-referenced test)와 준거참조검사(criterion-referenced test)가 있는데(Joint committee of Standards for Educational Evaluation, 2003), 일반적으로 표준화검사는 대개 규준참조검사다(Cohen & Spenciner, 2007; McLoughlin & Lewis, 2008). 이 때문에 표준화검사를 규준참조검사로 한정하여 설명하는 문헌들도 종종 있다(예: 성태제, 2010; 한국교육평가학회, 2004). 그러나 규준참조검사는 표준화검사이지만 표준화검사라고 해서 반드시 규준참조검사는 아니다. 예를 들어, 미국에서 널리 사용되고 있는 Brigance Diagnostic Inventory of Early Development-Second Edition(IED-II)(Brigance, 2004)은 표준화된 준거참조검사다(Overton, 2006). 규준참조검사와 준거참조검사에 대해서는 제3장에서 각각 자세히 다루고 있으므로 여기서는 두 검사를 비교하여 간단히 설명하고자 한다.

규준참조검사(norm-referenced test)는 아동의 점수를 규준(norm)에 비교하는 것이고 준거참조검사(criterion-referenced test)는 아동의 점수를 준거(criterion)에 비교하는 것이다. 규준이란 한 아동의 점수를 비교하고자 하는 규준집단의 점수의 분포를 말하는데 비교단위에 따라 전국규준과 지역규준으로 구분된다. 또한 준거란 사전에 설정된 숙달수준을 말하는데 교육평가의 경우에는 교육목표를 달성했다고 인정할 수 있는 정도의 성취수준이 준거가 되고, 어떤 자격증을 부여할 경우에는 해당분야의 업무를 충실히 수행할 수 있다고 공인할 수 있는 정도의 지식 혹은 기술 수준이 준거가 된다(이종승, 2009).

이와 같이 표준화검사(standardized test)에서는 규준(norm)과 준거(criterion)라는 용어가 사용되고 있는데, 이 두 용어와 함께 기준(standard)이라는 용어도 종종 사용된다. 앞서 제1장에서 평가·사정·측정의 세 가지 관련용어에 대한 개념이 문헌에 따라 다소 다르게 제시되고 있음을 알 수 있었듯이 규준·준거·기준의 세 가지 관련용어에 대한 개념도 문헌에 따라 다소 차이를 보이고 있다. 이러한 문헌들을 살펴보면, 규준과 준거의 구분에 있어서는 별다른 차이를 보이지 않지만 기준을 규준 또는 준거와 구분하는 데 있어서는 두 가지 다른 입장을 보이고 있다. 첫 번째 입장은 기준을 규준 또는 준거와 구분하여 사용하지 않는다. 예를 들어, McLoughlin과 Lewis(2008)는 "어떤 유형의 사정도구들은 개인의 수행을 외부참조 또는 기준(standard)에 비교한다. 규준참조검사에서 기준(standard)은 규준집단의 수행이며 준거참조검사에서의 기준(standard)은 교육과정상 목표다."(pp. 58-59)라고 설명하고 있다. 여기에서 규준집단의 수행이란 규준참조검사에서의 규준을 말하며 교육과정상의 목표는 준거참조검사에서의 준거를 뜻하는 것이므로 기준을 규준 또는 준거와 구별하지 않고 있는 것으로 볼 수 있다. 특히 기준과 준거를 구분하지 않는 문헌들이 많은데, 예를 들어 Pierangelo와 Giuliani(2006)는 "준거(criterion)란 준거참조검사가 채점되는 기준(standard)이다."(p. 49)라고 정의하고 있다. 이에 반해, 두 번째 입장에서는 기준을 규준 또는 준거와 명확히 구분되는 개념으로 본다. 예를 들어, 기준과 규준을 엄격히 구분하여 사용할 것을 주장하면서 Hopkins(1998)는 규준이란 단지 규준집단이라는 특정집단의 수행에 대한 정보일 뿐이며 사전에 설정된 수행 수준이나 기준은 아니라고 강조한다. 또한 두 번째 입장에서는 기준과 준거를 구분하는 문헌(예: Gronlund, 2003; Mathison, 2005)도 있는데, 예를 들어 Mathison(2005)은 준거란 피검자의 자질이나 특성에 대한 전반적인 수준별 기술을 의미하며 기준은 이러한 준거상의 특정 수준을 의미하는 것으로 구분하면서 기준이 점수로 표현될 때 분할점수로 불리기도 한다고 설명하고 있다. 분할점수(cut-score/cut-off score)란 피검자들을 몇 단계 집단으로 구분하기 위해서 설정하는 어떤 척도 위의 특정점수를 말하는데, 특정한 목적의 자격시험에서 피검자들을 실패-성공 또는 도달/미도달 등의 두 집단으로 구분하려면 하나의 분할점수가 필요하고 학업성취도검사에서 피검자들을 기초/보통/우수의 성취수준으로 구분하려면 2개의 분할점수가 필요하다(한국교육평가학회, 2005). 이와 같은 Mathison(2005)의 설명에 의하면 준거에는 두 단계 이상의 수준이 포함되며 그 수준들을 구분하는 특정 지점이 기준 또는 분할점수다. 그러나 앞서 기술하였듯이 준거는 사전에 설정된 숙달수준으로서 교육평가의 경우에는 교육목표를 달성했다고 인정할 수 있는 정도의 성취수준이 준거가 되고 어떤 자격증을 부여할 경우에는 해당 분야의 업무를 충실히 수행할 수 있다고 공인할 수 있는 정도의 지식 혹은 기술 수준이 준거가 된다고 보았을 때, 준거에 두 단계 이상의 수준이 포함되는 것은 다소 논리성이 떨어진다. 따라서 피검자의 자질이나 특성에 대한 전반적인 수준별 기술은 준거가 아닌 기준으로 보고 수준들을 구분하는 특정 지점은 분할점수로 보는 것이 더 적절할 수 있다. 즉, 기준 내에는 두 단계 이상의 수준이 포함되어 있고 각 수준을 구분하는 분할점수가 있는데 그 분할점수(두 단계 수준일 경우) 혹은 그 분할점수 중 하나(세 단계 이상의 수준일 경우)가 숙달수준, 즉 준거가 되는 것이다. 예를 들어, 교사가 준거참조검사를 제작하면서 총 문항수에 대한 정답문항수의 비율을 근거로 85% 이상을 숙달수준으로 보고 '우수(95% 이상)/평균(85% 이상~95% 미만)/향상필요(85% 미만)'로 수준별 기술을 하였을 경우에 준거는 '숙달수준(85% 이상)'이고 기준은 '우수(95% 이상)/평균(85% 이상~95% 미만)/향상필요(85% 미만)'이며 분할점수는 95%와 85%가 된다.

　이와 같이 기준을 규준 또는 준거와 구분하였을 경우 기준은 규준참조검사와 준거참조검사 모두에서 사용될 수 있는 개념이다. 예를 들어, 규준참조검사인 한국판 아동·청소년 행동평가척도(Korean ASEBA School-Age Forms: K-ASEBA)(오경자, 김영아,

2011)의 경우 규준(저자주: K-ASEBA의 규준에서는 백분위점수와 T점수 제공)을 제시하고 있을 뿐 아니라 내재화문제, 외현화문제, 총문제행동에 대한 기준을 '정상(59T 이하)/준임상(60T~63T)/임상(64T 이상)'으로 제시하고 있는데 이 경우 64T와 60T는 세 수준(정상, 준임상, 임상)을 구분하는 분할점수다. 준거참조검사인 운전면허필기시험(2종보통)의 경우 준거는 '필기 60점'이고 기준은 '합격(60점 이상)/불합격(60점 미만)'이며 두 수준(합격, 불합격)을 구분하는 분할점수는 60점이다. 이처럼 기준은 해당 특성이 나타나는 정도를 두 단계 이상의 수준으로 구분해 놓은 것으로서 규준 또는 준거를 근거로 설정되므로 상대적(relative)이거나 절대적(absolute)일 수 있다.

이상의 내용을 근거로 이 책에서는 규준 · 준거 · 기준의 세 가지 개념을 구분하여 다음과 같이 정의하고자 한다. 먼저 규준(norm)은 '한 아동의 점수를 비교하고자 하는 규준집단의 점수의 분포(비교단위에 따라 전국규준과 지역규준으로 구분됨)'로 정의하고 준거(criterion)는 '사전에 설정된 숙달수준(교육평가의 경우에는 교육목표를 달성했다고 인정할 수 있는 정도의 성취수준이 준거가 되고, 어떤 자격증을 부여할 경우에는 해당분야의 업무를 충실히 수행할 수 있다고 공인할 수 있는 정도의 지식 혹은 기술 수준이 준거가 됨)'으로 본다. 그리고 기준(standard)은 '해당 특성이 나타나는 정도를 두 단계 이상의 수준으로 구분해 놓은 것(규준 또는 준거를 근거로 설정되므로 상대적이거나 절대적일 수 있음)'으로 정의한다.

2) 생활연령 산출

규준참조검사 또는 준거참조검사와 같은 표준화검사는 여러 연령층의 아동들을 대상으로 한다. 예를 들어, 규준참조검사인 WISC-V(Wechsler, 2015)는 연령이 6년에서 16년 11개월까지인 아동들을 대상으로 하고 있으며 준거참조검사인 Brigance Diagnostic Inventory of Early Development-Second Edition(IED-II)(Brigance, 2004)은 연령이 출생에서 6세 11개월까지인 아동들을 대상으로 한다. 따라서 이러한 검사들의 검사지에는 검사일을 기준으로 한 피검자의 생활연령을 기입하는 공간이 제공되어 있는데, 검사와 관련하여 생활연령(chronological age: CA)이란 출생이후의 햇수와 달수를 의미하며 하이픈(hyphen)으로 분리된 두 숫자로 표현된다. 예를 들어, 생활연령 6-3은 6년 3개월을 그리고 생활연령 7-11은 7년 11개월을 의미하며 이때 하이픈을 소수점과 상호교환적으로 사용하지 않도록 주의해야 한다. 즉, 생활연령

10-5는 생활연령 10.5와 같지 않다는 것인데, 생활연령 10-5는 10년 5개월을 의미하고 생활연령 10.5는 $10\frac{1}{2}$년, 즉 10년 6개월을 뜻한다. 표준화검사에 있어서 생활연령은 검사결과를 채점하고 해석하는 데 사용될 수 있으므로 정확한 생활연령의 산출은 표준화검사 실시과정에서 매우 중요한 요소다. 만약 검사가 며칠간에 걸쳐 실시되었을 경우, 첫 검사일을 기준으로 생활연령을 산출하면 된다. 〈표 2-4〉는 생활연령 산출의 세 가지 예를 제시하고 있다.

▷ 〈표 2-4〉 **생활연령 산출의 예**

예			설명	비고
아동 A	검 사 일	2006년 11월 28일	일·월·년의 순으로 검사일에서 출생일을 뺀다. 그 결과, 날짜가 15일 이하일 경우 날짜는 무시하고 생활연령을 산출한다. 따라서 아동 A의 생활연령은 7-3으로 기록된다.	영유아를 대상으로 하는 검사에서는 조산(재태기간이 37주 미만으로 출산한 경우)을 고려하여 조산교정연령을 산출하기도 한다. 즉, 조산아동의 경우에 검사일에서 출생일을 뺀 생활연령에서 다시 조산기간을 빼서 조산교정연령을 산출한다. 단, 월령이 24개월 이하인 조산아동에게만 해당된다.[1]
	출 생 일	1999년 8월 17일		
	생활연령	7년 3월 11일		
아동 B	검 사 일	2006년 10월 3일	출생일의 날짜가 검사일의 날짜보다 큰 수일 경우 한 달을 30일로 가정하고 내려서 계산한다. 그 결과, 날짜가 16일 이상일 경우 한 달을 더하여 생활연령을 산출한다. 따라서 아동 B의 생활연령은 8-7로 기록된다.	
	출 생 일	1998년 3월 10일		
	생활연령	8년 6월 23일		
아동 C	검 사 일	2006년 9월 20일	출생일의 달이 검사일의 달보다 큰 수일 경우 일 년을 12개월로 가정하고 내려서 계산한다. 따라서 아동 C의 생활연령은 8-11로 기록된다.	또한 생활연령을 산출할 때 날짜가 16일 이상일 경우 날짜를 무시하는 검사도 있다.[2]
	출 생 일	1997년 10월 13일		
	생활연령	8년 11월 7일		

[1] 예: 한국형 베일리 영유아 발달검사-3판(K-Bayley-III)(방희정, 남민, 이순행, 2019).
[2] 예: 한국판 DIAL-3(K-DIAL-3)(전병운, 조광순, 이기현, 이은상, 임재택, 2004).

3) 기저점과 최고한계점

생활연령 산출과 관련하여 언급하였듯이 표준화검사는 여러 연령층의 아동들을 대상으로 제작된 검사이므로 그 연령층을 포괄할 수 있는 많은 수의 검사문항을 포함하고 있다. 따라서 표준화검사, 특히 전체 문항들이 난이도에 따라 쉬운 문항부터 배열되어 있는 규준참조검사는 검사설명서에 피검자의 연령이나 능력에 적합한 문항들을 찾아 실시할 수 있도록 기저점과 최고한계점에 대한 지침을 제시하고 있다. 기저점(basal)이란 그 이하의 모든 문항에는 피검자가 정답(또는 옳은 반응)을 보일 것이라고 가정되는 지점을 말하고, 최고한계점(ceiling)이란 그 이상의 모든 문항에는 피검자가 오답(또는 틀린 반응)을 보일 것이라고 가정되는 지점을 말한다. 기저점과 최고한계점은 보통 연속적인 문항의 수로 제시되며, 그 문항수는 검사마다 다를 수 있으나 일반적으로 2~5개 정도다. 따라서 기저점은 제시된 수만큼의 연속적 문항에서 피검자가 정답을 보이는 지점이 되고, 최고한계점은 제시된 수만큼의 연속적 문항에서 피검자가 오답을 보이는 지점이 된다.

이와 같은 기저점 및 최고한계점과 함께 검사설명서는 검사의 시작점에 대한 지침도 제공하고 있다. 시작점(starting point)이란 검사를 시작하는 지점을 말하는데 검사설명서는 각 연령층에 적합한 시작점을 제시하고 있다. 이 시작점에서 검사를 시작하여 기저점에 적합한 수만큼의 연속적 문항에서 피검자가 정답을 보이게 되면 그 지점이 피검자의 기저점이 된다. 그러나 특수아의 경우 종종 이 단계에서 기저점을 결정하지 못하는 경우가 있다. 즉, 시작점에서 검사를 시작하여 진행하였을 때 기저점에 적합한 수만큼의 연속적 문항에서 정답을 보이지 않는 경우가 종종 있다. 이와 같은 경우에 대한 지침도 검사설명서에 제시되어 있는데, 일반적으로 시작점에서 역순으로 기저점이 나올 때까지 검사를 진행하게 된다. 일단 기저점이 결정되면 그 지점에서부터 최고한계점이 나올 때까지 검사를 진행한다. 만약 이 과정에서 최고한계점에 도달하기 전에 또 다른 기저점이 나올 경우에는 검사설명서에 별다른 지침이 없는 한 처음 결정된 기저점을 사용하는 것이 바람직하다(Overton, 2006).

기저점과 최고한계점을 찾은 다음에는 피검자의 원점수(저자주: 원점수에 대한 구체적인 내용은 이 장 3절을 참조할 것)를 계산하게 되는데, 일반적으로 기저점 이전의 문항수에 기저점과 최고한계점 사이의 정답문항수를 더한 값이 원점수가 된다. 기저점 이전의 문항수를 원점수에 포함시키는 이유는 기저점이 그 이하의 모든 문항에는 피검자가 정답을 보일 것이라고 가정하는 지점이기 때문이다.

가끔 피검자의 기저점 또는 최고한계점이 나타나지 않는 경우가 있는데, 전자는 측정관련 용어인 바닥효과와 관련된 경우고 후자는 천장효과와 관련된 경우다. 바닥효과(bottom effect/floor effect)란 측정도구가 측정하려는 특성의 하위수준에 속하는 아동들을 변별하지 못하는 현상을 말하는데 도구 자체의 점수범위가 제한적이거나 검사가 너무 어려우면 발생할 수 있다(한국교육평가학회, 2004). 그러나 검사의 어려움은 피검자에 따라 상대적일 수 있으므로 일반아동들은 잘 변별하는 측정도구가 장애를 가진 특수아동에게서는 바닥효과를 보일 수가 있다. 이에 비해 천장효과(ceiling effect)란 측정도구가 측정하려는 특성의 상위수준에 속하는 아동들을 변별하지 못하

▽ 〈표 2-5〉 **기저점 및 최고한계점 결정과 원점수 계산**

문항	반응[1]	기저점[2] 및 최고한계점[3]	원점수
1			원점수 = 기저점 이전의 문항수 + 기저점과 최고한
2			계점 사이의 정답문항수
3			= 1번 문항에서 4번 문항까지의 문항수 +
4			5번 문항과 19번 문항 사이의 정답문항수
5	+	⇒ 기저점	= 4+9
6	+		= 13
7	+		
8	+		
9	−		
10	+		
11	+		
12	+		
13	−		
14	+		
15	−		
16	+		
17	−	⇒ 최고한계점	
18	−		
19	−		
20			

[1] 반응: 정답(+), 오답(−).

[2] 기저점: 연속적 4개 문항에서 정답.

[3] 최고한계점: 연속적 3개 문항에서 오답.

는 현상을 말하며 도구 자체의 점수범위가 제한적이거나 검사가 너무 쉬우면 발생할 수 있다(한국교육평가학회, 2004). 그러나 검사의 어려움과 마찬가지로 검사의 쉬움도 피검자에 따라 상대적일 수 있기 때문에 일반아동에게는 잘 적용되는 측정도구가 영재아동에게서는 천장효과를 야기할 수도 있다. 따라서 장애를 가진 특수아동의 경우나 영재아동의 경우 바닥효과 또는 천장효과로 인해 기저점 또는 최고한계점이 나타나지 않는 경우가 발생할 수 있다. 이러한 경우에는 적절한 다른 검사도구를 선정해서 실시해야 한다(Overton, 2006). 〈표 2-5〉는 기저점과 최고한계점을 찾아 원점수를 계산하는 예를 보여 주고 있다.

4) 특수아를 위한 수정

앞서 언급된 바와 같이, 표준화검사는 검사의 구성요소, 실시과정, 채점방법, 결과 해석기법이 구조화되어 있는 검사이며 따라서 검사설명서에 제시되어 있는 지침에 따라 실시·채점되고 그 결과가 해석되어야 한다. 특히, 지침에 따라 그 검사가 실시된 또래 아동들의 점수의 분포, 즉 규준과 비교하여 결과를 해석하는 규준참조검사에서 만약 어떤 아동에게 지침에 따라 검사가 실시되지 않았다면 그 아동의 점수를 규준과 비교하여 해석한 결과는 타당성을 잃게 된다. 그러나 지침에 따라 검사를 실시하는 것이 검사결과의 타당성을 잃게 하는 경우도 있다. 예를 들어, 검사문항이 피검자로 하여금 어떤 그림을 보고 특정부분을 가리키도록 요구한다면 시각장애로 그 그림을 볼 수 없는 아동은 검사문항이 요구하는 바를 전혀 수행할 수가 없다. 또한, 검사문항이 피검자로 하여금 검사자가 내는 소리를 모방하도록 요구한다면 의사소통장애로 말을 할 수 없는 아동은 그 소리에 익숙하더라도 검사문항이 요구하는 바를 수행할 수가 없을 것이다. 마찬가지로, 검사문항이 시간제한을 두고 특정 개수의 블록을 쌓도록 요구한다면 뇌성마비와 같은 지체장애를 가진 아동은 제한된 시간 내에 그 과제를 수행하기 어려울 수 있다. 이와 같은 경우에 피검자가 장애로 인하여 자신의 능력을 드러내지 못했다면 그 검사결과는 타당성이 결여될 수밖에 없다. 따라서 아동이 가진 장애가 검사수행에 미치는 영향을 줄이기 위해 아동의 장애를 고려하여 검사과정을 수정하여 검사를 실시하는 방법들이 제시되어 왔다. 이러한 수정을 지칭하는 용어로 Benner(2003)는 조정(accommodation), Neisworth와 Wolfe(2005)는 변경(alteration), McLoughlin과 Lewis(2008)는 수정(modification)을 사용하고 있으며 Cohen과 Spenciner(2007)는 조정(accommodation)과 수정(modification) 두 용어를 다 사용하면서 그 기능을 구분하고 있다. 또한 Sattler(2001)는 수정(modification)이라는 용어를 사용하면서 이러한 수정을 통하여 검사를 실시하는 기법을 한계검사(testing-of-limits)라고 부른다. 이러한 문헌들의 내용을 종합하여 이 책에서는 수정(modification)을 피검자가 장애보다는 자신의 능력을 드러낼 수 있도록 하기 위하여 검사자료나 검사과정을 조정 또는 변경하는 것으로 정의한다. 〈표 2-6〉은

▷〈표 2-6〉 **표준화검사 수정방법의 예**

유형	수정
지시 (instructions)	피검자에게 지시를 할 때 좀 더 쉽게 바꾸어 말할 수 있다.
시범 (demonstration)	검사자가 검사과제를 어떻게 수행하는지에 대한 시범을 보여 줄 수 있다.
시간제한 (time limits)	과제완성을 위한 시간제한을 연장하거나 제거할 수 있다.
제시양식 (presentation mode)	과제의 제시양식을 변경할 수 있다. 예를 들어, 피검자에게 문항을 읽도록 요구하기보다 검사자가 피검자에게 문항을 큰 소리로 읽어 줄 수 있다,
반응양식 (response mode)	피검자에게 요구되는 반응양식을 변경할 수 있다. 예를 들어, 답을 쓰는 대신 피검자가 구두로 대답하도록 할 수 있다.
보조물 (aids)	피검자가 종이, 연필 또는 계산기 등의 보조물을 사용하도록 허용할 수 있다.
촉구 (prompts)	검사자가 피검자에게 촉구를 제공할 수 있다. 예를 들어, 검사과제의 첫 단계를 검사자가 수행할 수 있다.
피드백 (feedback)	검사자가 피검자에게 피드백을 줄 수 있다. 이러한 피드백은 옳은 반응에 대한 확인뿐만 아니라 틀린 반응에 대한 정정도 포함한다.
정적 강화 (positive reinforcement)	옳은 반응이나 다른 적절한 행동에 대해 피검자에게 정적 강화를 제공할 수 있다.
물리적 위치/장소 (physical location)	검사가 실시되는 물리적 위치나 장소를 변경할 수 있다. 검사는 탁자가 아닌 바닥에서 또는 검사실이 아닌 놀이방에서 실시될 수 있다.
검사자 (tester)	검사자를 변경할 수 있다. 부모나 교사와 같이 피검자가 편안하게 느끼는 사람이 검사를 실시할 수 있다.

수정발췌: McLoughlin, J. A., & Lewis, R. B. (2008). *Assessing students with special needs* (7th ed.). Upper Saddle River, NJ: Prentice-Hall. (pp. 98-99)

McLoughlin과 Lewis(2008)가 권장한 수정방법의 예를 제시하고 있다.

특수아를 대상으로 표준화검사를 실시할 때, 수정과 관련하여 주의해야 할 몇 가지 사항이 있다. 첫째, 수정을 사용하기 전에 일단 검사설명서의 지침대로 검사를 완전히 실시해야 한다(Benner, 2003; McLoughlin & Lewis, 2008; Sattler, 2001). 이를 통해 수정 전·후의 아동의 수행에 대한 자료를 수집함으로써 아동의 능력에 대한 정보뿐만 아니라 수행수준을 향상시키기 위해 아동이 필요로 하는 보조의 유형과 정도에 대한 정보도 얻을 수 있다. 둘째, 수정을 사용하기 전에 검사설명서에 수정지침이 제시되어 있는지 살펴보아야 한다(Cohen & Spenciner, 2007; Sattler, 2001). 이때 수정 후 검사결과의 타당성에 대한 증거도 함께 제시되어 있는지 확인하는 것이 중요하다. 만약, 그러한 증거가 제시되지 않았다면 수정 후 검사결과의 해석에 신중을 기해야 한다. 셋째, 검사설명서에 제시되어 있는 수정지침의 범위를 넘어선 수정을 사용하고자 할 때에는 검사결과 보고서에 수정내용을 자세히 기술하여야 한다(McLoughlin & Lewis, 2008). 그리고 수정지침의 범위를 넘어선 수정을 사용하여 실시된 검사의 결과는 대체점수(alternate scores: 표준화검사를 수정된 조건에서 실시하여 얻은 점수)로 보고한다. 비록 대체점수를 해석하는 데 어려움은 있지만 수정된 과제에 대한 아동의 성공적인 수행은 아동의 기능을 향상시키기 위한 방법상의 단서를 제공할 수 있다. 넷째, 만약 규준참조검사에서 검사설명서의 범위를 넘어선 수정을 사용하였다면, 규준과 비교하여 검사결과를 해석해서는 안 된다(McLoughlin & Lewis, 2008). 왜냐하면 규준집단에게 수정된 방법으로 검사를 실시했을 경우 기존의 규준에 나타난 그들의 점수분포와 얼마나 다른 점수분포를 나타낼 것인지는 알 수가 없기 때문이다.

그러나 이상과 같은 사항을 주의하면서 수정을 사용하더라도, 수정에 따른 문제는 여전히 남아 있을 수 있다. 예를 들어, 규준참조검사에서 검사설명서의 범위를 넘어선 수정을 사용하여 검사결과를 규준과 비교할 수 없을 경우 규준참조검사를 실시한 의미가 상실될 수 있다. 또한, 특수아평가에서는 일정한 기간을 두고 사전·사후검사를 실시할 필요가 종종 있는데 이러한 경우 사전검사에서 수정을 사용하였다면 그 결과를 수정을 사용하지 않은 사후검사의 결과와 비교하는 것이 어려워진다. 따라서 미국에서는 장애를 고려한 수정이 필요하지 않는 검사도구, 즉 특정장애를 가진 아동들을 위한 표준화 검사도구가 개발되기도 하였는데 이러한 검사도구 가운데 한국판으로 출시된 것도 있다. 예를 들어, 이 책 제9장에 소개된 한국 비언어 지능검사-2판(K-CTONI-2)(박혜원, 2014)과 한국판 라이터 비언어성 지능검사-개정판(K-Leiter-R)

(신민섭, 조수철, 2010)은 비언어적 지시, 내용, 응답을 사용한다.

3. 점수의 유형

　앞서 이 책에서는 측정이란 양적 또는 수량적 자료를 수집하는 과정이라고 정의한
바 있다. 이러한 측정에 의해 수집된 양적 또는 수량적 자료는 점수로 요약되어 보고
되는데, 점수에는 여러 가지 유형이 있으므로 적절한 유형을 선정하여 점수를 보고하
게 된다. 따라서 적절한 점수의 유형을 선정하기 위해서 점수의 유형에 따른 특성을
이해하는 것이 중요하다. 그러나 점수의 유형에 대한 설명, 특히 점수의 유형에 따른
분류방식이 문헌에 따라 다소 차이를 나타내고 있는데, 〈표 2-7〉은 이러한 차이의
예를 보여 주고 있다.

　〈표 2-7〉에 나타난 몇 가지 중요한 차이점을 살펴보면 첫째, 원점수(raw scores)
를 점수의 한 유형으로 분류하는 문헌(예: Cohen & Spenciner, 2007; Venn, 2004)과 그
렇지 않은 문헌(예: Gronlund, 2003; McLoughlin & Lewis, 2008; Taylor, 2006)이 있다. 앞
서 기저점과 최고한계점을 찾아 피검자의 원점수를 계산하게 된다고 설명한 바 있
듯이 원점수는 검사점수와 관련된 중요한 개념 중의 하나이므로 점수의 한 유형으
로 분류하는 것이 바람직할 것으로 보인다. 둘째, 같은 유형의 점수를 지칭하는 용
어가 문헌에 따라 다소 다른 경우들이 있다. 예를 들어, deviation IQ scores(Cohen
& Spenciner, 2007), ability scores(Gronlund, 2003), test standard score(McLoughlin &
Lewis, 2008), deviation IQs(Taylor, 2006), quotient scores(Venn, 2004)는 내용상 같은
유형의 점수를 지칭하는 용어들이다. 특히 Venn(2004)은 quotient scores를 standard
scores의 한 하위유형으로 뿐만 아니라 age scores의 한 하위유형으로도 사용하고 있
는데, 이러한 혼동을 피하기 위하여 Gronlund(2003)는 ability scores라는 용어를 사
용할 것을 권장하고 있다. 따라서 이 책에서는 이 유형의 검사점수를 능력점수(ability
scores)로 지칭하기로 한다. 셋째, Venn(2004)은 원점수를 제외한 나머지 유형의 점수
들을 변환점수(transformed scores)로 분류하고 있다. 변환점수란 원점수를 변환시켜
만든 점수라고 할 수 있다. 이 책에서도 원점수를 제외한 나머지 점수를 변환점수로
분류하기로 한다. 넷째, Venn(2004)은 변환점수는 다시 criterion-referenced scores
와 norm-referenced scores로 분류하고 있는데 Cohen과 Spenciner(2007)의 분류

▷ 〈표 2–7〉 **점수유형 분류의 예**

점수의 유형				
Cohen & Spenciner (2007)	Gronlund (2003)	McLoughlin & Lewis (2008)	Taylor (2006)	Venn (2004)

1. Raw Scores
 	
2. Percentage Scores
 	
3. Derived Scores
  1) Developmental Scores
    (1) Develop-mental Equivalents
    (2) Develop-mental Quotients
  2) Scores of Relative Standing
    (1) Percentile Ranks
    (2) Standard Scores
    ① z-Scores
    ② T-Scores
    ③ Deviation IQ Scores
    ④ Normal Curve Equivalents
    ⑤ Stanines
	1. Criterion-Referenced Scores
	
	2. Norm-Referenced Scores
	  1) Percentile Ranks
	  2) Grade Equivalent Scores
	  3) Standard Scores
	    (1) z-Scores
	    (2) T-Scores
	    (3) Normal-Curve Equivalents
	    (4) Ability Scores
	    (5) Stanine Scores
		1. Results of Informal Measures
		
		2. Norm-Referenced Test Scores (=Derived Scores)
		  1) Age and Grade Equivalents
		  2) Percentile Ranks
		  3) Standard Scores
		    (1) z Score
		    (2) T Score
		    (3) Test Standard Score
		    (4) Subtest Scaled Score
		    (5) Normal Curve Equivalent
		  4) Stanines
			1. Criterion-Referenced Test
			
			2. Norm-Referenced Test
			  1) Age and Grade Equivalents (=Developmental Scores)
			  2) Percentile Ranks
			  3) Standard Scores
			    (1) z Scores
			    (2) T Scores
			    (3) Deviation IQs
			    (4) Scaled Scores
			    (5) Stanine
			    (6) Normal Curve Equivalent
				1. Raw Scores
				
				2. Transformed Scores
				  1) Criterion-Referenced Scores
				    (1) Simple Numerical Reports
				    (2) Percent Correct Scores
				    (3) Letter Grades
				    (4) Graphical Reports
				  2) Norm-Referenced Scores (=Derived Scores)
				    (1) Age Scores
				    ① Developmental Age Scores
				    ② Quotient Scores
				    (2) Grade Scores
				    (3) Percentile Ranks
				    (4) Standard Scores
				    ① Quotient Scores
				    ② z-Scores and T-Scores
				    ③ Stanines
				    ④ Normal Curve Equivalents

※ 각 문헌의 분류방식을 원어로 제시한 이유: 문헌에 따라 분류방식에 다소 차이가 있을 뿐만 아니라 같은 유형의 점수를 지칭하는 용어에도 다소 차이가 있으므로, 문헌에 따른 차이를 좀 더 정확하게 전달하기 위해서다(이러한 차이에 대해서는 이 책의 내용을 참고하기 바람).

에서 percentage scores와 derived scores가 여기에 해당한다. 이 책에서는 Cohen
과 Spenciner(2007)의 분류처럼 변환점수를 백분율점수(percentage scores)와 유도
점수(derived scores)로 분류하고자 한다. 다섯째, 유도점수를 다시 두 가지 하위유

▷ 〈표 2-8〉 **점수유형과 척도**

점수의 유형				척도
1) 원점수(raw scores)				서열척도[1] 등간척도[2]
2) 변환점수 (transfo- rmed scores)	(1) 백분율점수(percentage scores)			등간척도
	(2) 유도 점수 (derived scores)	① 발달점수 (developmental scores)	ⓐ 등가점수 (equivalent scores)	연령등가점수 (age- equivalent scores)	서열척도
				학년등가점수 (grade- equivalent scores)	서열척도
			ⓑ 지수점수(quotient scores)	등간척도
		② 상대적 위치 점수 (scores of relative standing)	ⓐ 백분위점수(percentile scores)	서열척도
			ⓑ 표준점수 (standard scores)	z점수 (z-scores)	등간척도
				T점수 (T-scores)	등간척도
				능력점수 (ability scores)	등간척도
				척도점수 (scaled scores)	등간척도
				정규곡선등가 점수 (normal curve equivalent scores)	등간척도
			ⓒ 구분점수(stanine scores)	서열척도

[1] 문항에 따라 배점이 달라 '정답문항에 부여된 배점을 합산한 점수'가 원점수인 경우.

[2] 모든 문항에 1점이 배점되어 있어 '정답문항수'가 원점수인 경우.

형으로 분류하는 문헌도 있다. 예를 들어, Cohen과 Spenciner(2007)는 유도점수를 developmental scores와 scores of relative standing으로 다시 분류하고 있는데, 후자는 전자와는 달리 정규분포(normal distribution)상에서 상호비교가 가능하다(저자 주: 〈그림 2-6〉을 참조할 것). 따라서 이 책에서는 유도점수를 발달점수(developmental scores)와 상대적 위치점수(scores of relative standing)로 분류하기로 한다. 여섯째, 문헌에 따라 stanine scores(또는 stanines)를 표준점수(standard scores)의 한 유형으로 보기도 하고(예: Cohen & Spenciner, 2007; Gronlund, 2003; Taylor, 2006; Venn, 2004) 상대적 위치점수의 한 유형으로 보기도 한다(McLoughlin & Lewis, 2008). 이 책에서는 구분점수(stanine scores)를 표준점수의 한 유형으로 보지 않고 상대적 위치점수의 한 유형으로 보고자 한다. 그 이유는 다른 표준점수들은 등간척도이지만 구분점수는 서열척도이기 때문이다(Sattler, 2001). 일곱째, 표준점수의 한 유형으로 scaled scores를 포함시키는 문헌도 있고(예: McLoughlin & Lewis, 2008; Taylor, 2006) 포함시키지 않는 문헌도 있다(예: Cohen & Spenciner, 2007; Gronlund, 2003; Venn, 2004). 척도점수(scaled scores)란 하위검사(subtests)로 불리는 다수의 영역에서 제공되는 점수라고 할 수 있는데, WISC-V(Wechsler, 2015)에서와 같이 많은 규준참조검사에서 사용되는 점수다. 따라서 이 책에서는 척도점수를 표준점수의 한 유형으로 포함시키고자 한다. 이상의 논의를 바탕으로 이 책에서는 〈표 2-8〉에 제시된 바와 같이 점수의 유형을 분류하고자 한다. 〈표 2-8〉은 점수의 유형과 아울러 앞서 살펴본 척도의 유형과의 관계도 제시하고 있다.

1) 원점수

원점수(raw scores)란 획득점수(obtained scores)라고도 하는데 보통 '피검자가 옳은 반응을 보인 문항의 수'로 정의된다(Cohen & Spenciner, 2007; Venn, 2004). 이 정의에 의하면, 한 아동이 총 15개 문항으로 구성된 수학시험에서 12개 문항에 정답을 보였다면 그 아동의 수학시험 원점수는 12가 된다. 그러나 앞서 〈표 2-5〉에 제시된 바와 같이 표준화검사에서는 기저점 이전의 문항수에 기저점과 최고한계점 사이의 정답문항수를 더한 값을 원점수로 보는 경우가 많으므로 원점수를 '정답문항수에 정답으로 가정된 문항수를 더한 값'으로 정의하는 문헌도 있다(예: McLoughlin & Lewis, 2008). 또한 한국교육평가학회(2004)는 원점수를 '피험자가 정답한 문항에 부여된 배점을 단순히 합산한 점수'(p. 267)로 정의하고 있다. 이 정의에 의하면, 문항에 따라 배점준거가 달라질 수 있으므로 원점수는 동간성을 가진 점수가 아니다. 그러므로 원점수는 검사에 따라 등간척도일 수도 있고 서열척도일 수도 있다. 즉, 모든 문항에 1점이 배점되어 있는 검사에서는 '정답문항수' 또는 '정답문항수에 정답으로 가정된 문항수를 더한 값'이 원점수가 되고 이 원점수는 동간성을 갖는 등간척도로 간주될 수 있지만, 문항에 따라 배점이 다른 검사에서는 '정답문항에 부여된 배점을 합산한 점수'가 원점수가 되고 이 원점수는 동간성을 갖지 않는 서열척도로 간주된다. 이러한 정의들을 참고하여 이 책에서는 원점수를 '피검자가 옳은 반응을 보였거나 옳은 반응을 보인 것으로 가정되는 문항에 부여된 배점을 합산한 점수'로 정의하고, 경우에 따라 서열척도 또는 등간척도로 간주되는 점수로 본다.

　이와 같은 원점수는 피검자의 수행에 대한 의미있는 해석을 할 수 있는 정보를 주지 못한다. 예를 들어, 수학시험에서의 12점 그 자체로는 아무런 의미가 없다. 즉, 12점이 절대적으로 높은 점수인지 또는 다른 점수와 비교해서 상대적으로 높은 점수인지 등에 대한 해석을 할 수 없다. 이와 같은 해석을 하기 위해서 원점수를 다른 형태의 점수로 변환시키게 되는데, 이러한 점수를 변환점수라고 한다. 변환점수 (transformed scores)에는 백분율점수(percentage scores)와 유도점수(derived scores)의 두 가지 유형이 있는데, 전자는 아동의 수행에 대한 절대적 해석을 가능하게 하고 후자는 아동의 수행에 대한 상대적 해석을 가능하게 한다. 따라서 전자를 준거참조점수(criterion-referenced scores)로 후자를 규준참조점수(norm-referenced scores)로 부르기도 한다(예: Gronlund, 2003; Venn, 2004). 관련용어로 상대평가라고도 하는 규준참조평가(norm-referenced evaluation)와 절대평가라고도 하는 준거참조평가(criterion-referenced evaluation)가 있는데 이에 대해서는 [보충설명 2-2]를 참고하기 바란다. 또한 관련문헌에 규준참조평가 및 준거참조평가와 함께 능력참조평가와 성장참조평가라는 용어도 흔히 언급되는데 이를 간략하게 소개해 보면 [보충설명 2-3]과 같다.

■ 보충설명 2-2 **규준참조평가와 준거참조평가**

앞서 [보충설명 1-1]에서 학교에서의 평가를 진단평가, 형성평가, 총괄평가의 세 가지 유형으로 나누어 살펴보았는데 이는 평가의 목적(기능)에 따른 분류였다. 학교에서의 평가는 분류기준에 따라 다양하게 분류될 수 있는데 수집된 결과를 해석하는 방식에 따라 다음과 같이 규준참조평가와 준거참조평가의 두 가지 유형으로 구분된다.

• 규준참조평가(norm–referenced evaluation)

규준참조평가는 비교집단의 규준에 비추어서 상대적인 위치에 의하여 개인의 점수에 대한 가치판단을 하는 평가라고 할 수 있다(이종승, 2009; 임규혁, 임웅, 2007; 한국교육평가학회, 2004). 앞서 2절에 기술되었듯이 규준이란 '한 아동의 점수를 비교하고자 하는 규준집단의 점수의 분포'이고 이를 근거로 '해당 특성이 나타나는 정도를 두 단계 이상의 수준으로 구분해 놓은 것'을 기준이라고 했을 때, 규준참조평가는 규준이나 그것을 근거로 설정된 기준에 따라 의사결정을 내리는 과정으로 볼 수 있다. 규준참조평가는 상대평가라고도 하는데 학교에서의 성적평정에 적용된 예를 제시하면 다음과 같다.

① 학생들을 서열지을 수 있는 규준을 작성한다(예: 백분위점수, 표준점수 제공).
 −규준상의 상대적 위치에 대해 판단.

② 작성된 규준을 근거로 다음과 같은 평정등급의 기준을 작성한다.
　A: 최상위 10%
　B: 상위 20%
　C: 중위 40%
　D: 하위 20%
　E: 최하위 10%

• 준거참조평가(criterion–referenced evaluation)

준거참조평가는 사전에 설정된 준거에 비추어 개인의 점수에 대한 가치판단을 하는 평가라고 할 수 있다(이종승, 2009; 임규혁, 임웅, 2007; 한국교육평가학회, 2004). 앞서 2절에 기술되었듯이 준거란 '사전에 설정된 숙달수준'이고 이를 근거로 '해당 특성이 나타나는 정도를 두 단계 이상의 수준으로 구분해 놓은 것'을 기준이라고 했을 때, 준거참조평가는 준거나 그것을 근거로 설정된 기준에 따라 의사결정을 내리는 과정으로 볼 수 있다. 준거참조평가는 절대평가라고도 하는데 학교에서의 성적평정에 적용된 예를 제시하면 다음과 같다.

① 교육목표를 달성했다고 인정할 수 있는 성취수준으로 준거를 작성한다(예: 80% 이상).
 −교육목표 달성 여부 판단.

보충설명 2-2 계속됨

② 작성된 준거를 근거로 다음과 같은 평정등급의 기준을 작성한다.

　A: 90% 이상

　B: 80% 이상~90% 미만

　C: 70% 이상~80% 미만

　D: 60% 이상~70% 미만

　E: 60% 미만

보충설명 2-3 능력참조평가와 성장참조평가

　　Oosterhof(2001)에 따르면 학교에서 아동의 수행결과를 해석하는 방식에는 능력참조해석, 성장참조해석, 규준참조해석, 준거참조해석의 네 가지 유형이 있다. 능력참조해석(ability-referenced interpretation)은 아동의 수행결과를 그 아동의 최대가능한 수행(maximum possible performance)에 비추어 해석하는 것이고, 성장참조해석(growth-referenced interpretation)은 아동의 수행결과를 그 아동의 이전 수행에 비추어 해석하는 것이며, 규준참조해석(norm-referenced interpretation)은 아동의 수행결과를 다른 아동들의 수행(즉, 규준)에 비추어 해석하는 것이고, 준거참조해석(criterion-referenced interpretation)은 아동의 수행결과를 사전에 설정된 일반적인 숙달수준(즉, 준거)에 비추어 해석하는 것이다. 이처럼 Oosterhof(2001)는 아동의 수행결과를 해석하는 네 가지 방식을 소개하였지만 규준참조해석과 준거참조해석을 주로 설명하였을 뿐만 아니라 능력참조해석과 성장참조해석은 유의미한 제한점이 있으므로 사용할 때는 규준참조해석과 준거참조해석으로 보충되어야 하며 총괄평가와 같은 영향력이 큰 평가에서는 일반적으로 규준참조해석과 준거참조해석만 사용해야 한다고 하였다.

　　이와 같은 Oosterhof(2001)의 능력참조해석, 성장참조해석, 규준참조해석, 준거참조해석을 우리나라 문헌(예: 김석우 외, 2021; 성태제, 2010; 황정규 외, 2016)은 능력참조평가(ability-referenced evaluation), 성장참조평가(growth-referenced evaluation), 규준참조평가(norm-referenced evaluation), 준거참조평가(criterion-referenced evaluation)로 소개하면서 능력참조평가와 성장참조평가를 Oosterhof(2001)보다 더 비중을 두고 다루고 있다. 이 책에서는 규준참조평가와 준거참조평가를 [보충설명 2-2]에서 설명하였으므로 다음에서는 능력참조평가와 성장참조평가를 각각 소개하고 특수교육에서의 활용에 대해 언급하고자 한다.

보충설명 2-3   계속됨

- 능력참조평가(ability-referenced evaluation)

능력참조평가는 아동의 잠재능력에 비추어서 아동의 수행결과에 대한 가치판단을 하는 평가라고 할 수 있다. 예를 들어, 잠재능력이 각각 90점과 80점인 아동A와 아동B의 수행결과가 둘 다 95점일 때 잠재능력과 수행결과의 차이가 아동A는 5점이고 아동B는 15점이므로 아동B가 아동A보다 긍정적인 평가를 받는다. 즉, 동일한 수행결과를 보이더라도 잠재능력이 더 낮은 아동이 더 높은 평가를 받게 된다. 이와 같은 능력참조평가는 아동 개개인의 수준을 고려해 이루어지는 능력발휘 정도에 대한 개별화된 평가이므로 교수 · 학습과정에서 유용하게 활용될 수 있는 장점이 있다. 그러나 아동 개개인의 잠재능력을 정확하게 추정하기 어려울 뿐만 아니라 그 잠재능력 또한 변할 수 있다는 단점도 있다.

- 성장참조평가(growth-referenced evaluation)

성장참조평가는 아동의 이전 수행에 비추어서 아동의 수행결과에 대한 가치판단을 하는 평가라고 할 수 있다. 예를 들어, 이전 수행이 각각 90점과 80점인 아동A와 아동B의 수행결과가 둘 다 95점일 때 이전 수행과 수행결과의 차이가 아동A는 5점이고 아동B는 15점이므로 아동B가 아동A보다 긍정적인 평가를 받는다. 즉, 동일한 수행결과를 보이더라도 이전 수행이 더 낮은 아동이 더 높은 평가를 받게 된다. 이와 같은 성장참조평가는 개개인의 수준을 고려해 이루어지는 성장(변화) 정도에 대한 개별화된 평가이므로 교수 · 학습과정에서 유용하게 활용될 수 있는 장점이 있다. 그러나 성장참조평가는 첫째, 이전 수행의 측정치가 신뢰성이 있어야 하고 둘째, 현재 수행결과의 측정치가 신뢰성이 있어야 하며 셋째, 이전 수행의 측정치와 현재 수행결과의 측정치 간에 상관이 낮아야 한다는 세 가지 조건이 충족되어야 한다(Oosterhof, 2001)는 단점도 있다.

- 특수교육에서 능력참조평가와 성장참조평가의 활용

능력참조평가와 성장참조평가는 몇 가지 주목할 만한 공통점이 있다. 첫째, 아동의 수행결과를 비교하는 대상이 다른 아동들의 수행이나 일반적인 숙달수준과 같이 아동의 외부에 있는 것이 아니라 아동 자신의 최대가능한 수행이나 이전 수행처럼 아동의 내부에 있다. 둘째, 아동 개개인의 수준을 고려해 이루어지는 개별화된 평가이다. 셋째, 아동의 능력발휘 정도나 성장(변화) 정도에 대한 정보를 제공하기 때문에 교수 · 학습과정에서 유용하게 활용될 수 있다.

그러나 일반교육에서는 능력참조평가처럼 능력발휘 정도에 근거하거나 성장참조평가처럼 성장(변화) 정도에 근거하여 성적을 줄 경우 성적의 공정성 문제가 제기될 가능성이 있다. 따라서 능력참조평가와 성장참조평가는 형성평가와 같이 비교적 영향력이 작은 평가에 국한해서 사용할 것이 권장되거나(김석우 외, 2021) 영향력이 큰 총괄평가나 고부담시험(high-stakes test)에는 적용하기 어려운 것으로 보고 있다(김석우 외, 2021; 성태제, 2010).

보충설명 2-3　계속됨

　　하지만 특수교육에서는 개별화된 교육을 전제로 하고 상대적 비교보다는 개개인의 수준을 고려한 개별화된 평가를 강조하기 때문에 능력참조평가와 성장참조평가를 적극적으로 실시하는 것이 바람직할 수 있다. 특히 능력참조평가의 경우, 장애로 인해 자신의 잠재능력을 발휘하는 데 제한을 받는 장애아동의 학습동기를 유발하거나 잠재능력이 낮더라도 그 능력에 비하여 많은 노력을 발휘한 점을 고려하여 보다 높은 평가를 함으로써 장애아동의 학습동기를 촉진할 수 있다. 또한 성장참조평가의 경우, 포트폴리오사정(저자주: 이 책 제8장 '포트폴리오사정' 참조할 것)을 이용한다면 정기적으로 개별화교육프로그램(IEP)을 점검할 때 아동의 성장(변화)에 대한 정보를 제공할 수 있을 것이다. 따라서 향후 특수교육에서 능력참조평가와 성장참조평가를 활용하는 방안을 적극적으로 모색할 필요가 있다.

2) 변환점수

　　이미 설명한 바와 같이 변환점수(transformed scores)란 아동의 수행에 대한 절대적 또는 상대적 해석을 하기 위해 원점수를 변환시킨 점수를 말하며, 이러한 변환점수에는 백분율점수와 유도점수의 두 가지 유형이 있다.

(1) 백분율점수

　　백분율점수(percentage scores)(또는 percent correct scores)란 총 문항수에 대한 정답 문항수의 백분율 또는 총점에 대한 획득점수의 백분율이라고 할 수 있다. 예를 들어, 한 아동이 총 15개 문항으로 구성된 수학시험에서 12개 문항에서 정답을 보였거나 50점 만점의 수학시험에서 40점을 받았다면 이 아동의 수학시험 백분율점수는 80%가 된다. 이러한 백분율점수는 준거참조검사에서 아동의 수행수준을 묘사할 때 유용하게 사용된다.

　　그러나 백분율점수는 다른 점수와 상대적으로 비교할 수 없는 제한점이 있다. 예를 들어, 한 아동의 수학시험점수를 다음 수학시험점수와 비교한다든지 또는 다른 교과목시험점수와 비교하여 해석할 수 없다. 즉, 세 경우에 모두 80%라는 백분율점수를 받았다 하더라도 어느 수학시험에서 또는 어느 교과목에서 더 나은 수행을 보였는지 비교하여 해석할 수 없다는 것이다. 이러한 상대적 해석을 하기 위해서는 원점수를 유도점수로 변환시켜야 한다.

(2) 유도점수

유도점수(derived scores)란 점수들 간의 상대적 비교가 가능하도록 원점수를 변환시킨 점수인데, 이러한 유도점수에는 발달점수와 상대적 위치점수의 두 가지 유형이 있다.

① 발달점수

발달점수(developmental scores)란 아동의 발달정도를 나타내는 점수라고 할 수 있는데, 이러한 발달점수로는 등가점수와 지수점수가 있다.

ⓐ 등가점수

등가점수(equivalent scores)란 특정 원점수를 평균수행으로 나타내는 연령 또는 학년을 말한다(Cohen & Spenciner, 2007). 즉, 그 연령 또는 학년 아동들의 평균점수가 특정 원점수와 같다는 뜻이다. 따라서 등가점수란 기능수준(level of functioning)을 나타내는 연령 또는 학년이라고 할 수 있다(Salvia & Ysseldyke, 2007). 이때 전자는 연령등가점수고 후자는 학년등가점수다.

연령등가점수(age-equivalent scores)는 년수와 개월수를 하이픈으로 연결하여 나타낸다. 예를 들어, 연령등가점수 8-5란 8년 5개월을 나타내며 아동이 8년 5개월된 아동들의 평균수행수준을 보인다는 뜻이다. 즉, 아동의 원점수가 8년 5개월된 아동들의 평균점수와 같다는 것이다. 검사도구에 따라 연령등가점수에 대한 다양한 명칭을 사용하기도 하는데, 영유아발달검사의 발달연령(developmental age: DA), 인지검사의 정신연령(mental age: MA), 적응행동검사의 사회연령(social age: SA), 의사소통검사의 언어연령(language age: LA) 등을 그 예로 들 수 있다.

학년등가점수(grade-equivalent scores)는 연령등가점수와 구분하기 위하여 보통 학년과 달을 소수점으로 연결하여 나타낸다(Cohen & Spenciner, 2007). 예를 들어, 학년등가점수 1.2란 1학년 둘째달을 나타내며 아동이 1학년 둘째달 아동들의 평균수행수준을 보인다는 것을 의미한다. 즉, 아동의 원점수가 1학년 둘째달 아동들의 평균점수와 같다는 것이다. 국가에 따라 학년등가점수의 적용에서 차이가 나타나기도 하는데, 이는 국가간 학사일정의 차이에 기인한 것으로 볼 수 있다. 예를 들어, 미국과 우리나

> **보충설명 2-4　미국과 우리나라의 학년등가점수 적용**
>
> 　미국에서 학년(school year)은 주(州) 또는 학교에 따라 다소 차이는 있으나 일반적으로 9월에 시작하여 이듬해 5월에 끝난다. 9월과 이듬해 5월 사이에 보통 1주일 정도의 가을방학(fall break), 겨울방학(winter break), 봄방학(spring break)이 있으며 여름방학(summer vacation)은 12주(6, 7, 8월) 정도로 길다. 학년등가점수를 위해 역년(calendar year)을 열 부분으로 나누는데 그중 아홉은 학년의 9개월(9월~이듬해 5월)에 각각 해당하고 마지막은 여름방학(6~8월)에 해당한다(Taylor, 2006). 예를 들어, 1학년 9월, 1학년 10월, 1학년 11월, 1학년 12월, 1학년 1월, 1학년 2월, 1학년 3월, 1학년 4월, 1학년 5월은 각각 1.1(1학년 첫째 달), 1.2(1학년 둘째 달), 1.3(1학년 셋째 달), 1.4(1학년 넷째 달), 1.5(1학년 다섯째 달), 1.6(1학년 여섯째 달), 1.7(1학년 일곱째 달), 1.8(1학년 여덟째 달), 1.9(1학년 아홉째 달)로 표현된다.
>
> 　우리나라에서 학년은 3월에 시작하여 이듬해 2월에 끝나며 8월을 중심으로 여름방학 그리고 1월을 중심으로 겨울방학이 있다. 따라서 여름방학과 겨울방학을 배제한 학년등가점수를 적용하는 것이 일반적이다. 예를 들어, 기초학습기능 수행평가체제-수학검사(BASA-Math)(김동일, 2006)의 경우 1학년 3월은 1.0, 1학년 4월은 1.1, 1학년 5월은 1.2, 1학년 6월은 1.3, 1학년 7월은 1.4, 1학년 9월은 1.5, 1학년 10월은 1.6, 1학년 11월은 1.7, 1학년 12월은 1.8, 1학년 2월은 1.9로 표현된다.

라는 [보충설명 2-4]에 제시된 바와 같이 학년등가점수의 적용에서 차이를 보인다.

ⓑ 지수점수

　지수점수(quotient scores)란 발달율(rate of development)의 추정치를 말하는데(Cohen & Spenciner, 2007), 아동의 연령등가점수를 아동의 생활연령으로 나눈 후 100을 곱해서 산출한다. 이와 같이 지수점수는 생활연령에 대한 연령등가점수의 비율이므로 비율점수(ratio scores)라고 불리기도 한다(McLean et al., 2004).

　앞서 검사도구에 따라 연령등가점수에 대한 명칭이 다양하다고 하였는데, 지수점수를 산출할 때 연령등가점수의 명칭에 따라 지수점수의 명칭이 달라진다. 즉, 연령등가점수가 발달연령(developmental age: DA), 정신연령(mental age: MA), 사회연령(social age: SA), 언어연령(language age: LA)일 때 지수점수는 각각 발달지수(developmental quotient: DQ), 비율 IQ(ratio IQ), 사회지수(social quotient: SQ), 언어지수(language quotient: LQ)가 된다.

이러한 지수점수를 산출할 때 연령등가점수와 생활연령의 단위를 동일하게 할 필요가 있는데, 문헌에 따라 연수와 개월수를 소수점으로 연결하거나(예: Venn, 2004) 개월수로 환산하기도 한다(예: Cohen & Spenciner, 2007; McLean et al., 2004; Salvia & Ysseldyke, 2007). 그러나 후자의 방법이 일반적으로 사용된다. 하지만 전자 또는 후자 중 어느 방법을 사용하든 동일한 지수점수가 산출되는데 그 예를 제시해 보면 [보충설명 2-5]와 같다.

보충설명 2-5   지수점수 산출의 예

  지수점수(quotient scores)는 아동의 연령등가점수를 아동의 생활연령으로 나눈 후 100을 곱해서 산출한다. 따라서 지수점수를 산출할 때는 연령등가점수와 생활연령의 단위를 동일하게 해야 하는데 이때 두 가지 방법이 있다. 하나는 연령등가점수와 생활연령의 연수와 개월수를 둘다 소수점으로 연결하는 방법이고 다른 하나는 연령등가점수와 생활연령의 연수와 개월수를 둘다 개월수로 환산하는 방법이다. 어느 방법을 사용하든 지수점수는 동일하게 산출되는데 그 예를 사회성숙도검사(김승국, 김옥기, 1985)를 활용하여 제시해 보면 다음과 같다. 사회성숙도검사는 규준참조검사로서 규준인 '사회연령(SA) 환산표'를 제시하고 있는데 이 규준에서 총점(즉, 원점수)에 해당하는 사회연령(social age: SA)를 찾아내고 이 사회연령(SA)을 생활연령(chronological age: CA)로 나눈 다음 100을 곱하여 사회지수(social quotient: SQ)를 산출하도록 되어 있다. 생활연령(CA)이 4년 6개월인 한 아동에게 사회성숙도검사를 실시한 결과 총점이 51점이고 이에 해당되는 사회연령(SA)이 '사회연령(SA) 환산표'에 3.50로 제시되어 있다면 이 아동의 사회지수(SQ)는 다음 두 가지 방법 중 하나로 산출할 수 있다.

  • 연령등가점수와 생활연령의 연수와 개월수를 소수점으로 연결하는 방법
  먼저, 생활연령(CA) 4년 6개월을 소수점으로 연결하면 4.50[4+(6÷12)]가 된다. 다음으로, 연령등가점수인 사회연령(SA) 3.50을 생활연령(CA) 4.50으로 나눈 후 100을 곱하여 사회지수를 산출하면 77.8(또는 78)[(3.50÷4.50)×100]이 된다.

  • 연령등가점수와 생활연령의 연수와 개월수를 개월수로 환산하는 방법
  먼저, 사회연령(SA) 3.50을 개월수로 환산하면 42개월[(12×3)+(12×0.5)]이 된다. 다음으로, 생활연령(CA) 4년 6개월을 개월수로 환산하면 54개월[(12×4)+6]이 된다. 마지막으로, 연령등가점수인 사회연령(SA) 42개월을 생활연령(CA) 54개월로 나눈 후 100을 곱하여 시회지수를 산출하면 77.8(또는 78)[(42개월÷54개월)×100]이 된다.

② 상대적 위치점수

　발달점수와는 달리 상대적 위치점수(scores of relative standing)는 아동의 수행수준을 또래집단 내 그 아동의 상대적 위치로 나타낸다. 따라서 원점수를 상대적 위치점수로 변환시킴으로써 한 아동의 여러 가지 검사점수를 비교할 수 있을 뿐 아니라 연령층이 다른 아동들도 비교할 수 있다. 또한 상대적 위치점수들 간의 상호비교도 가능한데, 이러한 상대적 위치점수들 간의 관계는 정규분포상에 상대적 위치점수들을 그려 봄으로써 쉽게 알 수 있다. 〈그림 2-6〉은 상대적 위치점수들과 정규분포와의 관계를 보여 주고 있다. 이와 같은 상대적 위치점수는 백분위점수, 표준점수, 구분점수의 세 가지 유형으로 구분할 수 있다.

●〈그림 2-6〉 **상대적 위치점수들과 정규분포의 관계**

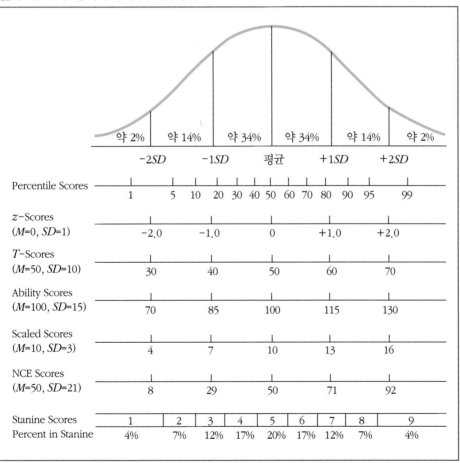

ⓐ 백분위점수

백분위점수(percentile scores)(또는 percentile ranks, percentiles)란 특정 원점수 이하의 점수를 받은 아동의 백분율(%)을 말한다. 예를 들어, 한 아동의 원점수가 60점이고 그 원점수에 해당하는 백분위점수가 75라면, 전체 아동 중의 75%가 60점 또는 그

▷ 〈표 2-9〉 백분위점수 산출 예

단계					백분위점수[2]
(i)	(ii)	(iii)	(iv)	(v)	
원점수	빈도(f)	누가빈도(cf)	$cf - \frac{1}{2}f$	$[(iv) \div N^{[1]}] \times 100$	
38	1	30	$30 - (1 \times \frac{1}{2}) = 29.5$	$(29.5 \div 30) \times 100 = 98.3$	98
37	1	29	$29 - (1 \times \frac{1}{2}) = 28.5$	$(28.5 \div 30) \times 100 = 95.0$	95
36	0	28	$28 - (0 \times \frac{1}{2}) = 28.0$	$(28.0 \div 30) \times 100 = 93.3$	93
35	2	28	$28 - (2 \times \frac{1}{2}) = 27.0$	$(27.0 \div 30) \times 100 = 90.0$	90
34	1	26	$26 - (1 \times \frac{1}{2}) = 25.5$	$(25.5 \div 30) \times 100 = 85.0$	85
33	2	25	$25 - (2 \times \frac{1}{2}) = 24.0$	$(24.0 \div 30) \times 100 = 80.0$	80
32	3	23	$23 - (3 \times \frac{1}{2}) = 21.5$	$(21.5 \div 30) \times 100 = 71.7$	72
31	2	20	$20 - (2 \times \frac{1}{2}) = 19.0$	$(19.0 \div 30) \times 100 = 63.3$	63
30	1	18	$18 - (1 \times \frac{1}{2}) = 17.5$	$(17.5 \div 30) \times 100 = 58.3$	58
29	4	17	$17 - (4 \times \frac{1}{2}) = 15.0$	$(15.0 \div 30) \times 100 = 50.0$	50
28	2	13	$13 - (2 \times \frac{1}{2}) = 12.0$	$(12.0 \div 30) \times 100 = 40.0$	40
27	2	11	$11 - (2 \times \frac{1}{2}) = 10.0$	$(10.0 \div 30) \times 100 = 33.3$	33
26	2	9	$9 - (2 \times \frac{1}{2}) = 8.0$	$(8.0 \div 30) \times 100 = 26.7$	27
25	3	7	$7 - (3 \times \frac{1}{2}) = 5.5$	$(5.5 \div 30) \times 100 = 18.3$	18
24	1	4	$4 - (1 \times \frac{1}{2}) = 3.5$	$(3.5 \div 30) \times 100 = 11.7$	12
23	0	3	$3 - (0 \times \frac{1}{2}) = 3.0$	$(3.0 \div 30) \times 100 = 10.0$	10
22	1	3	$3 - (1 \times \frac{1}{2}) = 2.5$	$(2.5 \div 30) \times 100 = 8.3$	8
21	1	2	$2 - (1 \times \frac{1}{2}) = 1.5$	$(1.5 \div 30) \times 100 = 5.0$	5
20	0	1	$1 - (0 \times \frac{1}{2}) = 1.0$	$(1.0 \div 30) \times 100 = 3.3$	3
19	1	1	$1 - (1 \times \frac{1}{2}) = 0.5$	$(0.5 \div 30) \times 100 = 1.7$	2
합계	30	·	·	·	·

[1] 사례수.
[2] (v)단계에서 산출된 수치를 반올림한 값.
수정발췌: Gronlund, N. E. (2003). *Assessment of student achievement* (7th ed.). Boston, MA: Allyn and Bacon. (p. 187)

미만의 점수를 받았다는 의미다. 이러한 백분위점수는 전체 아동의 점수를 크기순으로 늘어놓고 100등분하였을 때의 순위라고 할 수 있는데, 앞서 설명한 백분율점수(percentage scores: 총 문항수에 대한 정답문항수의 백분율 또는 총점에 대한 획득점수의 백분율)와 혼동하지 않도록 주의해야 한다. 백분위점수는 다음과 같은 다섯 단계를 통해 산출할 수 있는데, 〈표 2-9〉는 백분위점수 산출 예를 단계별로 제시하고 있다.

(ⅰ) 원점수를 최고점에서 최저점까지 순서대로 배열한다.

(ⅱ) 각 점수의 빈도(frequency: f)를 세어서 표기한다.

(ⅲ) 최저의 점수에서 시작하여 얻어진 빈도를 누가적으로 더한다. 이를 누가빈도(cumulative frequency: cf)라고 한다.

(ⅳ) 각 원점수 누가빈도에서 그 원점수 빈도의 $\frac{1}{2}$을 빼서 표기한다.

(ⅴ) 얻어진 수치를 전체 사례수로 나눈 다음 100을 곱한다.

이와 같은 백분위점수는 사례의 크기나 검사의 종류가 다르더라도 상대적인 위치를 서로 비교해 볼 수 있는 장점은 있으나, 〈그림 2-6〉에 보이듯이 점수 사이에 동간성이 없다는 제한점을 가지고 있다.

ⓑ 표준점수

표준점수(standard scores)란 사전에 결정된 평균과 표준편차를 가지고 정규분포를 이루도록 변환된 점수들을 총칭하는 용어라고 할 수 있다(Salvia & Ysseldyke, 2007). 이와 같은 표준점수는 특정 원점수가 평균으로부터 그 이상 또는 이하로 얼마나 떨어져 있는가를 나타낸다(Gronlund, 2003). 표준점수로는 z점수, T점수, 능력점수, 척도점수, 그리고 정규곡선등가점수가 있는데, 〈그림 2-6〉에서 알 수 있듯이 이들 표준점수는 동간성을 갖는 점수다.

z점수(z-scores)는 평균 0 그리고 표준편차 1을 가진 표준점수다. z점수는 표준점수 중에서 가장 간단하면서 다른 표준점수들의 기초가 되는데, 다음의 공식에 의해 산출된다.

$$z점수 = (원점수 - 평균) \div 표준편차$$

예를 들어, 한 학급 수학시험의 평균과 표준편차가 각각 40과 5일 때(저자주: 평균 및 표준편차 산출에 대해서는 제2장 1절을 참조할 것), 원점수 47과 36의 z점수는 다음과 같이 계산될 것이다.

$$z\text{점수} = (47 - 40) \div 5 = 1.4$$
$$z\text{점수} = (36 - 40) \div 5 = -.8$$

〈그림 2-6〉을 참조하여 해석해 보면, 원점수 47은 평균상위 1.4표준편차이고 원점수 36은 평균하위 .8표준편차다. 이와 같은 z점수는 학술적 연구에서 흔히 사용되고 있으나, 위의 예에서 보이듯이 소수점과 음수가 나타나는 번거로움으로 인해 검사결과 제시에서 직접 사용되는 경우는 드물다. 대신 z점수를 양의 정수로 표시되는 다른 유형의 표준점수로 전환시키게 되는데, 이때 주로 사용되는 표준점수가 T점수다.

T점수(T-scores)는 평균 50 그리고 표준편차 10을 가진 표준점수다. T점수는 다음 공식에 나타난 바와 같이 z점수에 10을 곱한 후 50을 더함으로써 산출된다.

$$T\text{점수} = 50 + 10(z\text{점수})$$

이 공식을 적용하여 앞서 제시된 z점수 1.4와 -.8을 T점수로 전환시켜 보면 다음과 같다.

$$T\text{점수} = 50 + 10(1.4) = 64$$
$$T\text{점수} = 50 + 10(-.8) = 42$$

〈그림 2-6〉을 참고하면, z점수 1.4와 T점수 64가 그리고 z점수 -.8과 T점수 42가 각각 같은 위치를 나타내고 있음을 짐작할 수 있다. 이와 유사하게 z점수를 다음에서 살펴볼 세 가지 표준점수(능력점수, 척도점수, 정규곡선등가점수)로도 전환할 수 있는데, z점수를 전환했을 때 양의 정수로 표시되는 T점수와는 달리 능력점수, 척도점수, 정규곡선등가점수는 소수점이 나타날 수도 있다(이때는 소수 첫째 자리에서 반올림함). 따라서 앞서 언급한 바와 같이 z점수를 다른 유형의 표준점수로 전환시킬 때는 주로 T점수가 사용된다. 이에 대한 구체적인 설명은 [보충설명 2-6]을 참고하기 바란다.

보충설명 2-6 **z점수와 다른 표준점수들의 관계**

표준점수(standard scores)란 사전에 결정된 평균과 표준편차를 가지고 정규분포를 이루도록 변환된 점수들을 총칭한다. 표준점수에는 z점수(평균 0, 표준편차 1), T점수(평균 50, 표준편차 10), 능력점수(평균 100, 표준편차 15), 척도점수(평균 10, 표준편차 3), 그리고 정규곡선등가점수(평균 50, 표준편차 21)가 있다. 이러한 표준점수들 가운데 z점수는 가장 간단하면서 다른 표준점수들의 기초가 되는데, 다음 공식에 의해 산출된다(z점수는 일반적으로 소수 둘째 자리에서 반올림하여 표기함).

z점수 = (원점수 − 평균) ÷ 표준편차

이 공식에 의해 산출되는 z점수는 소수점과 음수가 나타나는 번거로움으로 인해 다른 표준점수들로 전환되기도 한다. 다음은 z점수를 다른 표준점수로 전환하는 공식들이다.

T점수 = 50 + 10(z점수)
능력점수 = 100 + 15(z점수)
척도점수 = 10 + 3(z점수)
정규곡선등가점수 = 50 + 21(z점수)

예를 들어, 한 학급 수학시험의 평균과 표준편차가 각각 40과 5일 때 원점수 47의 z점수는 다음과 같이 계산된다.

z점수 = (47 − 40) ÷ 5 = 1.4

산출된 z점수 1.4를 다른 표준점수들로 전환해 보면 다음과 같다.

T점수 = 50 + 10(1.4) = 64
능력점수 = 100 + 15(1.4) = 121
척도점수 = 10 + 3(1.4) = 14.2 ≒ 14
정규곡선등가점수 = 50 + 21(1.4) = 79.4 ≒ 79

이상에서 알 수 있듯이 z점수를 전환했을 때 양의 정수로 표시되는 T점수와는 달리 다른 표준점수들에서는 소수점이 나타날 수도 있다(이때는 소수 첫째 자리에서 반올림함). 따라서 앞서 언급한 바와 같이 z점수를 다른 유형의 표준점수로 전환시킬 때는 T점수가 주로 사용된다. 참고로 z점수 1.4, T점수 64, 능력점수 121, 척도점수 14, 정규곡선등가점수 79는 정규분포에서 같은 위치로 해석된다(〈그림 2-6〉 참조).

능력점수(ability scores)는 일반적으로 평균 100 그리고 표준편차 15(또는 16)를 가지는 표준점수다. 능력점수는 학업능력(learning ability, school ability, cognitive ability 또는 intelligence) 검사에서 주로 사용되는 표준점수인데, 〈표 2-7〉에 보이듯이 다른 표준점수와 같은 방법으로 해석된다. 이 점수는 앞서 살펴본 기존의 비율IQ(ratio IQ)[즉, (MA÷CA)×100)](저자주: 지수점수를 참조할 것)를 대치하였기 때문에 편차IQ(deviation IQ)로 불리기도 하였다. 그러나 IQ 점수를 둘러싼 혼동을 피하기 위하여 학업능력검사에서 사용되는 표준점수를 위해 능력점수라는 더 적절한 명칭이 최근에 사용되고 있다(Gronlund, 2003).

척도점수(scaled scores)는 주로 평균 10 그리고 표준편차 3을 가지는 표준점수다. 척도점수는 검사도구가 하위검사(subtests)를 통해 여러 영역에 걸쳐 점수를 제공할 때 흔히 사용된다(Taylor, 2006). 다시 말해서, 척도점수는 하위검사 표준점수라고 할 수 있는데(McLoughlin & Lewis, 2008), 〈표 2-7〉에 보이듯이 해석방법은 다른 표준점수와 동일하다.

정규곡선등가점수(normal curve equivalent scores: NCE scores)(또는 normal curve equivalents: NCEs)는 평균 50 그리고 표준편차 21(정확하게는 21.06)을 가지는 표준점수다. NCE점수는 미국에서 연방지원교육프로그램(federally-sponsored education programs)에 참여하는 아동들의 진전을 분석하기 위해 고안되었는데, 정규분포를 100개의 동간격으로 나누고 있다. 따라서 전체 아동의 점수를 크기순으로 늘어놓고 100등분하는 백분위점수(percentile scores)와 쉽게 혼동할 수 있다(Hopkins, 1998). 또한 평균이 50인 다른 표준점수, 즉 T점수와도 혼동할 여지가 있다(Gronlund, 2003). 이러한 이유들로 문헌에 따라 NCE점수를 권장하지 않거나(예: Hopkins, 1998) 아동들의 그룹점수를 보고할 때만 사용하도록 권유하기도 한다(예: Rudner & Schafer, 2002).

ⓒ 구분점수

구분점수(stanine scores)(또는 stanines)(저자주: stanine은 스테나인으로 읽는데 standard nines에서 유래된 용어임)는 정규분포를 9개 범주로 분할한 점수이며 따라서 1부터 9까지의 점수분포를 가진다. 구분점수는 제2차 세계 대전 기간 중 심리학자들이 정신능력검사에 사용하기 위해 개발한 점수인데, 그 당시의 컴퓨터용 펀치카드에 맞추어 한자리숫자 검사점수(one-digit test scores)로 고안되었다. 구분점수는 다음과 같은 단계를 통해 산출할 수 있다.

(ⅰ) 원점수를 최고점에서 최저점까지 순서대로 배열한다.

(ⅱ) 최상위 4%에 구분점수 9를 부여하고, 그다음 7%에 구분점수 8을, 그다음 12% 에 구분점수 7을, 그다음 17%에 구분점수 6을 부여한다.

(ⅲ) 최하위 4%에 구분점수 1을 부여하고, 그다음 7%에 구분점수 2를, 그다음 12% 에 구분점수 3을, 그다음 17%에 구분점수 4를 부여한다.

(ⅳ) 남아 있는 20%에 구분점수 5를 부여한다.

〈그림 2-6〉은 각 범주에 해당되는 백분율을 보여 주고 있다. 이와 같이 구분점수는 특정점수가 아닌 수행의 범위를 나타내기 때문에 표준점수보다 덜 정확한 정보를 제공하며, 9개 범주 간에 동간성이 없다는 제한점이 있다(McLoughlin & Lewis, 2008; Sattler, 2001). 그러나 점수해석이 비교적 쉬워 비전문가와 검사결과에 대해 논의할 때 편리하다(Venn, 2004). 〈그림 2-7〉은 정규분포에 기초한 구분점수와 표준점수인 z점수와의 관계를 보여 주고 있다.

● 〈그림 2-7〉 정규분포에 기초한 구분점수와 z점수의 관계

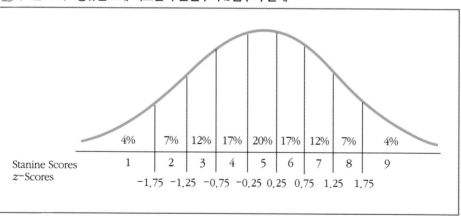

〈그림 2-7〉에 나타난 관계에 기초하여 Taylor(2006)는 구분점수에 대한 다음과 같은 해석방법을 제시하고 있다.

구분점수 1: 평균하위 1.75표준편차 이하
구분점수 2: 평균하위 1.75표준편차와 평균하위 1.25표준편차의 사이
구분점수 3: 평균하위 1.25표준편차와 평균하위 0.75표준편차의 사이

구분점수 4: 평균하위 0.75표준편차와 평균하위 0.25표준편차의 사이

구분점수 5: 평균하위 0.25표준편차와 평균상위 0.25표준편차의 사이

구분점수 6: 평균상위 0.25표준편차와 평균상위 0.75표준편차의 사이

구분점수 7: 평균상위 0.75표준편차와 평균상위 1.25표준편차의 사이

구분점수 8: 평균상위 1.25표준편차와 평균상위 1.75표준편차의 사이

구분점수 9: 평균상위 1.75표준편차 이상

4. 타당도

1) 정의

키를 측정하기 위해서는 자를 사용하고 몸무게를 측정하기 위해서는 저울을 사용하듯이 지능을 측정하기 위해서는 지능검사를 사용하게 된다. 그런데 지능검사로 개발된 검사도구가 실제로 지능을 측정하지 않는다면 그 도구는 지능검사로 타당하다고 볼 수 없을 것이다. 타당도(validity)란 검사도구가 측정하고자 하는 능력이나 특성을 실제로 측정하고 있는 정도, 즉 검사목적에 따른 검사도구의 적합성(appropriateness)의 정도를 의미한다.

2) 종류

문헌에 따라 타당도의 종류가 다소 다르게 제시되어 왔으나 일반적으로 American Educational Research Association(AERA), American Psychological Association(APA) 및 National Council on Measurement in Education(NCME)이 1974년에 공동으로 제시한 분류가 사용되고 있다. 그러나 1999년에 AERA, APA 및 NCME가 새로 제시한 분류가 소수의 문헌(예: 성태제, 2010; Gronlund, 2003)에서 소개되고 있는데, 1974년과 1999년에 제시된 타당도의 종류를 비교하여 보면 〈표 2-10〉과 같다.

이 책에서는 〈표 2-10〉에 제시된 것 중 1974년에 제시된 분류에 따라 타당도의 종류를 설명하고자 하는데 그 이유는 다음과 같다. 첫째, 1999년 분류는 특수교육에 적용하는 데 제한이 따르는 근거도 포함하고 있는 것으로 보인다. 예를 들어, 반응과정

▷ 〈표 2-10〉 AERA-APA-NCME가 제시한 타당도의 종류(1974년, 1999년)

1974년	1999년

1) 내용타당도
  (content validity)
	1) 검사내용에 기초한 근거
	  (evidence based on test content)

2) 준거관련타당도
  (criterion-related validity)
	2) 반응과정에 기초한 근거
	  (evidence based on response processes

3) 구인타당도
  (construct validity)
	3) 내적 구조에 기초한 근거
	  (evidence based on internal structure)
	4) 다른 변인에 기초한 근거
	  (evidence based on relations to other variables)
	    (1) 수렴 및 판별 근거
	        (convergent and discriminant evidence)
	    (2) 검사-준거 관련성
	        (test-criterion relationships)
	    (3) 타당도 일반화
	        (validity generalization)
	5) 검사결과에 기초한 근거
	  (evidence based on consequences of testing)

에 기초한 근거(evidence based on response processes)란 검사가 측정하고자 하는 구인과 피검자의 반응이 얼마나 일치하는가에 대한 근거라고 할 수 있는데(성태제, 2010) 장애를 가진 아동들을 대상으로 이러한 근거를 밝히는 데에는 어려움이 따를 수도 있다(Salvia & Ysseldyke, 2007). 둘째, 현재 특수교육에서 사용되는 대부분의 표준화 검사들이 1974년 분류에 따라 타당도를 제시하고 있다. 셋째, 장애를 가진 아동들의 평가에 대한 대부분의 최근 문헌들이 1974년 분류에 따라 타당도를 설명하고 있다(예: Benner, 2003; Cohen & Spenciner, 2007; McLoughlin & Lewis, 2008; Overton, 2006; Pierangelo & Giuliani, 2006; Salvia & Ysseldyke, 2007; Sattler, 2001). 〈표 2-11〉은 AERA, APA 및 NCME의 1999년 분류와의 대략적인 관계와 함께 이 책에서 설명할 타당도의 종류를 요약하여 제시하고 있다.

(1) 내용타당도

내용타당도(content validity)란 측정하고자 하는 영역을 검사문항이 대표하고 있는 정도를 말한다. 즉, 측정하고자 하는 영역을 검사문항이 얼마나 충실하게 대표하

▷ 〈표 2-11〉 **타당도의 종류**

이 책		AERA, APA, & NCME(1999)
(1) 내용타당도 (content validity)		• 검사내용에 기초한 근거 (evidence based on test content)
(2) 준거관련타당도 (criterion-related validity)	① 예측타당도 (predictive validity)	• 검사-준거 관련성 (test-criterion relationships)
	② 공인타당도 (concurrent validity)	
(3) 구인타당도 (construct validity)		• 내적 구조에 기초한 근거 (evidence based on internal structure) • 수렴 및 판별 근거 (convergent and discriminant evidence)

는가를 의미한다. 이러한 내용타당도는 일반적으로 그 영역 전문가의 논리적 사고와 분석을 통하여 판단되며 따라서 수량적으로 표시되지는 않는다.

내용타당도와 혼동할 수 있는 개념으로 안면타당도가 있다. 안면타당도(face validity)란 검사문항들이 피검자에게 친숙한 정도를 말한다. 따라서 내용타당도는 전문가에 의해 판단되는 반면 안면타당도는 피검자에 의해 판단된다. 만약 피검자에게 검사문항이 측정하고자 하는 내용을 측정하는 것처럼 보이지 않는다면, 그 피검자는 의문을 가지게 될 것이고 따라서 적절한 수행을 보이지 않을 수도 있다. 그러나 검사에서 안면타당도가 항상 필요한 것은 아니다. 왜냐하면 학업성취의 정도를 파악하고자 하는 검사에서는 안면타당도가 높아야 피검자의 반응을 제대로 도출해 낼 수 있지만 태도나 가치관과 같은 정의적 특성을 측정하는 검사에서는 안면타당도가 높으면 거짓반응을 유도해 낼 수도 있기 때문이다(한국교육평가학회, 2004).

(2) 준거관련타당도

준거관련타당도(criterion-related validity)란 검사도구의 측정결과와 준거가 되는 변인의 측정결과와의 관련정도를 말한다. 준거관련타당도에는 예측타당도와 공인타당도의 두 가지 유형이 있는데, 이 두 가지 유형의 궁극적인 차이는 준거변인의 측정결과가 얻어지는 시점에 있다. 즉, 예측타당도는 미래시점의 준거변인과 관련이 있으며 공인타당도는 현재시점의 준거변인과 관련이 있다.

① 예측타당도

예측타당도(predictive validity)란 검사결과가 미래의 행동을 정확하게 예측할 수 있는 정도를 말하며 예언타당도라고도 한다. 예측타당도는 미래시점의 준거변인과 관련이 있으므로 검사도구의 예측타당도를 검증하기 위해서는 일정한 시간이 경과해야 한다. 예를 들어, 비행사적성검사에서 높은 점수를 획득한 사람이 나중에 비행기 안전운행에서 높은 점수를 보인다면 비행사적성검사의 예측타당도는 높다고 할 수 있다. 이때 비행기안전운행은 준거변인이고 안전운행점수는 준거변인의 측정치가 된다. 예측타당도는 검증을 필요로 하는 검사의 점수와 준거변인의 측정치 간의 상관계수를 산출함으로써 추정된다(저자주: 상관계수에 대해서는 이 장 1절의 '상관'을 참조할 것).

② 공인타당도

공인타당도(concurrent validity)란 검사결과가 거의 동일한 시기에 실시된 다른 검사결과와 일치하는 정도를 말하는데 공유타당도 또는 동시타당도라고도 한다. 예측타당도와는 달리 공인타당도는 현재시점의 준거변인과 관련이 있으므로 검사도구의 공인타당도를 검증하기 위해서는 검증을 필요로 하는 검사와 준거변인이 되는 다른 검사를 거의 동일한 시기에 실시하게 된다. 예를 들어, 새로운 비행사적성검사를 제작하였을 때 이 검사의 점수가 기존의 다른 비행사적성검사의 점수와 유사하다면 새로 제작된 비행사적성검사의 공인타당도는 높다고 할 수 있다. 이때 기존의 다른 비행사적성검사는 준거변인이고 그 점수는 준거변인의 측정치가 된다. 공인타당도는 예측타당도와 마찬가지로 검증을 필요로 하는 검사의 점수와 준거변인의 측정치 간의 상관계수를 산출함으로써 추정된다.

앞서 설명한 예측타당도는 그 검증 이유가 다소 명백해 보이지만 공인타당도를 검증하는 목적에 대해서는 의문이 야기될 수도 있는데, 이와 관련하여 Gronlund(2003)는 공인타당도를 검증하는 세 가지 이유를 제시하고 있다. 첫째, 새로 제작된 검사의 결과를 이미 타당도를 인정받고 있는 기존의 검사를 기준으로 점검해 볼 수 있다. 둘째, 복잡하고 많은 시간을 요하는 기존의 검사를 좀 더 단순하고 간결한 검사로 대체할 수 있다. 셋째, 새로 제작된 검사의 예측타당도를 검증할 것인지 결정할 수 있다. 즉, 공인타당도 검증은 예측타당도 검증의 선행단계가 될 수도 있다. 왜냐하면 공인타당도가 낮아 현재의 수행에 대한 적절한 결과를 제공하지 못하는 검사가 미래의 수행을 예측해 줄 것이라고 기대할 수는 없기 때문이다.

(3) 구인타당도

구인타당도(construct validity)란 측정하고자 하는 이론적 구인을 검사도구가 실제로 측정하는 정도를 말하는데 구성타당도라고도 한다. 흔히 개념은 구체적 개념과 추상적 개념으로 나뉘는데, 어떤 개념에 대응하는 관찰가능한 실물이 있으면 구체적 개념이고 없으면 추상적 개념이다. 이때 구체적 개념은 관찰가능한 실물이 있으므로 그 존재를 가정할 필요가 없으나 실물이 없는 추상적 개념은 그 존재를 가정할 수밖에 없다. 이러한 추상적인 어떤 특성의 존재를 가정하고 그것을 지칭하기 위하여 만들어 놓은 개념이 구인이다(이종승, 2009). 따라서 구인(構因: construct)은 눈으로 직접 관찰되지 않는 추상적이고 가설적인 심리적 특성이라고 할 수 있는데 지능, 창의력, 인성, 동기, 자아존중감, 불안, 논리적 사고력 등이 그 예에 속한다. 이러한 구인을 측정하고자 할 때에는 그 구인에 대한 조작적 정의(operational definition)를 내리고 그 정의에 근거하여 문항 또는 과제를 개발하여 검사를 제작하게 된다. 이와 같이 제작된 검사의 결과가 측정하고자 하는 구인을 제대로 측정하고 있는가의 정도를 나타내는 것이 구인타당도.

구인타당도는 타당도 유형 중에서 가장 입증하기 어려운 유형이며 따라서 검사제작사가 특정 검사의 구인타당도를 입증하기까지는 오랜 시간에 걸친 많은 연구를 필요로 한다(Cohen & Spenciner, 2007). 구인타당도를 검증하는 방법에는 여러 가지가 있는데 일반적으로 다음 네 가지 방법이 주로 사용된다.

① 수렴타당도와 판별타당도 확인

Campbell(1960)에 의하면 구인타당도를 입증하기 위해서는 검사가 이론적으로 관련성이 있는 변인들과는 높은 상관을 보인다는 것을 제시해야 할 뿐만 아니라 관련성이 없는 변인들과는 유의미한 상관을 보이지 않는다는 것도 제시하여야 한다. 전자는 검사의 수렴타당도를 그리고 후자는 검사의 판별타당도를 확인하는 과정이라고 할 수 있다. 즉, 검사가 동일한 구인을 상이한 방법으로 측정하는 검사들과는 높은 정적 상관을 보이고 다른 구인을 측정하는 검사들과는 낮은 상관을 보이면 그 검사는 수렴타당도(convergent validity)와 판별타당도(discriminant validity)가 있는 것으로 판단된다(저자주: 판별타당도를 변별타당도라고도 함). 예를 들어, 수의 관계를 분석하고

추리하는 능력인 수리력을 측정하는 검사라면 그 점수는 수학시험 점수와는 높은 상관(수렴타당도)을 보이고 독해력검사 점수와는 유의하지 않는 낮은 상관(판별타당도)을 보여야 한다. 물론 수리력과 독해력이 다소 상호관련되어 있을 수도 있겠지만 판별타당도를 통해서 검사가 이러한 능력들을 성공적으로 분리하여 구별하고 있는가를 살펴보는 것이다.

② 요인분석

검사 문항들이 구성요인 또는 하위검사로 분류되어 있을 경우, 요인분석이 구인타당도를 검증하는 방법으로 가장 많이 사용된다. 요인분석(factor analysis)이란 많은 변인들 간의 상호관계를 분석하여 상관이 높은 변인들을 모아 요인(factor)으로 규명하고 그 요인의 의미를 부여하는 통계적 방법이다. 검사의 구인타당도를 검증하기 위하여 요인분석을 사용할 때는 각 문항들을 변인으로 그리고 구성요인 또는 하위검사를 요인으로 이해하면 된다. 예를 들어, 창의력을 측정하기 위하여 창의력이 민감성 · 이해성 · 도전성 · 개방성 · 자발성 · 자신감의 6개 요인으로 구성되어 있다고 정의하고 이에 근거하여 문항들을 개발하여 검사를 실시한 후 문항들의 점수를 이용하여 요인분석을 실시했을 때, 규명된 요인들이 검사에서 정의한 6개 요인들을 반영하는 것으로 나타나면 그 검사는 구인타당도가 있는 것으로 판단된다.

③ 상관계수법

검사 문항들이 구성요인 또는 하위검사로 분류되어 있을 경우, 상관계수법으로 구인타당도를 검증할 수도 있다. 상관계수법으로 구인타당도를 검증하고자 할 때는 각 구성요인 또는 하위검사 점수와 검사총점과의 상관계수를 산출한다. 그 결과 각 구성요인 또는 하위검사 점수와 검사총점과의 상관이 높게 나타나면 그 검사는 구인타당도가 있는 것으로 판단된다.

④ 실험설계법

측정하고자 하는 구인이 외부적인 조작(manipulation)에 의하여 변화가능한 변인일 경우 실험설계법으로 구인타당도를 검증할 수 있다. 예를 들어, 수리력을 측정하는 검사도구의 구인타당도를 검증하기 위해 낮은 수리력을 보이는 아동들을 대상으로 사전검사를 시행하고 수리력 향상을 위한 교육프로그램을 실시한 후 사후검사를 시행하였을 때 사후검사결과가 사전검사결과에 비해 유의미하게 높으면 그 검사는 구인타당도가 있는 것으로 판단할 수 있다.

3) 타당도계수

앞서, 준거관련타당도인 예측타당도와 공인타당도는 검증을 필요로 하는 검사의 점수와 준거변인의 측정치 간의 상관계수를 산출함으로써 추정된다고 설명하였다. 이 장 1절의 '상관'에서 설명하였듯이 상관계수(correlation coefficient)는 기호 r로 나타내며 그 범위는 −1.00에서 +1.00까지다. 상관계수가 특정 검사점수와 준거변인 측정치 간의 관련정도를 나타내기 위해 사용될 때 타당도계수(validity coefficient)라고 하는데(Gronlund, 2003), 기호 r_{xy}로 나타내며 그 범위는 0.00에서 +1.00까지다. 만약 상관계수가 음수로 산출되었을 경우에는 타당도계수를 0.00으로 표시한다(저자 주: 다음절에서 설명되는 신뢰도계수의 경우도 마찬가지임)(Huck & Cormier, 1996).

타당도계수를 평가하는 절대적 기준은 없으나 타당도계수 평가를 위한 일반적인 지침은 종종 문헌에 제시되기도 한다. 예를 들어, Gronlund(2003)는 타당도계수는 클수록 좋지만 전형적으로 .50에서 .70까지의 범위에서 산출되므로 이보다 작은 타당도계수는 낮은 타당도로 해석하도록 권유한다. 그는 또한 검증을 필요로 하는 검사와 준거변인 간의 시간이 길수록 타당도계수가 작아진다는 점도 지적하고 있다. 이는 미래시점의 준거변인과 관련이 있는 예측타당도가 현재시점의 준거변인과 관련이 있는 공인타당도보다 낮게 추정되는 경향이 있음을 말하는 것이다. 이러한 경향과 관련하여 Kubiszyn과 Borich(2003)는 공인타당도가 .80 이상이거나 예측타당도가

▷ 〈표 2-12〉 **타당도계수에 의한 타당도 평가**

타당도계수	타당도 평가
.00 이상 ~ .20 미만	타당도가 거의 없다
.20 이상 ~ .40 미만	타당도가 낮다
.40 이상 ~ .60 미만	타당도가 있다
.60 이상 ~ .80 미만	타당도가 높다
.80 이상 ~ 1.00 미만	타당도가 매우 높다

수정발췌: 성태제(2010). 현대교육평가(3판). 서울: 학지사. (p. 364)

.60 이상이면 타당한 검사라고 할 수 있다고 하였다. 성태제(2010)는 예측타당도와 공인타당도를 나타내는 타당도계수의 평가기준을 〈표 2-12〉와 같이 제시하고 있다.

4) 적용

검사목적에 따른 검사도구의 적합성의 정도인 타당도의 종류 중 내용타당도는 측정하고자 하는 영역을 검사문항이 대표하고 있는 정도를, 준거관련타당도는 검사도구의 측정결과와 준거가 되는 변인의 측정결과와의 관련정도를, 그리고 구인타당도는 측정하고자 하는 이론적 구인을 검사도구가 실제로 측정하는 정도를 의미한다.

이와 같이 세 가지 종류의 타당도는 독립된 개념으로서 각각 검사도구의 다른 측면의 타당도를 검증하므로 검사도구의 타당성을 검증하기 위해서는 모든 종류의 타당도를 검증하는 것이 바람직하다(성태제, 2010). 따라서 성취도검사는 내용타당도에, 적성검사는 준거관련타당도에, 지능검사는 구인타당도에 국한하여 타당도를 검증하는 경향은 지양되어야 한다. 그러나 검사도구의 사용목적을 고려하여 특정 타당도를 강조할 필요는 있는데 예를 들어, 선별검사의 경우 준거관련타당도가 특히 높아야 한다. 왜냐하면 만약 선별검사의 준거관련타당도가 낮을 경우 위양(false positive)이나 위음(false negative)과 같은 심각한 결과를 초래할 가능성이 커지기 때문이다(저자주: 위양과 위음에 대해서는 제1장 2절의 '선별'을 참조할 것).

또한 검증하는 데 시간과 노력이 많이 소요되는 타당도를 소홀히 하는 경향도 지양될 필요가 있다. 예를 들어, 예측타당도를 입증하기 위해서는 긴 시간이 요구되고 피검자의 미래행적을 추적하여 다시 측정하는 일도 쉽지 않으므로 공인타당도를 예측타당도로 활용하는 경우도 있다(장휘숙, 1998). 그러나 앞서 설명한 바와 같이 공인타당도 검증을 예측타당도 검증의 선행단계로 볼 수는 있으나 공인타당도를 예측타당도로 활용하는 것은 바람직하지 않다. 구인타당도 또한 입증하기까지 오랜 시간에 걸친 많은 연구를 필요로 하므로 소수의 검사도구를 제외한 대부분의 검사도구들이 내용타당도와 준거관련타당도에 대한 정보만 제공하는 경향이 있다(Venn, 2004). 그러나 지능, 동기, 자아존중감, 불안 등의 심리적 구인을 측정하는 표준화 검사도구들은 모든 분야에서 필요하지만 특히 특수교육의 평가에서 차지하는 비중이 매우 크므로 구인타당도에 대한 충분한 정보가 요구된다.

5. 신뢰도

1) 정의

키를 측정하기 위해서 자를 사용하듯이 몸무게를 측정하기 위해서는 저울을 사용하게 된다. 그런데 어떤 저울로 몸무게를 반복해서 측정했을 때 매번 다른 측정치가 나온다면 그 저울은 몸무게를 일관성 있게 측정한다고 볼 수 없을 것이다. 신뢰도(reliability)란 동일한 검사도구를 반복 실시했을 때 개인의 점수가 일관성 있게 나타나는 정도, 즉 반복시행에 따른 검사도구의 일관성(consistency)의 정도를 의미한다.

따라서 신뢰도란 검사도구가 측정하고자 하는 능력이나 특성을 정확하게 오차 없이 측정한 정도를 의미하므로 만약 측정 시 오차가 크다면 신뢰도는 낮아진다(저자주: 신뢰도와 오차의 관계에 대해서는 이 장의 '측정의 표준오차'를 참조할 것). 또한 신뢰도는 앞서 설명한 타당도의 선행조건으로서 신뢰도가 낮으면 높은 타당도를 기대할 수 없다(저자주: 타당도와 신뢰도의 관계에 대해서는 이 장의 '타당도와 신뢰도의 관계'를 참조할 것).

2) 종류

앞서 언급한 바와 같이 신뢰도란 검사도구의 일관성(consistency)의 정도를 의미하는데, 이러한 일관성에는 몇 가지 의미가 있으며 그에 따라 신뢰도의 종류가 분류된다. 즉, 신뢰도는 시간에 따른 일관성을 추정하는 검사-재검사신뢰도(test-retest reliability), 동형검사와의 일관성을 추정하는 동형검사신뢰도(equivalent form reliability), 검사 자체 내의 일관성을 추정하는 내적일관성신뢰도(internal consistency reliability), 그리고 검사자 간의 일관성을 추정하는 채점자간 신뢰도(inter-scorer reliability)의 네 가지 종류로 크게 분류되고 있다.

(1) 검사-재검사신뢰도

검사-재검사신뢰도(test-retest reliability)는 동일한 검사를 동일한 집단에게 일정 간격을 두고 두 번 실시하여 얻은 점수 간의 상관계수에 의해 추정되는 신뢰도다. 이때 상관계수는 Karl Pearson의 단순적률상관계수(product-moment correlation coefficient) 공식에 의해 산출된다. 두 검사실시 사이의 간격은 검사도구의 특성이나 측정내용에 따라 다양할 수 있는데(성태제, 2010; Taylor, 2006; Venn, 2004), 일반적으로 간격이 가까울수록 연습효과(practice effect)로 인해 신뢰도가 높아진다. 따라서 이러한 연습효과의 영향을 줄이고 검사들 간 검사-재검사신뢰도의 상대적 비교를 좀 더 용이하게 하기 위해 2주 간격으로 두 번의 검사를 실시하도록 권장되기도 한다(Salvia & Ysseldyke, 2007; Taylor, 2006; Venn, 2004). 검사-재검사신뢰도는 검사도구에 대한 피검자의 반응이 얼마나 안정적인가를 알려 주기 때문에 검사도구의 안정성(stability)에 대한 지표가 된다.

(2) 동형검사신뢰도

동형검사신뢰도(equivalent form reliability)는 2개의 동형검사를 제작한 뒤 동일한 집단에게 일정한 간격을 두고 실시하여 얻은 점수 간의 상관계수에 의해 추정되는 신뢰도다. 검사-재검사신뢰도와 마찬가지로 상관계수는 단순적률상관계수 공식에 의해 산출된다. 그러나 같은 검사를 일정 간격을 두고 두 번 실시하는 검사-재검사신뢰도와는 달리 동형검사신뢰도를 추정하기 위해서는 2개의 동형검사를 가능한 한 가까운 시일 내에 실시한다(Kubiszyn & Borich, 2003; Taylor, 2006). 동형검사신뢰도는 두 검사가 얼마나 유사한가를 알려 주며 평행검사신뢰도(parallel form reliability)라고도 한다. 대체검사신뢰도(alternate form reliability)도 흔히 동형검사신뢰도의 동의어로 언급되고 있으나(예: Cohen & Spenciner, 2007; Sattler, 2001; Taylor, 2006; Venn, 2004), 성태제(2010)는 동형검사와 대체검사를 구별하고 있다. 그에 의하면, 동형검사란 진점수와 오차점수의 분산이 동일한 검사를 말하고 대체검사란 진점수는 동일하나 오차점수의 분산이 동일하지 않은 검사를 말한다. 이와 같은 동형검사는 동일한 내용을 측정하여야 하고 동일한 문항형태와 문항수로 구성되어 있어야 하며 동일한 문항난이도와 문항변별도를 가지고 있어야 하므로 동형검사의 제작에는 많은 어려움이 따른다.

(3) 내적일관성신뢰도

앞서 설명한 검사-재검사신뢰도와 동형검사신뢰도에서는 동일 집단에게 검사를 두 번 실시하는 번거로움이 따른다. 이에 비해 한 번의 검사실시로 추정될 수 있는 내적일관성신뢰도(internal consistency reliability)는 검사를 구성하고 있는 부분검사 또는 문항들 간의 일관성의 정도를 말한다. 즉, 내적일관성신뢰도는 검사를 구성하고 있는 부분검사 또는 문항들이 측정하고자 하는 내용을 얼마나 일관성 있게 측정하는지를 알려 주는데, 검사를 구성하고 있는 부분검사들 간의 일관성의 정도는 반분신뢰도로 추정되며 문항들 간의 일관성의 정도는 문항내적일관성신뢰도로 추정된다.

① 반분신뢰도

반분신뢰도(split-half reliability)란 한 번 실시한 검사를 두 부분으로 나누어 두 부분검사 점수의 상관계수를 산출한 후 Spearman-Brown 공식으로 보정하여 추정되는 신뢰도다. 이와 같이 Spearman-Brown 공식으로 보정하는 이유는 검사를 반분함으로써 문항수가 반으로 줄었기 때문인데, 만약 두 부분검사 점수의 상관계수를 그대로 사용하게 되면 신뢰도가 과소추정된다(성태제, 2010).

반분신뢰도를 추정하기 위해 검사를 반분하는 방법에는 짝수번 문항과 홀수번 문항으로 반분하는 기우법, 문항순서에 따라 전반과 후반으로 나누는 전후법, 무작위로 분할하는 단순무작위법, 그리고 문항난이도와 문항변별도 등의 문항특성에 의하여 반분하는 방법이 있다(성태제, 2010). 이러한 방법 중 기우법이 가장 일반적으로 사용되고 있고 전후법은 그다지 사용되지 않는데 그 이유는 대부분의 검사가 난이도순으로 문항을 배열하고 있기 때문이다(Overton, 2006; Salvia & Ysseldyke, 2007).

② 문항내적일관성신뢰도

문항내적일관성신뢰도(interitem consistency reliability)란 개별문항들을 하나의 검사로 간주하여 문항들 간의 일관성을 추정한 신뢰도다. 이때 문항들 간의 일관성을 추정하기 위하여 특정 공식을 사용하게 되는데, 이러한 공식에는 Kuder-Richardson 20 공식(Kuder & Richardson, 1937)과 Cronbach coefficient alpha(α) 공식(Cronbach, 1951)이 있다. Kuder-Richardson 20 공식은 검사문항이 이분문항일 때 적용가능하고 Cronbach coefficient alpha(α) 공식은 검사문항이 이분문항뿐 아니라 연속적으로 점수가 부여되는 문항일 때에도 사용가능하기 때문에 지금은 후자의 공식이 보편적으로 사용되고 있다.

(4) 채점자간 신뢰도

채점자간 신뢰도(inter-scorer reliability)란 두 검사자가 동일 집단의 피검자에게 부여한 점수 간의 상관계수에 의해 추정되는 신뢰도다. 상관계수는 검사-재검사신뢰도 및 동형검사신뢰도와 마찬가지로 단순적률상관계수 추정 공식에 의해 산출된다. 채점자간 신뢰도는 검사결과가 검사자들 사이에서 얼마나 유사한가를 나타낸다.

혼히 채점자간 신뢰도와 함께 관찰자간 신뢰도(inter-observer reliability)가 언급되기도 하는데, 이 책에서는 관찰자간 신뢰도를 제4장 '관찰'에서 다루고 있다.

3) 신뢰도계수

앞서 검사의 적합성의 정도(타당도)를 타당도계수(validity coefficient)로 나타냈듯이, 검사의 일관성의 정도(신뢰도)도 신뢰도계수(reliability coefficient)로 나타낸다. 타당도계수와 마찬가지로 신뢰도계수의 범위는 0.00에서 +1.00까지다. 그러나 타당도계수를 기호 r_{xy}로 나타내는 데 비해 신뢰도계수는 기호 r_{xx}(또는 r_{nn}, r_{tt})로 나타낸다. 즉, 신뢰도계수는 2개의 동일한 아래첨자를 가진 r로 표시하는데 일반적으로 기호 r_{xx}가 사용된다. 이미 언급된 바와 같이 신뢰도의 종류에 따라 신뢰도계수를 산출하는 공식도 다소 달라지는데, Sattler(2001)가 제시한 신뢰도의 종류, 신뢰도계수의 산출공식, 신뢰도계수의 기호의 관계를 요약하면 〈표 2-13〉과 같다. 또한 [보충설명 2-7]은 각 산출공식을 구체적으로 제시하고 있다.

▷ 〈표 2-13〉 **신뢰도의 종류와 신뢰도계수의 산출공식 및 신뢰도계수의 기호의 관계**

신뢰도		산출공식	신뢰도계수
검사-재검사신뢰도		Pearson의 단순적률상관계수 공식	r_{xx}
동형검사신뢰도		Pearson의 단순적률상관계수 공식	r_{xx}
내적일관성 신뢰도	반분신뢰도	Spearman-Brown 공식	r_{nn}
	문항내적일관성 신뢰도	Kuder-Richardson 20 공식 Cronbach coefficient alpha(α) 공식	r_{tt}
채점자간 신뢰도		Pearson의 단순적률상관계수 공식	r_{xx}

타당도계수와 마찬가지로 신뢰도계수를 평가하는 절대적 기준은 없으나 검사도

보충설명 2-7   신뢰도계수의 산출공식

A. Pearson 단순적률상관계수 산출공식

$$r = \frac{N\Sigma XY - (\Sigma X)(\Sigma Y)}{\sqrt{[N\Sigma X^2 - (\Sigma X)^2][N\Sigma Y^2 - (\Sigma Y)^2]}}$$

r = correlation coefficient
N = number of paired scores
ΣXY = sum of the product of the paired X and Y scores
ΣX = sum of the X scores
ΣY = sum of the Y scores
ΣX^2 = sum of the squared X scores
$(\Sigma X)^2$ = square of the sum of the X scores
ΣY^2 = sum of the squared Y scores
$(\Sigma Y)^2$ = square of the sum of the Y scores

B. Spearman–Brown 공식

$$r_{nn} = \frac{kr_{tt}}{1+(k-1)r_{tt}}$$

r_{nn} = estimated reliability coefficient
k = number of items on the revised version divided by number of items on the original version of the test
r_{tt} = reliability coefficient before correction

C. Kuder–Richardson 20 공식

$$r_{tt} = \left(\frac{n}{n-1}\right)\left(\frac{S_t^2 - \Sigma pq}{S_t^2}\right)$$

r_{tt} = reliability estimate
n = number of items on the test
S_t^2 = variance of the total scores on the test
Σpq = sum of the product of p and q for each item
p = proportion of people getting an item correct
q = proportion of people getting an item incorrect

D. Cronbach coefficient alpha(α) 공식

$$r_{tt} = \left(\frac{n}{n-1}\right)\left(\frac{S_t^2 - \Sigma(S_i^2)}{S_t^2}\right)$$

r_{tt} = coefficient alpha reliability estimate
n = number of items on the test
S_t^2 = variance of the total scores on the test
$\Sigma(S_i^2)$ = sum of variances of individual item scores

발췌: Sattler, J. M. (2001). *Assessment of children: Cognitive applications* (4th ed.). La Mesa, CA: Jerome M. Sattler, Inc. (p. 94 & p. 103)

구를 선정할 때 일반적으로 신뢰도계수 .80 이상을 기준으로 하는데(McLoughlin & Lewis, 2008) 검사점수가 중요한 교육적 의사결정(예: 특수교육 적부성 결정)과 관련될 때는 신뢰도계수 .90 이상이 요구된다(McLean et al., 2004; Sattler, 2001). 이러한 기준 과 더불어 신뢰도계수를 평가할 때 고려해야 할 점은 추정되는 신뢰도의 종류에 따라 신뢰도계수가 다르게 산출될 수 있다는 것이다. 성태제(2010)에 의하면 일반적으로 검사-재검사신뢰도 계수가 가장 높게 산출되고 그다음 동형검사신뢰도, 반분신뢰도, 문항내적일관성신뢰도의 순으로 신뢰도계수가 산출되는 경향이 있다. 특히 문항내적일관성신뢰도 계수인 Cronbach coefficient alpha(α)의 경우 .70 이상(Babbie, 1998) 혹은 .60 이상이면(양옥승, 1997; 채서일, 2009) 비교적 신뢰도가 높은 것으로 인정된다.

4) 측정의 표준오차

검사도구가 측정하고자 하는 능력이나 특성을 정확하게 오차 없이 측정한 정도를 의미하는 신뢰도는 신뢰도계수 외에 측정의 표준오차로도 나타낼 수 있다. 그리고 측정의 표준오차는 특정 검사점수를 중심으로 신뢰구간을 설정하기 위해 사용된다. 다음에서는 측정의 표준오차의 개념과 신뢰구간의 설정에 대해서 살펴보기로 한다.

(1) 측정의 표준오차의 개념

앞서 신뢰도란 검사도구가 측정하고자 하는 능력이나 특성을 정확하게 오차 없이 측정한 정도를 의미한다고 설명하였는데 그 정도를 나타내는 신뢰도계수가 +1.00인 경우는 거의 없다. 이는 어떤 검사를 한 아동에게 실시했을 때 아동의 획득점수 (obtained score)가 그 아동의 진점수(true score)라고 거의 말할 수 없다는 것을 의미한다. 측정의 표준오차(standard error of measurement: SEM)란 획득점수를 가지고 진점수를 추정할 때 생기는 오차의 정도로서 검사도구의 신뢰도와 직접적으로 관련되어 있다. 즉, 신뢰도가 높을수록 측정의 표준오차는 더 작아지고 반대로 신뢰도가 낮을수록 측정의 표준오차는 더 커진다. 측정의 표준오차는 검사도구의 표준편차와도 관련되어 있는데 검사도구의 표준편차가 클수록 측정의 표준오차도 더 커진다. 이와 같은 관계는 측정의 표준오차를 산출하는 다음의 공식에서도 알 수 있다.

$$SEM = SD \sqrt{1-r_{xx}}$$

위의 공식에서 SD는 검사도구의 표준편차를 의미하고 r_{xx}는 검사도구의 신뢰도계수를 의미한다. 그리고 SEM은 측정의 표준오차인데 획득점수(obtained scores)의 표준편차 또는 오차점수(error scores)의 표준편차라고 할 수 있다. 즉, 어떤 검사도구를 한 아동에게 무한히 반복해서 실시한다고 가정할 때 얻어지는 획득점수분포의 평균이 진점수이고 그 표준편차는 측정의 표준오차가 된다. 또한 진점수와 획득점수와의 차이인 오차점수로 분포를 그린 오차점수분포에서는 평균이 0이고 그 표준편차는 측정의 표준오차가 된다. 〈그림 2-8〉은 획득점수분포를 보여 주고 있는데 이 분포를 오차점수분포로 제시하면 〈그림 2-9〉와 같다.

이와 같이 측정의 표준오차(SEM)를 오차점수의 표준편차라고 했을 때 검사의 표준편차(SD)와 혼동할 수도 있다. 그러나 두 개념은 혼동을 유발할 만한 유사점도 있지만 서로 다른 개념이다. 앞서 제2장 1절의 '변산도'에서 설명했듯이 검사의 표준편차는 자료의 모든 값에서 평균을 빼서 나온 편차점수들을 제곱하여 모두 더한 값을 사례수로 나눈 후 제곱근을 구한 값이다. 즉, 실제로 검사를 실시해서 피검자 집단으로부터 얻어진 원점수들의 변산도(variability: 자료의 흩어진 정도)를 나타낸다. 이에 비해 측정의 표준오차는 한 아동에게 어떤 검사를 무한히 반복해서 실시했다고 가정할 때 얻어지는 오차점수(획득점수와 진점수의 차이)들의 변산도를 나타낸다.

● 〈그림 2-8〉 **획득점수분포**

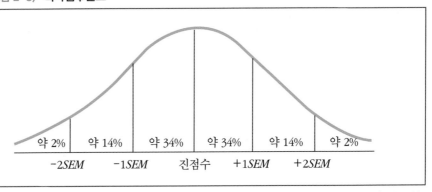

수정발췌: Salvia, J., & Ysseldyke, J. E. (2007). *Assessment in special and inclusive education* (10th ed.). Boston, MA: Houghton Mifflin. (p. 132)

● 〈그림 2-9〉 **오차점수분포**

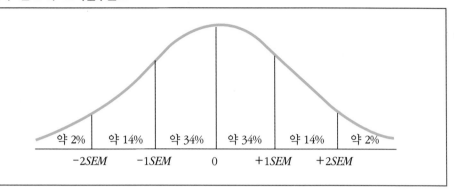

수정발췌: Kubiszyn, T., & Borich, G. (2003). *Educational testing and measurement: Classroom application and practice* (7th ed.). Hoboken, NJ: John Wiley & Sons. (p. 324)

(2) 신뢰구간의 설정

앞서 설명한 바와 같이, 어떤 아동에게 검사를 실시할 필요가 있을 때 무한히 반복 실시할 수만 있다면 그 평균으로 아동의 진점수를 얻을 수 있다. 그러나 현실적으로는 한두 번의 검사를 실시하여 아동의 획득점수를 제공하게 되므로 이때 이 획득점수를 중심으로 그 아동의 진점수가 포함되는 점수범위를 제시할 필요가 있다. 이 범위를 신뢰구간(confidence interval)이라고 하는데 다음의 공식을 사용하여 설정하게 된다.

$$신뢰구간 = 획득점수 \pm z(SEM)$$

위 공식에서 보이듯이, 신뢰구간을 설정하기 위해서는 획득점수와 *SEM* 외에 선택된 신뢰수준(confidence level)에 해당하는 z점수가 필요하다. z점수는 대부분의 통계학 서적에서 제시되고 있는 정규분포표로부터 구할 수 있는데, 가장 일반적으로 사용되는 신뢰수준과 그에 해당하는 z점수는 다음과 같다.

68% 신뢰수준, $z = 1.00$

85% 신뢰수준, $z = 1.44$

90% 신뢰수준, $z = 1.65$

95% 신뢰수준, $z = 1.96$

99% 신뢰수준, $z = 2.58$

예를 들어, 〈표 2-14〉는 *SEM*이 3인 검사에서 한 아동이 100점을 획득했을 때 신뢰수준에 따른 신뢰구간 설정 및 해석을 요약하여 제시하고 있는데, 한 가지 주목할 만한 점은 신뢰수준이 증가하면 신뢰구간이 넓어진다는 것이다.

▷ 〈표 2-14〉 신뢰구간 설정 및 해석의 예(*SEM* 3, 획득점수 100)

신뢰수준	신뢰구간[1]	해석
68%	$100 \pm 1.00(3) = 100 \pm 3$	97점과 103점 사이에 아동의 진점수가 속해 있을 확률이 68%다. 즉, 100회 검사를 실시한다면 68회는 97점과 103점 사이에 아동의 진점수가 있을 것이다.
85%	$100 \pm 1.44(3) = 100 \pm 4$	96점과 104점 사이에 아동의 진점수가 속해 있을 확률이 85%다. 즉, 100회 검사를 실시한다면 85회는 96점과 104점 사이에 아동의 진점수가 있을 것이다.
90%	$100 \pm 1.65(3) = 100 \pm 5$	95점과 105점 사이에 아동의 진점수가 속해 있을 확률이 90%다. 즉, 100회 검사를 실시한다면 90회는 95점과 105점 사이에 아동의 진점수가 있을 것이다.
95%	$100 \pm 1.96(3) = 100 \pm 6$	94점과 106점 사이에 아동의 진점수가 속해 있을 확률이 95%다. 즉, 100회 검사를 실시한다면 95회는 94점과 106점 사이에 아동의 진점수가 있을 것이다.
99%	$100 \pm 2.58(3) = 100 \pm 8$	92점과 108점 사이에 아동의 진점수가 속해 있을 확률이 99%다. 즉, 100회 검사를 실시한다면 99회는 92점과 108점 사이에 아동의 진점수가 있을 것이다.

[1] 신뢰구간은 소수 첫째자리에서 반올림하여 정수로 나타냄.

5) 적용

앞서 타당도의 적용에 대한 설명에서 세 가지 종류의 타당도는 각각 검사도구의 다른 측면의 타당도를 검증하므로 검사도구의 타당성을 검증하기 위해서는 모든 종류의 타당도를 검증하는 것이 바람직하다고 하였다. 이에 비해, 검사도구의 일관성의 정도를 의미하는 신뢰도는 어떤 일관성에 관심이 있느냐에 따라 신뢰도의 종류를 선정하여 검증하는 것이 일반적이다(Salvia & Ysseldyke, 2007). 예를 들어, 시간에 따른 일관성에 관심이 있으면 검사-재검사신뢰도를, 동형검사와의 일관성에 관심이 있으면 동형검사신뢰도를, 검사 자체 내의 일관성에 관심이 있으면 내적일관성신뢰도를,

검사자에 따른 일관성에 관심이 있으면 채점자간 신뢰도를 추정하는 것이 바람직하다. 따라서 검사제작자는 특정 유형의 신뢰도가 선정된 이유를 검사설명서에 명시하여야 한다(Pierangelo & Giuliani, 2006).

또한 검사설명서는 신뢰도의 신뢰도계수 외에 측정의 표준오차(SEM)도 반드시 제시하여야 한다. 앞서 설명한 바와 같이 측정의 표준오차는 신뢰도계수와 마찬가지로 검사도구가 측정하고자 하는 능력이나 특성을 정확하게 오차 없이 측정한 정도를 나타내며, 검사의 신뢰도계수가 작을수록 그리고 검사의 표준편차가 클수록 SEM은 더 커진다. Williams와 Zimmerman(1984)에 의하면 검사도구의 양호성을 판단할 때 타당도 다음으로 신뢰도계수보다는 SEM이 더 중요하다. 이와 같은 SEM의 중요성은 특수아평가에서 특히 강조되어야 하는데(Overton, 2006) 그 이유는 한 아동이 두 검사에서 획득한 점수가 차이를 보일 경우 SEM을 적용하게 되면 그 차이가 유의미하지 않을 수 있기 때문이다. 예를 들어, 규준참조검사인 지능검사(M=100, SD=15, SEM=3)와 읽기성취도검사(M=100, SD=15, SEM=9)를 실시하였을 때 한 아동이 IQ점수 107, 읽기성취도점수 80을 받았다면 두 검사점수의 차이는 27이 되어 학습장애로 특수교육에 의뢰될 가능성이 있다. 그러나 90% 신뢰수준에서 신뢰구간을 설정해 보면 IQ점수의 신뢰구간은 107±5(102~112) 그리고 읽기성취도점수의 신뢰구간은 80±15(65~95)가 되어 아동의 진점수가 지능검사에서는 102 그리고 읽기성취도검사에서는 95일 수도 있게 된다. 이 경우 두 검사점수의 차이가 실제로 7이 되어 아동을 학습장애로 특수교육에 의뢰하기 위해서는 다른 자료들이 필요하게 된다.

6) 타당도와 신뢰도의 관계

검사목적에 따른 검사도구의 적합성의 정도를 의미하는 타당도와 반복시행에 따른 검사도구의 일관성의 정도를 의미하는 신뢰도는 검사도구의 양호성을 판단할 때 반드시 고려되어야 할 사항이다. 이와 같은 타당도와 신뢰도는 서로 분리된 개념이면서 또한 서로 관련성이 있는 개념이므로 이러한 관계도 검사도구의 양호성을 판단할 때 숙지하고 있을 필요가 있는데 이를 간략하게 제시해 보면 〈그림 2-10〉과 같다. 타당도와 신뢰도의 관계는 세 가지로 정리해 볼 수 있다.

첫째, 신뢰도는 타당도의 선행조건이다(성태제, 2010; 이종승, 2009). 만약 반복시행된 검사에서 검사점수가 일관성 없이 나타난다면 그 검사의 타당도는 기대할 수 없을

● 〈그림 2-10〉 **신뢰도와 타당도의 관계**

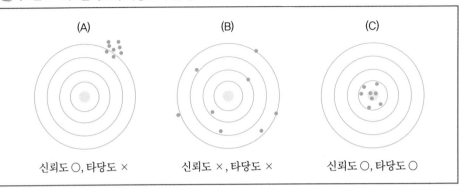

| (A) | (B) | (C) |
| 신뢰도 ○, 타당도 × | 신뢰도 ×, 타당도 × | 신뢰도 ○, 타당도 ○ |

수정발췌: Rubin, A., & Babbie, E. (1993). *Research methods for social work* (2nd ed.). Pacific Grove, CA: Brooks/Cole Publishing Company. (p. 179)

것이다. 즉, 신뢰도가 없으면 타당도 또한 기대할 수 없는데 이는 〈그림 2-10〉의 (B)에 해당되는 경우(신뢰도 ×, 타당도 ×)이다. 따라서 〈그림 2-10〉에는 신뢰도가 없으면서 타당도가 있는 경우(신뢰도 ×, 타당도 ○) 자체가 없다.

둘째, 신뢰도는 타당도의 필요조건이지 충분조건은 아니다(성태제, 2010; 이종승, 2009). 어떤 검사도구의 신뢰도가 입증되어 타당도의 선행조건을 갖추었다 하더라도 그 신뢰도가 검사도구의 타당도를 보장하지는 못한다. 즉, 신뢰도가 있더라도 타당도는 있을 수도 있고 없을 수도 있다는 것인데 전자는 〈그림 2-10〉의 (C)에 해당되는 경우(신뢰도 ○, 타당도 ○)이고 후자는 (A)에 해당되는 경우(신뢰도 ○, 타당도 ×)이다. 이때 후자의 경우는 타당도가 결여된 검사라도 신뢰도는 높게 나타날 수 있다는 것을 의미한다.

셋째, 검사도구의 양호성을 판단할 때 신뢰도보다는 타당도가 우선시되어야 한다(이종승, 2009). 앞서 언급된 바와 같이 Williams와 Zimmerman(1984)은 *SEM*의 중요성을 언급하면서 검사도구의 양호성을 판단할 때 타당도 다음으로 신뢰도계수보다는 *SEM*이 더 중요하다고 하였는데 여기에서도 타당도를 우선시하고 있음을 알 수 있다.

6. 객관도와 실용도

검사도구의 타당도와 신뢰도에 더하여 관련문헌에 객관도(objectivity)와 실용도(practicality)가 종종 언급되기도 한다. 이 두 가지 용어를 간략하게 살펴보면 다음과 같다.

1) 객관도

앞서 설명하였듯이, 검사도구의 일관성의 정도를 의미하는 신뢰도에는 네 가지 종류가 있고 그 중 하나가 검사자 간의 일관성을 추정하는 채점자간 신뢰도인데, 보통 표준화 과정을 거쳐 제작된 표준화검사와 관련되어 있다. 하지만 교육현장에서는 검사(또는 시험)가 흔히 실시되지만 항상 표준화검사를 이용하는 것은 아니므로 채점에 대한 엄격한 지침이 없을 수 있고 따라서 검사(시험)에서 한 검사자가 다른 검사자와 유사하게 채점하는 정도를 의미하는 채점자간 신뢰도(inter-scorer reliability)에 대한 관심이 높다. 또한 교육현장에서는 검사(시험)에서 한 검사자가 모든 채점대상을 일관되게 채점하는 정도를 의미하는 채점자내 신뢰도(intra-scorer reliability)에도 관심을 둔다. 예를 들어, 문항이 선택형(예: 진위형, 선다형 등)인 시험과 서답형(예: 서술형, 논술형 등)인 시험을 비교해 보면 전자에서는 채점자간 신뢰도와 채점자내 신뢰도가 쉽게 확보될 수 있으나 후자에서는 그렇지 않을 수 있다. 이와 같은 채점자간 신뢰도와 채점자내 신뢰도를 교육현장에서 객관도라고 부르는 경향이 있다.

이처럼 객관도(objectivity)란 검사(시험)에서 검사자의 주관적인 편견이 얼마나 배제되었느냐의 문제로서, 한 검사자가 다른 검사자와 얼마나 유사하게 채점하느냐의 문제와 한 검사자가 모든 채점대상을 얼마나 일관되게 채점하느냐의 문제로 구분할 수 있다. 전자와 후자에 대한 명칭은 경우에 따라 다소 다양한데, 검사결과(시험결과)의 경우에는 채점자간 신뢰도(inter-scorer reliability)와 채점자내 신뢰도(intra-scorer reliability), 평정결과의 경우에는 평정자간 신뢰도(inter-rater reliability)와 평정자내 신뢰도(intra-rater reliability), 관찰결과의 경우에는 관찰자간 신뢰도(inter-observer reliability)와 관찰자내 신뢰도(intra-observer reliability)라고 부른다. 하지만 객관도라는 용어는 채점(평정, 관찰)의 주관성 배제 여부를 확인하는 매우 포괄적인 용어이며 학문적 용어로 쓰이는 경우는 매우 드물다(성태제, 2010).

2) 실용도

앞서 살펴본 객관도가 표준화검사보다는 교육현장에서 흔히 실시되는 검사(시험)

와 더 관련된 개념인데 비해, 실용도는 표준화검사와 더 관련된 개념이라고 할 수 있다. 실용도(practicality)란 검사도구를 노력, 시간, 비용 등을 얼마나 적게 들이고 사용할 수 있는가의 정도를 말한다. 따라서 실용도를 판단할 때에는 '검사의 실시, 채점, 및 해석이 얼마나 용이한가?', '시간이 얼마나 적게 드는가?', '비용이 얼마나 적게 드는가?' 등이 고려되어야 한다(황정규 외, 2016).

이처럼 실용도는 검사도구의 유용성(utility)의 정도를 나타낸다. 검사도구의 적합성(appropriateness)의 정도를 의미하는 타당도와 검사도구의 일관성(consistency)의 정도를 의미하는 신뢰도가 검사도구의 이론적 측면이라면, 실용도는 검사도구의 실제적 측면이라고 할 수 있다. 물론 실용도는 타당도나 신뢰도처럼 검사도구의 양호도와는 직접적인 관계는 없다. 즉, 타당도와 신뢰도가 낮은 검사도구는 실용성을 논할 가치가 없는 것이다. 하지만 타당도와 신뢰도가 양호한 검사도구라 하더라도 실용도가 낮다면 그 검사도구를 실제로 이용하는 데는 제한이 있을 수 있다(김석우 외, 2021). 따라서 타당도와 신뢰도의 수준의 유사하다면 실용도를 고려하여 검사도구를 선정하는 것이 바람직하다.

제2부 ▷

사정방법

•••EVALUATION IN SPECIAL EDUCATION•••

제**3**장

검사

검사(test)는 사전에 결정된 반응유형을 요구하는 일련의 질문이나 과제를 통하여 점수 또는 다른 형태의 수량적 자료를 수집하는 방법으로서(Salvia & Ysseldyke, 2007; Venn, 2004), 가장 잘 알려진 사정방법이라고 할 수 있다. 초등학교 저학년에서부터 대학교를 졸업할 때까지 공식적(예: 표준화검사) 또는 비공식적(예: 교사제작검사)으로 검사가 주기적으로 실시되며, 특히 특수교육은 그 특성상 일반교육보다 검사에 더 의존하는 경향이 있다. 다음에서는 이러한 검사를 규준참조검사와 준거참조검사의 두 가지 유형으로 나누어 살펴보고자 한다.

1. 규준참조검사

규준참조검사(norm-referenced test)는 그 검사를 받은 규준집단의 점수의 분포인 규준(norm)에 아동의 점수를 비교함으로써 규준집단 내 아동의 상대적 위치에 대한 정보를 제공하는 검사다. 다음에서는 규준참조검사와 관련하여 규준의 의미, 규준집단 내 아동의 상대적 위치에 대한 정보를 제공하기 위하여 사용되는 점수의 유형, 그리고 규준참조검사의 타당도와 신뢰도에 대해 살펴보기로 한다.

1) 규준의 의미

규준(norm)이란 한 아동의 점수를 비교하고자 하는 규준집단의 점수의 분포라고 할 수 있다. 규준은 비교단위에 따라 전국규준(national norms)과 지역규준(local norms)으로 구분되는데 지역규준에는 학구규준(school district norms), 학교규준(school norms), 학급규준(classroom norms)의 세 가지 유형이 있다(Shinn, 1989). 이 장에서는 규준참조검사로 제작된 심리검사에서 주로 사용하는 전국규준을 중심으로 살펴보기로 한다(저자주: 다른 유형의 규준에 대해서는 [보충설명 3-1]을 참조할 것). 규준에 대한 좀 더 명확한 이해를 위해, 2세 6개월에서 7세 7개월 사이의 유아들을 위한 지능검사인 Wechsler Preschool and Primary Scale of Intelligence-Fourth Edition(WPPSI-IV)(Wechsler, 2012)의 개발과정을 상상해 보자. 먼저 Wechsler는 검사지를 만들고 여러 가지 요인을 고려해서 표집한 유아들에게 그 검사를 실시했을 것이다. 여기서 여러 가지 요인을 고려해서 유아들을 표집한다는 말은 2세 6개월에서

🔹 **보충설명 3-1** **비교단위에 따른 규준의 유형**

규준(norm)이란 한 아동의 점수를 비교하고자 하는 규준집단의 점수의 분포를 말한다. 규준은 비교단위에 따라 크게 전국규준과 지역규준으로 구분된다.

전국규준(national norms)이란 전국에서 선정된 규준집단이 표준화검사에서 획득한 점수의 분포라고 할 수 있다. 규준참조검사로 제작되는 대부분의 심리검사에서는 주로 전국규준을 사용하는데, 해당 검사를 받는 개인의 점수는 이 전국규준과 비교가 된다. 학업과 관련된 검사에서도 전국규준이 사용되기도 한다. 예를 들어, 우리나라에서 매년 실시되는 대학수학능력시험의 경우 그해 대학수학능력시험에 응시한 학생들이 규준집단이 되고 그들이 획득한 점수의 분포는 전국규준이 된다. 그리고 한 학생이 획득한 점수는 이 전국규준에 비교되는데, 이 경우에는 그 학생도 규준집단에 포함되어 있다.

지역규준(local norms)은 지역에서 선정된 규준집단이 검사에서 획득한 점수의 분포라고 할 수 있는데 학구규준(school district norms), 학교규준(school norms), 학급규준(classroom norms)의 세 가지 유형이 있다(Shinn, 1989). 이와 같은 지역규준은 표준화된 심리검사보다는 학업과 관련된 검사에서 주로 사용된다. 예를 들어, 한 중학교 학생의 검사점수를 해당 교육청 관할 중학생들의 점수분포와 비교할 경우, 소속학교의 같은 학년 학생들의 점수분포와 비교할 경우, 소속학급 학생들의 점수분포와 비교할 경우에 비교되는 점수분포는 각각 학구규준, 학년규준, 학급규준이 된다.

7세 7개월 사이에 있는 모든 유아에게 검사를 실시하는 것은 시간적 · 경제적으로 불가능하므로 이 연령층을 대표할 수 있도록 성(性), 연령, 사회경제적 지위, 지역 등을 고려하여 표본을 선정하는 것을 의미한다. 이렇게 선정된 표본에게 검사를 실시해 얻은 점수들을 이용해서 Wechsler는 일종의 점수표를 만들어 이 지능검사에 포함시켜 놓았는데, 이 후에 이 지능검사를 받는 개인의 점수는 이 점수표와 비교가 된다. 이때 Wechsler가 검사를 실시한 집단을 규준집단(norm group)이라 하고 이 규준집단에게 검사를 실시해 얻은 점수들을 이용해서 Wechsler가 만든 점수표를 규준(norm)이라고 한다.

　이와 같은 규준은 검사의 타당도 및 신뢰도와는 필연적인 관계는 없으나(Hopkins, 1998) 규준집단 내 아동의 상대적 위치에 대한 정보를 제공하기 위하여 아동의 점수를 비교하는 근거가 되므로 규준집단의 양호성은 규준참조검사에서 매우 중요한 요소라고 할 수 있다. 따라서 Sattler(2001)는 규준집단의 양호성을 대표성, 크기, 그리고 적절성의 세 가지 요인과 관련하여 평가해 볼 것을 권유하고 있다. 먼저, 대표성(representativeness)이란 규준집단이 검사도구 대상집단의 특성을 얼마나 잘 대표하는지를 말하는데 이러한 특성으로는 성(性), 연령, 사회경제적 지위, 지역 등이 있다. 다음으로, 크기(size)는 규준에 포함된 아동들의 수(number)를 의미하는데 Sattler(2001)에 의하면 각 연령당 최소한 100명의 아동이 필요하다. 마지막으로, 적절성(relevance)이란 검사를 받는 아동에 대한 규준집단의 적용가능성을 말하는데 아동에게 검사를 실시하는 목적에 따라 필요한 규준의 유형(예: 전국규준 또는 지역규준)이 다를 수 있다.

　규준집단과 관련하여 특수교육분야에서 논점이 될 수 있는 사항은 규준집단에 특수아가 포함되어야 하는가다. Fuchs, Fuchs, Benowitz, 그리고 Barringer(1987)는 특수교육목적을 위해 사용되는 모든 검사는 그 규준집단에 특수아를 포함시켜야만 한다고 주장한다. 이 주장은 일반아동과 특수아동이 모두 포함되는 전체모집단의 수행에 대한 한 아동의 수행을 비교하고자 하는 규준집단의 근본목적에 비추어 볼 때 설득력이 있다. 그러나 대부분의 규준참조검사는 규준집단에 특수아를 포함시키지 않고 있는데(Neisworth & Wolfe, 2005; Venn, 2004), 이와 관련하여 McLoughlin과 Lewis(2008)는 다음과 같이 설명하고 있다. 첫째, 특수교육을 위한 적부성 결정을 할 때에는 성취문제의 유무를 판단하는 것이 필요하기 때문에 일반학급에 배치된 아동들의 수행이 비교기준으로서 적절하다. 둘째, 일반학급에서 추출된 규준집단은 경도장애를 가진 아동들을 포함할 가능성이 있으며 따라서 검사설명서는 이러한 아동들의 특성을 가능한 한 상세히 기술하여야 한다.

또한 어떤 규준참조검사는 정규규준(regular norm) 외에 특수아표본으로부터 얻은 보충규준(supplementary norm)을 제공하기도 한다. 예를 들어, Vineland Adaptive Behavior Scales(VABS)(Sparrow, Balla, & Cicchetti, 1984)는 정규규준 외에 지적장애아동, 정서장애아동, 시각장애아동, 및 청각장애아동을 표본으로 한 보충규준들을 제공하고 있다. Carter 등(1998)은 자폐장애아동을 위한 VABS의 보충규준을 개발하였는데 그들은 자폐장애아동을 평가할 때 보충규준을 사용할 것을 권장한다. 이와 같은 정규규준 및 보충규준의 사용과 관련하여 Venn(2004)은 특수교육을 위한 적부성 결정을 위해서는 정규규준을 사용하고 보충규준은 부가적인 진단정보의 수집을 위해서 사용하도록 권유하고 있다.

2) 규준참조점수의 유형

제2장 3절 '점수의 유형'에서 설명하였듯이, 원점수는 피검자의 수행에 대한 의미 있는 해석을 할 수 있는 정보를 주지 못하므로 다른 형태의 점수로 변환시키게 되는데 이러한 변환점수에는 백분율점수와 유도점수가 있다. 규준참조검사는 규준집단 내 아동의 상대적 위치에 대한 정보를 제공하는 검사이므로 이러한 정보를 제공하는 유도점수를 사용한다. 따라서 유도점수를 규준참조점수라 부르기도 한다고 이미 설명한 바 있다. 유도점수에도 다양한 유형이 있는데 검사에 따라 적절한 유형의 유도점수를 사용하고 있다. 유도점수의 유형 및 내용은 제2장 3절에 상세히 설명되어 있다.

3) 규준참조검사의 타당도와 신뢰도

규준참조검사는 대부분 표준화검사로서 타당도와 신뢰도에 대한 정보를 제공하고 있다. 이와 같은 타당도와 신뢰도에 대한 정보를 이해하고 검사의 양호성을 판단하기 위해서는 제2장 4절과 5절에서 각각 다루고 있는 타당도와 신뢰도에 대한 내용을 숙지하고 있을 필요가 있다.

2. 준거참조검사

준거참조검사(criterion-referenced test)는 사전에 설정된 숙달수준인 준거(criterion)에 아동의 점수를 비교함으로써 특정 지식이나 기술에 있어서의 아동의 수준에 대한 정보를 제공하는 검사다. 다음에서는 준거참조검사와 관련하여 준거의 의미, 아동의 수준에 대한 정보를 제공하기 위하여 사용되는 점수의 유형, 그리고 준거참조검사의 타당도와 신뢰도에 대해 살펴보기로 한다.

1) 준거의 의미

규준참조검사에서 규준이 중요한 요소이듯이 준거참조검사에서는 준거가 중요한 요소다. 준거(criterion)란 사전에 설정된 숙달수준(교육평가의 경우에는 교육목표를 달성했다고 인정할 수 있는 정도의 성취수준이 준거가 되고, 어떤 자격증을 부여할 경우에는 해당분야의 업무를 충실히 수행할 수 있다고 공인할 수 있는 정도의 지식 혹은 기술 수준이 준거가 됨)이라고 할 수 있다. 앞서 제2장 2절 '표준화'에서 준거와 기준을 구분하면서 기준(standard)이란 해당 특성이 나타나는 정도를 두 단계 이상의 수준으로 구분해 놓은 것이며 수준들을 구분하는 특정 지점은 분할점수라고 설명하였다. 즉, 기준 내에는 두 단계 이상의 수준이 포함되어 있고 각 수준을 구분하는 분할점수가 있는데 그 분할점수(두 단계 수준일 경우) 혹은 그 분할점수 중 하나(세 단계 이상의 수준일 경우)가 숙달수준인 준거가 되는 것이다.

앞서 제2장 2절에서 표준화검사에는 규준참조검사와 준거참조검사가 있는데 일반적으로 표준화검사는 규준참조검사라고 설명하였다. 즉, 규준참조검사는 주로 전문적인 검사제작자에 의해 개발되는 데 비해 준거참조검사는 전문적인 검사제작자에 의해 가끔 개발되기도 하지만 교사에 의해 제작되는 경우도 많다. 따라서 준거참조검사는 표준화된 준거참조검사(standardized criterion-referenced test)와 교사제작 준거참조검사(teacher-made criterion-referenced test)로 구분할 수도 있다. 표준화된 준거참조검사의 예로는 Brigance Diagnostic Inventory of Early Development-Second Edition(IED-II)(Brigance, 2004)이 있다. 우리나라에서 매년 실시되는 '국가수준 학업성취도평가(NAEA)'의 교과별 검사도 표준화된 준거참조검사라고 할 수 있는데, 평가에 참여한 학생들의 교과별 검사결과는 〈표 3-1〉에 제시된 바와 같이 네 단계 성취수준으로 구분된 기준에 의해 평가된다.

〈표 3-1〉 우리나라 국가수준 학업성취도평가(NAEA)의 네 단계 성취수준[1]

성취수준	내용
우수학력	평가대상 학년급 학생들이 성취하기를 기대하는 기본내용을 대부분(80% 이상) 이해한 수준
보통학력	평가대상 학년급 학생들이 성취하기를 기대하는 기본내용을 상당부분(50% 이상~80% 미만) 이해한 수준
기초학력	평가대상 학년급 학생들이 성취하기를 기대하는 기본내용을 부분적으로 (20% 이상~50% 미만) 이해한 수준
기초학력 미달	평가대상 학년급 학생들이 성취하기를 기대하는 기초학력에 도달하지 못한 수준

수정발췌: 이종승(2009). 현대교육평가. 경기 파주: 교육과학사. (p. 389)
[1] NAEA에서는 Angoff방법에 의하여 네 단계 성취수준을 구분하는 분할점수를 산출함.

교사가 준거참조검사를 제작할 때 겪을 수 있는 어려움 중의 하나는 준거를 어떻게 설정할 것인가다. 준거설정 시 교사가 상황에 따라 고려할 수 있는 몇 가지 방법을 예로 들면 다음과 같다. 첫째, Shapiro(2004)가 제안한 바와 같이 해당 학급 또는 학년 또래들의 80%가 숙달한 수준을 준거로 설정할 수 있다. 둘째, 학교에서 제공하는 공식적인 지침에 따라 준거를 설정할 수 있다. 셋째, 교사의 판단에 따라 준거를 설정할 수도 있다. 예를 들어, 총 문항수에 정답문항수의 비율을 근거로 85% 이상을 숙달 수준(즉, 준거)으로 간주할 수 있을 뿐 아니라 '우수(95% 이상)/평균(85% 이상~95% 미만)/향상필요(85% 미만)'와 같은 수준별 기술(즉, 기준)도 제시할 수 있다.

준거참조검사에서 준거는 아동 자신이 될 수도 있다(Venn, 2004). 아동 자신이 준거가 될 때에는 앞서 실시된 동일한 검사에서 보인 아동의 수행이 준거가 된다. 예를 들어, Brigance Diagnostic Inventory of Early Development-Second Edition(IED-II) (Brigance, 2004)을 1년 간격으로 두 번 실시했을 때 사후검사의 결과를 사전검사의 결과에 비교해 볼 수 있다.

2) 준거참조점수의 유형

　규준집단 내 아동의 상대적 위치에 대한 정보를 제공하는 규준참조검사에서 백분율점수와 유도점수의 두 가지 변환점수 중 유도점수를 사용한다면, 특정 지식이나 기술에 있어서의 아동의 수준에 대한 정보를 제공하는 준거참조검사에서는 변환점수 중 아동의 수행에 대한 절대적 해석을 가능하게 하는 백분율점수를 사용한다. 따라서 백분율점수를 준거참조점수라고도 하는데, 백분율점수에 대한 자세한 내용은 제2장 3절 '점수의 유형'을 참고하기 바란다.

3) 준거참조검사의 타당도와 신뢰도

　표준화된 준거참조검사의 경우 규준참조검사의 경우와 같이 제2장 4절과 5절에서 각각 다루고 있는 타당도와 신뢰도를 근거로 검사의 양호성을 판단하게 된다. 준거참조검사의 신뢰도와 관련하여 한 가지 유념할 점은 준거참조검사의 경우 측정의 표준오차가 작다 하더라도 낮은 신뢰도계수를 보일 수 있다는 것이다(Hopkins, 1998). 제2장 5절에서 설명한 바와 같이 검사의 신뢰도가 높을수록 그리고 검사의 표준편차가 작을수록 측정의 표준오차는 작아진다. 준거참조검사에서 측정의 표준오차가 작음에도 불구하고 신뢰도가 낮다는 것은 검사의 표준편차가 작다는 것을 의미한다. 이는 규준집단 내 아동의 상대적 위치에 의해 아동을 변별하고자 하는 규준참조검사와는 달리 준거참조검사는 아동들 간의 차이점에 초점을 두고 제작되는 것이 아니므로 검사의 표준편차가 작아질 수 있기 때문이다.

　교사제작 준거참조검사의 경우 앞서 언급한 준거설정에서와 같이 타당도와 신뢰도의 입증에서 어려움을 겪을 수 있다. 교사제작검사는 대부분 특정 교과영역과 관련하여 제작되므로 내용타당도와 문항내적일관성신뢰도 및 채점자간 신뢰도가 특히 강조된다(Salvia & Ysseldyke, 2004). 따라서 교사가 검사를 제작할 때에는 타당도와 신뢰도에 대해 숙지하고 있을 필요가 있다.

3. 규준참조검사와 준거참조검사의 비교

표준화된 규준참조검사와 준거참조검사는 특수아평가에서 가장 큰 비중을 차지하는 사정방법이라고 할 수 있다. 따라서 특수아평가에서 이 두 가지 검사를 적절히 사용하기 위해서는 이 두 검사 간의 차이점을 명확히 이해하고 있을 필요가 있다. 이 절에서는 이 두 가지 유형의 검사를 다섯 가지 측면에서 비교하여 설명하고자 한다.

첫째, 규준참조검사와 준거참조검사의 근본적인 차이는 피검자의 수행을 비교하는 대상에 있다. 규준참조검사는 피검자의 수행을 그 검사를 받은 규준집단의 수행인 규준에 비교하고 준거참조검사는 사전에 설정된 숙달수준인 준거에 비교한다.

둘째, 두 검사는 제공하는 정보에서 차이가 있다. 규준참조검사는 규준집단 내 아동의 상대적 위치에 대한 정보를 제공하는 데 비해 준거참조검사는 다른 아동들의 수행과는 상관없이 특정 지식이나 기술에 있어서의 아동의 수준에 대한 정보를 제공한다. 따라서 정보제공에 사용되는 점수의 유형에도 차이가 있는데, 앞서 설명한 바와 같이 규준참조검사에서는 유도점수가 그리고 준거참조검사에서는 백분율점수가 사용된다.

셋째, 제공하는 정보가 다르므로 두 검사는 이용도에서 차이를 보인다. 즉, 규준참조검사는 일반적으로 선별, 진단, 적부성, 그리고 배치와 관련된 의사결정에 유용한 데 비해 준거참조검사는 교육프로그램계획, 형성평가, 그리고 총괄평가에서 더 유익하게 사용될 수 있다.

넷째, 두 검사는 다루는 영역의 범위에서 차이가 있다. 규준참조검사는 일반적으로 다수의 영역을 다루며 각 영역당 적은 수의 문항을 포함하는 데 비해 준거참조검사는 보통 소수의 영역을 다루면서 각 영역당 많은 수의 문항을 포함한다.

다섯째, 두 검사는 문항의 난이도에서 차이를 보인다. 규준참조검사에서는 매우 쉬운 문항부터 매우 어려운 문항까지 다양하게 제작하여 쉬운 문항부터 난이도순으로 배열하는 데 비해 준거참조검사에서는 문항간 난이도가 거의 동등하다. 왜냐하면 규준참조검사는 규준집단 내 아동의 상대적 위치에 의해 아동을 변별하는 데 관심이 있으므로 피검자의 점수차가 극대화되도록 제작되지만 준거참조검사는 그 또래의 아동들에게 필요한 지식이나 기술을 피검자가 얼마나 습득하고 있는가에 관심이 있으므로 피검자의 점수차를 기대하지 않기 때문이다.

이상과 같이 규준참조검사와 준거참조검사는 여러 가지 측면에서 뚜렷한 차이를 보이고 있음에도 불구하고 종종 규준참조점수를 준거참조방식으로 사용하거나 준거참조검사에서 규준참조점수를 제공하는 경우가 있다. 첫 번째 경우는 규준참조검사의 결과를 규준에 비교하여 해석하지 않고 이전에 실시된 동일검사의 결과와 비교하는 것이다. 앞서 설명한 바와 같이 준거참조검사의 경우 준거가 아동 자신이 될 때 사후검사의 결과를 사전검사의 결과에 비교하게 되는데, 이와 같은 방식으로 규준참조검사를 사용한다는 것이다. 그러나 두 검사의 차이점에서 나타난 바와 같이 규준참조검사는 일반적으로 다수의 영역을 다루면서 각 영역당 적은 수의 문항을 포함하기 때문에 일정기간 동안 특정 영역에서 나타난 아동의 변화를 측정하기에는 부적절할 수 있다(Venn, 2004). 두 번째 경우는 준거참조검사에서 규준참조점수인 유도점수를 제공하는 것이다. 예를 들어, 표준화된 준거참조검사인 Brigance Diagnostic Inventory of Early Development-Second Edition(IED-II)(Brigance, 2004)은 규준참조점수인 연령등가점수, 백분위점수, 그리고 표준점수를 제공하고 있다. 그러나 규준참조검사와 준거참조검사를 하나의 검사도구로 결합하는 것은 어려운 일이므로 준거참조검사에서 제공하는 규준참조점수를 해석할 때는 신중을 기해야 한다(Cohen & Spenciner, 2007).

제**4**장

관찰

관찰(observation)은 문헌에 따라 다양하게 정의되고 있다. 예를 들어, 특수교육분야에서 평가 또는 연구를 위한 자료수집방법으로 사용되는 관찰을 '한 가지 이상의 신체적 감각을 통해 관찰한 바를 기록하여 자료를 수집하는 방법'과 같이 포괄적으로 정의하기도 한다(이승희, 2021). 이 책에서는 평가에 초점을 두고 관찰을 '일반적으로 일상적인 상황에서 자연스럽게 나타나는 아동의 행동을 기술 또는 기록함으로써 특정 현상에 대한 객관적인 자료를 수집하는 방법'으로 정의한다. 이와 같은 관찰은 다른 사정방법과는 달리 피관찰자인 아동의 협력을 덜 필요로 하는 반면 관찰자의 객관적인 관찰능력을 매우 필요로 한다. 관찰자는 여러 가지 기록방법을 사용할 수 있는데, 이러한 기록방법에 따라 양적 자료 또는 질적 자료를 수집할 수 있다. 앞서 제1장 1절에서, 양적 자료란 수량적 형태로 제시되거나 요약된 자료를 의미하고 질적 자료란 서술적 형태로 제시되거나 요약된 자료를 의미하는데 관찰은 양적 그리고/또는 질적 자료를 제공한다고 설명한 바 있다. 또한 제1장에 제시된 〈표 1-4〉에 보이듯이, 관찰은 특수아평가를 위한 모든 단계(선별, 진단, 적부성, 프로그램계획 및 배치, 형성평가, 총괄평가)에서 의미 있는 정보를 제공할 수 있다(Cohen & Spenciner, 2007). 다음에서는 관찰과 관련하여 단계, 유형, 기록방법, 그리고 타당도와 신뢰도에 대해 살펴보기로 한다.

1. 관찰의 단계

아동을 대상으로 관찰을 실시할 때는 일반적으로 준비단계, 기록단계, 그리고 결과요약단계의 세 단계를 거치게 된다.

1) 준비단계

준비단계란 관찰을 실시하기에 앞서 누가(who), 언제(when), 어디에서(where), 무엇을(what), 어떻게(how), 왜(why)의 육하원칙(六何原則)에 따라 미리 준비하는 단계를 말한다. 즉, 관찰의 준비단계에서는 왜 관찰하는지(관찰질문), 무엇을 관찰할 것인지(관찰행동), 어떻게 관찰할 것인지(관찰의 기록방법), 누가 관찰할 것인지(관찰자), 언제 그리고 어디에서 관찰할 것인지(관찰시간과 관찰장소)에 대해 미리 결정하게 된다(이승희, 2021).

(1) 관찰질문 설정

관찰을 실시하기 위해서는 먼저 왜 관찰하려고 하는지 그 이유(또는 목적)를 분명히 해야 하는데, 보통 관찰의 이유는 관찰질문으로 설정된다. 예를 들어, "통합교육을 위해 일반학급에 배치된 민혁이의 적응상태는 어떠한가?" 또는 "민혁이의 언어적 공격성은 얼마나 많이 나타나는가?" 등의 관찰질문이 설정될 수 있다. 관찰질문에 따라 관찰행동, 관찰의 기록방법, 관찰자, 관찰일시, 관찰장소가 달라질 수 있기 때문에 관찰질문을 설정하는 것이 우선되어야 한다.

(2) 관찰행동 선정

관찰질문을 설정한 다음에는 필요한 경우 관찰하고자 하는 행동, 즉 관찰행동에 대한 조작적 정의를 내려야 한다. 예를 들어, 관찰질문이 "통합교육을 위해 일반학급에 배치된 민혁이의 적응상태는 어떠한가?"인 경우와는 달리 관찰질문이 "민혁이의 언어적 공격성은 얼마나 많이 나타나는가?"인 경우에는 관찰행동인 언어적 공격성에 대한 조작적 정의가 필요하다. 어떤 행동에 대한 조작적 정의(operational definition)란 그 행동을 관찰가능하고 구체적인 형태로 표현해 놓은 것을 말하는데, 조작적 정의에

보충설명 4-1   사전적 정의와 조작적 정의

어떤 용어에 대한 명백한 의미를 정의(definition)라고 했을 때, 정의에는 사전적 정의와 조작적 정의가 있다. 사전적 정의(dictionary definition)란 어떤 용어가 지닌 가장 기본적이고 객관적인 의미를 말한다. 이에 비해 조작적 정의(operational definition)는 어떤 용어를 경험적으로 측정할 수 있는 속성으로 설명한 의미를 말한다. 즉, 사전적 정의가 모든 사람에게 통용되도록 규정한 일반적인 의미라면 조작적 정의는 특정 목적에 부합되도록 규정한 독창적인 의미라고 할 수 있다.

교육과 관련된 연구 또는 관찰에서는 추상적 개념이나 용어를 측정 및 관찰이 가능한 구체적인 형태로 표현해 놓은 조작적 정의가 많이 사용된다. 예를 들어, '지능과 학업성취의 상관관계'에 대해 연구하고자 할 경우 지능에 대한 정의가 필요한데 이때 '새로운 대상이나 상황에 부딪혀 그 의미를 이해하고 합리적인 적용 방법을 알아내는 지적 활동의 능력'이라는 사전적 정의를 사용하는 것이 아니라 '지능검사를 통해 측정된 지능지수 점수'라는 조작적 정의를 내림으로써 추상적 개념인 지능을 측정하고 수량화한다. 또한 아동의 언어적 공격성에 대해 관찰하고자 할 때도 언어적 공격성에 대한 정의가 필요한데 이때 '자신의 충동을 이기지 못해 또는 자신의 이익을 위해 타인에게 언어적 모욕을 가하는 것'이라는 사전적 정의를 사용하기보다는 '성인이나 다른 아동을 대상으로 소리를 지르거나 욕을 하거나 별명을 부르는 것'이라는 조작적 정의를 내린 다음 아동의 언어적 공격성을 관찰하고 수량화한다. 이와 같은 조작적 정의는 통상적으로 사용되는 의미가 아니므로 해당 연구나 관찰에 국한하여 사용된다. 하지만 조작적 정의가 지나치게 한정적이고 제한적인 것은 바람직하지 않으며 어느 정도 보편적인 것이 좋다.

대해서는 [보충설명 4-1]을 참고하기 바란다.

(3) 관찰의 기록방법 선택

관찰질문이 설정되고 필요한 경우 관찰행동에 대한 조작적 정의를 내리고 나면 관찰질문에 적합한 기록방법을 선택해야 한다. 기록방법의 유형에 대해서는 이 장의 3절에 자세히 설명되어 있는데, 각 기록방법에 대해 충분히 검토한 후 적절한 방법을 선택하는 것이 바람직하다. 경우에 따라 두 가지 이상의 기록방법을 사용할 수도 있다. 이와 같이 기록방법을 선택하고 나면 그에 따른 관찰지를 개발해야 한다. 물론 상용화되어 있는 표준화된 관찰도구를 사용하는 경우도 있지만 대부분의 경우 관찰지를 개발하여 사용한다. 관찰지는 표준화된 양식이 없을 뿐 아니라 기록방법에 따른 양식의 차이도 있다. 기록방법에 따른 관찰지에 대해서는 이 장의 3절에서 다루도록

하고 관찰지의 일반적 구성에 대해 간략하게 언급하기로 한다. 관찰지는 일반적으로 크게 기본사항란, 기록란, 요약란의 세 부분으로 구성된다. 세 부분은 각각 관찰의 일반적 절차인 준비단계, 기록단계, 요약단계와 관련이 있는데 그 이유는 기본사항란의 대부분은 준비단계에서, 기록란은 기록단계에서, 요약란은 요약단계에서 작성되기 때문이다. 먼저, 기본사항란에는 일반적으로 관찰대상, 관찰일자, 관찰시간, 관찰장소, 관찰장면, 관찰영역, 관찰행동(필요한 경우에는 조작적 정의도 제시), 관찰자를 기입할 공간이 있어야 한다. 단, 기록방법에 따라 포함되는 기본사항이 다를 수 있는데, 예를 들어 일화기록의 경우 기본사항란에 관찰행동이 포함되지 않는다. 다음으로, 기록란은 선택된 기록방법에 맞게 관찰의 원자료를 기록하도록 고안되어야 한다. 마지막으로, 요약란에는 기록된 원자료를 요약할 수 있는 공간이 있어야 한다.

(4) 관찰자 선정

평가를 위한 관찰에서는 교사가 관찰을 실시할 수도 있고 다른 사람이 관찰을 실시할 수도 있으므로 사전에 관찰자가 선정되어야 한다. 관찰자가 선정되고 나면 필요한 경우 관찰자 훈련을 실시한다. 앞서 언급한 바와 같이 관찰에서는 관찰자의 객관적인 관찰능력이 매우 중요하다. 관찰자의 객관적인 관찰능력은 관찰자간 신뢰도를 통하여 점검할 수 있는데, 관찰자간 신뢰도 산출방법에 대해서는 이 장의 4절에서 자세히 설명하기로 한다.

(5) 관찰시간 및 관찰장소 선정

필요한 경우에 관찰을 실시할 시간과 장소를 미리 선정한다. 예를 들어, 기록방법으로 일화기록이 선택되었을 경우 관찰시간과 관찰장소를 사전에 결정할 필요가 없으나 특정행동을 관찰하고자 할 때는 그 행동이 주로 나타나는 시간과 장소를 고려할 필요가 있다. 예를 들어, 언어적 공격성을 관찰하고자 할 때는 구조화된 수업시간보다는 비구조화된 자유활동시간이 더 적절할 수 있다.

2) 기록단계

기록단계란 관찰행동을 관찰하면서 혹은 관찰한 후에 관찰지의 기록란을 작성하는 단계를 말한다. 즉, 기록단계는 원자료를 기록하는 단계라고 할 수 있는데, 원자료

(raw data)란 수집한 원래의 자료로서 새로운 형태로 전환되기 전의 최초의 형태를 지닌 자료를 의미한다(한국교육평가학회, 2004). 기록단계에서 기록되는 원자료는 사용되는 관찰의 기록방법에 따라 양적 자료일 수도 있고 질적 자료일 수도 있다.

3) 요약단계

요약단계란 기록단계에서 기록된 원자료를 관찰질문(즉, 목적)에 맞게 새로운 형태로 요약하는 단계를 말한다. 이렇게 요약된 자료를 정보라고도 하는데, 정보 (information)란 관찰이나 측정을 통하여 수집한 자료를 실제 문제에 도움이 될 수 있도록 정리한 자료를 의미한다(국립국어원, 1999). 요약단계에서는 원자료가 양적 자료이면 수량적으로 요약되고 질적 자료이면 서술적으로 요약된다. 특히 원자료가 양적 자료인 경우 관찰의 기록방법에 따라 수량적으로 요약하는 방법에 차이가 있는데, 이에 대해서는 이 장의 4절을 참고하기 바란다.

2. 관찰의 유형

관찰의 유형은 어떤 차원을 근거로 하느냐에 따라 다양하게 분류된다. 이승희 (2021)는 관련문헌들을 고찰한 후 9개 차원(관찰도구의 표준화, 관찰절차의 구조화, 관찰준비의 체계성, 관찰조건의 통제, 관찰장소의 고안, 관찰자의 참여, 관찰실시의 직접성, 관찰자료의 형태, 관찰기록의 기계의존)을 두고 관찰의 유형을 분류한 바 있다. 다음에서는 4개 차원(관찰도구의 표준화, 관찰절차의 구조화, 관찰실시의 직접성, 관찰자료의 형태)을 근거로 관찰의 유형을 살펴보기로 한다.

1) 관찰도구의 표준화 여부에 따른 분류

사용되는 관찰도구의 표준화 여부에 따라 공식적 관찰과 비공식적 관찰로 분류할 수 있다. 관찰도구와 관련하여 표준화(standardization)란 관찰도구의 구성요소, 실시과정, 요약방법, 결과해석기법을 엄격히 규정하는 것을 말한다.

(1) 공식적 관찰

공식적 관찰(formal observation)이란 표준화된 관찰도구(standardized observation instrument)를 사용하는 관찰을 말한다. 표준화된 관찰도구는 실시, 요약, 해석에 대한 명확한 지침을 가지고 있으며 일반적으로 상용화된 경우가 많다. 예를 들어, 자폐증 진단 관찰 스케줄-2(Autism Diagnostic Observation Schedule-Second Edition: ADOS-2)(유희정 외, 2017)는 1세 이상의 아동 및 성인을 대상으로 자폐스펙트럼장애를 진단하기 위해 개발된 관찰도구다.

(2) 비공식적 관찰

비공식적 관찰(informal observation)이란 관찰자제작 관찰도구(observer-made observation instrument)를 사용하는 관찰을 말한다. 관찰자제작 관찰도구는 관찰자가 직접 개발한 관찰지로서 실시, 요약, 해석에 대한 명확한 지침을 가지는 데 다소 제한이 따른다.

2) 관찰절차의 구조화 여부에 따른 분류

관찰절차의 구조화 여부에 따라 구조적 관찰과 비구조적 관찰로 분류되며, 구조적 관찰은 다시 완전구조적 관찰과 반구조적 관찰로 분류될 수 있다. 관찰과 관련하여 구조화(structurization)란 자료수집의 내용(즉, 관찰내용)과 관찰도구를 사전에 결정하는 것을 말한다(김영종, 2007).

(1) 구조적 관찰

구조적 관찰(structured observation)이란 관찰내용과 관찰도구가 사전에 결정되어 있는 관찰을 말한다. 따라서 구조적 관찰에서는 자료수집의 내용과 형식이 사전에 결정되어 있어서 관찰자의 재량이나 융통성에 제한이 따른다(김영종, 2007). 구조적 관찰에는 완전구조적 관찰(complete-structured observation)과 반구조적 관찰(semi-structured observation)이 있는데, 완전구조적 관찰에서는 관찰자에게 재량이나 융통성이 거의 주어지지 않는 데 비해 반구조적 관찰에서는 관찰자에게 어느 정도의 재량과 융통성이 주어진다. 구조적 관찰에서는 관찰도구로 표준화된 관찰도구 또는 관찰자제작 관찰도구가 사용될 수 있는데, 구조적 관찰에서 사용되는 관찰자제작 관찰도구는 표준화된 관찰도구처럼 명확한 지침은 없지만 실시 및 요약에 대한 어느 정도의 지침은 갖추고 있다. 이처럼 구조적 관찰을 실시했을 경우 그 관찰은 표준화된 관찰도구를 사용하는 공식적 관찰일 수도 있고 관찰자제작 관찰도구를 사용하는 비공식적 관찰일 수도 있다.

(2) 비구조적 관찰

비구조적 관찰(unstructured observation)이란 관찰내용과 관찰도구가 사전에 결정되어 있지 않는 관찰을 말한다. 즉, 사전에 결정된 자료수집 내용이나 형식 없이 상황에 따라 그때그때 적합한 자료를 자유롭게 수집하는 것이다(김영종, 2007). 따라서 비구조적 관찰에서는 관찰자에게 많은 재량과 융통성이 주어지며, 주로 관찰자제작 관찰도구가 사용된다. 비구조적 관찰에서 사용되는 관찰자제작 관찰도구는 구조적 관찰에서 사용되는 관찰자제작 관찰도구와는 달리 별다른 지침을 갖추고 있지 않다. 이처럼 비구조적 관찰을 실시했을 경우 그 관찰은 일반적으로 비공식적 관찰이다.

3) 관찰실시의 직접성 여부에 따른 분류

관찰실시의 직접성 여부에 따라 직접적 관찰과 간접적 관찰로 분류된다. 관찰과 관련하여 직접성(directness)이란 중간의 매개물 없이 바로 관찰대상과 연결된다는 것이다. 즉, 중간의 매개물이 없이 관찰자가 바로 관찰대상을 관찰하는지 여부에 따라 직접적 관찰과 간접적 관찰로 나뉜다고 할 수 있다.

(1) 직접적 관찰

직접적 관찰(direct observation)이란 관찰자가 중간의 매개물 없이 관찰대상의 행동을 직접 관찰하는 것을 말한다. 행동의 결과물이나 행동의 동영상을 통해 관찰할 때가 있는데, 이 경우 관찰자가 결과물을 산출하는 관찰대상의 행동을 직접 보았거나 관찰자가 관찰대상의 행동을 직접 촬영하였다면 직접적 관찰에 해당된다. 또한 몇 시간 또는 며칠 전에 관찰한 것을 기억하여 기록할 때가 있는데, 이 경우도 관찰자가 직접 보았다면 직접적 관찰이라고 할 수 있다. 즉, 직접적 관찰에서 중요한 것은 관찰자가 관찰대상의 행동을 직접 보았다는 것이다.

(2) 간접적 관찰

간접적 관찰(indirect observation)이란 관찰자가 매개물을 통해 관찰대상의 행동을 관찰하는 것을 말한다. 예를 들어, 행동의 결과물이나 행동의 동영상을 보고 관찰대상의 행동을 관찰하였다면 간접적 관찰에 해당된다. 즉, 간접적 관찰에서 중요한 것은 관찰자가 관찰대상의 행동을 직접 보지 않았다는 것이다.

4) 관찰자료의 형태에 따른 분류

관찰자료의 형태에 따라 양적 관찰과 질적 관찰로 분류된다(Salvia & Ysseldyke, 2007). 관찰과 관련하여 자료(data)란 원자료와 요약된 자료 둘 다를 포함하는 개념이다. 자료의 형태는 크게 양적 자료와 질적 자료로 구분할 수 있는데, 양적 자료(quantitative data)란 수량적 형태로 제시되거나 요약된 자료를 의미하고 질적 자료(qualitative data)란 서술적 형태로 제시되거나 요약된 자료를 의미한다.

(1) 양적 관찰

양적 관찰(quantitative observation)이란 관찰을 통해서 수집된 원자료 그리고/또는 요약된 자료가 양적 자료인 관찰을 말한다. 예를 들어, 관찰의 기록방법 중 간격기록, 사건기록, 산물기록, 평정기록을 사용하는 관찰은 일반적으로 양적 관찰에 해당된다. 관찰의 기록방법에 대한 구체적인 내용은 이 장의 3절을 참고하기 바란다.

(2) 질적 관찰

질적 관찰(qualitative observation)이란 관찰을 통해서 수집된 원자료 그리고/또는 요약된 자료가 질적 자료인 관찰을 말한다. 예를 들어, 관찰의 기록방법 중 서술기록을 사용하는 관찰은 일반적으로 질적 관찰에 해당된다. 관찰의 기록방법에 대한 구체적인 내용은 이 장의 3절을 참고하기 바란다.

3. 관찰의 기록방법

관찰의 기록방법은 서술기록, 간격기록, 사건기록, 산물기록, 평정기록의 다섯 가지 종류로 나눌 수 있으며 각 종류는 다시 몇 개의 유형으로 분류된다. 앞서 이 장 1절의 '1) 준비단계'에서 언급되었듯이, 관찰에서 어떤 기록방법을 선택하느냐는 관찰질문과 관찰행동에 근거하게 되는데 〈표 4-1〉은 이 책에서 설명할 기록방법들을 요약하여 제시하고 있다. 또한 관찰에서는 상용화되어 있는 표준화된 관찰도구를 사용하는 경우도 있지만 대부분의 경우 개발된 관찰지, 즉 관찰자제작 관찰도구를 사용하

▷ 〈표 4-1〉 **관찰의 기록방법**

종류		유형	
서술 기록	특정 사건이나 행동의 전모를 이야기하듯 있는 그대로 사실적으로 묘사하는 방법.	일화기록	특정한 시간이나 장소의 제한 없이 관찰자가 기록할 만한 가치가 있다고 느꼈던 어떤 짧은 내용의 사건, 즉 일화(逸話)에 대해 간략하게 서술하는 기록.
		표본기록	일정한 시간 또는 미리 정해진 활동이 끝날 때까지 사건이 발생한 순서대로 상세하게 이야기식으로 서술하는 기록(진행기록이라고도 함).
		ABC기록	관심을 두는 행동(예: 공격적 행동, 친사회적 행동)이 잘 발생할 만한 상황에서 일정한 시간 동안 관찰하면서 해당 행동이 발생할 때마다 그 행동(B: behavior)을 중심으로 행동이 발생하기 직전의 사건인 선행사건(A: antecedent)과 행동이 발생한 직후의 사건인 후속사건(C: consequence)을 시간의 흐름에 따라 사실적으로 서술하는 기록.
간격 기록	관찰행동을 관찰기간 동안 일정한 간격으로 여러 회에 걸쳐 관찰하여 그 행동의 발생여부를 기록하는 방법(시간표집 또는 시간기반 기록이라고도 함).	전체간격기록	전체관찰시간을 일정한 간격으로 나눈 후 행동이 간격의 처음부터 끝까지 나타났을 때 해당 간격에 행동이 발생했다고 기록하는 것.
		부분간격기록	전체관찰시간을 일정한 간격으로 나눈 후 행동이 간격의 어느 한 순간에 한 번이라도 나타났을 때 해당 간격에 행동이 발생했다고 기록하는 것.
		순간간격기록	전체관찰시간을 일정한 간격으로 나눈 후 행동이 각 간격의 한 순간(예: 마지막 순간)에 나타났을 때 해당 간격에 행동이 발생했다고 기록하는 것.

▷〈표 4-1〉 **계속됨**

종류			유형	
사건 기록	관찰기간 동안 지속적으로 관찰하여 관찰행동이 발생할 때마다 그 행동의 어떤 차원을 기록하는 방법(사건표집 또는 사건기반 기록이라고도 함).	빈도기록	관찰기간 동안 행동이 발생할 횟수를 기록하는 것.	
		강도기록	관찰기간 동안 행동일 발생할 때마다 행동의 강도를 기록하는 것.	
		지속시간기록	관찰기간 동안 행동이 발생할 때마다 행동의 지속시간을 기록하는 것.	
		지연시간기록	관찰기간 동안 행동이 발생할 때마다 행동의 지연시간을 기록하는 것.	
산물 기록	행동이 낳은 산물(産物)의 개수(number)를 세어 행동발생의 추정치를 기록하는 방법.	학업산물기록	학업적 행동을 관찰행동으로 하는 산물기록.	
		비학업산물기록	비학업적 행동을 관찰행동으로 하는 산물기록.	
평정 기록	관찰행동을 관찰한 후 사전에 준비된 평정수단(범주, 척도, 또는 검목표)을 사용하여 행동의 양상, 정도, 또는 유무를 판단해 기록하는 방법.	범주기록	연속적으로 기술된 몇 개의 질적 차이가 있는 범주 중 관찰행동을 가장 잘 나타내는 범주를 선택하여 기록하는 것.	
		척도기록	행동의 정도를 몇 개의 숫자로 표시해 놓은 척도, 즉 숫자척도에 관찰행동을 가장 잘 나타내는 숫자를 선택하여 기록하는 것.	
		검목표기록	일련의 행동이나 특성들의 목록, 즉 검목표(checklist)에 해당 행동이나 특성의 유무를 기록하는 것.	

기 때문에 기록방법을 선택하고 나면 그에 따른 관찰지를 개발하게 된다. 따라서 이 절에서 기록방법별로 소개되는 관찰지는 관찰자제작 관찰도구라고 할 수 있다. 이와 같은 관찰자제작 관찰도구를 사용하는 관찰은 앞서 2절에 제시된 관찰의 유형에서 볼 때, 관찰도구의 표준화 차원에서는 비공식적 관찰이지만 관찰절차의 구조화 차원에서는 구조적 관찰 또는 비구조적 관찰일 수 있고 관찰실시의 직접성 차원에서는 직접적 관찰 또는 간접적 관찰일 수 있으며 관찰자료의 형태 차원에서는 양적 관찰 또는 질적 관찰일 수 있다. 양적 관찰일 경우 기록방법에 따라 양적 자료를 요약하는 방법에 차이가 있는데 〈표 4-2〉는 관찰의 기록방법에 따른 양적 자료의 요약방법을 제시하고 있다.

▷ 〈표 4–2〉 **관찰의 기록방법에 따른 양적 자료의 요약방법**

관찰의 기록방법		양적 자료의 요약방법
서술기록	일화기록	–
	표본기록	–
	ABC기록	–
간격기록	전체간격기록	• 백분율(percentage): 전체 간격수에 대한 행동이 발생한 것으로 기록된 간격수의 백분율
	부분간격기록	
	순간간격기록	
사건기록	빈도기록	• 횟수(number): 관찰기간(분)에 발생한 행동의 횟수 • 비율(rate): 관찰기간에 발생한 행동의 횟수를 관찰기간(분)으로 나눈 행동의 비율
	강도기록	• 평균강도(average intensity): 관찰기간에 측정된 측정치의 합을 행동의 발생횟수로 나눈 평균
	지속시간기록	• 총지속시간(total duration): 관찰기간 동안 발생한 행동의 지속시간의 합 • 평균지속시간(average duration): 총지속시간을 행동의 발생횟수로 나눈 평균 • 지속시간백분율(percentage duration): 총관찰시간에 대한 총지속시간의 백분율
	지연시간기록	• 평균지연시간(average latency): 관찰기간에 측정된 측정치의 합을 행동의 발생횟수로 나눈 평균
산물기록	학업산물기록	• 개수(number): 관찰기간(분, 시간)에 산출된 결과물의 개수 • 비율(rate): 관찰기간에 산출된 결과물 개수를 관찰기간(분, 시간)으로 나눈 결과물의 비율
	비학업산물기록	
평정기록	범주기록	• 백분율(percentage): 3~5개의 범주 순서대로 전체 문항수에 대한 그 범주를 선택하여 기록한 문항수의 백분율
	척도기록	• 평균(average): 각 문항에 표시된 숫자의 합을 전체 문항수로 나눈 평균
	검목표기록	• 백분율(percentage): 전체 문항수에 대한 행동의 유무 중 '유'로 기록된 문항수의 백분율

수정발췌: 이승희(2021). 장애아동관찰. 서울: 학지사. (p. 79)

1) 서술기록

서술기록(narrative recording)이란 특정 사건이나 행동의 전모를 이야기하듯 있는 그대로 사실적으로 묘사하는 방법이다. 〈표 4-1〉에 보이듯이 서술기록에는 일화기록, 표본기록, ABC기록의 세 가지 유형이 있는데 각각 살펴보면 다음과 같다.

(1) 일화기록

일화기록(anecdotal recording)이란 특정한 시간이나 장소에 제한 없이 관찰자가 기록할 만한 가치가 있다고 느꼈던 어떤 짧은 내용의 사건, 즉 일화(逸話)에 대한 간략한 서술적 기록이라고 할 수 있다(Cohen & Spenciner, 2007). 따라서 일화기록은 사건이 발생한 후에 기록하게 되므로 과거형으로 서술되는데, 사건이 발생한 후 가능한 한 빠른 시간 내에 기록하는 것이 바람직하다(Gronlund & Linn, 1990). 또한 일화를 기록할 때 관찰자의 주관적 해석이 개입되어서는 안 되며 관찰자가 보고 들은 것만 객관적으로 기술하여야 한다(Cohen & Spenciner, 2007). 이러한 일화기록(逸話記錄)은 일기기록(日記記錄)과는 구분되는데, 일기기록(diary record)이란 아동을 매일 관찰하여 일기식으로 기록하는 것이다. 일기기록에는 아동의 발달 전반에 대해 기록하는 종합적 일기기록과 특정 발달영역에 대해 기록하는 주제별 일기기록이 있다. 일반적으로 일기기록은 부모나 친척이 기록하기 때문에 객관성이 결여될 수 있으므로 발달의 연속적 과정을 볼 수 있는 좋은 방법임에도 불구하고 교육현장에서 잘 사용되지 않는다(성미영, 전가일, 정현심, 김유미, 정하나, 2017; 양명희, 임유경, 2014). 〈그림 4-1〉은 일화기록의 예를 제시하고 있다.

(2) 표본기록

표본기록(specimen recording)이란 일정한 시간 또는 미리 정해진 활동이 끝날 때까지 사건이 발생한 순서대로 상세하게 이야기식으로 서술하는 기록으로서 진행기록(running recording)이라고도 한다. 표본기록은 서술기록이라는 점에서 일화기록과 비슷하지만 세 가지 점에서 일화기록과 차이가 있다. 첫째, 일화기록과는 달리 표본기록은 사전에 관찰시간과 관찰장소를 선정한다. 둘째, 관찰자가 관찰대상의 의미 있는 행동을 선택하여 기록하는 일화기록과는 달리 표본기록은 정해진 시간 내에 발생하는 관찰대상의 모든 행동과 주변 상황을 상세하게 서술한다. 셋째, 사건이 발생한

● 〈그림 4-1〉 **일화기록의 예**

관찰대상: 성명(김준서) 성별(남) 생년월일(2008년 2월 6일) 현재연령(8년 3개월)
관찰일자: 2016년 5월 6일
관찰시간: 오후 1:30~1:38
관찰장소: 통합학급
관찰장면: 수학시간
관 찰 자: 이혜림

기　록:

교사가 학생들에게 "지금부터 각자 수학 연습문제를 푸세요."라고 지시하였다. 준서는 책
상 위에 머리를 대고 자신의 장난감 자동차를 책상 가장자리에 굴리고 있었다. 교사가 준
서에게 다가가 장난감을 빼앗으며 "연습문제를 풀어야지!"라고 말하였다. 준서는 울기 시
작하였다. 교사가 "도와줄까?"라고 물었다. 준서는 발로 책상 다리를 치면서 "아냐, 아냐,
가 버려."라고 하며 점점 더 크게 소리를 질렀다.

요　약:

준서는 수업시간에 독립적인 과제를 수행하도록 요구될 때 과제수행을 피하기 위해 종종
책상 위에 머리를 대고 엎드려 울거나 소리를 지른다.

자료출처: 이승희(2021). 장애아동관찰. 서울: 학지사. (p. 104)

후에 기록되는 일화기록과는 달리 표본기록은 사건들이 진행되는 동안 기록하게 되
므로 현재형으로 서술된다. 이때 사건의 발생 순서대로 기록하되 사건이 바뀔 때마
다 시간을 기록하게 되는데, 관찰시간은 보통 10분 내외가 적당하며 30분을 초과하
지 않도록 한다. 그러나 일화기록과 마찬가지로 객관적인 사실만 기록하고 관찰자의
해석이나 주관적인 판단을 기록해서는 안 되며, 꼭 필요한 경우에는 관찰지의 오른쪽
한 면을 이용하여 보충설명이나 관찰자의 해석을 별도로 기록함으로써 객관적인 자
료와 구분하도록 한다(전남련, 김인자, 백향기, 황연옥, 2016). 〈그림 4-2〉는 표본기록
의 예를 제시하고 있다.

● 〈그림 4-2〉 **표본기록의 예**

관찰대상: 성명(최시현) 성별(남) 생년월일(2012년 11월 08일) 현재연령(1년 10개월)
관찰일자: 2014년 09월 11일
관찰시간: 오전 9:25~9:40
관찰장소: ○○어린이집
관찰장면: 자유선택활동 시간
관 찰 자: 전세미

시 간	기 록	주 석
9:25	시현이는 블록영역에서 스펀지블록을 가지고 놀다가 옆에 앉은 영훈이와 같은 파란색 스펀지블록을 잡게 되자 자기가 가지려고 뺏는다. 영훈이가 "내꺼~"라고 울며 그 스펀지를 빼앗아 간다. 이를 쳐다보던 시현이가 영훈이의 얼굴을 왼손으로 꼬집는다. 교사가 다가가 시현이의 손을 잡고 쳐다보자 시현이는 뒤로 넘어가며 소리를 지르고 운다. 교사가 "친구를 꼬집으면 안 돼요!"라고 말해도 울기만 한다. 그러다 시현이가 울음을 그치고 교사는 다른 친구를 살피러 간다.	• 놀이상황: 블록영역 • 놀이친구: 주영훈 정은지
9:29	시현이는 다시 스펀지블록을 가지고 논다. 옆에서 종이블록을 가지고 놀고 있는 은지를 쳐다보더니 은지가 늘어놓은 종이블록을 하나 가져가려고 한다. 은지가 "아 아앙~"하며 싫다는 표현을 하자 시현이가 갑자기 손을 뻗어 은지의 얼굴을 꼬집고 은지는 울어 버린다. 교사가 시현에게 다시 와서 "친구 얼굴을 꼬집으면 안 된다고 했지요!"라고 말하자 또 뒤로 넘어가며 소리를 지르고 운다. 교사가 바로 앉히려고 해도 시현이는 계속 소리를 지르며 울고 교사의 얼굴을 쳐다보지 않은 채 이쪽저쪽 다른 친구들만 쳐다본다.	
9:34	교사가 "시현이는 선생님하고 놀아야겠다."라고 하면서 시현이를 한쪽으로 데리고 와 앉히자 계속해서 눈물을 흘리며 교사의 무릎에 얼굴을 묻으려고만 한다. 교사가 다른 친구를 살피러 일어나자 시현이도 따라 일어나 가려고 한다. 교사가 "시현이는 앉아 있어야지요."라고 말하자 또 소리 지르고 울면서 자신이 앉아 있던 자리로 돌아가 앉아서 교사 쪽을 바라보며 운다.	

요 약:
• 시현이는 자신이 원하는 대로만 놀려고 하고 마음대로 되지 않으면 친구를 꼬집는다.
• 시현이는 교사가 자신의 잘못을 지적하면 소리를 지르며 운다.
• 시현이는 교사와 이야기할 때 눈을 마주치지 않고 피한다.

자료출처: 이승희(2021). 장애아동관찰. 서울: 학지사. (p. 106)

(3) ABC기록

ABC기록(ABC recording: antecedent-behavior-consequence recording)이란 관심을 두는 행동(예: 공격적 행동, 친사회적 행동 등)이 잘 발생할 만한 상황에서 일정한 시간 동안 관찰하면서 해당 행동이 발생할 때마다 그 행동(B: behavior)을 중심으로 행동이 발생하기 직전의 사건인 선행사건(A: antecedent)과 행동이 발생한 직후의 사건인 후속사건(C: consequence)을 시간의 흐름에 따라 사실적으로 서술하는 기록이다(Miltenberger, 2016). 관찰시간 동안 기록하지만 해당 행동이 발생하고 나면 기록하게 되므로 ABC기록은 과거형으로 서술된다. 이때 해당 행동이 발생하는 순서대로 기록하되 행동이 나타날 때마다 시간을 기록하게 되는데(Miltenberger, 2016), 관찰시간은 보통 10분 내외가 적당하며 30분을 초과하지 않도록 한다. 일화기록과 표본기록에서와 마찬가지로 객관적인 사실만 기록하되 네 칸으로 나누어 관찰내용을 기록한다(양명희, 임유경, 2014; Miltenberger, 2016). 첫째 칸에는 행동이 발생한 시간을 기록한다. 둘째 칸에는 행동이 발생하기 직전에 일어난 사건인 선행사건을 기록하는데, 여기에는 행동이 발생하기 전에 아동에게 누군가가 말이나 행동으로 상호작용한 내용을 기록한다. 셋째 칸에는 관찰자가 보거나 들은 아동의 행동을 기록한다. 넷째 칸에는 행동이 발생한 직후에 일어난 사건인 후속사건을 기록하는데, 여기에는 아동의 행동에 대해 누군가가 반응한 내용을 기록한다. ABC기록에서 한 가지 유념할 사항은 행동과 관련된 선행사건과 후속사건에 대한 객관적인 정보를 얻을 수 있지만 이러한 정보는 상관관계만 입증할 뿐 기능적 관계는 입증해 주지 않는다는 것이다(Miltenberger, 2016). 〈그림 4-3〉은 ABC기록의 예를 제시하고 있다.

2) 간격기록

간격기록(interval recording)이란 관찰행동을 관찰기간 동안 일정한 간격으로 여러 회에 걸쳐 관찰하여 그 행동의 발생여부를 기록하는 방법으로서 시간표집(time sampling)(Sattler, 2002) 또는 시간기반기록(time-based recording)(Sugai & Tindal, 1993)이라고도 한다. 간격기록은 서술기록과는 달리 다음과 같은 사전준비를 필요로 한다. 첫째, 관찰행동이 간격기록에 적절한가를 판단해야 한다. 간격기록은 시작과 끝이 반드시 명백할 필요는 없으나 외형적으로 관찰가능하고 매 10~15초 정도로 꽤 빈번히 나타나는 행동(예: 자리 이탈하기, 미소 짓기, 틱, 상동행동)에 유용하다(Sattler,

⬤ 〈그림 4–3〉 ABC기록의 예

관찰대상: 성명(양지호) 성별(남) 생년월일(2011년 4월 19일) 현재연령(5년 2개월)
관찰일자: 2016년 6월 20일
관찰시간: 오전 11:00~11:20
관찰장소: ○○특수어린이집
관찰장면: 자유선택활동 시간
관찰행동: 공격적 행동
관 찰 자: 송보라

시 간	선행사건(A)	행동(B)	후속사건(C)
11:07	블록을 가지고 놀고 있는 건우에게 다가가서 지호가 "내가 파란색 할 거야." 하면서 건우의 블록을 잡자 건우가 "싫어!"라고 하였다.	지호는 건우가 들고 있는 블록을 빼앗아 건우의 머리를 때렸다.	건우가 울면서 "선생님!" 하고 불렀다. 교사가 다가와 "무슨 일이야?"라고 묻자 건우는 "지호가 때렸어요."라고 하였다. 교사가 지호에게 "친구들과 사이좋게 놀아야지! 건우에게 사과하세요."라고 하자 지호는 건우에게 "미안해."라고 하고 다른 영역으로 갔다.
11:15	아기인형을 유모차에 앉히고 있는 효주에게 다가가서 지호가 "내가 밀 거야."라고 하면서 유모차 손잡이를 잡았다. 효주가 "안 돼. 내가 먼저 시작했어."라고 하였다.	지호는 효주의 손을 깨물고 유모차를 빼앗았다.	효주가 쭈그리고 앉아 훌쩍거렸다. 찬규가 "선생님! 효주가 울어요."라고 하자 지호는 유모차를 놓고 다른 영역으로 갔다. 교사가 효주에게 다가가 "무슨 일이야?"라고 물었다.

요 약:
• 지호는 친구들의 거절을 수용하는 데 어려움이 있다.
• 지호는 교사가 다가오면 공격적 행동을 멈추는 경향이 있다.

자료출처: 이승희(2021). 장애아동관찰. 서울: 학지사. (p. 110)

2002). 둘째, 관찰행동이 결정되면 그 행동에 대한 조작적 정의를 내려야 한다. 셋째, 전체관찰시간을 결정한다. 전체관찰시간은 보통 10~30분 정도가 적절하며 경우에 따라 더 길 수도 있다(Sattler, 2002). 넷째, 관찰간격, 즉 1회 관찰시간을 결정해야 한다. 관찰간격은 5~10초(Cooper, Heron, & Heward, 2007) 또는 5~30초(Alberto & Troutman, 2013) 등으로 추천되는데 일반적으로 관찰행동의 특성(예: 빈도, 지속시간)에 따라 5~30초 범위 내에서 결정한다(Cohen & Spenciner, 2007; Sattler, 2002). 다섯째, 간격기록의 유형을 결정한다. 유형은 관찰행동의 특성(예: 빈도, 지속시간)과 관찰하고자 하는 아동의 수에 따라 달라질 수 있다(McLean et al., 2004; Sattler, 2002). 〈표 4-1〉에 보이듯이 간격기록에는 전체간격기록, 부분간격기록, 그리고 순간간격기록의 세 가지 유형이 있는데(McLean et al., 2004; Sugai & Tindal, 1993), 각각의 유형을 살펴보면 다음과 같다.

(1) 전체간격기록

전체간격기록(whole interval recording)은 전체관찰시간을 일정한 간격으로 나눈 후 행동이 간격의 처음부터 끝까지 나타났을 때 해당 간격에 행동이 발생했다고 기록하는 것이다. 따라서 행동이 한 간격에서 부분적으로 나타난다면 그 간격에서는 행동이 발생하지 않은 것으로 기록한다. 그러므로 전체간격기록은 자리 이탈하기와 같이 어느 정도 지속성을 보이는 행동에 적절하며(Sattler, 2002), 만약 틱과 같이 순간적으로 나타나는 행동을 대상으로 하게 되면 행동발생이 과소추정될 수도 있다(McLean et al., 2004). 행동발생의 유(有)와 무(無)는 ○와 × 또는 1과 0 등으로 부호화하여 기록한다. 관찰결과는 전체 간격수에 대한 행동이 발생한 것으로 기록된 간격수의 백분율(percentage)을 계산하여 나타낸다(〈표 4-2〉 참조). 〈그림 4-4〉는 전체간격기록의 예를 제시하고 있다.

(2) 부분간격기록

부분간격기록(partial interval recording)은 전체관찰시간을 일정한 간격으로 나눈 후 행동이 간격의 어느 한 순간에 한 번이라도 나타났을 때 해당 간격에 행동이 발생했다고 기록하는 것이다. 부분간격기록에서는 한 간격에서 행동이 몇 번 발생하는가 또는 얼마나 오래 지속되는가에 상관없이 발생의 유무만 기록하면 된다. 따라서 일단 한 간격에서 행동이 발생했다고 기록하고 나면 해당 간격의 나머지 시간 동안에

● 〈그림 4-4〉 **전체간격기록의 예**

관찰대상: 성명(강연우) 성별(남) 생년월일(2009년 6월 15일) 현재연령(7년 5개월)
관찰일자: 2016년 11월 18일
관찰시간: 오전 10:10~10:20
관찰장소: 통합학급
관찰장면: 국어시간
관찰행동: 수업 중 자리 이탈하기(조작적 정의: 자리에서 일어서 있거나 자리를 떠나 교실 내 다른 곳으로 이동한다.)
관 찰 자: 현민송

관찰기록지시: 각 관찰간격의 처음부터 끝까지 행동이 발생하면 ○, 행동이 발생하지 않으면 ×로 표시하시오.

관찰시간	관찰간격(15초)	행동발생 유무	관찰시간	관찰간격(15초)	행동발생 유무
1분	15초	×	6분	15초	×
	15초	×		15초	×
	15초	×		15초	×
	15초	×		15초	○
2분	15초	×	7분	15초	○
	15초	×		15초	○
	15초	○		15초	○
	15초	×		15초	○
3분	15초	×	8분	15초	×
	15초	×		15초	×
	15초	○		15초	×
	15초	○		15초	×
4분	15초	×	9분	15초	○
	15초	×		15초	○
	15초	×		15초	○
	15초	○		15초	○
5분	15초	○	10분	15초	○
	15초	○		15초	○
	15초	○		15초	×
	15초	×		15초	×

요 약:
• (18÷40)×100 = 45%
• 시간이 경과할수록 자리 이탈하기가 더 자주 나타나는 경향이 있다.

자료출처: 이승희(2021). 장애아동관찰. 서울: 학지사. (p. 114)

● 〈그림 4–5〉 **부분간격기록의 예**

관찰대상: 성명(지근원) 성별(남) 생년월일(2004년 5월 12일) 현재연령(12년 6개월)
관찰일자: 2016년 11월 19일
관찰시간: 오후 4:10~4:20
관찰장소: 통합학급
관찰장면: 영어시간
관찰행동: 수업 중 소리 지르기(조작적 정의: 수업 중 손으로 무릎을 치며 대화수준 이상의 고음 소리를 낸다.)
관 찰 자: 박금주

관찰기록지시: 각 관찰간격의 어느 한 순간에 한 번이라도 행동이 발생하면 ○, 행동이 발생하지 않으면 ×로 표시하시오.

관찰시간	관찰간격(15초)	행동발생 유무	관찰시간	관찰간격(15초)	행동발생 유무
1분	15초	○	6분	15초	×
	15초	×		15초	○
	15초	○		15초	○
	15초	×		15초	×
2분	15초	×	7분	15초	○
	15초	○		15초	×
	15초	○		15초	○
	15초	×		15초	×
3분	15초	×	8분	15초	×
	15초	×		15초	×
	15초	○		15초	○
	15초	○		15초	○
4분	15초	○	9분	15초	×
	15초	×		15초	×
	15초	×		15초	○
	15초	○		15초	○
5분	15초	×	10분	15초	×
	15초	×		15초	○
	15초	○		15초	×
	15초	○		15초	○

요 약:

• $(20 \div 40) \times 100 = 50\%$
• 전체관찰시간 동안 손으로 무릎을 치며 소리 지르는 행동이 1분당 적어도 2회씩 일관되게 나타난다.

자료출처: 이승희(2021). **장애아동관찰**. 서울: 학지사. (p. 118)

는 행동을 관찰하지 않아도 된다(Miltenberger, 2016). 이와 같은 부분간격기록은 미소 짓기와 같이 순간적으로 지나가는 행동에 적절하지만(Sattler, 2002) 행동발생을 과대추 정하는 경향을 보일 수도 있다(McLean et al., 2004). 전체간격기록과 마찬가지로 행동 발생의 유(有)와 무(無)는 ○와 × 또는 1과 0 등으로 부호화하여 기록되며, 관찰결과는 전체 간격수에 대한 행동이 발생한 것으로 기록된 간격수의 백분율(percentage)을 계 산하여 나타낸다(〈표 4-2〉 참조). 〈그림 4-5〉는 부분간격기록의 예를 제시하고 있다.

(3) 순간간격기록

순간간격기록(momentary interval recording)은 전체관찰시간을 일정한 간격으로 나눈 후 행동이 각 간격의 한 순간(예: 마지막 순간)에 나타났을 때 해당 간격에 행동 이 발생했다고 기록하는 것이다(Sattler, 2002). 따라서 순간간격기록에서는 각 간격에 서 한 순간에만 관찰하면 된다(Miltenberger, 2016). 이러한 특성으로 인해 순간간격기 록은 여러 명의 아동을 관찰할 때 유용하다. 예를 들어, 4명의 아동을 관찰하고자 할 때 1분을 주기로 하여 각 15초의 마지막 순간에 각 아동을 관찰하면서 10분 동안 관 찰을 실시한다면 각 아동에 대한 10회의 관찰기록을 얻을 수 있다. 이와 같은 순간 간격기록은 빈번하면서도 다소 안정된 비율로 나타나는 행동(예: 엄지손가락 빨기, 상 동행동)에 적절하지만(Sattler, 2002), 지속시간이 너무 짧은 행동에는 부적절할 수 있 다(McLean et al., 2004). 전체간격기록 및 부분간격기록과 마찬가지로 행동발생의 유 (有)와 무(無)는 ○와 × 또는 1과 0 등으로 부호화하여 기록되며, 관찰결과는 전체 간 격수에 대한 행동이 발생한 것으로 기록된 간격수의 백분율(percentage)을 계산하여 나타낸다(〈표 4-2〉 참조). 〈그림 4-6〉은 순간간격기록의 예를 제시하고 있다.

3) 사건기록

사건기록(event recording)이란 관찰기간 동안 지속적으로 관찰하여 관찰행동이 발 생할 때마다 그 행동의 어떤 차원을 기록하는 방법으로서 사건표집(event sampling) (Sattler, 2002) 또는 사건기반기록(event-based recording)(Sugai & Tindal, 1993)이라고 도 한다. 즉, 사건기록에서는 행동을 하나의 사건으로 간주하는데(Sattler, 2002), 이 는 사건기록으로 관찰하는 행동은 시작과 끝이 분명한 불연속 행동(discrete behavior) 이기 때문이다. 간격기록과 마찬가지로 사건기록도 많은 사전준비를 필요로 하는데,

〈그림 4-6〉 순간간격기록의 예

관찰대상: 성명(오나현) 성별(여) 생년월일(2011년 6월 17일) 현재연령(5년 5개월)

관찰일자: 2016년 11월 21일

관찰시간: 오후 1:30~1:40

관찰장소: ○○특수어린이집

관찰장면: 자유선택활동 시간

관찰행동: 상동행동(조작적 정의: 손 또는 몸을 반복해서 흔들거나 제자리에 서서 빙빙 돌거나
　　　　　 물건을 계속 돌린다.)

관 찰 자: 강희원

관찰기록지시: 각 관찰간격의 마지막 순간에 행동이 발생하면 ○, 행동이 발생하지 않으면 ×로
　　　　　　　 표시하시오.

관찰시간	관찰간격(15초)	행동발생 유무	관찰시간	관찰간격(15초)	행동발생 유무
1분	15초	×	6분	15초	×
	15초	×		15초	○
	15초	×		15초	○
	15초	○		15초	○
2분	15초	○	7분	15초	×
	15초	×		15초	×
	15초	×		15초	×
	15초	×		15초	○
3분	15초	×	8분	15초	○
	15초	○		15초	○
	15초	○		15초	○
	15초	○		15초	×
4분	15초	×	9분	15초	×
	15초	×		15초	×
	15초	×		15초	○
	15초	○		15초	○
5분	15초	○	10분	15초	○
	15초	○		15초	○
	15초	×		15초	○
	15초	×		15초	×

요 약:
- $(20 \div 40) \times 100 = 50\%$
- 시간이 경과할수록 상동행동이 좀 더 자주 나타나는 경향이 있다

자료출처: 이승희(2021). 장애아동관찰. 서울: 학지사. (p. 122)

사건기록의 준비단계에서는 다음과 같은 사항이 필요하다. 첫째, 관찰행동이 사건기록에 적절한가를 판단해야 한다. 간격기록과는 달리 사건기록에서는 행동의 시작과 끝이 명백해야 하며, 또한 사건기록은 매우 빈번하게 나타나거나 지속시간이 다양한 행동에는 부적절하다(Sattler, 2002). 예를 들어, 손뼉치기와 같은 상동행동은 너무 자주 나타나 행동의 발생을 분리하기 어려울 수 있으며, 엄지손가락 빨기와 같은 행동은 나타날 때마다 유지되는 시간이 매우 다를 수 있다. 사건기록에 적절한 행동의 예로는 질문하기, 화장실 가기, 발작하기(having seizures), 공격성 보이기 등이 있다. 둘째, 관찰행동이 결정되면 그 행동에 대한 조작적 정의를 내려야 한다. 셋째, 관찰시간을 결정해야 하는데, 간격기록과 마찬가지로 10~30분 정도가 적절하며 경우에 따라 더 길 수도 있다(Sattler, 2002). 넷째, 사건기록의 유형을 결정한다. 유형은 관찰행동의 어떤 차원을 선택하는가에 따라 달라질 수 있으며, 한 가지 혹은 그 이상의 차원을 선택할 수도 있다(Miltenberger, 2016). 간격기록에서는 관찰간격, 즉 1회 관찰시간을 단위로 하여 행동의 발생유무를 기록하는 데 비해 사건기록에서는 관찰행동 그 자체를 단위로 하여 행동이 발생할 때마다 사전에 선택된 차원을 기록하게 된다. 사건기록에서 일반적으로 기록하는 행동의 차원(dimension)에는 빈도, 강도, 지속시간, 지연시간이 있다. 이러한 차원에 따라 사건기록은 〈표 4-1〉에 보이듯이 빈도기록, 강도기록, 지속시간기록, 지연시간기록의 네 가지 유형으로 나뉘는데(Miltenberger, 2016; Sattler, 2002), 각각의 유형을 살펴보면 다음과 같다.

(1) 빈도기록

　빈도기록(frequency recording)은 관찰기간 동안 행동이 발생한 횟수를 기록하는 것인데, 행동의 1회 발생이란 행동이 한번 시작하여 끝나는 것을 의미한다(Miltenberger, 2016). 관찰행동의 발생횟수가 행동에 대한 중요한 정보가 될 때 행동의 빈도를 측정하게 된다. 예를 들어, 욕하기나 물건던지기 같은 공격적 행동은 흔히 횟수로 기록한다. 관찰결과는 두 가지 방법으로 나타낼 수 있다(〈표 4-2〉 참조). 첫째, 관찰기간(분)과 함께 그 기간에 발생한 행동의 횟수(number)를 제시한다(예: 20분의 관찰기간 동안 4회)(Sattler, 2002). 둘째, 관찰기간 동안 발생한 행동의 횟수를 관찰기간(분)으로 나눈 행동의 비율(rate)로 나타내기도 한다(예: 20분의 관찰기간 동안 4회 발생했을 경우, 4÷2=0.2)(Martin & Pear, 2003; Miltenberger, 2016). 〈그림 4-7〉은 빈도기록의 예를 제시하고 있다.

참고로 빈도기록은 앞서 살펴본 간격기록과 비교해 볼 때 관찰행동에 대한 조작적 정의를 내려야 하고 양적 자료를 제공한다는 등의 공통점이 있으나 주목할 만한 차이점도 있다. [보충설명 4-2]는 간격기록과 사건기록을 비교하면서 특히 간격기록과 빈도기록의 차이점을 요약하여 제시하고 있다.

● 〈그림 4-7〉 **빈도기록의 예**

관찰대상: 성명(김민기) 성별(남) 생년월일(2003년 9월 13일) 현재연령(13년 2개월)
관찰일자: 2016년 11월 22일
관찰시간: 오후 2:10~2:40
관찰장소: 운동장
관찰장면: 체육시간
관찰행동: 다른 아동 때리기(조작적 정의: 다른 아동의 머리나 등을 손으로 친다.)
관 찰 자: 김지웅

관찰기록지시: 관찰행동이 발생할 때마다 빗줄표(/)로 표시하시오.

관찰시간	관찰행동 발생
30분	∦∦ /

요 약:
• 횟수: 30분 동안 6회
• 비율: 6 ÷ 30 = 0.2(1분당 0.2회 또는 5분당 1회)

자료출처: 이승희(2021). 장애아동관찰. 서울: 학지사. (p. 127)

(2) 강도기록

강도기록(intensity recording)은 관찰기간 동안 행동이 발생할 때마다 행동의 강도를 기록하는 것이다. 행동의 강도(intensity of behavior)란 행동의 힘, 에너지, 발휘력 등의 정도를 의미하며 행동의 크기(magnitude of behavior)라고도 한다(Miltenberger,

보충설명 4-2 간격기록과 사건기록의 비교

간격기록은 행동이 일어날 때마다 기록하는 것이 아니라 미리 정해진 관찰간격에서 그 행동이 발생했는지의 여부를 기록하며, 전체간격기록, 부분간격기록, 순간간격기록의 세 가지 유형이 있다. 이에 비해 사건기록은 행동이 일어날 때마다 기록하는 것으로 미리 정해진 그 행동의 어떤 차원(빈도, 강도, 지속시간, 또는 지연시간)을 기록하며, 기록하는 차원에 따라 빈도기록, 강도기록, 지속시간기록, 지연시간기록의 네 가지 유형이 있다. 이와 같이 간격기록과 사건기록 간에는 차이가 있으나, 특히 간격기록과 빈도기록의 차이점을 좀 더 구체적으로 살펴보면 다음과 같다.

첫째, 간격기록의 기록단위는 시간이지만 빈도기록의 기록단위는 행동이다. 간격기록에서는 관찰간격(즉, 시간)이 기록단위이고 빈도기록에서는 행동 그 자체가 기록단위이다.

둘째, 간격기록은 각 관찰간격에서의 행동의 발생유무에만 관심이 있을 뿐 행동의 횟수에는 관심을 두지 않지만 빈도기록에서는 행동의 횟수가 주 관심사다. 간격기록의 경우, 전체간격기록에서는 특정 관찰간격에서 행동이 발생했더라도 그 간격에서 부분적으로 나타났다면 그 간격에서는 행동이 발생하지 않은 것으로 기록되고, 부분간격기록에서는 특정 관찰간격에서 행동이 2회 발생했더라도 그 간격에서는 행동이 발생한 것으로만 기록되며, 순간간격기록에서는 특정 관찰간격에서 2회 발생했더라도 사전에 결정된 순간에 나타나지 않았다면 그 간격에서는 행동이 발생하지 않은 것으로 기록된다. 그러나 빈도기록에서는 행동이 나타날 때마다 그 행동이 발생한 것으로 기록된다.

셋째, 간격기록은 ○와 ×또는 1과 0 등으로 부호화하여 행동의 발생유무를 기록하는 데 비해 빈도기록에서는 빗줄표(/)로 행동의 발생횟수를 기록한다.

넷째, 간격기록에서는 관찰결과를 전체 간격수에 대한 행동이 발생한 것으로 기록된 간격수의 백분율(percentage)을 계산하여 제시하는 데 비해 빈도기록에서는 관찰기간(분)과 함께 그 기간에 발생한 행동의 횟수(number) 또는 관찰기간 동안 발생한 행동의 횟수를 관찰기간(분)으로 나눈 행동의 비율(rate)로 제시한다.

다섯째, 간격기록은 행동이 얼마나 자주(how often) 발생하는지, 즉 행동-시간의 관계에 대한 정보를 제공한다면 빈도기록은 행동이 얼마나 여러 번(how many times) 발생하는지, 즉 행동의 횟수에 대한 정보를 제공한다.

이상과 같은 간격기록과 빈도기록의 차이점을 요약해 보면 다음과 같다.

※ 간격기록과 빈도기록의 차이점

비교항목	간격기록	빈도기록
기록단위	시간	행동
기록내용	행동의 발생유무	행동의 발생횟수
기록방식	○와 ×또는 1과 0 등으로 행동의 발생유무 부호화	빗줄표(/)로 행동의 발생횟수 표시
자료요약	전체 간격수에 대한 행동이 발생한 것으로 기록된 간격수의 백분율(percentage)	관찰기간(분)과 함께 그 기간에 발생한 행동의 횟수(number) 또는 관찰기간 동안 발생한 행동의 횟수를 관찰기간(분)으로 나눈 행동의 비율(rate)
제공정보	행동이 얼마나 자주(how often) 발생하는지에 대한 정보(즉, 행동-시간의 관계)	행동이 얼마나 여러 번(how many times) 발생하는지에 대한 정보(즉, 행동의 횟수)

자료출처: 이승희(2021). 장애아동관찰. 서울: 학지사. (p. 129)

2016). 행동의 강도를 측정할 때는 관찰기간 동안 행동이 발생할 때마다 보통 특수도구를 사용하게 된다. 예를 들어, 관심대상이 목소리 크기라면 음성측정기(voice meter)를 사용하여 데시벨 수준을 측정할 수 있고, 관심대상이 손의 쥐는 힘이라면 악력계(dynamometer)를 사용하여 악력을 측정할 수 있다. 강도기록은 빈도기록에 비해 자주 사용되지는 않지만 행동의 힘(force)이나 크기(magnitude)가 중요한 정보일 때

〈그림 4-8〉 강도기록의 예

관찰대상: 성명(김민기) 성별(남) 생년월일(2003년 9월 13일) 현재연령(13년 2개월)
관찰일자: 2016년 11월 22일
관찰시간: 오후 2:10~2:40
관찰장소: 운동장
관찰장면: 체육시간
관찰행동: 다른 아동 때리기(조작적 정의: 다른 아동의 머리나 등을 손으로 친다.)
관 찰 자: 김지웅

관찰기록지시: 관찰행동이 발생할 때마다 다음과 같이 1~3으로 판단하여 해당 칸에 ✓로 표시하시오.

관찰시간	발생횟수	관찰행동		
		약하게	보통으로	심하게
		1	2	3
30분	1	✓		
	2		✓	
	3	✓		
	4		✓	
	5			✓
	6			✓
	7			
	8			
	9			
	10			

요 약:
• (1+2+1+2+3+3)÷6 = 2.0

자료출처: 이승희(2021). 장애아동관찰. 서울: 학지사. (p. 132)

유용한 방법이다(Bailey, 1977). 교육이나 심리측정에서는 행동의 강도를 측정할 때 특수도구(예: 음성측정기, 악력계 등)보다는 흔히 척도기록(scale recording)을 사용하기도 한다(Miltenberger, 2016)(저자주: 척도기록에 대해서는 이 절의 '5) 평정기록'에서 '(2) 척도기록'을 참고할 것). 관찰결과는 관찰기간 동안 측정된 측정치의 합을 행동의 발생횟수로 나눈 평균으로 나타낼 수 있다(〈표 4-2〉 참조). 〈그림 4-8〉은 강도기록의 예를 제시하고 있다.

(3) 지속시간기록

지속시간기록(duration recording)은 관찰기간 동안 행동이 발생할 때마다 행동의 지속시간을 기록하는 것이다. 행동의 지속시간(duration of behavior)이란 행동이 시작되어 끝날 때까지의 전체 시간을 의미한다(Miltenberger, 2016). 행동의 지속시간을 측정할 때는 일반시계도 사용할 수 있으나 측정의 정확성을 위해 초시계(stopwatch)를 사용하는 것이 바람직하다. 행동이 얼마나 오래 지속되었는지가 중요한 정보일 때 행동의 지속시간을 측정하게 되는데, 예를 들어 성질부리기(temper tantruming)와 같은 행동에서는 지속시간이 중요할 수 있다. 관찰결과는 총지속시간(total duration), 평균지속시간(average duration), 그리고 지속시간백분율(percentage duration)의 세 가지 방법으로 나타낼 수 있다(McLean et al., 2004)(〈표 4-2〉 참조). 총지속시간은 관찰기간 동안 발생한 행동의 지속시간을 합하여 산출하고, 평균지속시간은 총지속시간을 행동의 발생횟수로 나누어 산출하며, 지속시간백분율은 총지속시간을 총관찰시간으로 나눈 후 100을 곱하여 산출한다. 〈그림 4-9〉는 지속시간기록의 예를 제시하고 있다.

(4) 지연시간기록

지연시간기록(latency recording)은 관찰기간 동안 행동이 발생할 때마다 행동의 지연시간을 기록하는 것이다. 행동의 지연시간(latency of behavior)이란 자극이 주어지고 행동이 발생하기까지의 시간을 의미한다(Miltenberger, 2016). 지속시간기록에서와 마찬가지로 행동의 지연시간을 측정할 때는 보통 일반시계나 초시계를 사용하는데, 지속시간이 행동개시로부터 행동종료까지의 시간이라면 지연시간은 어떤 자극으로부터 행동이 개시되기까지의 시간이라고 할 수 있다. 따라서 행동이 얼마나 오래 지속되는가가 중요한 정보일 때는 행동의 지속시간을 측정하고, 어떤 자극이 주어진 후 행동이 개시되기까지 시간이 얼마나 걸리는지가 중요한 정보일 때는 행동의 지연시

● 〈그림 4-9〉 **지속시간기록의 예**

관찰대상: 성명(한수진) 성별(여) 생년월일(2012년 7월 10일) 현재연령(4년 4개월)
관찰일자: 2016년 11월 23일
관찰시간: 오전 8:30~9:00
관찰장소: ○○특수어린이집
관찰장면: 등원시간(어머니와 떨어질 때)
관찰행동: 성질부리기(조작적 정의: 소리 내어 울거나 소리를 지르거나 바닥에 누워 바닥을
　　　　　발로 찬다.)
관 찰 자: 유보람

관찰기록지시: 관찰행동이 발생할 때마다 행동의 시작시간과 종료시간을 해당 칸에 기록하
　　　　　시오.

관찰시간	관찰행동			
	발생횟수	시작	종료	지속시간
30분	1	8시 35분 25초	8시 38분 25초	180초
	2	8시 42분 5초	8시 45분 5초	180초
	3	시 분 초	시 분 초	초
	4	시 분 초	시 분 초	초
	5	시 분 초	시 분 초	초
	6	시 분 초	시 분 초	초
	7	시 분 초	시 분 초	초
	8	시 분 초	시 분 초	초
	9	시 분 초	시 분 초	초
	10	시 분 초	시 분 초	초

요 약:
• 총지속시간: 180초＋180초 = 360초 → 6분
• 평균지속시간: (180초＋180초)÷2 = 180초 → 3분
• 지속시간백분율: (360초÷1800초)×100 = 20% → (6분÷30분)×100 = 20%

자료출처: 이승희(2021). 장애아동관찰. 서울: 학지사. (p. 136)

간을 측정한다. 행동의 지연시간은 지시를 따르는 능력을 측정할 때 특히 유용한데
(Alessi, 1988), 수업시간에 과제를 시작하라는 지시가 주어진 이후부터 과제를 시작하
는 시점까지의 시간을 측정하는 경우가 그 예다. 관찰결과는 관찰기간 동안 측정된

측정치의 합을 행동의 발생횟수로 나눈 평균으로 나타낼 수 있다(〈표 4-2〉 참조). 〈그림 4-10〉은 지연시간기록의 예를 제시하고 있다.

● 〈그림 4-10〉 **지연시간기록의 예**

관찰대상: 성명(김예빈) 성별(여) 생년월일(2008년 2월 5일) 현재연령(8년 7개월)
관찰일자: 2016년 9월 5일
관찰시간: 오후 1:10~1:40
관찰장소: 통합학급
관찰장면: 수학시간
관찰행동: 지시 따르기(조작적 정의: 수업시간에 "각자 연습문제를 푸세요."라고 교사가 지시
　　　　　하면 연습문제를 풀기 시작한다.)
관 찰 자: 서민경

관찰기록지시: 관찰행동이 발생할 때마다 자극의 종료시간과 행동의 시작시간을 해당 칸에
　　　　　　기록하시오.

관찰시간	관찰행동			
	발생횟수	자극종료	행동시작	지연시간
30분	1	1시 20분 10초	1시 20분 20초	10초
	2	1시 28분 9초	1시 28분 15초	6초
	3	1시 35분 5초	1시 35분 10초	5초
	4	시 분 초	시 분 초	초
	5	시 분 초	시 분 초	초
	6	시 분 초	시 분 초	초
	7	시 분 초	시 분 초	초
	8	시 분 초	시 분 초	초
	9	시 분 초	시 분 초	초
	10	시 분 초	시 분 초	초

요 약:
• (10초＋6초＋5초)÷3 = 7초

자료출처: 이승희(2021). 장애아동관찰. 서울: 학지사. (p. 140)

4) 산물기록

　산물기록(product recording)이란 행동이 낳은 산물(産物)의 개수(number)를 세어 행동발생의 추정치를 기록하는 방법이다. 산물기록에서 산물(product)은 행동으로 야기된 어떤 유형(有形)의 실재적 결과물(tangible outcome)을 의미하며, 영구적 산물 (permanent product) 또는 결과물(outcome)이라고도 한다. 따라서 산물기록을 영구적 산물 기록(permanent product recording)(Alberto & Troutman, 2013; Miltenberger, 2016; Sugai & Tindal, 1993) 또는 결과물 기록(outcome recording)(Alberto & Troutman, 2013) 으로 부르기도 한다. 산물기록은 준비단계에서 다음과 같은 사항을 필요로 한다. 첫째, 관찰행동이 산물기록에 적절한가를 판단해야 한다. 그 이유는 모든 행동이 결과물을 남기는 것은 아니기 때문인데, 결과물을 남기지 않는 행동(예: 질문하기, 자리 이탈하기 등)은 산물기록에 적절하지 않다. 둘째, 관찰행동이 결정되면 그 행동에 대한 조작적 정의를 내려야 한다. 앞서 이 장의 1절에서 언급되었듯이, 관찰행동에 대한 조작적 정의란 그 행동을 관찰가능하고 구체적인 형태로 표현해 놓은 것을 말한다. 산물기록에서의 조작적 정의는 관찰행동을 관찰가능하고 구체적인 형태로 표현하되 그 행동의 결과물 측면에서 내려져야 한다. 예를 들어, 수학시간에 '수업 중 과제 수행하기'라는 관찰행동을 산물기록으로 관찰하고자 할 때 '각자 연습문제지를 풀라고 교사가 지시했을 때 혼자서 완전히 또는 부분적으로 푼 연습문제' 그리고/또는 '각자 연습문제지를 풀라고 교사가 지시했을 때 혼자서 정확하게 푼 연습문제'로 조작적 정의를 내릴 수 있다. 셋째, 직접적 관찰을 할 것인지 또는 간접적 관찰을 할 것인지를 결정한다[저자주: 직접적 관찰과 간접적 관찰에 대해서는 이 장의 2절 '관찰의 유형' 에서 '3) 관찰실시의 직접성 여부에 따른 분류'를 참고할 것]. 산물기록은 행동 그 자체가 아닌 행동의 결과물을 통해 행동을 관찰하는 것이므로 간접적 관찰로 분류하는 문헌 (예: Miltenberger, 2016)도 있다. 그러나 관찰자가 결과물을 산출하는 관찰대상의 행동을 직접 보았다면 그 산물기록은 직접적 관찰이라고 할 수 있다(Sugai & Tindal, 1993). 넷째, 관찰시간을 결정해야 하는데, 산물기록에서 관찰시간이란 결과물이 산출될 시간을 말한다(Sugai & Tindal, 1993). 앞서 살펴본 간격기록과 사건기록에서는 관찰시간이 보통 10~30분 정도가 적절하며 경우에 따라 더 길 수도 있는 데 비해 산물기록의 경우에는 관찰시간이 좀 더 다양하게 설정될 수 있다(예: 등교부터 하교까지, 특정 수업시간, 특정 수업시간의 일부 등). 관찰시간이 길수록 그 산물기록은 간접적 관찰일 가능성이 높다. 이와 같은 산물기록은 관찰행동이 학업적 행동(academic behaviors)인 경우가 대부분이지만 비학업적 행동(nonacademic behaviors)인 경우도 있다(Alberto & Troutman, 2013; Sugai & Tindal, 1993). 따라서 이 책에서는 〈표 4-1〉에 보이듯이 산물기록을 관찰행동에 따라 학업산물기록(academic product recording)과 비학업산물기록(nonacademic product recording)의 두 가지 유형으로 나누는데, 각각의 유형을 살펴보면 다음과 같다.

(1) 학업산물기록

학업산물기록(academic product recording)은 학업적 행동을 관찰행동으로 하는 산

● 〈그림 4-11〉 **학업산물기록의 예**

관찰대상: 성명(김지환) 성별(남) 생년월일(2007년 2월 5일) 현재연령(9년 7개월)
관찰일자: 2016년 9월 8일
관찰시간: 오후 1:30~1:40
관찰장소: 통합학급
관찰장면: 수학시간
관찰행동: 수업 중 과제 수행하기(조작적 정의: 각자 연습문제지를 풀라고 교사가 지시했을 때 혼자서 완전히 또는 부분적으로 푼 연습문제)
관 찰 자: 이강민

관찰기록지시: 각자 연습문제지를 풀라고 교사가 지시한 후 10분 동안 혼자서 완전히 또는 부분적으로 푼 연습문제의 개수를 기록하시오.

관찰시간	결과물 개수
10분	5개

요 약:
• 개수: 10분 동안 5개
• 비율: 5÷10 = 0.5(1분당 0.5개 또는 2분당 1개)

자료출처: 이승희(2021). 장애아동관찰. 서울: 학지사. (p. 147)

물기록이라고 할 수 있다. 학업적 행동(academic behaviors)이란 학업수행(academic performance)과 관련된 행동을 말하는데, 수업 중 과제 수행하기, 수학문제 풀기, 낱말 받아쓰기 등이 그 예다. 관찰결과는 두 가지 방법으로 나타낼 수 있다(〈표 4-2〉 참조). 첫째, 관찰기간(분 또는 시간)과 함께 그 기간에 산출된 결과물 개수(number)를 제시한다(예: 30분의 관찰기간 동안 4개). 둘째, 관찰기간 동안 산출된 결과물 개수를 관찰기간(분, 시간)으로 나눈 결과물의 비율(rate)로 나타내기도 한다(예: 3시간의 관찰기간 동안 12개 산출되었을 경우, 12÷3=4). 〈그림 4-11〉은 학업산물기록의 예를 제시하고 있다.

(2) 비학업산물기록

비학업산물기록(nonacademic product recording)은 비학업적 행동을 관찰행동으로 하는 산물기록이라고 할 수 있다. 비학업적 행동(nonacademic behaviors)이란 학업수행과 관련된 학업적 행동이 아닌 일련의 행동을 총칭하는 용어다. 비학업적 행동들도 결과물을 산출하는데, 예를 들어 물건 던지기, 물건 빼앗기, 책장 찢기는 각각 던져진 물건, 뺏은 물건, 찢어진 책장이 그 결과물이 된다. 관찰결과는 학업산물기록에서와 같이 두 가지 방법으로 나타낼 수 있다(〈표 4-2〉 참조). 첫째, 관찰기간(분 또는 시간)과 함께 그 기간에 산출된 결과물 개수(number)를 제시한다(예: 30분의 관찰기간 동안 4개). 둘째, 관찰기간 동안 산출된 결과물 개수를 관찰기간(분, 시간)으로 나눈 결과물의 비율(rate)로 나타내기도 한다(예: 3시간의 관찰기간 동안 12개 산출되었을 경우, 12÷3=4). 〈그림 4-12〉는 비학업산물기록의 예를 제시하고 있다.

5) 평정기록

평정기록(rating recording)이란 관찰행동을 관찰한 후 사전에 준비된 평정수단(범주, 척도, 또는 검목표)을 사용하여 행동의 양상, 정도, 또는 유무를 판단해 기록하는 방법이다. 관찰하면서 기록하는 간격기록이나 사건기록과는 달리 평정기록은 관찰을 한 후 기록하게 되는데, 관찰시간은 간격기록이나 사건기록과 마찬가지로 보통 10~30분 정도가 적절하며 경우에 따라 더 길 수도 있다(Sattler, 2002). 특히 평정기록이 유아를 대상으로 발달영역별 발달수준에 대해 평가하는 발달평가를 위해 비공식적 관찰로 실시되는 경우에는 관찰시간을 1~7일로 다소 길게 설정하기도 한다. 평정

● 〈그림 4-12〉 **비학업산물기록의 예**

관찰대상: 성명(조현오) 성별(남) 생년월일(2006년 2월 5일) 현재연령(10년 2개월)
관찰일자: 2016년 4월 11일
관찰시간: 오후 1:10~1:40
관찰장소: 통합학급
관찰장면: 국어시간
관찰행동: 수업 중 학용품 던지기(조작적 정의: 관찰대상 책상의 각 모서리로부터 30cm 이내
　　　　 에 떨어져 있는 연필, 지우개, 볼펜, 자, 풀 등의 학용품)
관 찰 자: 이승윤

관찰기록지시: 관찰대상이 자신의 책상 주위(각 모서리로부터 30cm 이내)에 던진 학용품의
　　　　　　 개수를 기록하시오.

관찰시간	결과물 개수
30분	6개

요　약:
• 개수: 30분 동안 6개
• 비율: 6÷30 = 0.2(1분당 0.2개 또는 5분당 1개)

자료출처: 이승희(2021). 장애아동관찰. 서울: 학지사. (p. 151)

기록은 평정수단에 따라 〈표 4-1〉에 보이듯이 범주기록, 척도기록, 검목표기록의 세 가지 유형이 있는데, 각각의 유형을 살펴보면 다음과 같다.

(1) 범주기록

　범주기록(category recording)은 연속적으로 기술된 몇 개의 질적 차이가 있는 범주 중 관찰행동을 가장 잘 나타내는 범주를 선택하여 기록하는 것이다(황해익, 2000; Boehm & Weinberg, 1997; Cohen & Spenciner, 2007). 범주기록에서는 관찰행동을 보통 3~5개의 범주로 나누어 기술하게 되는데(이은해, 1995; 황해익, 2000), 다수의 문항이

● 〈그림 4–13〉 **범주기록의 예**

관찰대상: 성명(이지현) 성별(여) 생년월일(2011년 2월 13일) 현재연령(5년 2개월)
관찰일자: 2016년 4월 13일
관찰장소: ○○특수어린이집
관찰영역: 사회·정서발달
관 찰 자: 박혜원

관찰기록지시: 각 문항별로 관찰행동을 가장 잘 진술한 범주의 기록란에 ✔로 표시하시오.

관찰행동		범주	기록
1	자신의 감정 표현하기	1) 자신의 감정을 잘 표현하지 않는다.	
		2) 자신의 감정을 표현하나, 상황에 부적절한 경우가 많다.	✔
		3) 상황에 따른 자신의 감정을 표현하나, 단순하게 표현한다.	
		4) 상황에 따른 자신의 감정을 풍부하게 표현한다.	
2	자신의 감정 조절하기	1) 자신의 감정을 조절하지 못한다.	
		2) 교사가 도와주면 자신의 감정을 조절한다.	✔
		3) 자신의 감정을 대부분 스스로 조절한다.	
		4) 자신의 감정을 조절하고 적절하게 표현한다(예: 속상한 이유나 상황 설명하기 등).	
3	친구와 함께 놀이하기	1) 교사가 도와주면 친구와 어울린다.	
		2) 좋아하는 한두 명의 친구와 논다.	
		3) 여러 명의 친구와 논다.	✔
		4) 다양한 친구와 협력하여 논다.	
4	친구와 갈등 해결하기	1) 친구와 갈등이 있을 때 대처하지 않고 피한다.	✔
		2) 친구와 갈등이 있을 때 부적절한 방법으로 표현한다(예: 공격적 행동, 울기, 소리 지르기 등).	
		3) 친구와 갈등이 있을 때 자신의 입장만 주장한다.	
		4) 친구와 갈등이 있을 때 서로의 입장을 고려하여 해결책을 찾는다.	
5	규칙 지키기	1) 교사가 지시할 때만 규칙을 지킨다.	
		2) 스스로 규칙을 지키기도 하나, 지키지 않는 경우가 더 많다.	
		3) 스스로 규칙을 지키는 편이나, 가끔 지키지 못할 때도 있다.	✔
		4) 스스로 규칙을 잘 지킨다.	

요 약:
- 범주 1): $(1 \div 5) \times 100 = 20\%$
- 범주 2): $(2 \div 5) \times 100 = 40\%$
- 범주 3): $(2 \div 5) \times 100 = 40\%$
- 범주 4): $(0 \div 5) \times 100 = 0\%$

자료출처: 이승희(2021). 장애아동관찰. 서울: 학지사. (p. 156)

포함될 경우 문항별 범주의 개수는 동일하게 하는 것이 바람직하며 다음과 같은 세 가지 사항을 유의할 필요가 있다. 첫째, 각 범주의 진술문은 가능한 한 행동적으로 명료하게 기술되어야 한다(황해익, 2000). 둘째, 관찰행동이 반드시 한 범주에 해당될 수 있어야 한다(Boehm & Weinberg, 1997; McLean et al., 2004). 셋째, 관찰행동은 어느 한 범주에만 해당되어야 한다(Boehm & Weinberg, 1997; McLean et al., 2004). 즉, 범주기록에서 범주는 명료하고(clear) 철저하며(exhaustive) 상호배타적(mutually exclusive)이어야 한다. 관찰결과는 3~5개의 범주 순서대로 전체 문항수에 대한 그 범주를 선택하여 기록한 문항수의 백분율(percentage)을 계산하여 나타낼 수 있다(〈표 4-2〉 참조). 〈그림 4-13〉은 범주기록의 예를 제시하고 있다.

(2) 척도기록

척도기록(scale recording)은 행동의 정도를 몇 개의 숫자로 표시해 놓은 척도, 즉 숫자척도(numerical scale)에 관찰행동을 가장 잘 나타내는 숫자를 선택하여 기록하는 것이다. 척도기록에서는 보통 3점, 5점, 또는 7점 척도가 사용되는데 일반적으로 5점 척도가 가장 많이 사용된다. 숫자척도에서 숫자를 배정할 때 유의할 점은 가장 긍정적인 척도치에 가장 큰 숫자를 배정하는 것이다(전남련 외, 2016). 관찰결과는 각 문항에 표시된 숫자의 합을 전체 문항수로 나눈 평균(average)으로 나타낼 수 있다(〈표 4-2〉 참조). 〈그림 4-14〉는 척도기록의 예를 제시하고 있다.

(3) 검목표기록

검목표기록(checklist recording)은 일련의 행동이나 특성들의 목록, 즉 검목표(checklist)에 해당 행동이나 특성의 유무를 기록하는 것이다. 행동의 정도를 나타내는 척도기록과는 달리 검목표기록은 보통 행동의 유무만 나타낸다. 일련의 행동이나 특성들의 목록인 검목표를 작성할 때 다음과 같은 네 가지 사항을 유의할 필요가 있다(Cohen & Spenciner, 2007). 첫째, 각 문항은 간결하면서도 구체적이고 이해하기 쉬워야 한다. 둘째, 각 문항은 대등한 문장형태로 구성되어야 한다. 즉, 모든 문항 간에 단어배열, 주어, 서술어 등이 상응해야 한다. 셋째, 긍정적인 측면에서 행동을 기술한다. 즉, '~을(를) 할 수 없다.'가 아니라 '~을(를) 할 수 있다.'로 기술해야 한다. 넷째, 행동의 유무표시에 대한 지시문을 제공한다(예: +/−, 1/0, 혹은 예/아니요). 관찰결과는 전체 문항수에 대한 행동의 유무 중 '유'로 기록된 문항수의 백분율(percentage)을

● 〈그림 4-14〉 **척도기록의 예**

관찰대상: 성명(유효신) 성별(여) 생년월일(2011년 3월 17일) 현재연령(5년 2개월)
관찰일자: 2016년 5월 25일
관찰장소: ○○특수어린이집
관찰영역: 사회 · 정서발달(친사회적 행동)
관 찰 자: 김유영

관찰기록지시: 각 문항별로 관찰행동에 대해 다음과 같이 1~5로 판단하여 해당 숫자에 ○로
표시하시오.

	관찰행동	아주 못함	못함	보통	잘함	아주 잘함
1	친구의 감정을 이해하고 말로 위로한다.	1	②	3	4	5
2	친구의 감정을 이해하고 행동이나 신체적 접촉을 통해 위로한다.	1	2	③	4	5
3	장난감 등을 친구와 나누어 쓴다.	1	2	3	4	⑤
4	친구에게 양보를 한다.	1	2	③	4	5
5	친구를 도와준다.	1	2	③	4	5
6	친구의 부탁을 들어준다.	1	2	3	④	5
7	자신보다 어려운 상황에 놓여 있는 친구에게 동정심을 보인다.	1	2	3	④	5
8	친구를 위해 주변정리를 해 준다.	1	②	3	4	5
9	우는 친구에게 다가가 안심시켜 준다.	1	2	③	4	5
10	친구에게 관용을 베푼다.	①	2	3	4	5

요 약:
• $[(1 \times 1) + (2 \times 2) + (3 \times 4) + (4 \times 2) + (5 \times 1)] \div 10 = 3$

자료출처: 이승희(2021). 장애아동관찰. 서울: 학지사. (p. 160)

계산하여 나타낼 수 있다(〈표 4-2〉 참조). 〈그림 4-15〉는 검목표기록의 예를 제시하
고 있다.

〈그림 4-15〉 **검목표기록의 예**

관찰대상: 성명(정수린) 성별(여) 생년월일(2013년 2월 5일) 현재연령(3년 7개월)
관찰일자: 2016년 9월 8일
관찰장소: ○○특수어린이집
관찰영역: 신체발달
관 찰 자: 김희경

관찰기록지시: 각 문항별로 관찰행동이 나타나면 +, 나타나지 않으면 −로 기록란에 표시하
시오.

	관찰행동	기록
1	선 위로 걸을 수 있다.	+
2	한 발로 5~10초간 서 있을 수 있다.	+
3	한 발로 뛸 수 있다.	−
4	도움 없이 미끄럼틀을 탈 수 있다.	−
5	페달을 돌리며 세발자전거를 탈 수 있다.	−
6	장난감 못을 박을 수 있다.	+
7	동그라미를 보고 그릴 수 있다.	+
8	종이를 접을 수 있다.	−
9	장난감의 태엽을 감을 수 있다.	−
10	선을 따라 가위로 자를 수 있다.	−
요 약:		
• $(4 \div 10) \times 100 = 40\%$		

자료출처: 이승희(2021). 장애아동관찰. 서울: 학지사. (p. 164)

4. 관찰의 타당도와 신뢰도

1) 관찰의 타당도

앞서 제2장 4절에서 설명했듯이 타당도란 도구가 측정하고자 하는 능력이나 특성을 실제로 측정하고 있는 정도를 의미하는데, 관찰도구의 타당도는 매우 중요한 관심사가 된다. 왜냐하면 짧은 시간 내에 적절하고 전형적인 행동표본을 얻는 것이 쉬운

일이 아니므로 타당한 행동관찰을 실시하는 데에는 종종 어려움이 따르기 때문이다 (Sattler, 2002). 적절하고 전형적인 행동표본을 얻기 위해서는 매우 다양한 상황에서 표집을 해야 하지만, 현실적으로 이러한 표집은 실행가능성이 낮다. 따라서 관찰의 타당도를 확보하기 위한 방안들이 제시되어 왔다. 예를 들어, Hoge(1985)는 가능하다면 기존의 관찰도구를 사용할 것을 권장한다. 그에 의하면 기존의 도구를 사용하는 데에는 몇 가지 이점이 있다. 첫째, 시간과 노력을 절약할 수 있고 둘째, 타당도와 신뢰도에 대한 정보를 입수할 수 있으며 셋째, 기존의 도구를 근거로 더 유용한 도구를 개발할 수도 있다. 그는 또한 기존의 관찰도구를 선정할 때 유념해야 할 사항도 다음과 같이 지적하고 있다. 첫째, 도구의 신뢰도에 주의를 기울여야 한다. 왜냐하면 앞서 제2장 5절에서 설명한 바와 같이 신뢰도가 타당도의 충분조건은 아니지만 필요조건이기 때문이다. 즉, 어떤 도구가 신뢰롭지 못하면 그 도구의 타당도는 기대할 수 없다는 것이다. 둘째, 행동을 많은 하위기술이나 범주로 분류하는 도구보다는 행동을 광범위하게 정의(예: on-task, offtask)하는 도구가 타당할 가능성이 더 높다.

그러나 적절한 기존의 도구가 없을 경우에는 Sattler(2002)가 제안한 방안을 고려해 볼 수 있는데, 그는 과잉행동을 예로 들어 다음과 같이 관찰도구의 타당도를 검증해 볼 것을 권유한다. 첫째, 내용타당도와 관련하여, 수집된 자료가 관찰 중에 나타난 과잉행동의 특성과 정도를 반영하는지를 입증한다. 둘째, 예측타당도와 관련하여, 기록된 행동들이 다른 중요한 준거들을 예측하는지를 입증한다. 셋째, 공인타당도와 관련하여, 관찰 하에 있는 행동이 다른 상황에서 나타나는 아동의 반응을 정확히 반영하는지를 입증한다. 넷째, 구인타당도와 관련하여, 기록된 행동들(예: 안절부절못하기, 자리이탈 동작)이 과잉행동에 대한 만족스럽고 기능적인 정의를 구성하는지를 입증한다. 타당도의 검증이 간단한 문제는 아니지만, 이와 같은 네 가지 조건을 만족시킬 수 있다면 관찰도구가 과잉행동을 측정하고 있다고 상당히 확신할 수 있을 것이다.

2) 관찰의 신뢰도

관찰의 신뢰도는 서술기록을 제외한 나머지 기록방법(간격기록, 사건기록, 산물기록, 평정기록)에서 추정되는데 Sattler(2002)에 의하면 관찰에 유용한 세 가지 종류의 신뢰도는, 검사-재검사신뢰도(test-retest reliability), 내적일관성신뢰도(internal consistency reliability), 그리고 관찰자간 신뢰도(inter-observer reliability)다. 그는 이 세 가지 종류의 신뢰도 중 관찰자간 신뢰도가 관찰에서 가장 중요하며 관찰자간 신뢰도 없이는 나머지 두 종류의 신뢰도는 별다른 의미를 갖지 못한다고 언급하고 있다. 종종 관찰자간 신뢰도와 함께 관찰자내 신뢰도(intra-observer reliability)도 언급되는데, 관찰자간 신뢰도는 1명의 관찰자가 다른 관찰자와 얼마나 유사하게 관찰하는가를 나타내는 데 비해 관찰자내 신뢰도는 1명의 관찰자가 모든 관찰대상을 얼마나 일관성 있게 관찰하는가를 나타내며 통계적인 방법으로 검증하기보다는 관찰자 훈련을 통하여 확보해야 한다(성태제, 2016). 다음에서는 관찰의 신뢰도를 검사-재검사 신뢰도, 내적일관성신뢰도, 관찰자간 신뢰도의 순서로 살펴보고자 한다.

(1) 검사-재검사 신뢰도

관찰에 있어서 검사-재검사 신뢰도(test-retest reliability)란 시간과 상황에 따른 관찰결과의 일관성을 말한다(Sattler, 2002). 관찰결과의 검사-재검사 신뢰도는 1명의 관찰자가 동일한 피관찰자를 두 번 관찰한 결과로 추정된다. 추정방법은 〈표 4-3〉에 제시되어 있듯이 관찰자간 신뢰도에서와 마찬가지로 사용된 기록방법에 따라 달라질 수 있다. 만약 관찰에서 검사-재검사 신뢰도가 낮게 산출된다면 그 원인은 피관찰자, 상황, 관찰자, 또는 관찰행동의 정의 등이 될 수 있으므로 이러한 요인들을 세심히 점검할 필요가 있다(Sattler, 2002).

(2) 내적일관성신뢰도

관찰에 있어서 내적일관성신뢰도(internal consistency reliability)란 관찰도구가 측정하고자 하는 특성을 얼마나 일관성 있게 측정하는지를 말하는데(Sattler, 2002), 앞서 제2장 5절의 '내적일관성신뢰도'에서 설명한 반분신뢰도 또는 문항내적일관성신뢰도로 추정할 수 있다. 따라서 관찰에 있어서 내적일관성신뢰도는 다수의 문항으로 구성된 관찰지를 이용하는 척도기록이나 검목표기록에서 주로 사용된다.

(3) 관찰자간 신뢰도

앞서 제2장 5절에서 채점자간 신뢰도(inter-scorer reliability)란 검사결과가 검사자들 사이에서 얼마나 유사한가를 나타내며 두 검사자가 동일 집단의 피검자에게 부여한 점수 간의 상관계수에 의해 추정된다고 하였다. 이에 비해 관찰자간 신뢰도(inter-observer reliability)는 관찰결과가 관찰자들 사이에서 얼마나 유사한가를 나타내며 관찰자들이 동일 아동 또는 집단을 동시에(simultaneously) 그리고 독립적으로 (independently) 관찰한 자료의 일치율(percentage of agreement), 일치계수(coefficient of agreement)인 카파(kappa: κ), 또는 단순적률상관계수(product-moment correlation coefficient: r)에 의해 추정되는데 추정방법은 사용된 기록방법에 따라 달라질 수 있다. 다음에서는 각 기록방법별로 관찰자간 신뢰도 추정방법을 살펴보고자 하는데, 〈표 4-3〉은 기록방법과 관찰자간 신뢰도 추정방법 간의 관계를 요약하여 제시하고 있다. 〈표 4-3〉에서 한 가지 주목할 점은 모든 기록방법에서 일치율이 공통적으로 사용되고 있다는 것이다.

▷ 〈표 4-3〉 **관찰의 기록방법과 관찰자간 신뢰도 추정방법 간의 관계**

관찰의 기록방법		관찰자간 신뢰도 추정방법	내용
간격기록		일치율 (percentage of agreement)	일치된 간격수를 전체 간격수로 나눈 후 100을 곱한다.
		일치계수 (coefficient of agreement): 카파(kappa: κ)	카파 공식을 이용한다.
사건기록		일치율 (percentage of agreement)	작은 수치를 큰 수치로 나눈 후 100을 곱한다.
산물기록		일치율 (percentage of agreement)	작은 수치를 큰 수치로 나눈 후 100을 곱한다.
평정기록	범주 기록	일치율 (percentage of agreement)	같은 범주를 선택하여 기록한 문항수를 전체 문항수로 나눈 후 100을 곱한다.
		일치계수 (coefficient of agreement): 카파(kappa: κ)	카파 공식을 이용한다.
	척도 기록	일치율 (percentage of agreement)	같은 숫자를 선택하여 기록한 문항수를 전체 문항수로 나눈 후 100을 곱한다.
		단순적률상관계수 (product-moment correlation coefficient: r)	단순적률상관계수 공식을 이용한다.
	검목표 기록	일치율 (percentage of agreement)	같은 표시를 한 문항수를 전체 문항수로 나눈 후 100을 곱한다.

① 간격기록

〈표 4-3〉에 나타나 있듯이 간격기록으로 기록된 관찰자료의 관찰자간 신뢰도는 일치율 또는 일치계수에 의해 추정된다.

일치율(percentage of agreement)이란 우연에 의한 일치를 고려하지 않은 관찰자간의 일치비율이라고 할 수 있다. 유형(전체간격기록, 부분간격기록, 순간간격기록)에 상관없이 간격기록의 관찰자간 신뢰도는 일치된 간격수를 전체 간격수로 나눈 후 100을 곱하여 산출한다. 관찰자간 신뢰도를 일치율로 추정하였을 경우 일반적으로 80% 이상이면 만족할 만한 신뢰도로 인정되지만 연구현장에서는 90% 이상의 신뢰도가 선호된다(한국교육평가학회, 2004). [보충설명 4-3]은 간격기록 자료를 이용하여 일치율을 산출하는 예를 보여 주고 있다.

보충설명 4-3   간격기록 자료를 이용한 일치율 산출의 예

두 명의 관찰자에 의한 간격기록 자료를 제시하면 다음과 같다.

관찰자	관찰간격									
	1	2	3	4	5	6	7	8	9	10
관찰자 1	×	○	×	○	×	○	○	×	○	×
관찰자 2	×	○	×	×	×	○	○	○	×	×

Note: ○ = 행동발생, × = 행동비발생.

위 자료를 이용하여 다음과 같이 일치율을 구할 수 있다.

$$일치율 = \frac{7}{10} \times 100 = 70\%$$

이와 같은 일치율은 우연에 의한 일치를 통제하지 않으므로 관찰자간 신뢰도를 과대추정하는 경향이 있다. 이러한 문제점을 해결하기 위하여 Cohen(1960, 1968)은 우연에 의한 관찰자의 일치확률을 제거한 일치계수(coefficient of agreement)로서 카파(kappa: κ)를 제안하였다. 따라서 일치계수인 카파는 일치율보다 항상 작은 값을 갖게 된다. 관찰자간 신뢰도를 일치계수인 카파(κ)로 추정하였을 경우 .70 이상이면 만족할 만한 수준으로 인정된다(Sattler, 2002). 카파에 대한 구체적인 내용은 [보충설명

보충설명 4-4　카파(kappa: κ)의 개념과 산출공식

　　카파(kappa: κ)는 관찰자료가 범주적 자료(categorical data)일 때 관찰자간 신뢰도 추정에 유용한 통계치로서 우연에 의해 일치된 부분을 통제하고 순수하게 일치된 부분만 나타낸다. 카파는 -1.00에서 $+1.00$까지의 값을 가지는데 음의 값인 경우에는 일치된 부분이 우연에 의해 기대될 수 있는 것보다 작다는 것을 의미하고, 0인 경우에는 일치된 부분이 우연에 의해 기대될 수 있는 것과 동등하다는 것을 의미하며, 양의 값인 경우에는 일치된 부분이 우연에 의해 기대될 수 있는 것보다 크다는 것을 의미한다. 이와 같은 카파는 다수의 범주로 기록된 관찰자료에서 사용되는데, 다음에서는 다수의 범주로 기록된 경우를 위한 일반적인 카파 산출공식과 2개의 범주로 기록된 특수한 경우의 카파 산출공식을 각각 살펴보기로 한다.

A. 두 명의 관찰자와 다수의 범주

　　두 명의 관찰자에 의해 다수의 범주로 기록된 경우를 위한 일반적인 카파공식을 소개하기 위해 두 명의 관찰자가 3개의 범주로 기록한 관찰결과를 3×3 분할표로 제시하면 다음과 같다.

관찰자 2

	C_1	C_2	C_3	
C_1	n_{11}	n_{12}	n_{13}	n_{1+}
C_2	n_{21}	n_{22}	n_{23}	n_{2+}
C_3	n_{31}	n_{32}	n_{33}	n_{3+}
	n_{+1}	n_{+2}	n_{+3}	N

(관찰자 1: C_1, C_2, C_3)

　　각 칸은 2개의 아래첨자로 표시되어 있는데 첫 번째 아래첨자는 줄(row)을 나타내고 두 번째 아래첨자는 열(column)을 나타낸다. 따라서 n_{23}은 두 번째 줄의 세 번째 열에 있는 칸을 표시한다. 또한 줄과 열은 3개의 다른 범주(category)(C_1, C_2, C_3)에 대응한다. 관찰자 1을 위한 난외의 합은 n_{1+}, n_{2+}, n_{3+}로 표시되어 있고 관찰자 2를 위한 난외의 합은 n_{1+}, n_{2+}, n_{3+}으로 표시되어 있다.

　　다음은 카파의 일반적인 산출공식이다.

$$\kappa = \frac{P_o - P_c}{1 - P_c}$$

P_o = 관찰된 일치비율(observed proportion of agreement)
P_c = 우연에 의해 기대되는 일치비율(proportion of agreement expected by chance)

P_o와 P_c의 산출공식은 각각 다음과 같다.

$$P_o = \frac{(n_{11} + n_{22} + n_{33} + \cdots\cdots + n_{ii})}{N}$$

$$P_c = \frac{(n_{1+} \times n_{+1}) + (n_{2+} \times n_{+2}) + (n_{3+} \times n_{+3}) + \cdots\cdots + (n_{i+} \times n_{+i})}{N^2}$$

n_{ii}　= i번째 범주마다 일치된 수의 합(본대각선)
n_{i+}　= i번째 범주에 대한 관찰자 1의 난외의 합
n_{+i}　= i번째 범주에 대한 관찰자 2의 난외의 합
N　= 관찰수의 총합

보충설명 4-4 **계속됨**

B. 두 명의 관찰자와 2개의 범주

두 명의 관찰자에 의해 2개의 범주(예: 발생/비발생 또는 일치/불일치)로 기록된 특수한 경우의 카파공식을 소개하기 위해 두 명의 관찰자가 2개의 범주(예: 발생/비발생)로 기록한 관찰결과를 2×2 분할표로 제시하면 다음과 같다.

관찰자 2

		발생	비발생	합계
	발생	a	b	$a+b$
관찰자 1	비발생	c	d	$c+d$
	합계	$a+c$	$b+d$	N

앞서 언급된 바와 같이 카파의 일반적인 산출공식은 다음과 같다.

$$\kappa = \frac{P_o - P_c}{1 - P_c}$$

P_o = 관찰된 일치비율(observed proportion of agreement)

P_c = 우연에 의해 기대되는 일치비율(proportion of agreement expected by chance)

이 공식에 위의 2×2 분할표에 제시된 관찰결과를 적용하기 위해 P_o와 P_c는 다음과 같이 산출한다.

$$P_o = \frac{a + d}{N}$$

$$P_c = \frac{(a + b)(a + c)+(c + d)(b + d)}{N^2}$$

a = 관찰자 1과 관찰자 2 모두 발생으로 기록한 관찰간격의 수

b = 관찰자 1은 발생으로 기록하고 관찰자 2는 비발생으로 기록한 관찰간격의 수

c = 관찰자 1은 비발생으로 기록하고 관찰자 2는 발생으로 기록한 관찰간격의 수

d = 관찰자 1과 관찰자 2 모두 비발생으로 기록한 관찰간격의 수

N = 총 관찰간격의 수

이와 같은 2×2 분할표로 제시된 자료의 경우 다음 공식을 이용하면 더 편리할 수도 있다.

$$\kappa = \frac{2(ad - bc)}{(a + b)(b + d)+(a + c)(c + d)}$$

수정발췌: Sattler, J. M. (2002). *Assessment of children: Behavioral and clinical applications* (4th ed.). La Mesa, CA: Jerome M. Sattler, Inc. (pp. 135-137)

보충설명 4-5　　**간격기록 자료를 이용한 카파(κ) 산출의 예**

다음은 두 명의 관찰자가 한 아동을 간격기록으로 관찰한 결과를 요약한 것이다(관찰간격수: 100).

관찰자 2

		발생	비발생	합계
	발생	20	6	26
관찰자 1	비발생	2	72	74
	합계	22	78	100

[보충설명 4-2]에 제시된 공식을 이용하여 카파(κ)를 구해 보면 다음과 같다.

$$\kappa = \frac{2(ad - bc)}{(a + b)(b + d) + (a + c)(c + d)}$$

$$= \frac{2[(20 \times 72) - (6 \times 2)]}{(26 \times 78) + (22 \times 74)}$$

$$= \frac{2(1440 - 12)}{2028 + 1628}$$

$$= \frac{2(1428)}{3656}$$

$$= \frac{2856}{3656}$$

$$= .78$$

위 자료의 관찰된 일치비율을 [보충설명 4-1]에 제시된 공식을 이용하여 구해 보면 다음과 같다.

$$P_o = \frac{a + d}{N}$$

$$= \frac{20 + 72}{100}$$

$$= \frac{92}{100}$$

$$= .92$$

$$= 92\%$$

관찰된 일치비율인 P_o는 관찰자료의 일치율(percentage of agreement)에 해당하는데, 위의 자료에서 일치율은 92%(.92)인 데 비해 일치계수(coefficient of agreement)인 카파(κ)는 .78이므로, 카파가 일치율보다 작은 값을 갖는다는 것을 알 수 있다.

4-4]에 설명되어 있는데, 간격기록 자료를 이용하여 카파(κ)를 구하고자 할 경우 [보충설명 4-4]에 제시된 '두 명의 관찰자와 2개의 범주'로 기록된 특수한 경우의 카파공식을 사용하면 된다. [보충설명 4-5]는 간격기록 자료를 이용하여 카파(κ)를 산출하는 예를 보여 주고 있다.

② 사건기록

〈표 4-3〉에 보이듯이 사건기록으로 기록된 관찰자료의 관찰자간 신뢰도는 일치율(percentage of agreement)에 의해 추정된다. 사건기록에서는 유형(빈도기록, 강도기록, 지속시간기록, 지연시간기록)에 상관없이 작은 수치를 큰 수치로 나눈 후 100을 곱하여 일치율을 구하는데, 일반적으로 80% 이상이면 만족할 만한 신뢰도로 인정되지만 연구현장에서는 90% 이상이 선호된다(한국교육평가학회, 2004). [보충설명 4-6]은 빈도기록 및 지속시간기록 자료를 이용하여 일치율을 산출하는 예를 보여 주고 있다.

보충설명 4-6   사건기록 자료를 이용한 일치율 산출의 예

A. 빈도로 기록된 자료의 일치율 산출

두 명의 관찰자가 30분 동안 한 아동의 신체적 공격성을 관찰한 결과 각각 5회 그리고 8회로 빈도를 기록하였다. 이 자료를 이용하여 관찰자 간의 일치율을 구하면 다음과 같다.

$$일치율 = \frac{5}{8} \times 100$$
$$= 62.5\%$$

B. 지속시간으로 기록된 자료의 일치율 산출

두 명의 관찰자가 한 아동의 성질부리기 행동을 관찰한 결과 각각 360초 그리고 365초로 지속시간을 기록하였다. 이 자료를 이용하여 관찰자 간의 일치율을 구하면 다음과 같다.

$$일치율 = \frac{360}{365} \times 100$$
$$= 98\%$$

---

③ 산물기록

〈표 4-3〉에 보이듯이 산물기록으로 기록된 관찰자료의 관찰자간 신뢰도는 일치율

(percentage of agreement)에 의해 추정된다. 산물기록에서는 유형(학업산물기록, 비학업산물기록)에 상관없이 작은 수치를 큰 수치로 나눈 후 100을 곱하여 일치율을 구하는데, 일반적으로 80% 이상이면 만족할 만한 신뢰도로 인정되지만 연구현장에서는 90% 이상이 선호된다(한국교육평가학회, 2004). [보충설명 4-7]은 산물기록 자료를 이용하여 일치율을 산출하는 예를 보여 주고 있다. 참고로, 산물기록은 앞서 이 장 3절에서 설명한 바와 같이 행동이 낳은 산물(産物)의 개수(number)를 세어 행동발생의 추정치를 기록하게 되므로 관찰자간에 수치의 차이가 나타날 가능성이 비교적 낮아 [보충설명 4-7]에서처럼 일치율이 100%로 산출되는 경우가 흔한 편이다.

보충설명 4-7   산물기록 자료를 이용한 일치율 산출의 예

A. 학업산물기록 자료의 일치율 산출

두 명의 관찰자가 10분 동안 한 아동의 '수업 중 과제 수행하기(조작적 정의: 각자 연습문제지를 풀라고 교사가 지시했을 때 혼자서 완전히 또는 부분적으로 푼 연습문제)'를 관찰한 결과 두 명의 관찰자 모두 5개로 개수를 기록하였다. 이 자료를 이용하여 관찰자 간의 일치율을 구하면 다음과 같다.

$$일치율 = \frac{5}{5} \times 100$$
$$= 100\%$$

B. 비학업산물기록 자료의 일치율 산출

두 명의 관찰자가 30분 동안 한 아동의 '수업 중 학용품 던지기(조작적 정의: 관찰대상 책상의 각 모서리로부터 30㎝ 이내에 떨어져 있는 연필, 지우개, 볼펜, 자, 풀 등의 학용품)'를 관찰한 결과 두 명의 관찰자 모두 6개로 개수를 기록하였다. 이 자료를 이용하여 관찰자 간의 일치율을 구하면 다음과 같다.

$$일치율 = \frac{6}{6} \times 100$$
$$= 100\%$$

---

④ 평정기록

〈표 4-3〉에서 알 수 있듯이 평정기록에서는 그 유형(범주기록, 척도기록, 검목표기록)에 따라 관찰자간 신뢰도 추정방법이 달라진다. 다음에서는 평정기록의 유형별로

관찰자간 신뢰도 추정방법을 살펴보기로 한다.

ⓐ 범주기록

〈표 4-3〉에 나타나 있듯이 범주기록으로 기록된 관찰자료의 관찰자간 신뢰도는 일치율 또는 일치계수에 의해 추정된다.

앞서 이 장 3절에서 설명한 바와 같이, 범주기록에서는 연속적으로 기술된 몇 개의 질적 차이가 있는 범주 중 관찰행동을 가장 잘 나타내는 범주를 선택하여 기록하게 되므로 범주기록 자료를 이용하여 일치율(percentage of agreement)을 구하고자 할 경우 두 명의 관찰자가 같은 범주를 선택하여 기록한 문항수를 전체 문항수로 나눈 후 100을 곱하여 산출한다. 일반적으로 일치율이 80% 이상이면 만족할 만한 신뢰도로 인정되고 연구현장에서는 90% 이상이 선호되고 있으나(한국교육평가학회, 2004) 행동의 양상을 기술한 범주의 수가 증가할수록 일치율이 낮아지는 경향이 있다는 것도 고려할 필요가 있다. [보충설명 4-8]은 범주기록 자료를 이용하여 일치율을 산출하는 예를 보여 주고 있다.

보충설명 4-8 범주기록 자료를 이용한 일치율 산출의 예

두 명의 관찰자에 의한 범주기록 자료를 제시하면 다음과 같다(범주수: 3).

관찰자	문항																													
	1			2			3			4			5			6			7			8			9			10		
	범주1)	범주2)	범주3)	범주1)	범주2)	범주3)	범주1)	범주2)	범주3)	범주1)	범주2)	범주3)	범주1)	범주2)	범주3)	범주1)	범주2)	범주3)	범주1)	범주2)	범주3)	범주1)	범주2)	범주3)	범주1)	범주2)	범주3)	범주1)	범주2)	범주3)
관찰자 1	✓					✓	✓			✓				✓		✓				✓		✓					✓	✓		
관찰자 2	✓				✓	✓	✓			✓					✓					✓		✓				✓		✓		

위 자료를 이용하여 다음과 같이 일치율을 구할 수 있다.

$$일치율 = \frac{8}{10} \times 100$$
$$= 80\%$$

범주기록으로 기록된 관찰자료의 관찰자간 신뢰도는 일치계수(coefficient of

보충설명 4-9 **범주기록 자료를 이용한 카파(κ) 산출의 예**

다음은 두 명의 관찰자가 10개의 문항을 범주기록으로 관찰한 결과를 요약한 것이다(범주수: 3).

		관찰자 2			
		C_1	C_2	C_3	
관찰자 1	C_1	3	1	0	4
	C_2	1	3	0	4
	C_3	0	0	2	2
		4	4	2	10

카파(κ)를 산출하기 위해 먼저 P_o와 P_c를 구하면 다음과 같다.

$$P_o = \frac{(n_{11} + n_{22} + n_{33} + \cdots\cdots + n_{ii})}{N}$$

$$= \frac{3+3+2}{10}$$

$$= \frac{8}{10}$$

$$= .80$$

$$P_c = \frac{(n_{1+} \times n_{+1}) + (n_{2+} \times n_{+2}) + (n_{3+} \times n_{+3}) + \cdots\cdots + (n_{i+} \times n_{+i})}{N^2}$$

$$= \frac{(4 \times 4) + (4 \times 4) + (2 \times 2)}{10^2}$$

$$= \frac{16 + 16 + 4}{100}$$

$$= \frac{36}{100}$$

$$= .36$$

위의 값을 다음 공식에 대입하면 카파(κ)가 산출된다.

$$\kappa = \frac{P_o - P_c}{1 - P_c}$$

$$= \frac{.80 - .36}{1 - .36}$$

$$= \frac{.44}{.64}$$

$$= .69$$

관찰자료의 일치율(percentage of agreement)에 해당하는 P_o는 .80(80%)인 데 비해 일치계수(coefficient of agreement)인 카파(κ)는 .69이므로, 카파가 일치율보다 작은 값을 갖는다는 것을 확인할 수 있다.

agreement)인 카파(kappa: κ)에 의해 추정될 수도 있는데, 관찰자간 신뢰도를 일치계
수인 카파(κ)로 추정하였을 경우 .70이상이면 만족할 만한 수준으로 인정된다(Sattler,
2002). 범주기록 자료를 이용하여 카파(κ)를 구하고자 할 경우 [보충설명 4-4]에 제시
된 '두 명의 관찰자와 다수의 범주'로 기록된 경우를 위한 일반적인 카파공식을 사용
하면 된다. [보충설명 4-9]는 범주기록 자료를 이용하여 카파(κ)를 산출하는 예를 보
여 주고 있다.

ⓑ 척도기록

〈표 4-3〉에 보이듯이 척도기록으로 기록된 관찰자료의 관찰자간 신뢰도는 일치율
또는 단순적률상관계수에 의해 추정된다.

앞서 이 장 3절에서 설명한 바와 같이 척도기록에서는 행동의 정도를 몇 개의 숫
자로 표시해 놓은 척도, 즉 숫자척도에 관찰행동을 가장 잘 나타내는 숫자를 선택해
기록하게 되므로 척도기록 자료를 이용하여 일치율(percentage of agreement)을 구하
고자 할 경우 두 명의 관찰자가 같은 숫자를 선택하여 기록한 문항수를 전체 문항수
로 나눈 후 100을 곱하여 산출한다. 일반적으로 일치율이 80% 이상이면 만족할 만한
신뢰도로 인정되고 연구현장에서는 90% 이상이 선호되고 있으나(한국교육평가학회,
2004) 행동의 정도를 표시한 숫자의 수가 증가할수록 일치율이 낮아지는 경향이 있다
는 것도 고려할 필요가 있다(Sattler, 2002). [보충설명 4-10]은 척도기록 자료를 이용
하여 일치율을 구하는 예를 보여 주고 있다.

🔰 보충설명 4-10 척도기록 자료를 이용한 일치율 산출의 예

두 명의 관찰자가 30분 동안 한 아동을 관찰한 후 5점척도의 10개 문항으로 구성된 숫
자척도를 기록한 결과 10개 문항 중 8개 문항에서 같은 숫자를 선택한 것으로 나타났다.
이 자료를 이용하여 관찰자간 일치율을 구하면 다음과 같다.

$$일치율 = \frac{8}{10} \times 100$$
$$= 80\%$$

척도기록으로 기록된 관찰자료의 관찰자간 신뢰도는 단순적률상관계수
(productmoment correlation coefficient: r)에 의해 추정될 수도 있는데, 이 경우에는 숫

자척도를 등간척도로 간주하게 된다. 앞서 제2장 1절의 '척도'에서 설명한 바와 같이 등간척도(interval scale)는 동일한 측정단위 간격에 동일한 수적 차이를 부여하는 속성인 동간성을 갖는 척도다. 심리측정자료에서는 점수가 변화하는 정도와 행동상에서의 변화의 정도가 동등하다는 경험적 지지가 부족하기 때문에 숫자척도를 서열척도로 분류하는 문헌도 있지만(예: 서경희 외, 2003; Sattler, 2001) 리커트척도(Likert scale) 형식의 숫자척도는 흔히 등간척도로 간주된다(양옥승, 1997; McLoughlin & Lewis, 2008). 이와 관련하여 성태제(2005)는 한 문항의 리커트척도로 측정된 점수는 서열척도에 해당되지만 다수 문항의 리커트척도로 측정된 점수는 등간척도에 해당된다고 본다. 등간척도로 간주된 척도기록으로 기록된 관찰자료는 통계적 분석이 가능하게 되며 따라서 단순적률상관계수를 이용하여 관찰자간 신뢰도를 구할 수 있다. 단순적률상관계수의 산출공식은 제2장의 [보충설명 2-6]에 제시되어 있는데, 관찰자간 신뢰도를 상관계수로 추정하였을 경우 .80 이상이면 인정할 만한 수준으로 본다(성태제, 1994).

ⓒ 검목표기록

〈표 4-3〉에서 알 수 있듯이 검목표기록으로 기록된 관찰자료의 관찰자간 신뢰도는 일치율(percentage of agreement)에 의해 추정된다. 앞서 이 장 3절에서 설명한 바와 같이 검목표기록에서는 일련의 행동이나 특성들의 목록, 즉 검목표(checklist)에 해

보충설명 4-11　검목표기록 자료를 이용한 일치율 산출의 예

두 명의 관찰자에 의한 검목표기록 자료를 제시하면 다음과 같다.

관찰자	문항									
	1	2	3	4	5	6	7	8	9	10
관찰자 1	1	1	0	0	0	1	0	1	0	1
관찰자 2	0	1	0	0	1	1	0	1	0	1

Note: 1 = 유, 0 = 무.

위 자료를 이용하여 다음과 같이 일치율을 구할 수 있다.

$$일치율 = \frac{8}{10} \times 100$$
$$= 80\%$$

당 행동이나 특성의 유무를 기록하게 되므로 검목표기록 자료를 이용하여 일치율을 구하고자 할 경우 두 명의 관찰자가 같은 표시를 한 문항수를 전체 문항수로 나눈 후 100을 곱하여 산출한다. 일반적으로 80% 이상이면 만족할 만한 신뢰도로 인정되지만 연구현장에서는 90% 이상의 신뢰도가 선호된다(한국교육평가학회, 2004). [보충설명 4-11]은 검목표기록 자료를 이용하여 일치율을 구하는 예를 보여 주고 있다.

제**5**장

면접

면접(interview)은 면접자(interviewer)와 피면접자(interviewee) 간의 면대면 대화를 통해 일련의 질문에 대한 반응을 기록함으로써 자료를 수집하는 방법이라고 할 수 있다(Pierangelo & Giuliani, 2006). 이 책에서 다루어지는 다른 사정방법과는 달리, 면접에서는 아동 자신뿐만 아니라 아동과 관련된 사람들(예: 부모, 교사, 형제, 또래 등)을 대상으로 아동에 대한 정보를 수집하게 된다. 이와 같은 면접은 선별단계에서 사용되는 경우는 별로 없으나 특수아평가의 거의 모든 단계(진단, 적부성, 프로그램계획 및 배치, 형성평가, 총괄평가)에서 의미 있는 정보를 제공할 수 있다(Sattler, 2002). 다음에서는 면접과 관련하여 단계, 유형, 그리고 타당도와 신뢰도에 대해 살펴보기로 한다.

1. 면접의 단계

앞서 설명한 바와 같이 면접은 아동 자신뿐만 아니라 아동과 관련된 사람들(예: 부모, 교사, 형제, 또래 등)을 대상으로 실시하게 되지만 모든 면접은 일반적으로 준비단계, 실시단계, 그리고 결과요약단계의 세 단계를 거치게 된다.

1) 준비단계

면접을 준비하는 단계에서는 다음과 같은 사항을 점검할 필요가 있다. 첫째, 면접을 실시할 날짜와 시간 및 장소를 정한다. 면접은 면접자와 피면접자가 서로 만나 면대면 대화를 통해 진행되는 것이므로 상호간에 편리한 날짜와 시간 및 장소를 사전에 결정하여야 한다. 둘째, 사용할 면접유형을 결정한다. 면접유형에 대해서는 이 장 2절에 자세히 설명되어 있는데, 각 면접유형에 대해 충분히 검토한 후 적절한 방법을 선택하는 것이 바람직하며 경우에 따라 두 가지 이상의 면접유형을 사용할 수도 있다. 셋째, 결정된 면접유형에 따라 면접도구를 준비한다. 예를 들어, 아동을 대상으로 반구조화면접을 실시하기로 결정했다면 아동에게 적절한 질문목록을 직접 제작하거나 기존의 표준화된 면접도구를 입수한다. 넷째, 면접일 전에 피면접자에게 연락하여 예약된 날짜와 시간 및 장소를 확인한다.

2) 실시단계

면접을 실시하면서 피면접자의 반응을 상세히 기록한다. 일반적으로 면접시간은 한 시간을 초과하지 않는 것이 좋다(Cohen & Spenciner, 2007).

3) 결과요약단계

기록된 정보들의 특징과 유형에 따라 질적 또는 양적으로 분석하면서 면접내용을 결과로 요약한다.

2. 면접의 유형

1) 면접도구의 표준화 여부에 따른 분류

사용되는 면접도구의 표준화 여부에 따라 면접은 공식적 면접과 비공식적 면접으로 분류될 수 있다. 면접도구와 관련하여 표준화(standardization)란 면접도구의 구성요소, 실시과정, 요약방법, 결과해석기법을 엄격히 규정하는 것을 말한다.

(1) 공식적 면접

공식적 면접(formal interview)이란 표준화된 면접도구(standardized interview instrument)를 사용하는 면접을 말한다. 표준화된 면접도구는 실시, 요약, 해석에 대한 명확한 지침을 가지고 있으며 일반적으로 상용화된 경우가 많다. 예를 들어, 자폐증 진단 면담지-개정판(Autism Diagnostic Interview-Revised: ADI-R)(박규리 외, 2014)은 2세 이상의 아동 및 성인을 대상으로 자폐스펙트럼장애를 진단하기 위한 표준화된 면접도구이고 한국판 아동용 지원정도척도(Korean Supports Intensity Scale-Children's Version: K-SIS-C)(서효정, 전병운, 임경원, 2021)는 지적장애 그리고/또는 자폐스펙트럼장애(특히, 저기능 자폐스펙트럼장애)를 가진 5~16세 아동들을 대상으로 지원요구를 평가하기 위한 표준화된 면접도구다.

(2) 비공식적 면접

비공식적 면접(informal interview)이란 면접자제작 면접도구(interviewer-made interview instrument)를 사용하는 면접을 말한다. 면접자제작 면접도구는 면접자가 직접 개발한 면접지로서 실시, 요약, 해석에 대한 명확한 지침을 가지는 데 다소 제한이 따른다.

2) 면접진행의 구조화정도에 따른 분류

면접진행의 구조화정도에 따라 면접은 구조화면접, 비구조화면접, 그리고 그 중간의 반구조화면접으로 분류될 수 있다(한국교육평가학회, 2004; Edelbrock & Costello, 1988). 면접과 관련하여 구조화(structurization)란 질문이 제시되는 방식을 사전에 결정하는 것을 말한다. 이 세 가지 유형의 면접은 각각 나름대로의 가치와 역할을 가지고 있으므로 독립적으로 또는 공동으로 사용될 수 있는 상호보충적 기법으로 인식하는 것이 바람직하다(Sattler, 2002).

(1) 구조화면접

구조화면접(structured interview)이란 미리 준비된 질문목록 순서에 따라 정확하게

▷ 〈표 5-1〉 **구조화 면접도구의 예**

도구명	비고
Child Adolescent Schedule (CAS) (Hodges, 1997)	부모용도 따로 개발되어 있음.
Child and Adolescent Psychiatric Assessment (CAPA): Version 4.2-Child Version (Angold, Cox, Rutter, & Simonoff, 1996)	부모용도 따로 개발되어 있음.
Diagnostic Interview for Children and Adolescents-Revised (DICA-R) 8.0 (Reich, 1996)	부모용도 따로 개발되어 있음.
Diagnostic Interview Schedule for Children (DISC-IV) (Shaffer, 1996)	부모용도 따로 개발되어 있음.
Revised Schedule for Affective Disorders and Schizophrenia for School Aged Children: Present and Lifetime Version (K-SADS-PL) (Kaufman, Birmaher, Brent, Rao, & Ryan, 1996)	·
Schedule for Affective Disorders & Schizophrenia for School-Age Children (K-SADS-IVR) (Ambrosini & Dixon, 1996)	·
Schedule for Affective Disorders and Schizophrenia for School-Age Children: Epidemiological Version 5 (K-SADS-E5) (Orvaschel, 1995)	부모용과 아동용이 같이 포함되어 있음.

수정발췌: Sattler, J. M. (2002). *Assessment of children: Behavioral and clinical application* (4th ed.). La Mesa, CA: Jerome M. Sattler, Publisher, Inc. (p. 571)

질문을 해 나가는 것이다. 따라서 면접과정에서 면접자에게 재량이나 융통성이 거의 주어지지 않는다. 이와 같은 구조화면접은 정신의학적 진단을 내리거나 연구를 위한 자료를 얻고자 할 때 특히 유용하다(Sattler, 2002). 구조화면접을 실시하고자 할 때는 보통 구조화 면접도구로 개발되어 있는 표준화된 면접도구를 사용하게 되는데, 예를 들어 한국판 아동용 지원정도척도(K-SIS-C)(서효정 외, 2021)는 구조화 면접도구로 개발된 표준화된 면접도구다. 〈표 5-1〉에도 구조화 면접도구로 개발된 표준화된 면접도구들의 예가 제시되어 있다.

(2) 반구조화면접

반구조화면접(semistructured interview)은 미리 준비된 질문목록을 사용하되 응답내용에 따라 필요한 추가질문을 하거나 질문순서를 바꾸기도 하면서 질문을 해 나가는 것이다. 따라서 면접과정에서 면접자에게 어느 정도의 재량과 융통성이 주어진

●〈그림 5-1〉반구조화면접 질문목록의 예

− 정신상태평가를 위한 아동/청소년용 반구조화 면접질문 −

번호	내용	번호	내용
1	안녕하세요. 나는 ○○○입니다. 몇 가지 질문을 하고 싶은데 괜찮겠지요?	20	본인은 어디서 출생했나요?
시간, 장소, 사람에 대한 전반적 정위(定位)		21	지금 어느 학교에 다니고 있나요?
2	본인의 이름은 무엇인가요?	**즉각적인 기억**	
3	본인은 몇 살인가요?	22	내가 말하는 숫자를 따라 해 보세요: 6-9-5 … 4-3-8-1 … 2-9-8-5-7.
4	오늘은 몇 월 며칠인가요?	23	내가 말하는 숫자를 거꾸로 말해 보세요: 8-3-7 … 9-4-6-1 … 7-3-2-5-8.
5	오늘은 무슨 요일인가요?	24	내가 말하는 단어들을 따라 해 보세요: 연필-의자-돌-접시.
6	지금은 무슨 계절인가요?	**통찰력 및 판단력**	
7	지금은 몇 시인가요?	25	이 속담의 의미를 말해 보세요: "사공이 많으면 배가 산으로 간다."
8	본인은 지금 어디에 와 있나요?	26	이 속담의 의미를 말해 보세요: "시작이 반이다."
현재 및 과거에 대한 기억		27	바나나, 복숭아 그리고 배의 유사점은 무엇인가요?
9	본인의 전화번호를 말해 보세요.	28	자전거, 마차 그리고 자동차의 유사점은 무엇인가요?
10	본인의 집주소를 말해 보세요.	**읽기와 쓰기**	
11	내 이름은 무엇인가요?	29	이 단어들을 읽어 보세요. (다음의 단어들이 적힌 종이를 피면접자에게 준다: 나무, 동물원, 아지랑이)
12	조반 때 무엇을 먹었나요?	30	이제 이 단어들을 적어 보세요. (단어를 쓸 종이와 연필을 피면접자에게 주고 29번 문항에서 사용한 종이를 보여 준다.)
13	어제 학교(집)에서 무엇을 했나요?	**산술 집중력**	
14	현재 우리나라 대통령은 누구인가요?	31	(8~13세 아동의 경우) 30에서 3씩 빼어 보세요.
15	바로 이전 우리나라 대통령은 누구였나요?	32	(청소년의 경우) 50에서 7씩 빼어 보세요.
16	우리나라 주요 도시 2개의 이름을 말해 보세요.	**종결 질문**	
17	아버지의 성함은 무엇인가요?	33	혹시 질문사항이 있나요?
18	어머니의 성함은 무엇인가요?	34	('예'의 경우) 말해 보세요.
19	본인의 생일은 몇 월 며칠인가요?	35	면접에 응해 주어서 고맙습니다. 혹시 의문사항이 있거나 더 이야기를 나누고 싶으면 언제든지 연락주세요. (피면접자에게 연락처를 준다.)

수정발췌: Sattler, J. M. (2002). *Assessment of children: Behavioral and clinical application* (4th ed.). La Mesa, CA: Jerome M. Sattler, Publisher, Inc. (p. 495)

다. 이와 같은 반구조화면접은 특정 심리적 관심사나 신체적 문제에 대한 자세한 정보를 얻고자 할 때 특히 유용하다(Sattler, 2002). 반구조화면접을 실시하고자 할 때는 미리 질문목록(즉, 면접자제작 면접도구)을 작성하여야 하는데 〈그림 5-1〉은 반구조화 면접 질문목록의 예를 보여 주고 있다. 또한 반구조화 면접도구로 개발된 표준화된 면접도구가 가끔 사용되기도 하는데 그 예로 Semistructured Clinical Interview for Children and Adolescents(SCICA)(McConaughy & Achenbach, 1994)와 자폐증 진단 면담지-개정판(ADI-R)(박규리 외, 2014)이 있다. SCICA에서는 면접자가 피면접자의 반응에 따라 각 문항을 4점척도(비출현, 매우 약하거나 모호한 출현, 경미에서 보통 정도의 확실한 출현, 심한 정도의 출현)로 평정한 후 8개 영역(불안/우울, 불안, 가족관계, 위축, 공격적 행동, 주의력문제, 기묘함, 반항성)에 대한 표준점수를 제공하며 ADI-R에서는 면접자가 지침에 따라 면접한 후 2개의 알고리듬(진단적 알고리듬, 현재행동 알고리듬)을 사용하여 자폐증을 진단하거나 지도효과를 평가한다. 이처럼 반구조화면접을 실시했을 경우 그 면접은 표준화된 면접도구를 사용하는 공식적 면접일 수도 있고 면접자제작 면접도구를 사용하는 비공식적 면접일 수도 있다.

(3) 비구조화면접

비구조화면접(unstructured interview)이란 특정한 지침 없이 면접자가 많은 재량을 가지고 융통성 있게 질문을 해 나가는 것이다. 이와 같은 비구조화면접은 구조화면접이나 반구조화면접에 앞서 전반적인 문제를 확인해 보는 데 유용할 수 있으며 또한 특정 영역을 심층적으로 다루고자 할 때(예: 학업수행)나 아동의 문제가 즉각적인 의사결정을 필요로 할 만큼 심각한 상태일 때(예: 자살 시도) 특히 선호된다(Sattler, 2002). 그러나 비구조화면접이라고 해서 아무런 준비 없이 면접이 이루어지는 것은 아니며 면접목적과 면접대상(아동, 부모, 혹은 교사)을 고려하여 미리 약술된 주제를 설정해 놓은 면접자제작 면접도구를 준비하는 등의 사전작업을 필요로 한다(장휘숙, 1998). 이처럼 비구조화면접을 실시했을 경우 그 면접은 일반적으로 비공식적 면접이다.

3) 피면접자에 따른 분류

앞서 언급된 바와 같이 면접에서는 아동 자신뿐만 아니라 아동과 관련된 사람들(예: 부모, 교사, 가족, 또래 등)을 대상으로 아동에 대한 정보를 수집하게 된다. 이와 같이 면접을 받는 사람을 피면접자(interviewee)라고 하는데 아동 자신, 부모, 교사는 가장 일반적인 피면접자라고 할 수 있다. 이러한 피면접자에 따라 면접은 아동면접, 부모면접, 교사면접으로 분류될 수 있다.

(1) 아동면접

아동을 대상으로 면접을 실시할 경우 아동들은 문제점에 대한 자신의 지각, 자기자신에 대한 생각과 감정, 자신의 상황과 상호관계에 대한 느낌 등의 정보를 제공할 수 있는데 이러한 정보제공은 아동의 발달수준이나 언어/인지능력에 많이 좌우된다(Bierman, 1983). 따라서 때로는 성인보다 아동을 면접하는 것이 더 어려운 경우도 있는데, 예를 들어 자신의 증상이나 느낌을 표현할 적절한 단어를 아동이 모르는 경우 면접자가 정확한 정보를 얻는 데 어려움을 겪을 수 있다. 이와 같이 피면접자가 아동인 경우 면접자는 다음과 같은 점을 유념할 필요가 있다. 첫째, 아동의 나이, 인지발달수준, 자기자신 표현능력, 집중력 등을 고려해야 한다(Sattler, 2002). 예를 들어, 아동을 단독으로 면접할지의 여부는 아동의 연령에 따라 다를 수 있는데 연령이 높을수록 혼자 면접할 수 있으며 중요한 정보도 제공할 수 있다(Wicks-Nelson & Israel, 2003). 둘째, 면접장소나 면접자가 생소할 경우 면접과정에서 나타나는 아동들의 행동이 그들의 일상적인 행동이 아닐 수 있다(Bierman, 1990). 특히 주의력결핍과잉행동장애(attention deficit hyperactivity disorder: ADHD)를 가진 아동들은 새로운 환경에서 종종 그들의 증상을 보이지 않기도 한다(Kearney, 2006/2007).

(2) 부모면접

아동과 관련하여 부모를 대상으로 면접을 실시할 경우 아동의 문제에 대한 부모의 인식, 아동의 강점과 약점에 대한 부모의 지각, 아동의 의학적 · 발달적 · 교육적 · 사회적 내력, 아동의 가족력 등의 정보를 얻을 수 있다(Mash & Terdal, 1988). 그러나 부모가 항상 신뢰로운 정보제공자인 것은 아닌데 예를 들어, 우울하고 다양한 생활스트레스를 경험하는 어머니는 기대에서 조금만 일탈된 아동의 행동도 참기 힘들지 모른다(Wicks-Nelson & Israel, 2003). 이와 같이 피면접자가 부모인 경우 면접자는 부모가 제공하는 정보의 정확성과 관련하여 다음과 같은 점에 유의할 필요가 있다(Canino, 1985). 첫째, 아동의 성격이나 기질에 대한 정보보다는 아동의 몸무게, 키, 건강 등에 대한 정보가 더 정확하다. 둘째, 정의가 덜 명확한 증상(예: 아동의 활동수준, 감정상태,

사회관계 등)보다는 명확히 분리되는 증상(예: 악몽, 말더듬, 유뇨, 훔치기, 성질부리기 등)에 대한 기억이 더 정확하다. 셋째, 아동의 발달에 대해서 아버지보다는 어머니가 일반적으로 더 신뢰로운 정보를 제공한다.

(3) 교사면접

아동에 대한 정보를 얻기 위해 교사를 대상으로 면접을 실시할 경우, 부모를 대상으로 한 면접에서와 유사한 정보(즉, 아동의 문제에 대한 교사의 인식, 아동의 강점과 약점에 대한 교사의 지각 등)도 얻을 수 있을 뿐 아니라 아동에 대해 또래와 다른 교사들이 어떻게 반응하는지 그리고 아동의 학업적 수행은 어떠한지에 대한 정보도 얻을 수 있다(Sattler, 2002). 이와 같이 교사를 대상으로 면접을 실시할 경우 면접자는 다음과 같은 역할을 기억할 필요가 있다(Sattler, 2002). 첫째, 아동의 문제행동에 대한 책임감으로 유발될 수 있는 교사의 불안을 완화시킨다. 둘째, 아동들의 문제는 다양한 요인들로부터 야기되는 경향이 있음을 교사에게 알려 준다. 셋째, 평가결과가 나올 시기를 교사에게 말해 준다. 넷째, 중재와 관련된 제안사항이 있는지 교사에게 물어 본다.

3. 면접의 타당도와 신뢰도

피면접자로부터 타당하고 신뢰로운 정보를 얻는 것은 면접의 어려움 중의 하나다. 특히 면접을 통해서는 인구통계학적, 발달적, 그리고 진단적 자료 등을 포함하는 여러 유형의 정보가 수집되므로 면접의 전반적인 타당도와 신뢰도를 추정하는 데 어려움이 따를 수 있다(Bellack & Hersen, 1980). 따라서 정보의 유형별로 타당도와 신뢰도를 추정하는 것이 바람직한 경우도 있다. 또한 면접은 면접의 구조화정도, 피면접자의 특성, 그리고 면접자의 자질에 따라 타당도와 신뢰도가 많이 좌우될 수 있다(Sattler, 2002). 예를 들어, 면접이 구조화될수록, 피면접자인 아동의 연령이 높을수록, 그리고 면접자의 자질이 높을수록 더 높은 신뢰도를 기대할 수 있다. 이와 같은 어려움이 있음에도 불구하고 다른 사정방법에서와 마찬가지로 면접에서도 그 타당도와 신뢰도는 추정되어야 한다. 다음에서는 면접의 타당도와 신뢰도에 대해 각각 좀 더 구체적으로 살펴보기로 한다.

1) 면접의 타당도

면접과 관련하여 중요한 두 가지 종류의 타당도는 예측타당도(predictive validity)
와 공인타당도(concurrent validity)인데, 면접에 있어서 예측타당도란 면접에서 수집
된 정보가 중재결과를 예측하는 정도를 말하고 공인타당도란 면접에서 수집된 정보
가 다른 방법들을 통해 수집된 정보와 일치하는 정도를 말한다(Mash & Terdal, 1988).
앞서 제2장 4절에서 설명한 바와 같이, 예측타당도와 공인타당도는 준거관련타당도
(criterion-related validity)로서 준거와의 관련정도를 말한다. 그러나 면접의 경우 비교
를 위한 어떤 최상의 준거나 궁극적인 준거가 없다는 것이 타당도 추정에 어려움을
주고 있다(Wicks-Nelson & Israel, 2003). 즉, 임상가의 판단, 아동의 보고, 부모의 보고,
교사의 보고 중에서 어느 것을 준거로 해야 하는지에 대한 기준이 분명하지 않다.

2) 면접의 신뢰도

면접과 관련하여 다음과 같은 신뢰도를 고려해 볼 수 있다(Mash & Terdal, 1988).

- 검사-재검사신뢰도(test-retest reliability): 1명의 면접자가 동일한 피면접자를 두 번
에 걸쳐 면접했을 때 수집된 정보 간의 일관성 정도를 말한다.
- 내적일관성신뢰도(internal consistency reliability): 한 번의 면접에서 피면접자가 제공
하는 정보 간의 일관성 정도를 말한다.
- 면접자간 신뢰도(inter-interviewer reliability): 동일한 피면접자를 다른 두 명의 면접자
가 면접했을 때 수집된 정보 간의 일관성 정도를 말한다.
- 피면접자간 일치도(inter-interviewee agreement): 두 명의 피면접자를 면접했을 때 수
집되는 정보 간의 일치정도를 말한다.

이와 같이 면접과 관련된 신뢰도에 특별히 피면접자간 일치도가 포함되는 이유는 앞
서 설명한 바와 같이 다른 사정방법과는 달리 면접에서는 아동 자신뿐만 아니라 아동
과 관련된 사람들(예: 부모, 교사, 형제, 또래 등)을 대상으로 아동에 대한 정보를 수집
하게 되기 때문이다. 면접에서 피면접자간 일치도를 추정·해석할 때는 다음과 같은
점들을 유념할 필요가 있다.

- 부모와 아동은 내면적이거나 개인적인 증상들(예: 불안, 공포, 강박사고 등)에 대해서는 덜 일치하는 반면 외현적이거나 쉽게 관찰되는 행동들(예: 행동문제, 품행문제 등)에 대해서는 더 자주 일치한다(Edelbrock, Costello, Dulcan, Conover, & Kalas, 1986; Thompson, Merritt, Keith, Murphy, & Johndrow, 1993).
- 우울증상에 대한 부모와 아동 간의 일치는 보통 정도다(Klein, 1991).
- 아동의 증상에 대한 보고에서 일반적으로 부모가 아동보다 더 신뢰롭다(Klein, 1991).
- 자신의 증상에 대한 보고에서 청소년이 어린 학령기아동보다 더 신뢰롭다(Edelbrock, Costello, Dulcan, Kalas, & Conover, 1985; Schwab-Stone, Fallon, Briggs, & Crowther, 1994; Schwab-Stone, Fisher, Piacentini, Shaffer, Davies, & Briggs, 1993).

따라서 면접에서 피면접자들 간의 정보가 상충될 경우에는 추후확인을 필요로 하게 된다(Sattler, 2002).

제**6**장

교육과정중심사정

교육과정중심사정(curriculum-based assessment: CBA)은 아동에게 가르치는 교육과 정과 관련하여 아동의 수행에 대한 자료를 수집하는 방법이라고 할 수 있다. 즉, CBA 는 해당아동의 교육과정내용을 근거로 하여 이루어지는데(Taylor, Willits, & Richards, 1988), 낮은 학업성취를 보이는 아동이나 일반학교에서 통합교육을 받고 있는 특수 아동들을 위한 사정방법으로 1980년대부터 많은 관심을 받아 왔으며(Idol, Nevin, & Paolucci-Whitcomb, 1999; Taylor, 2006) 근래에는 특수학교에서 교육을 받고 있는 아 동들을 대상으로도 활용되고 있다(김선영, 김영욱, 2004). 특히 최근에는 특수교사 뿐만 아니라 일반교사들도 CBM에 높은 관심을 보이고 있다(Hosp, Hosp, & Howell, 2007). CBA에 대한 이와 같은 관심은 앞서 제3장 '검사'에서 다룬 규준참조검사나 준 거참조검사의 다음과 같은 한계점이 인식되면서 높아졌다고 할 수 있다. 먼저, 규준 참조검사와 준거참조검사는 학년기대수행으로부터 추출된 문항들을 이용하여 아동 의 학업기술을 사정하기 때문에 이러한 문항들이 아동들이 실제로 배운 내용과 깊 게 관련되지 않을 수 있으며 또한, 규준참조검사와 준거참조검사는 학업기술의 견본 을 제공하기 때문에 시간의 경과에 따른 소폭의 변화에는 민감하지 않을 수도 있다 (Shapiro, 2004).

CBA에는 다양한 유형이 있는데 어떤 유형은 비교적 비공식적인 반면 어떤 유형은 좀 더 공식적이며 표준화되어 있다(Fuchs & Fuchs, 2000). 따라서 CBA에 대한 문헌을

접할 때 종종 어떤 유형의 CBA를 지칭하고 있는지에 대한 혼란이 야기되기도 한다. 이와 관련하여 Peverly와 Kitzen(1998)은 문헌에서 주로 언급되고 있는 다섯 가지 유형의 CBA를 다음과 같이 요약하고 있다.

- 준거참조-교육과정중심사정(criterion-referenced curriculum-based assessment: CR-CBA): CR-CBA는 학급수행으로부터 추출된 목표들에 대한 아동의 숙달정도를 측정하는 데에 초점을 두며, 사정 후에는 숙달을 위해 아동이 필요로 하는 기술을 가르치게 된다(예: Blankenship, 1985).
- 교육과정중심측정(curriculum-based measurement: CBM): CBM은 아동의 요구에 맞도록 교수프로그램을 변경하거나 수정하기 위해 교사가 활용할 수 있는 자료를 제공하도록 설계되며, 교수프로그램 수정후 아동의 진전을 사정하는 데에 강조점을 둔다(예: Deno, 1985).
- 교수설계용교육과정중심사정(curriculum-based assessment for instructional design: CBA-ID): CBA-ID는 아동들의 수행에 근거하여 그들의 요구를 결정하기 위한 방법이라고 할 수 있으며, 교수내용의 확인 및 수정뿐만 아니라 교수자료가 제시되는 수준의 조절에도 초점을 둔다(예: Gickling & Thompson, 1985).
- 교육과정중심평가(curriculum-based evaluation: CBE): CBE는 아동의 착오를 분석하고 결핍된 기술을 확인하는 데에 초점을 두며, 과제나 착오의 분석을 통해 확인된 결함은 교사에게 교수를 위한 정보를 제공하게 된다(예: Howell, Fox, & Morehead, 1993).
- 교육과정-교수중심사정(curriculum and instruction-based assessment: CIBA): 위의 네 가지 유형과는 달리, CIBA는 교육과정에 포함된 아동수행의 타당성 및 학습을 위한 교수환경의 적절성에 초점을 두며, 아동이 적절한 교재에 배치되었는지를 확인하고자 한다(예: Shapiro, 1989).

위의 다섯 가지 유형 중에서 처음 두 가지 유형, 즉 CR-CBA와 CBM이 가장 널리 사용되고 또 가장 많이 연구되고 있다(Taylor, 2006). 따라서 이 장에서는 이 두 가지 유형에 대해 각각 살펴본 후 두 가지 유형을 비교하여 설명하고자 한다.

1. 준거참조-교육과정중심사정

준거참조-교육과정중심사정(criterion-referenced curriculum-based assessment: CR-CBA)은 아동의 교육과정을 반영하여 교사가 제작한 검사를 통해 실시되며 다양한 유형의 교육과정(예: 발달교육과정, 나선형교육과정, 비확립교육과정)에 적용될 수 있다 (Idol et al., 1999). 발달교육과정(developmental curriculum)이란 위계적(hierarchical)으로 조직된 교육과정으로서, 특정 수준의 내용은 이전 수준에서 가르친 선행요구기술의 습득을 전제로 하며 다음 수준의 숙달에 필요한 선행요구정보를 포함한다. 발달교육과정의 에로는 읽기, 쓰기, 철자법 등을 위한 교육과정을 들 수 있다. 나선형교육과정(spiraling curriculum)도 수준별로 조직되어 있으나 이전 수준의 내용이 다음 수준에서 반복되게 된다. 즉, 특정 수준에서 어떤 개념의 숙달이 요구되기보다는 다음 수준에서 더 어려운 응용이 요구되는데, 수학이나 과학 등이 나선형교육과정을 통해 가르칠 수 있는 과목의 예다. 비확립교육과정(unestablished curriculum)은 아동의 요구를 반영하여 교사가 제작한 교육과정으로서, 공식적인 교육과정을 사용하기보다는 주로 교사자신이 교육과정을 제작하게 된다. 서체(handwriting), 학습기술(study skills), 사고기술(thinking skills) 등을 위한 교육과정이 비확립교육과정의 예다.

앞서 규준참조검사나 준거참조검사가 갖는 한계점이 인식되면서 CBA에 대한 관심이 높아졌다고 언급하였는데, CR-CBA는 준거참조검사 특히 교사제작 준거참조검사에 대한 대안적인 방법이라고 볼 수 있다(McLean et al., 2004). 따라서 CR-CBA는 교사제작 준거참조검사처럼 비공식적 사정에 속한다(Taylor, 2006). 그러나 CR-CBA는 다음과 같은 점에서 준거참조검사와 차이가 있다(McLean et al., 2004). 첫째, 준거참조검사에서는 사전에 설정된 숙달수준인 준거에 아동의 수행을 비교하는 데 비해 CR-CBA에서는 아동에게 가르치는 교육과정에 아동의 수행을 비교한다. 둘째, 준거참조검사의 목적은 사전에 설정된 기술을 아동이 습득했는지를 결정하는 것인 데 비해 CR-CBA의 목적은 아동에게 가르친 교육과정을 아동이 어느 정도 습득했는지를 결정하는 것이다.

이와 같은 CR-CBA는 준거참조검사와 마찬가지로 특수아평가단계 중 선별, 진단, 적부성, 그리고 배치와 관련된 의사결정보다는 교육 프로그램계획, 형성평가, 그리고 총괄평가에서 더 유익한 정보를 제공할 수 있다.

1) CR-CBA의 단계

CR-CBA를 실시하는 단계에 대한 지침들이 여러 문헌에서 다소 다양하게 제시되어 왔는데(예: Blankenship, 1985; Cohen, 1990; Salvia & Hughes, 1990), Salvia와 Hughes(1990)는 이전에 제시되어 왔던 단계들을 좀 더 확장시켜 다음과 같은 8단계를 제안하였다.

  1 의사결정의 이유 상술하기
  2 교육과정 분석하기
  3 행동적 목표 설정하기
  4 적절한 사정절차 고안하기
  5 자료 수집하기
  6 자료 요약하기
  7 자료 제시하기
  8 자료 해석하기/의사결정 내리기

이와 같이 CR-CBA의 단계가 여러 문헌에서 다소 다양하게 제시되고 있지만 한 가지 주목할 만한 점은 그 단계가 교사제작 준거참조검사의 실시단계와 유사하다는 것이다(Taylor, 2006). 이는 앞서 언급한 바와 같이 CR-CBA가 준거참조검사 특히 교사제작 준거참조검사에 대한 대안적인 방법(McLean et al., 2004)이기 때문이라고 할 수 있다.

Idol 등(1999)에 의하면 CR-CBA에서는 같은 내용을 다루지만 다른 문항으로 구성된 3개의 분리된 검사를 3일에 걸쳐 아동에게 실시해야 하는데 그 이유는 특수아의 전형적 특성 중의 하나인 산발적인 반응을 통제하여 아동의 능력을 좀 더 정확하게 파악하기 위해서다. 이와 같이 특수아의 특성을 고려하는 이유는 이 장 첫 부분에서 밝혔듯이 교육과정중심사정이 낮은 학업성취를 보이는 아동이나 일반학교에서 통합교육을 받고 있는 특수아동들을 위한 사정방법으로 특히 관심을 받고 있기 때문이다.

2) CR-CBA의 적용

Taylor(2006)는 CR-CBA의 단계가 교사제작 준거참조검사의 실시단계와 유사함을 지적하고 준거참조검사의 실시단계를 이용하여 다음과 같이 다섯 단계에 걸쳐 셈하기영역에서 CR-CBA를 실시하는 예를 제시하고 있다.

(1) 측정할 기술 확인하기

이 단계에서는 아동에게 가르치는 셈하기 교육과정을 분석하고 그 교육과정에 포함되어 있는 기술영역을 파악한다(참고: 본 예에서는 셈하기 교육과정의 일부분만 분석한다고 가정한다.). 분석결과 아동의 셈하기 교육과정의 일부분에 다음과 같은 기술들이 포함되어 있는 것으로 나타났다.

- 숫자쓰기(digit writing)
- 자리 값(place value)
- 대소개념(greater than/lesser than concept)
- 덧셈(addition)
- 뺄셈(subtraction)
- 미지수(missing addends)

(2) 목표 설정하기

이 단계에서는 앞 단계에서 파악된 기술영역들을 목표(하위기술)별로 나누게 되는데 이때 흔히 요약지(summary sheet)가 사용된다. 요약지에 교사는 검사에 포함시킬 특정 목표, 각 목표를 측정하는 문항의 번호, 그리고 수행기준 등을 기입한다. 〈표 6-1〉은 요약지의 예를 제시하고 있다.

(3) 문항 제작하기

〈그림 6-1〉은 분석된 셈하기 교육과정을 근거로 제작된 검사지를 보여 주고 있는데, 검사지의 문항들은 〈표 6-1〉의 문항번호와 관련되어 있다. 〈그림 6-1〉에 제시된 검사지는 같은 내용을 다루지만 다른 문항으로 구성된 3개의 분리된 검사지 중의 하나라고 할 수 있다.

▷ 〈표 6-1〉 셈하기 CR-CBA의 요약지

목표	문항 번호	검사일 1	검사일 2	검사일 3	총점 6/6	숙달점수 5/6
숫자쓰기	1, 2	/2	/2	/2	/6	/6
자리 값	3, 4	/2	/2	/2	/6	/6
대소비교	5, 6	/2	/2	/2	/6	/6
기초 덧셈 (0~10)	7, 21	/2	/2	/2	/6	/6
기초 덧셈 (11~20)	8, 22	/2	/2	/2	/6	/6
받아올림이 없는 두 자릿수 덧셈	9, 24	/2	/2	/2	/6	/6
받아올림이 한 번 있는 덧셈	10, 26	/2	/2	/2	/6	/6
받아올림이 없는 세 자릿수 덧셈	11, 28	/2	/2	/2	/6	/6
받아올림이 두 번 있는 덧셈	12, 30	/2	/2	/2	/6	/6
3개 이상 숫자들의 덧셈	13, 32	/2	/2	/2	/6	/6
받아올림이 있는 네 자릿수 덧셈	14, 34	/2	/2	/2	/6	/6
기초 뺄셈 (0~10)	15, 23	/2	/2	/2	/6	/6
기초 뺄셈 (11~20)	16, 25	/2	/2	/2	/6	/6
받아내림이 없는 두 자릿수 뺄셈	17, 27	/2	/2	/2	/6	/6
받아내림이 한 번 있는 두 자릿수 뺄셈	18, 29	/2	/2	/2	/6	/6
받아내림이 없는 세 자릿수 뺄셈	19, 31	/2	/2	/2	/6	/6
받아내림이 한 번 있는 세 자릿수 뺄셈	20, 33	/2	/2	/2	/6	/6
미지수 구하기	35, 36	/2	/2	/2	/6	/6

수정발췌: Taylor, R. L. (2006). *Assessment of exceptional students: Educational and psychological procedures* (7th ed.). Boston, MA: Allyn and Bacon. (p. 130)

(4) 수행기준 결정하기

〈표 6-1〉에 보이듯이 각 목표에서 숙달에 도달하기 위해서는 해당 6개의 문항 중 5개의 문항에서 옳은 반응을 보여야 한다. 이 기준은 3개의 검사지에 나타난 아동의 수행결과를 근거로 적용된다.

(5) 검사 실시하기/자료 해석하기

학급 전체 아동들을 대상으로 3일간 연속적으로 3개의 검사를 실시한 결과 한 아동이 〈표 6-2〉와 같은 수행을 보였다. 〈표 6-2〉에 나타난 결과는 이 아동이 숫자쓰

● 〈그림 6−1〉 **셈하기 CR−CBA의 검사지**

◆ 수를 쓰시오.

　1. 구십 육　　　　　　　　2. 삼천 칠백 사십 일

　　＿＿＿＿＿　　　　　　　　＿＿＿＿＿

◆ 7의 자리 값을 쓰시오.

　3. 271 ＿＿＿＿＿　　　　　4. 8,726 ＿＿＿＿＿

◆ ＞ 또는 ＜를 이용하여 대소를 비교하시오.

　5. 32 ＿＿＿＿＿ 40　　　　6. 2×3＿＿＿＿＿ 10

◆ 덧셈을 하시오.

7.　　2	8.　　7	9.　　42	10.　　76	11.　　231
＿＿+6	＿＿+5	＿＿+21	＿＿+17	＿＿+243

12.　373	13. 7+2+5＝＿＿＿＿＿	14.　3692
＿＿+147		＿＿+2345

◆ 뺄셈을 하시오.

15.　　8	16.　　11	17.　　87	18.　　76	19.　　588	20.　　349
＿＿−7	＿＿−4	＿＿−43	＿＿−59	＿＿−164	＿＿−187

◆ 덧셈과 뺄셈을 하시오.

21.　　4	22.　　6	23.　　9	24.　　55	25.　　15
＿＿+3	＿＿+3	＿＿−4	＿＿+31	＿＿−8

26.　　24	27.　　29	28.　　401	29.　　82	30.　　242
＿＿+36	＿＿−25	＿＿+296	＿＿−37	＿＿+369

31.　865	32. 4+4+6＝＿＿＿＿＿	33.　824	34.　4654
＿＿−321		＿＿−717	＿＿+1975

◆ 미지수를 구하시오.

　35. 3+＿＿＿＿＿ ＝ 9　　　　36. 57 −＿＿＿＿＿ ＝ 39

수정발췌: Taylor, R. L. (2006). *Assessment of exceptional students: Educational and psychological procedures* (7th ed.). Boston, MA: Allyn and Bacon. (p. 131)

▷ 〈표 6-2〉 셈하기 CR-CBA의 결과

목표	문항 번호	검사일 1	검사일 2	검사일 3	총점 6/6	숙달점수 5/6
숫자쓰기	1, 2	2/2	2/2	2/2	6/6	6/6
자리 값	3, 4	2/2	2/2	2/2	6/6	6/6
대소비교	5, 6	2/2	2/2	2/2	6/6	6/6
기초 덧셈 (0~10)	7, 21	2/2	2/2	2/2	6/6	6/6
기초 덧셈 (11~20)	8, 22	2/2	2/2	2/2	6/6	6/6
받아올림이 없는 두 자릿수 덧셈	9, 24	2/2	1/2	2/2	5/6	5/6
받아올림이 한 번 있는 덧셈	10, 26	0/2	0/2	0/2	0/6	0/6
받아올림이 없는 세 자릿수 덧셈	11, 28	2/2	2/2	1/2	5/6	5/6
받아올림이 두 번 있는 덧셈	12, 30	0/2	0/2	0/2	0/6	0/6
3개 이상 숫자들의 덧셈	13, 32	2/2	1/2	2/2	5/6	5/6
받아올림이 있는 네 자릿수 덧셈	14, 34	0/2	0/2	0/2	0/6	0/6
기초 뺄셈 (0~10)	15, 23	2/2	2/2	2/2	6/6	6/6
기초 뺄셈 (11~20)	16, 25	2/2	2/2	2/2	6/6	6/6
받아내림이 없는 두 자릿수 뺄셈	17, 27	1/2	2/2	2/2	5/6	5/6
받아내림이 한 번 있는 두 자릿수 뺄셈	18, 29	0/2	0/2	0/2	0/6	0/6
받아내림이 없는 세 자릿수 뺄셈	19, 31	2/2	2/2	2/2	6/6	6/6
받아내림이 한 번 있는 세 자릿수 뺄셈	20, 33	0/2	0/2	0/2	0/6	0/6
미지수 구하기	35, 36	1/2	1/2	1/2	3/6	3/6

수정발췌: Taylor, R. L. (2006). *Assessment of exceptional students: Educational and psychological procedures* (7th ed.). Boston, MA: Allyn and Bacon. (p. 132)

기, 자리 값 이해하기, 숫자의 대소 비교하기, 받아올림과 받아내림이 없는 한 자리 그리고 두 자리 이상 숫자의 덧셈과 뺄셈에는 전혀 문제를 가지고 있지 않다는 것을 보여 준다. 그러나 이 아동은 덧셈과 뺄셈에서 어떻게 받아올리고 받아내리는지에 대해서는 전혀 이해하지 못하고 있으며 미지수를 구하는 방법에도 숙달되지 않았다는 것이 명백하다. 따라서 이 아동에게 어떤 기술을 가르칠 것인가를 결정할 수 있다. 더 나아가서 교사는 유사한 문제를 가진 아동들을 같이 가르칠 수 있도록 검사결과에 따라 학급 아동들을 집단화할 수도 있다.

3) CR-CBA의 타당도와 신뢰도

앞서 제3장 2절에서 교사제작 준거참조검사의 경우 타당도와 신뢰도의 입증에서 어려움을 겪을 수 있다고 언급하였다. 따라서 준거참조검사 특히 교사제작 준거참조검사에 대한 대안적인 방법이라고 볼 수 있는 CR-CBA도 유사한 어려움을 보이게 되는데, Overton(2006)에 의하면 CR-CBA는 적절한 타당도와 신뢰도를 갖추지 못할 수도 있다. 그러나 이러한 어려움에도 불구하고 Hargis(2005)는 내용타당도를 CR-CBA가 반드시 갖추어야 할 요건으로 강조하고 있다. 앞서 제2장 4절에서 설명한 바와 같이 내용타당도란 측정하고자 하는 영역을 검사문항이 얼마나 충실하게 대표하는가를 의미한다. 그러므로 CR-CBA의 내용타당도는 검사문항이 아동에게 가르치는 교육과정과 얼마나 정확하게 관련되어 있는가로 판단된다. Hargis(2005)에 의하면 CR-CBA가 내용타당도를 갖추기 위해서는 아동에게 가르치는 교육과정에 근거하여 작성된 충분한 수량의 문항들로 구성되어야 한다.

2. 교육과정중심측정

교육과정중심측정(curriculum-based measurement: CBM)은 Deno를 중심으로 미국 미네소타대학 학습장애연구소(University of Minnesota Institute for Research on Learning Disabilities)에서 개발된 사정방법으로서 읽기, 철자법, 쓰기, 셈하기 등 기초학습기술에 있어서의 아동의 수행을 측정하도록 개발되었다(Shinn, Nolet, & Knutson, 1990). Shinn과 Bamonto(1998)에 의하면 CBM은 "읽기, 철자법, 쓰기, 셈하기의 단기유창성(short duration fluency)을 표준화된 방식으로 간단하게 측정하는 일련의 방법"(p. 1)이며 다음과 같은 핵심적 기법을 포함한다.

- 읽기: 1분 동안 아동에게 기초독본을 소리 내어 읽게 한 후, 정확하게 읽은 단어의 수(word read correctly)를 센다.
- 철자법: 2분 동안 특정 간격(5초, 7초 또는 10초)으로 단어를 읽어 주면서 아동에게 받아쓰게 한 후, 정확한 문자순서(correct letter sequence)의 수와 정확하게 쓴 단어(word spelled correctly)의 수를 센다.

- 쓰기: 어떤 이야기의 시작 부분을 아동에게 읽어 준 후, 아동에게 3분 동안 이야기를 쓰게 한다. 그리고 아동이 쓴 단어(word written)의 수, 정확하게 쓴 단어(word spelled correctly)의 수 그리고/또는 정확한 문자순서(correct letter sequence)의 수를 센다.
- 셈하기: 2~5분 동안 아동에게 계산문제에 대한 답을 쓰게 한 후, 정확하게 쓴 숫자(digit written correctly)를 센다.

위의 기법 중 철자법과 쓰기에서 정확한 문자순서(correct letter sequence)란 특정 단어 내의 문자들의 정확한 순서를 말한다. 정확한 문자순서에 대한 점수는 두 문자씩 묶어서 바른 순서로 쓰인 경우마다 1점씩 부여하고 첫 문자와 마지막 문자가 정확한 경우 각각 1점씩 부여함으로써 산출한다. 예를 들어, 정확하게 쓰인 *milk*라는 단어의 경우 정확한 문자순서의 점수는 *mi* 1점, *il* 1점, *lk* 1점, *m* 1점 그리고 *k* 1점을 합한 5점이 된다. 그리고 읽기, 철자법, 쓰기에서는 각각 1분, 2분, 3분으로 명확한 실시시간이 명시되어 있지만 셈하기에서는 실시시간이 2~5분으로 명시되어 있는데, 그 이유는 셈하기에서는 아동의 학년에 따라 실시시간이 달라질 수 있기 때문이다. 예를 들어, Fuchs, Fuchs, Hamlett 그리고 Stecker(1991)는 25문제로 구성된 셈하기검사를 실시하면서 1학년에게는 1분, 2~3학년에게는 1.5분, 4~6학년에게는 각각 3, 4, 5분을 배당하였다. 또한 셈하기에서 정확하게 쓴 숫자(digit written correctly)에 대한 점수를 산출하는 예를 제시하면, 정답이 3356인 문제에서 아동이 3456으로 답을 쓴 경우 4개의 숫자 중 3개의 숫자가 정확히 쓰였으므로 3점을 부여하며 이러한 점수들의 합이 셈하기의 총점이 된다.

앞서 CR-CBA가 준거참조검사, 특히 교사제작 준거참조검사의 대안적인 방법으로 볼 수 있다고 하였는데, 이에 비해 CBM은 규준참조검사의 대안적인 방법으로 볼 수 있다(Hyatt & Howell, 2003). 따라서 CBM은 규준참조검사처럼 표준화되어 있으며 공식적 사정에 속한다(Taylor, 2006). 그러나 CBM은 다음과 같은 점에서 규준참조검사와 차이를 보인다(Hyatt & Howell, 2003). 첫째, 규준참조검사에서는 보통 전국규준을 사용하는 데 비해 CBM에서는 지역규준을 사용한다. 둘째, 규준참조검사는 단기간 내에 재실시될 수 없으나 CBM은 자주 실시될 수 있다. 셋째, 규준참조검사는 교수내용과 교수방법에 대한 정보를 거의 제공하지 못하는 데 비해 CBM은 교수내용에 대한 정보뿐만 아니라 반복적인 측정을 통해 교수방법에 대한 정보도 제공한다. 넷째,

규준참조검사는 형성평가를 위해 사용될 수 없으나 CBM은 형성평가에 유용하다. 다섯째, 규준참조검사는 비교적 비용이 많이 들지만 CBM은 비교적 비용이 적게 든다.

이와 같은 CBM은 CR-CBA와는 달리 특수아평가의 모든 단계(선별, 진단, 적부성, 프로그램계획 및 배치, 형성평가, 총괄평가)에서 의미 있는 정보를 제공할 수 있다(Deno, 1989; Marston, 1989).

1) CBM의 단계

앞서 언급되었듯이 CBM은 특수아평가의 모든 단계(선별, 진단, 적부성, 프로그램계획 및 배치, 형성평가, 총괄평가)에서 사용될 수 있는데 그 단계에 따라 CBM을 실시하는 방법에 차이가 있다. 예를 들어, CBM을 통하여 선별, 진단, 적부성 등과 관련된 의사결정을 위한 정보를 제공하고자 할 때에는 규준을 개발하는 절차를 거쳐야 한다. 앞서 규준참조검사와 CBM의 차이점으로 지적되었듯이 규준참조검사에서는 보통 전국규준(national norms)을 사용하는 데 비해 CBM에서는 지역규준(local norms)을 사용하는데 이러한 지역규준에는 학구규준(school district norms), 학교규준(school norms), 그리고 학급규준(classroom norms)의 세 가지 유형이 있다(Shinn, 1989). 이 책에서는 특수아평가단계 중 형성평가에서 CBM이 어떻게 사용되는지에 초점을 두기로 한다. 제1장 2절 '평가의 단계'에서 설명한 바와 같이 형성평가는 교수 · 학습이 진행되는 과정에서 아동의 진전을 점검하고 필요한 경우 교과과정이나 수업방법을 개선시키기 위해 실시되는 평가인데, 많은 특수교육관련 연구에서 형성평가에 있어서의 CBM의 유용성이 입증되어 왔다(McLoughlin & Lewis, 2008). 다음에서는 이러한 연구들에 나타나 있는 CBM의 일반적인 단계를 살펴보기로 한다.

(1) 측정할 기술 확인하기

앞서 설명되었듯이 CBM에서는 읽기, 철자법, 쓰기, 셈하기 등 기초학습기술에 있어서의 아동의 수행을 측정하게 되므로 CBM을 실시하고자 할 때에는 먼저 어떤 기술을 측정할 것인가를 결정해야 하는데 아동의 필요에 따라 한 가지 이상의 기술을 측정할 수도 있다.

(2) 검사지 제작하기

측정할 기술이 결정되면 그 기술과 관련된 향후 1년간의 교육과정을 대표할 수 있는 검사지를 제작한다. 이때 CBM 기간에 실시할 검사의 횟수와 동일한 숫자의 동형검사를 제작하여야 하는데 동형검사란 다른 문항으로 구성되어 있지만 문항들의 내용과 형태, 문항수, 문항난이도가 동일한 검사를 말한다. 또한 앞서 언급된 바와 같이 CBM은 읽기, 철자법, 쓰기, 셈하기를 측정하는 핵심적 기법을 갖추고 있으므로 이러한 기법을 고려하여 검사지를 제작하여야 한다. 예를 들어, 읽기검사지는 1분 동안 실시하여 정확하게 읽은 단어의 수를 셀 수 있도록 제작하여야 하며 셈하기검사지는 학년에 따라 2~5분 동안 실시하여 정확하게 쓴 숫자를 셀 수 있도록 제작되어야 한다.

(3) 검사의 실시횟수 결정하기

CBM은 향후 1년간 해당 기술영역에서의 아동의 진전을 점검하게 되는데 이 과정에서 주 2회 검사를 실시할 것이 권장된다(Fuchs, 1989). White(1972)에 의하면 신뢰할 만한 수행경향(performance trend)을 추정하기 위해서는 최소한 7회의 수행점수가 필요하다. 따라서 주 2회 검사를 실시했을 경우 약 한 달 동안 최소한 7회의 수행점수를 얻을 수 있으므로 적어도 한달에 한번 정도 아동의 수행경향을 점검하고 필요한 경우 교수방법을 조절할 수 있다(Fuchs, 1989). 이와 같은 절차가 필요한 이유는 앞서 언급한 바와 같이 CBM이 아동의 요구에 맞도록 교수프로그램을 변경하거나 수정하기 위해 교사가 활용할 수 있는 자료를 제공하도록 설계되며 교수프로그램 수정 후 아동의 진전을 사정하는 데에 강조점을 두고 있기 때문이다(Deno, 1985). 이는 교수·학습이 진행되는 과정에서 아동의 진전을 점검하고 필요한 경우 교과과정이나 수업방법을 개선시키기 위해 실시되는 형성평가의 취지와도 부합한다. CBM에서 검사의 실시횟수를 결정할 때 주당 검사횟수와 함께 감안해야 할 또 다른 사항은 기초선점수를 결정하기 위한 검사의 횟수다. 기초선점수에 대해서는 다음 단계에서 설명이 되고 있는데 기초선점수를 결정하기 위해서는 3회에 걸친 검사점수가 필요하게 된다(Fuchs et al., 1991; Overton, 2006). 따라서 CBM에서 실시할 검사의 총 횟수는 CBM이 진행될 주일 수에 2를 곱한 후 3을 더한 수가 된다. 예를 들어, 32주일 동안 CBM이 진행될 경우 총 검사횟수는 67회가 된다.

(4) 기초선점수 결정하기

기초선점수(baseline score)란 아동의 진전을 측정할 때 근거가 되는 시작점수(beginning score)라고 할 수 있다(Overton, 2006). 앞서 기초선점수를 결정하기 위해 3회의 검사점수가 필요하다고 하였는데 3회의 점수 중 중앙값(median)이 기초선점수가 된다(Fuchs et al., 1991; Overton, 2006). 중앙값이란 제2장 1절에서 설명했듯이 자료를 크기 순서대로 배열했을 때 중앙에 위치하게 되는 값이다.

(5) 목적 설정하기

기초선점수가 결정되고 나면 CBM이 끝날 때, 즉 해당학년이 끝날 때 기대되는 점수인 목적(goal)을 설정해야 한다. 이와 같은 목적은 규준이 있을 경우 아동의 학년에 해당하는 규준을 이용하여 결정할 수도 있으나 아동의 기초선점수를 고려하지 못하는 제한점이 따르게 된다(Fuchs, Fuchs, Hamlett, Walz, & Germann, 1993). 이러한 제한점을 극복하기 위해 CBM 관련 문헌들(예: Deno, Fuchs, Marston, & Shin, 2001; Fuchs et al., 1993)이 목적을 설정할 때 참고할 수 있는 각 기초학습기술의 학년별 주단위기대성장률(expected weekly growth rates)을 제공하고 있는데 〈표 6-3〉에 그 예가 제시되어 있다.

〈표 6-3〉에 나타나 있듯이 주단위기대성장률에는 현실적 성장률(realistic growth rate)과 도전적 성장률(ambitious growth rate)의 두 가지 종류가 있는데, 도전적 성장률이란 현실적 성장률보다 좀 더 높은 기대치를 말한다. 일반아동들이 좀 더 도달하

▷ 〈표 6-3〉 기초학습기술(읽기, 철자법, 셈하기)의 학년별 주단위기대성장률

학년	읽기 (정확하게 읽은 단어의 수)		철자법 (정확하게 쓴 단어의 수)		셈하기 (정확하게 쓴 숫자의 수)	
	현실적 성장률	도전적 성장률	현실적 성장률	도전적 성장률	현실적 성장률	도전적 성장률
1	2.00	3.00	·	·	0.30	0.50
2	1.50	2.00	1.00	1.50	0.30	0.50
3	1.00	1.50	0.65	1.00	0.30	0.50
4	0.85	1.10	0.45	0.85	0.70	1.15
5	0.50	0.80	0.30	0.65	0.75	1.20
6	0.30	0.65	0.30	0.65	0.45	1.00

자료출처: Fuchs, L. S., Fuchs, D., Hamlett, C. L., Walz, L., & Germann, G. (1993). Formative evaluation of academic progress: How much growth can we expect? *School Psychology Review, 22*(1), 27-48.

기 어렵게 목적을 설정했을 때 좀 더 나은 수행을 보인다(Masters, Furman, & Barden, 1977)는 것을 특수교육에 적용해 본 연구들(예: Fuchs, Fuchs, & Deno, 1985; Fuchs, Fuchs, & Hamlett, 1989)에 의하면 특수아동들 역시 좀 더 어려운 목적, 즉 도전적 목적(ambitious goal)을 설정했을 때 좀 더 나은 성장률을 보이는 경향이 있다. 따라서 이러한 연구들은 아동들의 성취수준을 높이기 위한 도전적인 목적설정의 중요성을 지적하고 있다. 〈표 6-3〉에 제시된 주단위 현실적 성장률과 도전적 성장률은 아동의 학년 말 현실적 목적과 도전적 목적을 설정하는 데 각각 사용된다. 예를 들어, 읽기영역에서 2학년 한 아동의 기초선점수가 55이고 학년 말까지 32주가 남았을 경우 이 아동의 학년 말 현실적 목적과 도전적 목적을 산출해 보면 다음과 같다.

- 현실적 목적
  = 기초선점수 + (현실적 성장률 × 기초선점수 설정 이후 수업 주일수)
  = 55 + (1.50 × 32)
  = 55 + 48
  = 103

- 도전적 목적
  = 기초선점수 + (도전적 성장률 × 기초선점수 설정 이후 수업 주일수)
  = 55 + (2.00 × 32)
  = 55 + 64
  = 119

(6) 표적선 설정하기

목적이 설정되고 나면 표적선(aimline)을 설정해야 하는데, 표적선은 기초선점수 설정 이후 아동의 진전을 점검할 때 근거가 되는 선으로서 기초선점수와 목적으로 설정된 점수를 연결하여 그린다(Overton, 2006). 따라서 이 단계에서는 가로축은 수업주일을 그리고 세로축은 검사점수를 나타내는 그래프가 그려지게 된다.

(7) 자료 수집하기

표적선이 설정된 그래프가 그려지고 나면 일주일에 2회씩 검사를 실시하여 그 결

과를 그래프에 표시한다. 이 단계에서는 약 한 달을 주기로 약 7회의 검사점수를 표
적선에 비교하여 점검하게 되는데, 만약 검사점수가 표적선에 미치지 못하는 경향이
보이면 교수방법을 수정하고 교수방법이 바뀐 시점을 세로선으로 표시한다.

(8) 자료 해석하기

계획된 CBM 실시기간이 종료되면 그래프를 근거로 아동의 진전에 대한 해석을 내
린다.

2) CBM의 적용

CBM의 실시단계에 따라 5학년 아동을 대상으로 CBM을 실시하는 예를 제시하면
다음과 같다.

(1) 측정할 기술 확인하기

5학년 한 아동을 대상으로 기초학습기술 중 셈하기영역에서 CBM을 실시하기로
하였다.

(2) 검사지 제작하기

아동의 셈하기교육과정을 분석한 후 셈하기검사지를 제작하였다. 이때 다음 단계
에서 결정될 검사실시횟수와 동일한 수의 동형검사가 제작되었는데, 관련문헌(Fuchs
et al., 1991; Fuchs et al., 1993)이 권장하는 바에 따라 각 검사지에는 무작위순으로 배
열된 25문항이 포함되었다. 〈그림 6-2〉는 이와 같이 제작된 검사지의 한 예를 보여
주고 있다.

(3) 검사의 실시횟수 결정하기

3월말까지 기초선점수를 결정한 후 4~7월 그리고 9~12월에 검사를 실시하기로
했다. CBM에서는 주 2회 검사를 실시할 것이 권장되므로(Fuchs, 1989), 기초선점수
산출을 위한 3회의 검사와 32주 동안의 64회 검사를 합하여 총 검사횟수는 67회로 결
정되었다. 또한 시험실시시간은 Fuchs 등(1991)이 권장한 바에 따라 5학년에게 배당
되는 4분으로 결정하였다.

● 〈그림 6-2〉 셈하기 CBM의 검사지(5학년)

검사번호:

아동성명:

날　짜:

총　점:

1. $\dfrac{11}{12} - \dfrac{3}{4} =$	2. $4 \times \dfrac{1}{3} =$	3. $\begin{array}{r} 3.939 \\ +\,3.120 \\ \hline \end{array}$	4. $\begin{array}{r} 39900 \\ -13450 \\ \hline \end{array}$	5. $\begin{array}{r} 4.93 \\ -2.90 \\ \hline \end{array}$
점수	점수	점수	점수	점수
6. 대분수로 바꾸 시오. $\dfrac{70}{8} =$	7. $\begin{array}{r} 6.19 \\ \times\quad 6 \\ \hline \end{array}$	8. $\dfrac{3}{5} + \dfrac{4}{15} =$	9. $\dfrac{1}{2} + \dfrac{1}{3} =$	10. 약분하시오. $\dfrac{9}{21} =$
점수	점수	점수	점수	점수
11. $85\,\overline{)\,86}$	12. $\dfrac{3}{5} - \dfrac{1}{3} =$	13. $2\dfrac{1}{5} - 1\dfrac{4}{5} =$	14. $17\,\overline{)\,683}$	15. $5\,\overline{)\,507}$
점수	점수	점수	점수	점수
16. $\begin{array}{r} 550 \\ \times\quad 66 \\ \hline \end{array}$	17. $\dfrac{2}{7} + \dfrac{6}{7} =$	18. 소수점 한 자 리까지 나타 내시오. $8.17 =$	19. $3\dfrac{1}{3} + 6\dfrac{2}{3} =$	20. $\begin{array}{r} 0.37 \\ \times\ 0.39 \\ \hline \end{array}$
점수	점수	점수	점수	점수
21. $\begin{array}{r} 16350 \\ 3131 \\ 5269 \\ +\quad 529 \\ \hline \end{array}$	22. $\dfrac{1}{2} + \dfrac{2}{7} =$	23. 약분하시오. $\dfrac{5}{10} =$	24. $\begin{array}{r} 781 \\ \times\quad 33 \\ \hline \end{array}$	25. 가분수로 바꾸 시오. $1\dfrac{2}{7} =$
점수	점수	점수	점수	점수

수정발췌: Fuchs, L. S., Fuchs, D., Hamlett, C. L., & Stecker, P. M. (1991). Effects of curriculum-based measurement and consultation on teacher planning and student achievement in mathematics operations. *American Educational Research Journal, 28*(3), 617-641. (p. 621)

(4) 기초선점수 결정하기

기초선점수를 산출하기 위하여 3회의 검사를 실시한 결과 15, 18, 16의 점수가 나와 중앙값인 16점이 기초선점수로 결정되었다.

(5) 목적 설정하기

〈표 6-3〉에 제시된 주단위기대성장률을 적용하여 아동의 학년 말 현실적 목적과 도전적 목적을 다음과 같이 산출하였다.

- 현실적 목적
  = 기초선점수 + (현실적 성장률 × 기초선점수 설정 이후 수업 주일수)
  = 16 + (0.75 × 32)
  = 16 + 24
  = 40

- 도전적 목적
  = 기초선점수 + (도전적 성장률 × 기초선점수 설정 이후 수업 주일수)
  = 16 + (1.20 × 32)
  = 16 + 38.4
  = 54.4
  ≒ 54

아동들의 성취수준을 높이기 위한 도전적 목적설정의 중요성을 지적한 연구들(예: Fuchs, Fuchs, & Deno, 1985; Fuchs, Fuchs, & Hamlett, 1989)을 감안하여 해당아동의 목적점수는 54점으로 결정하였다.

(6) 표적선 설정하기

가로축에는 수업주일을 그리고 세로축에는 검사점수(정확하게 쓴 숫자의 수)를 표시한 후 기초선점수와 목적점수를 연결한 표적선을 그어 그래프를 작성하였다.

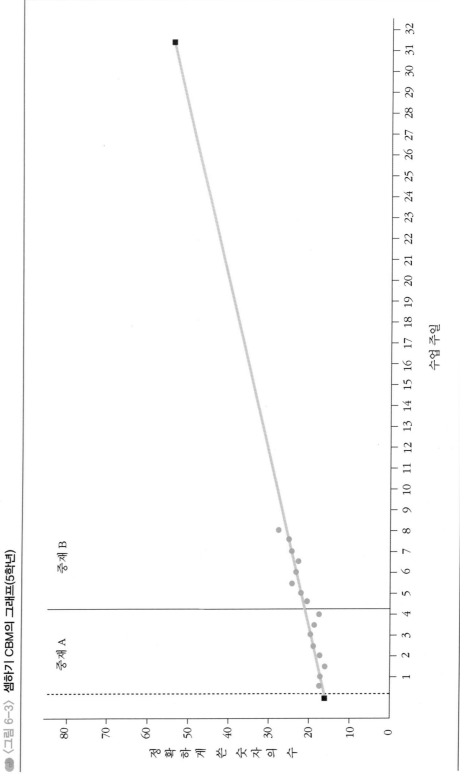

● 〈그림 6-3〉 셈하기 CBM의 그래프(5학년)

(7) 자료 수집하기

표적선이 설정된 그래프에 일주일에 2회씩 검사를 실시하여 그 결과를 그래프에 표시하였다. 이 과정에서 기초선점수와 그다음 점수는 점선으로 구분한 후, 약 한달을 주기로 아동의 수행경향을 점검하면서 필요한 경우 교수방법을 수정하고 그 시점을 세로선으로 표시하였다. 〈그림 6-3〉은 4~5월까지 그린 그래프를 보여 주고 있다.

(8) 자료 해석하기

12월에 그래프가 완성되었을 때 그래프를 근거로 아동의 진전에 대한 해석을 내렸다.

3) CBM의 타당도와 신뢰도

다양한 유형을 포함하는 교육과정중심사정의 주된 우려 중의 하나는 타당도와 신뢰도의 문제다(Cohen & Spence, 1990). 앞서 언급된 바와 같이 CR-CBA는 적절한 타당도와 신뢰도를 갖추지 못할 수도 있다(Overton, 2006). 그러나 CBM의 경우에는 많은 연구들에 의해 읽기, 철자법, 쓰기, 셈하기 측정의 타당도와 신뢰도가 입증되었는데 Marston(1989)이나 Allinder, Fuchs 그리고 Fuchs(1998)는 이러한 연구들이 제공한 타당도와 신뢰도를 읽기, 철자법, 쓰기, 셈하기의 영역별로 요약하여 제시하고 있다. 이와 같이 CBM이 타당도와 신뢰도를 갖출 수 있는 이유는 앞서 설명한 실시단계에서 볼 수 있듯이 측정절차가 표준화되어 있기 때문이라고 할 수 있다(Deno, 1985; Fuchs & Deno, 1992; Hyatt & Howell, 2003).

3. CR–CBA와 CBM의 비교

이 장 1절과 2절에서 나타난 바와 같이 CR-CBA와 CBM은 여러 측면에서 차이를 보이고 있다. 이러한 차이점을 요약하여 제시하면 〈표 6-4〉와 같다. 그러나 CR-CBA와 CBM은 아동에게 가르치는 교육과정내용을 근거로 하여 아동의 수행에 대한 자료를 수집하며(Taylor et al., 1988) 경도장애를 가진 아동들에게 주로 사용된다(Idol et al., 1999; Taylor, 2006)는 유사점도 가지고 있다.

▷ 〈표 6-4〉 CR-CBA와 CBM의 비교

CR-CBA	CBM
준거참조검사의 대안적 방법. (McLean et al., 2004)	규준참조검사의 대안적 방법. (Hyatt & Howell, 2003)
비표준화된 방법. (Taylor, 2006)	표준화된 방법. (Deno, 1985; Fewster & Macmillan, 2002; Fuchs & Deno, 1992; Hyatt & Howell, 2003; Taylor, 2006)
비공식적 방법. (Taylor, 2006)	공식적 방법. (Taylor, 2006)
타당도와 신뢰도의 입증이 어려움. (Overton, 2006)	타당도와 신뢰도의 입증이 가능함. (Allinder, Fuchs, & Fuchs, 1998; Deno, 1985; Fuchs & Deno, 1992; Hyatt & Howell, 2003; Marston, 1989; Overton, 2006)
특수아평가의 단계 중 프로그램계획, 형성평가, 총괄평가에서 주로 사용됨. (Marston, 1989)	특수아평가의 모든 단계(선별, 진단, 적부성, 프로그램계획 및 배치, 형성평가, 총괄평가)에서 사용할 수 있음. (Deno, 1989; Marston, 1989)
단기목표(short-term objectives)에 초점을 둠. (Fuchs & Deno, 1992; King-Sears, 1994; Marston, 1989)	장기목적(long-term goals)에 초점을 둠. (Fuchs & Deno, 1992; King-Sears, 1994; Marston, 1989)
다양한 영역(예: 기초학습기술, 수학, 과학, 학습기술 등)에서 사용됨. (Idol et al., 1999)	특정 영역, 즉 기초학습기술(읽기, 철자법, 쓰기, 셈하기)에 주로 사용됨. (Shinn et al., 1990)
학령기 아동뿐만 아니라 학령기 전 아동에게도 유용함. (Bailey, Jens, & Johnson, 1983; McLean et al., 2004; Neisworth & Bagnato, 1986; Neisworth & Bagnato, 1990; Rosenfield & Kuralt, 1990; Taylor, 2006)	학령기 아동들에게는 유용하나 학령기 전 아동들에게는 제한이 따름. (Taylor, 2006)

제**7**장

수행사정

제1장 4절에서 언급된 바와 같이 수행사정과 포트폴리오사정은 두 가지 대표적인 대안적 사정방법이다. 앞서 제6장에서 설명한 교육과정중심사정이 특수교육분야에서 경도장애를 가진 아동들을 위한 사정방법으로 1980년대부터 많은 관심을 받아왔다면(Idol, Nevin, & Paolucci-Whitcomb, 1999; Taylor, 2006), 수행사정과 포트폴리오사정은 경도장애뿐만 아니라 중등도 및 중도장애를 가진 아동들을 위한 사정방법으로 (Siegel-Causey & Allinder, 1998; Taylor, 2006) 1990년대부터 큰 관심을 받기 시작했다고 볼 수 있다(Kubiszyn & Borich, 2003). 그러나 일반교육과 비교해 볼 때 특수교육에서는 아직 수행사정과 포트폴리오사정의 활용이 활발하지 않은 실정이므로(이은정, 이소현, 2005; Harris & Curran, 1998; Taylor, 2006) 이에 대한 특수교사들의 이해와 관심이 요구되고 있다. 포트폴리오사정에 대해서는 제8장에서 다루기로 하고 이 장에서는 수행사정의 특성, 준비, 타당도와 신뢰도, 및 장점과 단점에 대해 살펴보기로 한다.

1. 수행사정의 특성

수행사정(performance assessment)은 과제를 수행하는 과정이나 결과를 통하여 아동의 지식, 태도, 또는 기능에 대한 자료를 수집하는 방법이라고 할 수 있다(배호순,

2000; 한국교육평가학회, 2004). 즉, 수행사정에서는 아동 스스로가 자신의 지식, 태도, 또는 기능을 나타내기 위해 행동으로 보이거나 산출물을 만들거나 답을 작성하는 수행이 요구된다. 따라서 수행사정에서 수행이란 단순히 신체를 움직이는 것만을 의미하는 것이 아니라 자신의 지식이나 태도, 기능을 드러내기 위한 말하기, 듣기, 읽기, 쓰기, 그리기, 만들기 등을 포함하는 인간의 모든 활동을 의미한다(한국교육평가학회, 2004). 이러한 수행의 성격에 따라 수행사정에는 다양한 방식이 있는데 이에 대해서는 [보충설명 7-1]을 참고하기 바란다.

수행사정에서는 수행의 과정(process) 혹은 결과(product)에 초점을 두거나 또는 과정과 결과 모두에 초점을 둘 수도 있다(Gronlund, 2003; Kubiszyn & Borich, 2003). 과정에 초점을 두는 경우로는 결과가 존재하지 않거나 경비 등의 이유로 결과평가가 실행불가능할 때, 과정이 순서적이고 직접관찰이 가능할 때, 정확한 과정이 추후성공에 필수적일 때(예: 키를 보지 않고 타이프 치기), 그리고 과정단계의 분석이 결과를 향상시키는 데에 도움이 될 수 있을 때(예: 요리, 목공) 등이 있다(Gronlund, 2003). 이에 비해 결과가 명확히 확인되고 판단가능한 특성을 가지고 있을 때, 다양한 과정이 동질의 결과를 산출할 수 있을 때(예: 작문, 곤충채집), 과정의 관찰이 불가능할 때(예: 숙제), 그리고 과정단계가 숙달되었을 때 등의 경우에는 결과에 초점을 두어야 한다(Gronlund, 2003). 그러나 많은 경우에 과정과 결과 모두가 수행의 중요한 측면이 될 수 있는데 예를 들어, 텔레비전의 고장난 곳을 찾아 고치는 기술은 적절하게 수리된 텔레비전을 내놓는 것뿐만 아니라 시행착오 없이 체계적인 과정을 따르는 것도 포함한다.

이와 같은 수행사정은 특수교육에서 인지적 영역이나 정의적 영역의 측면에서는 비교적 새로운 접근일 수 있으나 직업기술사정에서는 오래전부터 활용되어 왔다고 볼 수 있는데 특히 직장이나 독립생활으로의 전환준비과정에서는 통상적으로 사용되어 왔다(Poteet et al., 1993). 근래에는 수행사정이 특수아동의 인지적 학습영역에도 도입되면서(예: 김규리, 이승희, 2010; Fuchs, 1994) 앞서 제6장 2절에서 설명된 교육과정중심측정(CBM)과 결합되어 활용되기도 하였다(Fuchs & Fuchs, 1996). 또한 수행사정은 특수아평가단계 중 교육 프로그램계획, 형성평가, 그리고 총괄평가에서 유익한 정보를 제공할 수 있다. 참고로 수행사정은 2015년 개정 교육과정과 더불어 우리나라 학교현장에 도입된 '과정중심평가'의 관련문헌에서 많이 언급되고 있는데, 이에 대해서는 [보충설명 7-2]에 간략하게 소개하였다.

보충설명 7-1　수행사정의 방식

　수행사정에서는 아동 스스로가 자신의 지식, 태도, 또는 기능을 나타내기 위해 행동으로 보이거나 산출물을 만들거나 답을 작성하는 수행이 요구되는데, 이때 수행이란 단순히 신체를 움직이는 것만을 의미하는 것이 아니라 자신의 지식이나 태도, 기능을 드러내기 위한 말하기, 듣기, 읽기, 쓰기, 그리기, 만들기 등을 포함하는 인간의 모든 활동을 의미한다(한국교육평가학회, 2004). 이처럼 수행의 성격이 다양함에 따라 수행사정에도 다양한 방식이 있다. 하지만 수정사정의 방식에 대해서는 문헌마다 다소 차이를 보이고 있는데 이 책에서는 관련문헌에 근거하여 수행사정 방식의 예를 다음 여섯 가지로 제시하고자 한다.

• 지필시험

　지필시험(지필검사, paper-and-pencil test)이란 종이와 필기구를 동원하는 모든 종류의 시험이라고 할 수 있는데(한국교육평가학회, 2004), 피험자가 반응해야 하는 개별적 문제를 일컫는 문항으로 구성된다. 이러한 문항은 요구하는 반응형식에 따라 선택형과 서답형으로 구분되는데, 전자에는 진위형, 배합형, 선다형의 3개 유형이 포함되고 후자에는 완성형, 단답형, 논술형의 3개 유형이 포함된다(이종승, 2009). 하지만 문헌에 따라 선택형에 진위형, 배합형, 배열형, 선다형의 4개 유형이 포함되거나(성태제, 2010) 서답형에 완성형, 단답형, 서술형, 논술형의 4개 유형이 포함되기도 한다(남명호, 김성숙, 지은림, 2000). 이와 같은 문항유형 가운데 서술형(저자주: 피험자가 문제의 답을 문장으로 구성하는 것)과 논술형(저자주: 피험자가 자신의 의견을 논리적이면서도 설득력 있게 조직하여 작성하는 것)이 수행사정에 적절한 유형으로 관련문헌(예: 남명호 외, 2000; 백순근, 1999; 이종승, 2009)에서 언급되고 있으나 적절하게 사용한다면 어떤 유형의 문항도 수행사정의 방식으로 간주될 수 있다. 즉, 피검자로 하여금 습득한 지식, 태도, 기능과 관련하여 단순한 암기에 의존해 단편적으로 응답하기보다는 문제를 해결하는 사고과정을 드러내도록 한다면 수행사정으로 볼 수 있다는 것이다. 예를 들어, 선다형 문항이라도 선택한 답에 대한 설명란을 설정해 둘 경우 수행사정으로 적절하다고 할 수 있을 것이다.

• 구술시험

　구술시험(oral test)은 종이와 필기구가 발명되기 전부터 사용되어 오던 가장 오래된 수행사정의 한 방식으로서, 학생으로 하여금 특정 교육내용이나 주제에 대한 자신의 의견을 말로 표현하도록 하는 것이다(백순근, 1999; 이종승, 2009).

• 듣기시험

　듣기시험(listening test)은 외국어나 음악 등의 교과에서 많이 사용되는 방식으로서, 사정대상 내용을 문서화하지 않고 직접 청취하게 한 다음 특정 질문에 대해 반응하도록 하는 것이다(배호순, 2000).

보충설명 7-1   계속됨

• 실기시험

실기시험(practice test)은 음악, 미술, 체육, 실과 등의 교과에서 많이 사용되는 방식으로서, 가능한 한 자연스러운 상황에서 특정 기능을 수행하도록 하는 것이다(남명호 외, 2000; 백순근, 1999).

• 실험 · 실습

실험 · 실습은 과학 교과에서 많이 사용되는 방식으로서, 어떤 과제에 대해서 학생들로 하여금 직접 실험이나 실습을 하게 한 후 그 결과보고서를 제출하도록 하는 것이다(백순근, 1999; 이종승, 2009).

• 보고서

보고서는 여러 교과에서 사용되는 방식으로서, 학생의 능력이나 흥미에 따라 주제를 선정한 후 그 주제에 대해서 자기 나름대로 자료를 수집하고 분석 · 종합하여 보고서를 작성 · 제출하도록 하는 것이다(남명호 외, 2000; 백순근, 1999; 이종승, 2009).

이상에서 알 수 있듯이, 교과 내용과 특성에 따라 수행사정의 다양한 방식이 사용될 수 있다(남명호 외, 2000). 그런데 이러한 다양한 방식들은 과거에도 있었던 것이지만 학습에 있어서 기존의 가치관에 대한 수동적인 수용보다는 자기 나름의 세계를 재창조해 가는 과정을 강조하는 새로운 교수 · 학습이론에 힘입어 창의성이나 문제해결력 등을 파악하고 신장하기 위한 수행사정의 방식으로 새롭게 주목받고 있다고 할 수 있다(백순근, 1999; 이종승, 2009; 한국교육평가학회, 2004). 이와 같은 방식들은 학생 개개인의 성장과 발달을 돕고 교수 · 학습활동을 개선하는 수행사정의 본질을 어느 정도 구현할 수 있느냐에 따라 좀 더 수행사정에 가깝거나 멀 수가 있다. 즉, 동일한 방식이라도 어떻게 활용하느냐에 따라 수행사정의 방식이 될 수도 있고 그렇지 못할 수도 있는 것이다(이종승, 2009).

보충설명 7-2   '과정중심평가'와 수행사정

'과정중심평가'는 우리나라에서 2015 개정 교육과정과 함께 도입되면서 학생평가의 새로운 방향으로 제시된 용어이다. 학생평가는 학생의 학습이 진행되는 중에 실시하는 과정평가와 학생의 학습이 종료된 이후 실시하는 결과평가로 구분되기도 하는데, 결과평가가 주를 이루는 기존의 학생평가 운영방식에서 벗어나고자 하는 정책적 노력의 일환으로 도입된 용어가 '과정중심평가'이다. 즉, 과정평가나 결과평가는 학문에 기반을 둔 학술적 용

보충설명 7-2　계속됨

어인 데 비해 '과정중심평가'는 학계에서 정의한 용어가 아니라 우리나라 교육현장의 필요에 의해 만들어진 정책적 용어라고 할 수 있다(김석우 외, 2021; 박지현, 진경애, 김수진, 이상아, 2018; 유영식, 2017). 하지만 '과정중심평가'의 개념이 명확하게 정립되지 않아 학교현장에서는 학생평가 운영에 어려움이 뒤따르고 있다(강대일, 정창규, 2018; 최무연, 2024). 특히 과정평가와 '과정중심평가'의 개념적 차이를 명확히 규명하지 않아 학교현장에서는 과정평가와 결과평가를 대비시켜 '과정중심평가'에 결과평가가 배제되는 것으로 오해하기도 한다(김석우 외, 2021; 박지현 외, 2018). 하지만 학생평가에는 과정평가와 결과평가 둘 다 포함되어야 하며 따라서 '과정중심평가'는 과정평가와 결과평가를 포괄하는 개념으로 볼 필요가 있다(강대일, 정창규, 2018; 교육부, 한국교육과정평가원, 2017a, 2017b; 김석우 외, 2021; 박지현 외, 2018;). 이와 같은 '과정중심평가'의 개념에 대한 이해를 높이고자 교육부와 한국교육과정평가원(2017a, 2017b)은 '과정을 중시하는 수행평가 어떻게 할까요?'라는 가이드북을 개발하여 보급하였는데, 이 가이드북에 따르면 '과정중심평가'는 교육과정의 성취기준에 기반한 평가계획에 따라 교수 · 학습 과정에서 학생의 변화와 성장에 대한 자료를 다각도로 수집하여 적절한 피드백을 제공하는 평가를 의미한다. 또한 이 가이드북은 '수행평가'를 학생이 직접 만든 산출물이나 학생의 수행과정을 평가하는 것이므로 교수 · 학습의 결과뿐 아니라 교수 · 학습의 과정을 중시하는 평가라고 소개하면서 수행평가가 수업장면에서 '과정중심평가'의 방향성을 담을 수 있는 대표적인 평가방법이라고 하였다. 하지만 이 가이드북이 보급된 2017년 이후에도 '과정중심평가'의 의미나 시행방안에 대한 혼란은 지속되고 있고 이러한 혼란을 줄이고자 하는 노력 또한 계속되고 있다. 다음에서는 향후 '과정중심평가'의 정착화 노력에서 고려해 볼 만한 몇 가지 사항을 제시하면서 수행사정과의 관계도 살펴보고자 한다. 참고로 이 책에서는 'assessment'와 'evaluation'을 구분하여 각각 '사정'과 '평가'로 번역하고 전자와 후자를 '교육적 의사결정에 필요한 자료를 수집하는 과정'과 '수집된 자료에 근거하여 가치판단을 통하여 교육적 의사결정을 내리는 과정'으로 정의하고 있다. 또한 이 책에서는 'performance assessment'를 '수행사정'으로 번역하고 검사, 관찰, 면접, 교육과정중심사정, 포트폴리오사정과 더불어 사정방법으로 간주한다. 이는 교육부와 한국교육과정평가원(2017a, 2017b)이 'performance assessment'를 '수행평가'로 번역하고 하나의 평가방법이라고 한 것과는 대비된다.

• 사정과 평가의 의미

교육평가와 관련된 영어로 assessment와 evaluation이 있는데, 우리나라에서는 이 두 용어에 대해 합의된 번역어와 정의가 아직 없다고 할 수 있다. 번역에 있어서 evaluation은 '평가'로 번역되고 있으나 assessment는 사정 또는 평가로 번역되고 있다. 예를 들어, 'performance assessment'의 경우 이 책은 '수행사정'으로 번역하고 있으나 많은 문헌(예:

🔲 **보충설명 7-2**   **계속됨**

교육부, 한국교육과정평가원, 2017a, 2017b; 김석우 외, 2021; 성태제, 2010; 이종승, 2009; 황정규 외, 2016)에서 '수행평가'로 번역되고 있다. 교육평가와 관련하여 assessment와 evaluation이라는 별개의 단어가 있다는 것은 그 의미도 다를 수 있다는 것이므로 각각의 의미를 반영하여 합의된 번역어와 정의를 도출할 필요가 있을 것으로 보인다.

• '과정중심평가'라는 명칭의 적절성

'과정중심평가'에 대한 이해와 시행에 혼란을 초래한 이유 중 하나는 그 명칭이 기존의 학술적 용어인 과정평가와 유사하다는 것이다. 어떤 개념에 대한 명칭은 그 개념의 의미를 충분히 담아낼 수 있어야 하는데, 문헌(예: 김석우 외, 2021)에 제시된 '과정중심평가'의 특징(평가의 패러다임을 확장, 평가의 결과와 함께 과정을 중시, 교육과정-수업-평가의 연계를 추구)을 살펴보았을 때 '과정중심평가'에서 '과정'이 무엇을 의미하는지가 명확하지 않다. 따라서 현재 제시되고 있는 '과정중심평가'의 특징들을 잘 아우르는 적절한 명칭으로 변경하는 것도 고려해 볼 수 있을 것이다.

• '과정중심평가'의 영문명

어떤 개념에 대한 영문명은 한글명처럼 그 개념을 이해하는 데 중요한 역할을 한다. 하지만 정책적 용어인 '과정중심평가'에 대한 영문명이 공식적으로 제시되지 않아 관련 문헌에서 다양하게 나타나고 있다. 즉, 'process-fortified assessment'(박지현 외, 2018), 'process-focused assessment'(이경화 외, 2016), 'procedure-based assessment'(한경화 외, 2019), 'process-focused evaluation'(임종헌, 최원석, 2018), 'process-based evaluation' (전현욱, 이형연, 2019) 등이 '과정중심평가'의 영문명으로 사용되고 있다. 이러한 영문명을 살펴보면 '과정'은 process 또는 procedure라는 단어로 표현되고 '중심'은 fortified, focused, 또는 based라는 단어로 표현되고 '평가'는 assessment 또는 evaluation이라는 단어로 표현되고 있다는 것을 알 수 있다. 따라서 '과정중심평가'라는 명칭을 유지하든 아니면 새로운 명칭으로 변경하든 그 명칭의 영문명도 한글명과 함께 공식적으로 제시해 주는 것이 바람직할 것으로 보인다.

• 수행사정의 의미

관련문헌들을 보면 수행사정의 방식에 포트폴리오를 포함하는 경우가 많다(예: 김석우 외, 2021; 이종승, 2009; 황정규 외, 2016). 하지만 수행사정을 실시하면서 포트폴리오를 이용하는 사례는 드물 뿐만 아니라 현실적으로 이용하기가 어렵다는 의견(최무연, 2024)도 있다. 이 책에서는 수행사정의 방식에 포트폴리오를 포함시키지 않고 수행사정과 포트폴리오사정으로 구분하여 각각 다루고 있는데, 그 이유는 포트폴리오사정이 장기간(한 학기 또는 한 해)의 시간을 필요로 하고 교사와 학생 간의 포트폴리오협의가 요구되며 아동

보충설명 7-2　**계속됨**

의 자기성찰이 중요한 요소라는 점 등에서 수행사정과 차이가 있기 때문이다. 이러한 차이는 수행사정에서 포트폴리오의 이용을 어렵게 하는 요인이 될 수 있을 뿐만 아니라 수행사정과 포트폴리오사정을 구별해야 하는 근거가 될 수도 있다. 교육부와 한국교육과정평가원(2017a, 2017b)은 수행사정을 수업장면에서 '과정중심평가'의 방향성을 담을 수 있는 대표적인 방법이라고 하면서 수행사정의 방식에 포트폴리오도 포함시키고 있는데, 향후 수행사정과 포트폴이로사정의 차이점을 반영하는 것도 고려해 볼 수 있을 것이다.

• '과정중심평가'에서 사용되는 사정방법의 종류

이 책에서는 평가(evaluation)와 사정(assessment)을 각각 '수집된 자료에 근거하여 가치판단을 통하여 교육적 의사결정을 내리는 과정'과 '교육적 의사결정에 필요한 자료를 수집하는 과정'으로 정의하고, 평가에 필요한 자료를 수집하기 위하여 사용되는 전략 또는 기법을 사정방법(assessment method)이라고 한다. 또한 이 책에서는 사정방법의 종류로 검사, 관찰, 면접, 교육과정중심사정, 수행사정, 포트포리오사정의 여섯 가지를 소개하고 있다. 앞서 언급하였듯이, 교육부와 한국교육과정평가원(2017a, 2017b)에 의하면 '과정중심평가'는 교육과정의 성취기준에 기반한 평가계획에 따라 교수・학습 과정에서 학생의 변화와 성장에 대한 자료를 다각도로 수집하여 적절한 피드백을 제공하는 평가를 의미한다. 즉, '과정중심평가'를 시행하기 위해서는 다양한 사정방법을 통해 자료를 다각도로 수집해야 한다. 이때 사용될 수 있는 사정방법으로 관찰, 수행사정, 포트폴리오사정 등이 있으며 이러한 사정방법들은 모두 교수・학습의 결과뿐 아니라 교수・학습의 과정에 대한 자료수집도 가능하다. 그런데 교육부와 한국교육과정평가원(2017a, 2017b)은 수행사정을 수업장면에서 '과정중심평가'의 방향성을 담을 수 있는 대표적인 방법이라고 하면서 수행사정의 방식에 포트폴리오뿐만 아니라 관찰도 포함시키고 있다. 그러나 관찰도 포트폴리오사정과 마찬가지로 수행사정의 방식 중 하나가 아닌 독립적인 사정방법으로 보는 것이 적절할 수 있으므로 향후 이 점도 숙고할 필요가 있다.

• 지필시험과 수행사정의 관계

2024년 현재 우리나라 교육현장에서는 교과학습평가를 지필평가와 수행평가로 구분하여 실시하고 있다(김석우 외, 2021). 이와는 대조적으로 이 책에서는 수행사정의 방식 중 하나로 지필시험(지필검사, pater-and-pencil test)이 포함되어 있는데([보충설명 7-1] 참조), 이는 지필시험(지필검사)과 수행사정의 이분법적 구조를 탈피하려는 경향을 반영하고 있다. 특히 우리나라에서 '과정중심평가'가 도입됨에 따라 지필평가와 수행평가의 경계가 모호해지고 있는 만큼 장기적인 관점에서 학교수준 교과학습평가를 지필평가와 수행평가로 이분화하여 구분하는 체제를 통합・개선하는 방안을 마련해야 한다는 연구보고(박지현 외, 2018)도 있다. 따라서 이 점도 향후 적극적으로 검토되어야 할 사안으로 보인다.

2. 수행사정의 준비

수행사정은 그 실시에 앞서 체계적인 준비를 필요로 한다. Kubiszyn과 Borich (2003)는 수행사정의 준비절차를 다음과 같은 4단계로 제시하고 있다.

① 무엇을 사정할 것인가를 결정한다.
② 사정상황을 설계한다.
③ 채점기준을 구체화한다.
④ 사정의 제한사항(시간, 참고자료, 도구 등)을 구체화한다.

또한 Gronlund(2003)에 의하면 수행사정은 다음과 같은 5단계의 준비절차를 거치게 된다.

① 수행성과를 구체화한다.
② 사정의 초점을 선택한다(과정, 결과 또는 과정과 결과 모두).
③ 적정수준의 현실성(realism)을 선택한다.
④ 수행상황을 선택한다.
⑤ 채점방법을 선택한다.

이 책에서는 Gronlund(2003)가 제시한 5단계를 중심으로 수행사정의 준비절차를 설명하기로 한다.

1) 단계 1: 수행성과 구체화하기

수행사정에서는 일반적으로 '확인하다(identify)', '구성하다(construct)', 그리고 '드러내다(demonstrate)'와 같은 행위동사나 그 유사어들을 사용하여 수행성과를 기술한 뒤, 그 수행의 결정적인 요인들을 찾아내어 수행성과를 구체화하게 되는데 그 두 가지 예를 제시하면 다음과 같다.

예) 수행성과: 구두발표에서 필요한 기술을 드러낸다.

- 자연스러운 자세로 선다.
- 좋은 눈맞춤을 유지한다.
- 적절한 표정을 사용한다.
- 몸짓을 효과적으로 사용한다.
- 적절한 음량으로 명료하게 말한다.
- 적절한 속도로 말한다.
- 조직화된 방식으로 내용을 제시한다.
- 적절한 어법을 사용한다.
- 청중의 관심을 유지한다.

예) 수행성과: 고장난 전동기를 수리한다.

- 고장의 특징을 파악한다.
- 고장을 유발한 시스템을 파악한다.
- 실시할 검사를 선택한다.
- 적합한 순서로 검사를 실시한다.
- 고장난 부분을 찾아낸다.
- 고장난 부분을 교체하거나 수리한다.
- 적합한 순서로 고장난 부분을 제거하고 대체한다.
- 적절한 연장을 정확한 방법으로 사용한다.
- 수리과정에서 안전경고를 따른다.

어떤 경우에는 첫 번째 예와 같이 기술된 수행과제들의 순서가 중요하지 않다. 그러나 두 번째 예에서 보이듯이 어떤 경우에는 수행성과가 체계적인 단계를 거쳐 이루어지는데 이와 같은 경우에는 수행과제를 적합한 순서로 배열함으로써 관찰 및 기록을 더 용이하게 하고 절차상의 오류를 발견하게 할 수 있다.

2) 단계 2: 사정의 초점 선택하기

앞서 이 장 1절에서 설명한 바와 같이 수행사정에서는 수행의 과정(process) 혹은 결과(product)에 초점을 두거나 또는 과정과 결과 모두에 초점을 둘 수도 있다 (Gronlund, 2003; Kubiszyn & Borich, 2003). 이 단계에서는 앞 단계에서 구체화된 수행성과의 특성에 따라 사정의 초점을 선택하게 되는데, 수행성과의 특성에 대해서는 이 장 1절을 참고하기 바란다.

3) 단계 3: 적정수준의 현실성 선택하기

제1장 4절에서 언급된 바와 같이 인위적으로 고안되지 않은 실제상황에서 지식이나 기술의 적용능력에 대한 자료를 수집하는 참사정은 실지로 실시되는 경우가 드물기 때문에 교육현장에서 이루어지는 수행사정은 전형적으로 일반 지필검사와 실제 생활상황 내 수행 사이의 어딘가에 해당하게 된다. 따라서 수행사정을 준비할 때 가능한 한 실제상황에 근접한 상황을 고려하게 되는데, 이때 어느 수준까지 사정상황에 현실성(realism)을 반영할 것인가를 선택해야 한다. 즉, 실제상황에 가까울수록 더 좋

〈그림 7-1〉 **상점에서 정확한 거스름돈을 결정하는 능력을 측정할 때의 현실성의 정도**

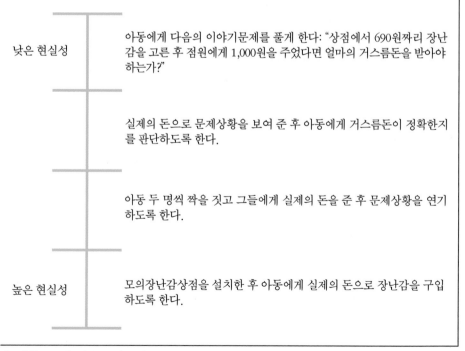

자료출처: Gronlund, N. E. (2003). *Assessment of student achievement* (7th ed.). Boston, MA: Allyn and Bacon. (p. 125)

겠지만 실제성(authenticity)의 정도를 결정해야 한다. 수행사정에 반영되는 현실성의 다양한 정도는 상점에서 물건을 구입할 때 정확한 거스름돈을 결정하는 문제에 계산 기술을 적용하는 간단한 예로도 설명이 될 수 있다(Gronlund, 2003). 이 예에서 모의 상황은 이야기문제(story problem)의 사용(낮은 현실성)에서부터 모의상점에서의 실제 적 구입(높은 현실성)에까지 이르는 범위를 가지는데, 이와 같이 다양하게 고안될 수 있는 상황을 〈그림 7-1〉이 보여 주고 있다. 여기에서 한 가지 주목해야 할 사항은 비록 이야기문제를 푸는 것이 상대적으로 현실성이 낮다고 하더라도 아동에게 1,000에서 690을 빼라는 단순한 질문을 하는 것보다는 상황의 모의성 정도를 높인다는 점이다. 그러므로 지필검사에서도 수행성과를 사정하는 데에 도움이 되는 결과를 산출할 수 있을 만큼 현실성의 정도를 높이는 것이 종종 가능하다.

4) 단계 4: 수행상황 선택하기

수행사정은 실시상황에 따라 분류될 수도 있는데 이와 같은 분류는 '단계 3'에서 다루어진 실시상황의 현실성의 정도와 밀접하게 관련되어 있다. Gronlund(2003)에 의하면 실시상황에 따른 수행사정의 분류에는 다음과 같은 유형이 포함된다: (1) 지필수행, (2) 확인검사, (3) 구조화수행검사, (4) 모의수행, 그리고 (5) 작업표본. 다음에서는 이러한 유형들을 차례로 살펴보기로 한다.

(1) 지필수행

지필수행(paper-and-pencil performance)은 모의상황에서의 지식과 기술의 적용을 더 강조한다는 점에서 전통적인 지필검사와 구별된다. 이러한 지필수행은 바람직한 최종학습성과로 귀착되거나 또는 현실성의 정도를 높인 수행으로 가는 중간단계의 역할을 할 수도 있다. 전자의 예로는 아동들에게 그래프를 작성하거나, 시험문항을 제작하거나, 시를 짓거나, 수필을 쓰도록 하는 경우를 들 수 있다. 그리고 후자의 예로서는 현미경을 사용하기에 앞서 현미경의 구조와 사용방법에 대한 시험을 치르거나 운전면허실기시험에 앞서 운전면허필기시험을 치르게 하는 경우 등이 있다.

(2) 확인검사

확인검사(identification test)는 다양한 정도의 현실성을 보이는 상황에서 실시될 수 있다. 예를 들어, 아동에게 어떤 연장의 명칭과 그 기능을 지적하도록 할 수도 있고 또는 고장난 기계의 작동소리를 들려주고 고장의 원인을 지적하도록 할 수도 있다. 이와 같이 확인검사는 공업교육에서 많이 사용되고 있으나 다른 학습영역에서도 널리 사용된다. 예를 들어, 생물교사는 아동들로 하여금 알코올 속에 보관된 표본들의 이름을 적게 하거나 또는 야외에서 생물들의 이름을 적게 할 수 있다.

(3) 구조화수행검사

구조화수행검사(structured performance test)는 조건이 통제된 상황에서 실시된다. 즉, 수행상황이 구조화되어 있어서 모든 아동이 거의 동일한 조건에서 과제를 수행하게 된다. 이와 같은 구조화수행검사의 구성과정은 다른 유형의 성취검사의 구성과정과 어느 정도 유사할 수 있지만 좀 더 복잡한 측면을 가지고 있다. 즉, 수행상황이 완전히 통제되거나 표준화될 수 있는 경우는 거의 없으며, 일반적으로 준비 및 실시에 더 많은 시간이 필요하고, 흔히 채점이 더 어렵다. 따라서 구조화수행검사에서는 수행상황의 통제가능성을 높이기 위해서 지시문을 사용하게 되는데 지시문에는 검사상황, 요구되는 수행, 수행이 진행되는 조건 등이 기술된다. 예를 들어, 전기용품의 고장을 찾아내는 수행검사의 지시문에는 전형적으로 다음과 같은 사항들이 포함된다.

- 검사의 목적
- 제공되는 용품과 도구
- 검사의 절차
  - 용품의 유형과 상태
  - 요구되는 수행에 대한 묘사
  - 시간제한 및 다른 실시조건
- 수행판단의 방법

또한 구조화수행검사를 실시할 때는 수행판단을 위해서 만족스러운 수행의 최소수준을 가리키는 준거(criterion)를 설정하는 것이 바람직하다. 준거란, 제2장 2절에서 규준·준거·기준의 세 가지 개념을 구분하면서 설명하였듯이, 사전에 설정된 숙달수준이라고 할 수 있는데 〈표 7-1〉은 수행을 판단하기 위해 설정된 준거의 예를 보여 주고 있다.

▷ 〈표 7-1〉 **수행판단을 위한 준거의 예**

준거의 종류	예
속도(rate)	• 2분 이내에 덧셈문제 10개를 푼다. • 1분당 40단어를 타이프라이터로 친다.
오류(error)	• 1페이지당 오타가 2개 이하다. • 영어로 20까지 틀리지 않고 센다.
시간(time)	• 5분 이내에 실험장비를 설치한다. • 3분 이내에 장비의 고장을 찾아낸다.
정확성(precision)	• 0.3cm 오차 내에서 선의 길이를 측정한다. • 0.5℃ 오차 내에서 온도계를 읽는다.
정답률(percentage correct)	• 수학문제의 85%을 정확하게 푼다. • 목록에 있는 단어의 90%를 정확하게 쓴다.
재료 사용(use of material)	• 목재의 10% 이상을 버리지 않고 책꽂이를 만든다. • 옷감의 10% 이상을 버리지 않고 마름질한다.
안전성(safety)	• 기계를 작동시키기 전에 모든 안전장치를 점검한다. • 안전규칙을 전혀 위반하지 않고 자동차를 운전한다.

수정발췌: Gronlund, N. E. (2003). *Assessment of student achievement* (7th ed.). Boston, MA: Allyn and Bacon. (p. 129)

(4) 모의수행

모의수행(simulated performance)은 전체 또는 부분적으로 실제상황에서의 수행에 필적하려는 시도로 실시된다. 따라서 많은 경우에 모의수행은 실제수행을 시도할 수 있는 준비성을 나타내는 것으로 간주된다. 모의재판이나 모의인터뷰 등이 대표적인 예가 될 수 있으며 다양한 유형의 직업훈련에서 많이 사용된다.

(5) 작업표본

작업표본(work sample)은 측정하고자 하는 전체수행을 대표할 수 있는 실제의 과제를 수행하도록 요구한다. 표본과제는 전형적으로 전체수행의 가장 필수적인 요소들을 포함하며 통제된 조건하에서 수행된다. 예를 들어, 자동차운전기술을 측정할 때 정규운전에서 발생할 수 있는 가장 일반적인 문제상황을 포함하는 표준코스를 운행하도록 요구된다.

5) 단계 5: 채점방법 선택하기

수행의 과정, 결과, 또는 과정/결과 중 어디에 초점을 두는가에 상관없이 수행사정에서는 수행성과를 관찰하여 기록하고 채점하는 방법이 필요하다. 수행사정과 제8장의 포트폴리오사정에서 사용되는 채점방법으로는 일반적으로 검목표방법(checklist method), 평정척도방법(rating scale method), 총체적 채점방법(holistic scoring method)의 세 가지 유형이 있다(Cohen & Spenciner, 2007; Gronlund, 2003; Kubiszyn & Borich, 2003). 이러한 채점방법과 관련하여 문헌에서 언급되는 개념으로 채점기준표(rubric)가 있는데, 한국교육평가학회(2004)에 의하면 채점기준표란 수행사정과 포트폴리오사정에서 채점할 때 활용하는 것으로서 준거항목과 더불어 성취기준과 수준의 관련성을 도표화한 것이 주로 활용된다. 또한 관련문헌에서는 세 가지 유형의 채점방법과 채점기준표와의 관계도 언급되고 있으나 그 관계가 일관성 있게 제시되지 않고 있다. 즉, Kubiszyn과 Borich(2003)는 세 가지 유형의 채점방법 모두에, Cohen과 Spenciner(2007)는 두 가지 유형의 채점방법(평정척도방법과 총체적 채점방법)에, 그리고 Gronlund(2003)는 한 가지 유형의 채점방법(총체적 채점방법)에만 채점기준표를 적용시키고 있다. 이 책에서는 채점기준표를 수행사정과 포트폴리오사정에서 사용되는 채점지침으로서 준거항목과 다양한 성취수준을 도표화한 것으로 정의하고, 세 가지 유형의 채점방법에서 작성되는 채점지침 모두를 채점기준표로 간주한다. 다음에서는 이와 같은 세 가지 유형의 채점방법을 각각 살펴본 후 상호비교해 보기로 한다.

(1) 채점방법의 유형

① 검목표방법

검목표방법(checklist method)은 검목표(checklist)를 활용하여 채점기준표를 만들어 채점하는 방법이라고 할 수 있다. 앞서 제4장 '관찰'에서 언급된 바와 같이 검목표란 일련의 행동이나 특성들의 목록으로서 그러한 행동이나 특성들의 유무를 +/−, 1/0, 혹은 예/아니요 등으로 표시하여 기록한다. 수행사정에서는 검목표를 과정이나 결과의 측정가능한 측면들, 즉 준거항목들로 구성하게 되는데, 체계적인 단계를 거치는 과정에 초점을 둘 경우 준거항목들도 그 단계의 순서에 맞추어 배열하여야 관찰과 기록이 용이하다. 〈그림 7-2〉는 구강체온계의 사용과 관련하여 작성된 검목표의 예를

● 〈그림 7-2〉 **수행사정의 채점에서 사용되는 검목표의 예(구강체온계의 사용)**

■ 기록지시: 수행이 나타난 단계의 앞줄에 ✔로 표시하시오.

_____ 1) 구(球)의 반대쪽 끝부분을 잡고 체온계를 케이스에서 꺼낸다.

_____ 2) 위생수건으로 구의 반대쪽에서부터 아래방향으로 체온계를 닦는다.

_____ 3) 구의 반대쪽을 잡고 35° 이하로 떨어질 때까지 체온계를 아래로 흔든다.

_____ 4) 체온계의 구쪽 끝부분을 환자의 혀 밑에 넣는다.

_____ 5) 환자에게 체온계를 물지 않도록 주의하면서 입술을 다물라고 말한다.

_____ 6) 체온계를 환자의 입속에 3분간 넣어둔다.

_____ 7) 구의 반대쪽 끝부분을 잡고 환자의 입속에서 체온계를 꺼낸다.

_____ 8) 0.5°단위까지 체온을 읽는다.

_____ 9) 환자의 차트에 체온을 기록한다.

_____ 10) 체온계를 깨끗하게 한 후 케이스에 넣는다.

자료출처: Gronlund, N. E. (2003). *Assessment of student achievement* (7th ed.). Boston, MA: Allyn and Bacon. (p. 132)

보여 주고 있다.

② 평정척도방법

평정척도방법(rating scale method)이란 평정척도(rating scale)를 활용하여 채점기준표를 만들어 채점하는 방법이다. 평정척도방법은 검목표방법과 유사하게 수행의 과정이나 결과를 판단하는 방법이지만 단순히 행동이나 특성의 유무를 판단하는 대신에 행동이나 특성의 정도를 판단한다는 점에서 검목표방법과 구별된다. 평정척도방법에서는 주로 3~5점 숫자척도가 주로 사용되는데, 〈그림 7-3〉은 수행의 과정과 결과에 각각 초점을 두고 작성된 5점 평정척도의 예를 제시하고 있다. 또한 모든 준거항목에 동일한 숫자척도가 사용된 〈그림 7-3〉의 예와는 달리, 준거항목에 따라 다양한 내용으로 기술된 숫자척도를 사용하는 것도 가능한데 그 예를 제시하면 〈그림 7-4〉와 같다.

이와 같은 평정척도방법은 세 번째 유형인 총체적 채점방법(holistic scoring method)과 대비하여 분석적 채점방법(analytic scoring method)이라고도 한다(Cohen & Spenciner, 2007; Gronlund, 2003; Kubiszyn & Borich, 2003). 분석적 채점방법이란 수행의 과정이나 결과를 채점할 때 구성요소, 즉 준거항목들을 선정하여 준거항목별로 채점을 한 뒤

● 〈그림 7-3〉 **수행사정의 채점에서 사용되는 평정척도의 예 I (목공 프로젝트)**

■기록지시: 아래의 구분을 적용해 적절한 숫자에 ○를 하여 각 항목을 평정하시오.

　　　　　　5 – 아주 잘함

　　　　　　4 – 잘함

　　　　　　3 – 보통

　　　　　　2 – 못함

　　　　　　1 – 아주 못함

A. 과정 평정척도

　• 다음의 각 항목에서 아동의 수행은 얼마나 능률적이었는가?

　5 4 3 2 1　　1) 프로젝트에 대한 상세한 계획을 세운다.

　5 4 3 2 1　　2) 필요한 재료의 양을 결정한다.

　5 4 3 2 1　　3) 적절한 도구들을 선택한다.

　5 4 3 2 1　　4) 각 작업에서 정확한 절차를 따른다.

　5 4 3 2 1　　5) 도구들을 적절하게 기술적으로 사용한다.

　5 4 3 2 1　　6) 불필요한 낭비 없이 재료를 사용한다.

　5 4 3 2 1　　7) 적절한 시간 내에 작업을 마친다.

B. 결과 평정척도

　• 결과가 다음 준거들을 어느 정도 충족시키는가?

　5 4 3 2 1　　1) 결과가 말끔하게 잘 제작된 것으로 보인다.

　5 4 3 2 1　　2) 치수들이 원 안에 들어맞는다.

　5 4 3 2 1　　3) 끝마무리가 명세사항을 만족시킨다.

　5 4 3 2 1　　4) 이음매에서 부분들이 잘 접합되어 있다.

　5 4 3 2 1　　5) 재료가 효율적으로 사용되었다.

자료출처: Gronlund, N. E. (2003). *Assessment of student achievement* (7th ed.). Boston, MA: Allyn and Bacon.
　　　(p. 133)

에 이 점수들을 총합하여 점수를 산출하는 방법을 말한다. 분석적 채점방법은 수행의 과정이나 결과를 구성요소별로 채점하기 때문에 아동들의 강점(strengths)과 약점(weaknesses)을 파악할 수 있는 것이 장점인데, 수행의 문제점을 파악하여 교육프로그램에 반영할 수 있다는 점에서 특수아동들에게 특히 유용할 수 있다. 반면에 분석적 채점방법은 구성요소별로 채점해야 하기 때문에 준비와 실시에서 많은 시간과 노

● 〈그림 7-4〉 **수행사정의 채점에서 사용되는 평정척도의 예 Ⅱ (학기말 리포트)**

■ 기록지시: 적절한 숫자에 ◯를 하여 각 항목을 평정하시오.

1) 아이디어의 질과 명확성

1	2	3	4	5
매우 한정된 조사; 실상과 관련된 자료가 거의 없거나 전혀 없음.		실상에 대한 조사와 관심이 다소 나타남.		광범위한 조사; 실상에 대한 상세한 기술과 설명.

2) 아이디어의 논리적 전개

1	2	3	4	5
아이디어의 전개가 질서정연하지 않음; 진술이 혼란스럽고 이해하기 어려움.		아이디어의 전개가 다소 논리적이지만 개선을 필요로 함.		논리적 전개가 우수함; 아이디어가 논리적으로 일관성 있게 연결되어 있음.

3) 아이디어의 조직화

1	2	3	4	5
조직화가 전혀 보이지 않음; 부연설명과 전환이 결여되어 있음.		조직화가 어설픔; 적합한 전환에 의해 다른 아이디어들로부터 적절하게 분리되지 못한 아이디어들도 있음.		조직화와 부연설명이 우수함; 아이디어들 간의 전환이 분명함.

4) 스타일과 개성

1	2	3	4	5
스타일이 밋밋하고 일관성이 없거나 또는 독창성이 없음.		스타일과 개성이 다소 있음.		스타일과 개성이 뛰어남; 작성자의 개성이 시종일관 드러남.

5) 단어선택과 표현법

1	2	3	4	5
단어선택이 진부함; 상투적인 표현을 과다하게 사용함.		단어선택이 다소 서투름.		단어선택이 적절하고 아이디어를 예리하게 표현함.

자료출처: Kubiszyn, T., & Borich, G. (2003). *Educational testing and measurement: Classroom application and practice* (7th ed.). Hoboken, NJ: John Wiley & Sons. (p. 167)

력이 필요하다는 단점도 있다.

③ 총체적 채점방법

총체적 채점방법(holistic scoring method)은 수행의 과정이나 결과를 채점할 때 개별적인 요소를 고려하기보다는 전체적으로 판단하여 단일점수를 부여하는 방법이다. 따라서 총체적 채점방법은 준비와 실시에서 시간과 노력을 절약할 수 있다는 장점이 있다. 그러나 총체적 채점방법은 전반적인 인상에 의한 단일점수를 부여하기 때문에 일관성이 낮아질 수 있으며 아동의 강점과 약점에 대한 구체적인 정보를 제공하지 못한다는 단점도 있다. 이와 같은 총체적 채점방법은 결과보다는 과정을 채점할 때 좀 더 사용하기 어려운 경향이 있다(Kubiszyn & Borich, 2003). 〈그림 7-5〉는 총체적 채점방법을 위해 작성된 채점기준표의 예를 제시하고 있는데, 각 수준별로 기술된 사항

●〈그림 7-5〉 **수행사정에서 사용되는 총체적 채점지의 예(작문)**

```
4  -   시종일관 흥미로움.
       흐름이 유연하고 전환도 매끄러움.
       주제에 맞추어 조직화가 잘 됨.
       작문기법과 문장구성이 우수함.

3  -   대체로 흥미로움.
       흐름은 유연하나 전환이 다소 매끄럽지 못함.
       조직화는 되었으나 다소 약함.
       기법상 사소한 오류들이 있음.

2  -   초점을 벗어나 흥미를 떨어뜨림.
       전환이 매끄럽지 못해 흐름이 단절됨.
       조직화가 약하고 주제를 벗어남.
       기법상 심각한 오류들이 다소 있음.

1  -   초점이 전혀 없음.
       장황하고 산만함.
       조직화가 되지 않음.
       기법상 오류가 많고 문장구성이 빈약함.
```

자료출처: Gronlund, N. E. (2003). *Assessment of student achievement* (7th ed.). Boston, MA: Allyn and Bacon. (p. 135)

은 수행결과의 분석을 위해 제공된 것이 아니라 단지 전체적인 판단을 할 때 고려할 수 있는 준거로 제공된 것이다.

수행사정이나 포트폴리오사정에서 아동의 수행을 총체적 채점방법으로 채점할 때에 각 수준별로 표본(sample)을 제공함으로써 채점의 일관성을 높일 수도 있는데 이와 같은 수준별 표본을 벤치마크라고 한다. 즉, 벤치마크(benchmark)란 사정척도의 각 수준을 예증하는 실례(example)라고 할 수 있다(Cohen & Spenciner, 2007). 특히, 채점할 수행결과가 수필이나 보고서 등과 같은 작문일 경우에는 벤치마크를 모범답안(model paper)(Kubiszyn & Borich, 2003) 또는 가교답안(anchor paper)(Cohen & Spenciner, 2007; Farr & Tone, 1998; Spandel & Stiggins, 1990)이라고 부르기도 한다. 이와 같은 벤치마크는 아동들로 하여금 교사가 그들의 수행이나 작품을 어떻게 채점하는지를 이해하게 하는 데에도 도움이 될 수 있다. 그러나 벤치마크를 아동들과 공유할 때는 그들이 벤치마크를 따라해야만 한다는 생각으로 그들의 수행이나 작품의 개별성을 잃어버리는 일이 없도록 주의를 기울여야 한다(Cohen & Spenciner, 2007).

(2) 채점방법의 비교

앞서 살펴본 세 가지 유형의 채점방법은 각각 나름대로의 장점과 단점을 가지고 있다. Kubiszyn과 Borich(2003)는 다음 준거에 따라 세 가지 채점방법의 장단점을 〈표 7-2〉와 같이 비교하여 제시하고 있다.

- 제작의 용이성(ease of construction): 제작의 용이성은 성공적이거나 비성공적인 수행의 특성 또는 요소들을 선정하여 기술하는 데에 걸리는 시간과 관련된다.
- 채점의 효율성(scoring efficiency): 채점의 효율성은 수행의 다양한 요소들을 채점한 후 총합하여 단일한 종합점수를 산출하는 데에 걸리는 시간과 관련이 있다.
- 신뢰도(reliability): 신뢰도는 두 채점자가 독립적으로 채점한 점수가 얼마나 유사한가를 말한다.
- 방어성(defensibility): 방어성은 점수에 대해 이의를 제기하는 아동이나 부모에게 해명을 할 수 있는 용이성과 관련이 있다.
- 피드백의 질(quality of feedback): 피드백의 질은 수행의 강점과 약점에 관심이 있는 학습자나 부모에게 줄 수 있는 정보의 양과 관련된다.

▷ 〈표 7-2〉 **수행사정에서 사용되는 세 가지 채점방법의 비교**

채점방법	제작의 용이성	채점의 효율성	신뢰도	방어성	피드백의 질
검목표방법	낮음	보통	높음	높음	높음
평정척도방법	보통	보통	보통	보통	보통
총체적 채점방법	높음	높음	낮음	낮음	낮음

수정발췌: Kubiszyn, T., & Borich, G. (2003). *Educational testing and measurement: Classroom application and practice* (7th ed.). Hoboken, NJ: John Wiley & Sons. (p. 170)

〈표 7-2〉에 제시된 각 채점방법의 장단점은 세 가지 유형의 채점방법 중 한 가지 방법을 선정할 때 도움이 될 수 있다. 그러나 각 채점방법이 나름대로의 장단점을 가지고 있음을 고려하여 세 가지 유형의 채점방법을 결합하여 사용하는 방법도 제안되었는데, Kubiszyn과 Borich(2003)에 의하면 〈그림 7-6〉과 같이 세 가지 유형의 채점방법을 결합하여 최종적 단일점수를 산출할 수도 있다. 이와 같이 세 가지 채점방법을 결합하여 사용할 때 주의해야 할 사항은 다른 방법의 채점에 앞서 총체적 채점이 먼저 실시되어야 한다는 것인데 그 이유는 특정요소가 수행에 대한 전반적인 인상을 왜곡할 수도 있기 때문이다(Gronlund, 2003).

3. 수행사정의 타당도와 신뢰도

앞절에서 살펴본 바와 같이 수행사정은 그 실시에 앞서 체계적인 준비를 필요로 한다. 이러한 체계적인 준비와 더불어 반드시 고려되어야 할 사항은 수행사정의 타당도와 신뢰도다. 타당도와 신뢰도는, 앞서 여러 장에 걸쳐 각각 다루어진 모든 사정방법에서도 언급되었듯이, 어떤 형태의 사정방법에서든 중요한 사항이지만 수행사정에서는 특히 신중을 기해야 할 사항이다. 왜냐하면 앞 절의 준비절차에서 보이듯이 과제나 채점방법의 선정 및 개발이 주관적인 판단에 많이 의존하기 때문이다. 이와 같은 점은 제8장에서 다루어질 포트폴리오사정에도 해당된다. 다음에서는 수행사정의 타당도와 신뢰도에 대해 각각 좀 더 구체적으로 살펴보기로 한다.

● 〈그림 7-6〉 **수행사정에서 세 가지 채점방법을 결합하여 사용한 예(시사 프로젝트)**

A. 검목표(1 또는 0을 부여하시오.): 총점(5)

　　　_____　4명의 사람을 면접하였음.
　　　_____　최근 문헌들을 인용하였음.
　　　_____　타이프되었음.
　　　_____　철자오류가 전혀 없음.
　　　_____　제목 및 요약 페이지가 포함되었음.

B. 평정척도(발표의 질을 가장 잘 표현하는 숫자에 ○를 하시오.): 총점(9)

1) 설득력

1	2	3
열의가 없음.	다소 활기가 없음.	설득력이 높음.

2) 전달력

1	2	3
불명확하고 많이 더듬거림.	종종 청중을 바라보지 못하고 다소 불명확함.	명확하고 활력 있게 전달함.

3) 청중에 대한 민감성

1	2	3
청중을 거의 바라보지 않거나 주목하지 않음.	질문에는 응답하지만 청중이 이해하지 못하는 경우를 항상 감지하지는 못함.	질문을 조장하며 청중이 이해하지 못한다고 느끼면 진행을 멈추고 명료화함.

C. 총체적 채점: 총점(3)

프로젝트에 대한 전반적 인상은 어떠한가?

1	2	3
보통 이하	보통	우수

D. 최종 총점(17)

자료출처: Kubiszyn, T., & Borich, G. (2003). *Educational testing and measurement: Classroom application and practice* (7th ed.). Hoboken, NJ: John Wiley & Sons. (p. 169)

1) 수행사정의 타당도

앞서 여러 번 언급되었듯이 타당도란 사정도구가 측정하고자 하는 능력이나 특성을 실제로 측정하고 있는 정도, 즉 목적에 따른 사정도구의 적합성의 정도를 의미하며 그 종류로는 내용타당도, 준거관련타당도, 그리고 구인타당도가 있다. 수행사정의 타당도 검증과 관련하여 두 가지 다른 입장이 있는데, 첫 번째 입장은 이러한 일반적인 타당도 개념에 근거하여 수행사정의 타당도를 검증할 수 있다는 것이고(예: Messick, 1994) 두 번째 입장은 수행사정의 타당도 검증이 기존의 일반적 타당도 개념이 아닌 특수한 타당도 준거에 근거하여 이루어져야 한다는 것이다(예: Linn & Baker, 1996). 두 번째 입장을 취하는 Linn과 Baker(1996)는 수행사정의 타당도 준거를 내적 타당도 준거(internal validity criteria)와 외적 타당도 준거(external validity criteria)로 구분하였다. 그들에 의하면 내적 타당도 준거로는 내용의 질(content quality), 교육과정적 중요성(curricular importance), 내용의 범위(content coverage), 인지적 복잡성(cognitive complexity), 언어적 적절성(linguistic appropriateness), 부수적 기술(ancillary skills), 학생을 위한 과제의 유의미성(meaningfulness of tasks for students) 등이 있고 외적 타당도 준거에는 학생과 교사를 위한 결과(consequences for students and teachers), 공정성(fairness), 전이와 일반화가능도(transfer and generalizability), 비교가능성(comparability), 교수적 민감도(instructional sensitivity) 등이 포함된다. 이 책에서는 첫 번째 입장에 의거하여 수행사정의 타당도를 내용타당도, 준거관련타당도 그리고 구인타당도로 나누어 살펴보기로 한다.

(1) 수행사정의 내용타당도

내용타당도는 수행사정에서 타당도를 검증하기 위하여 가장 기본적으로 사용되는 타당도라고 할 수 있는데 그 이유는 수행사정이 아직 현실적으로 정착되지 않아 준거관련타당도와 구인타당도를 검증하기 위한 자료가 부족하기 때문이다(남명호 외, 2000). 일반 검사도구에서는 내용타당도가 측정하고자 하는 영역을 검사문항이 얼마나 충실하게 대표하는가를 의미하지만 수행사정에서는 측정하고자 하는 영역을 과제와 채점준거(채점기준표의 항목)가 대표하고 있는 정도를 말한다. 즉, 수행사정의 과제가 특정 능력이나 지식을 입증할 수 있도록 개발되었는지 그리고 그 과제가 요구하는 바를 반영하도록 채점기준표가 개발되었는지를 관련전문가의 논리적 사고와 분석을 통하여 판단하게 된다.

(2) 수행사정의 준거관련타당도

준거관련타당도란 검사도구의 측정결과와 준거가 되는 변인의 측정결과와의 관련 정도를 말한다. 즉, 준거관련타당도는 검사결과가 준거가 되는 다른 검사결과와 일치하는 정도를 의미한다. 그러나 앞서 언급한 바와 같이 수행사정을 실시했을 때 준거로 삼을 만한 자료가 불확실한 것이 현재의 실정이다. 예를 들어, 과학성취도를 측정하기 위한 수행사정을 실시했을 때 그 준거는 단편적인 지식의 암기가 아니라 실제적인 수행능력을 나타내는 것이어야 하는데 실제로 그러한 준거로서 사용가능한 자료를 입수하기가 현실적으로 쉽지 않다. 따라서 이론적으로는 수행사정의 준거관련타당도의 검증이 가능할 것으로 보이나 실제로는 매우 어려워 수행사정에서 준거관련타당도의 검증이 가장 문제시되고 있다(남명호 외, 2000).

(3) 수행사정의 구인타당도

구인타당도란, 제2장 4절에서 설명했듯이, 측정하고자 하는 이론적 구인을 검사도구가 실제로 측정하고 있는 정도를 말하며 구인타당도를 검증하기 위해서는 일반적으로 네 가지 방법(수렴타당도와 판별타당도 확인, 요인분석, 상관계수법, 실험설계법)이 주로 사용된다. 수행사정의 구인타당도는 수렴타당도와 판별타당도 확인을 통하여 검증할 수 있다(남명호 외, 2000). 즉, 수행사정의 결과가 동일한 구인을 상이한 방법으로 측정한 검사의 결과와 정적 상관이 높을수록 수렴타당도가 높다고 할 수 있고 다른 구인을 측정하는 검사의 결과와는 상관이 낮을수록 판별타당도가 높다고 할 수 있다. 예를 들어, 과학과정기술(science process skill)을 측정하기 위하여 수행사정을 실시했을 때 그 결과가 과학과정기술지필검사의 결과와 높은 정적 상관을 보이고 논리력지필검사나 조작기술수행사정의 결과와는 낮은 상관을 보인다면 과학과정기술 수행사정의 구인타당도는 만족스러운 것으로 판단할 수 있다.

2) 수행사정의 신뢰도

수행사정에서는 과정이나 결과의 관찰에 의하여 채점이 이루어지므로 수행사정의 신뢰도는 제4장 3절 '관찰의 신뢰도'에서 설명된 관찰자간 신뢰도의 내용 중 사건기록, 산물기록, 척도기록, 검목표기록으로 기록된 관찰자료의 관찰자간 신뢰도 추정방법을 통하여 검증할 수 있다. 좀 더 구체적으로 설명해 보면, 이 장 2절에서 살펴본 바와 같이 수행사정에서 사용되는 채점방법으로 검목표방법, 평정척도방법, 총체적 채점방법의 세 가지 유형이 있으므로 검목표방법이 사용되었을 경우에는 검목표기록의 관찰자간 신뢰도 추정방법을, 평정척도방법이 사용되었을 경우에는 척도기록의 관찰자간 신뢰도 추정방법을, 그리고 총체적 채점방법이 사용되었을 경우에는 사건기록이나 산물기록의 관찰자간 신뢰도 추정방법을 통하여 신뢰도를 검증할 수 있다. 각 추정방법에 대한 구체적인 내용은 제4장 3절에 자세히 설명되어 있으며, 〈표 7-3〉은 〈표 4-3〉을 수정한 것으로서 관찰자간 신뢰도 추정방법에 있어서의 관찰과 수행사정 간의 관계를 요약하여 제시하고 있다.

이와 같이 수행사정의 채점이 관찰과 판단에 의존하기 때문에, 다음 절에서 수행사정의 단점으로도 제시되겠지만, 수행사정은 전형적으로 신뢰도가 낮게 추정되는 경향이 있다. 따라서 수행사정에서는 채점자의 훈련과 명료한 채점기준표의 제작이 반드시 필요하다(성태제, 2010; Venn, 2004). 특히 〈표 7-2〉에 보이듯이 검목표방법에 비해 평정척도방법 또는 총체적 채점방법에서 신뢰도가 더 낮을 가능성이 있으므로 평정척도방법에서는 6점 미만의 3~5점으로 척도숫자를 제한함으로써 그리고 총체적 채점방법에서는 앞서 설명된 벤치마크(benchmark)를 제공함으로써 신뢰도를 높이는

▷ 〈표 7-3〉 관찰자간 신뢰도 추정방법에 있어서의 관찰과 수행사정 간의 관계

관찰의 기록방법		관찰자간 신뢰도 추정방법	수행사정의 채점방법
간격기록		일치율(percentage of agreement)	–
		일치계수(coefficient of agreement): 카파(kappa: κ)	
사건기록		일치율(percentage of agreement)	총체적 채점방법
산물기록		일치율(percentage of agreement)	
평정기록	범주기록	일치율(percentage of agreement)	–
		일치계수(coefficient of agreement): 카파(kappa: κ)	
	척도기록	일치율(percentage of agreement)	평정척도방법
		단순적률상관계수(product-moment correlation coefficient: r)	
	검목표기록	일치율(percentage of agreement)	검목표방법

노력도 필요하다(Cohen & Spenciner, 2007; Taylor, 2006; Venn, 2004).

4. 수행사정의 장점과 단점

1) 수행사정의 장점

수행사정에는 다음과 같은 장점이 있다(Gronlund, 2003).

- 전통적인 지필검사로는 평가할 수 없는 복잡한 학습결과나 기술을 평가할 수 있다.
- 논리적이고 구두적이며 신체적인 기술에 대한 좀 더 자연스럽고 직접적이며 완전한 평가를 제공한다.
- 목적을 명료화하고 학습을 좀 더 의미 있게 함으로써 아동들에게 동기를 더 부여한다.
- 실제상황에 대한 학습의 응용을 조장한다.

2) 수행사정의 단점

수행사정은 다음과 같은 단점도 가지고 있다(Gronlund, 2003).

- 상당한 시간과 노력을 요구한다.
- 판단과 채점이 주관적이며 전형적으로 낮은 신뢰도를 보인다.
- 집단적으로 실시되기보다는 종종 개별적으로 실시되어야 한다.

제8장

포트폴리오사정

제7장에서 살펴본 수행사정과 더불어 대안적 사정의 대표적인 방법 중의 하나인 포트폴리오사정은 한 학기나 한 해 등의 장기간의 시간을 필요로 하고(성태제, 2010; Farr & Tone, 1998), 교사와 아동 간의 포트폴리오협의(portfolio conference)가 요구되며(Farr & Tone, 1998; Vavrus, 1990; Venn, 2004), 아동의 자기성찰(self-reflection)이 중요한 요소(성태제, 2010; King-Sears, 1994; Venn, 2004)라는 점 등에서 수행사정과 구별된다. 다음에서는 포트폴리오사정을 특성, 준비, 타당도와 신뢰도, 그리고 장점과 단점으로 나누어 살펴보기로 한다.

1. 포트폴리오사정의 특성

포트폴리오사정(portfolio assessment)은 아동의 성취를 평가하기 위하여 아동 그리고/또는 교사가 선택한 아동의 작업이나 작품의 수집에 의존하는 사정방법이라고 할 수 있다(Joint Committee of Standards for Educational Evaluation, 2003).

포트폴리오(portfolio)는 원래 서류철 또는 서류가방이라는 뜻인데, 포트폴리오사정이란 명칭은 아동이 수행한 일련의 과제 중에서 대표적인 몇 가지를 선정하여 구성된 작업집이나 작품집이 하나의 서류철이나 서류가방의 형식을 취하기 때문에 붙

여진 이름이다. 즉, 포트폴리오사정에서 아동의 성취를 평가하기 위하여 수집된 아동의 작업집이나 작품집을 포트폴리오(portfolio)라고 하는데, 포트폴리오는 주로 두 가지 유형으로 분류된다. Nolet(1992)는 교수포트폴리오(instructional portfolio)와 사정포트폴리오(assessment portfolio)로, Farr와 Tone(1998)은 작업포트폴리오(working portfolio)와 전시포트폴리오(show portfolio)로, Gronlund(2003)는 발달포트폴리오(developmental portfolio)와 진열포트폴리오(showcase portfolio)로, Venn(2004)은 과정포트폴리오(process portfolio)와 결과포트폴리오(product portfolio)로 나누고 있으나 분류명칭만 상이할 뿐 분류목적은 유사하다. 즉, 전자는 아동의 학습과정을 보여 주기 위해 그리고 후자는 아동의 최상의 작업이나 작품의 표본을 보여 주기 위해 아동의 작업이나 작품을 선택하여 조직화한 것인데, 통상적으로 전자는 교수프로그램의 실시과정에서 그리고 후자는 교수프로그램이 끝나는 시점에서 사용된다(Gronlund, 2003). 일반적으로, 학습과정에서 아동이 거치는 단계들을 기록하기에 더 적합하다는 이유로 교사들은 후자보다는 전자를 더 선호하는 경향이 있다(Venn, 2004). 이 책에서는 포트폴리오의 유형을 과정포트폴리오(process portfolio)와 결과포트폴리오(product portfolio)로 구분하고 과정포트폴리오에 초점을 맞추어 포트폴리오사정을 설명하기로 한다.

　Venn(2004)에 의하면 포트폴리오사정을 특수아동을 대상으로 사용할 때 다음과 같은 긍정적인 측면이 있다. 첫째, 포트폴리오의 내용은 융통성이 있으므로 학습문제를 가지고 있는 아동들에게 유익할 수 있는데 그 이유는 융통성이 아동들에게 다양한 창의적인 방법으로 학업성취를 나타낼 수 있는 기회를 제공하기 때문이다. 또한 융통성은 검사나 전통적인 학습과제에서 낮은 수행을 보이는 아동들에게 특히 도움이 될 수 있다. 예를 들어, 그들에게 검사를 실시하는 대신 그림, 오디오테이프, 비디오테이프, 행동도표 등을 통해 그들의 진전을 확인할 수 있다. 둘째, 포트폴리오는 학습활동을 개별화하는 데 도움이 되므로 교사는 아동의 개별적인 요구에 맞추어 과제를 부여할 수 있다. 셋째, 포트폴리오는 본인의 관심영역에 노력을 집중하게 함으로써 아동들의 동기를 높인다. 넷째, 포트폴리오는 아동에게 새로운 기술로 옮겨가기 전에 특정기술에 능숙해지는 데 필요한 시간과 연습을 허용함으로써 학습숙달을 촉진한다. 따라서 포트폴리오는 교사들로 하여금 아동들이 자신의 성취수준에서 시작하고 외부적으로 부과된 속도보다는 자신의 속도로 진전하도록 학습환경을 조정할 수 있게 한다. 다섯째, 읽기나 쓰기에서 심각한 결함을 가진 아동들을 위해서 포트폴리오는 읽기 및 쓰기 기술을 익히고 새로운 기술을 배우는 데 필요한 자신감을 발달시키는 이상적인 방법을 제공한다. 근래에는 특수아동을 대상으로 포트폴리오사정을 앞서 제6장에서 설명된 준거참조-교육과정중심사정(CR-CBA)과 결합하거나(Idol, Nevin, & Paolucci-Whitcomb, 2000) 또는 교육과정중심측정(CBM)과 결합하여(Wesson & King, 1992) 활용하기도 하였다. 또한 일반아동들을 대상으로 포트폴리오사정과 제7장에서 설명한 수행사정을 결합하여 사용하고자 하는 노력이 있음(Chen & Martin, 2000; Farr & Tone, 1998)을 고려할 때 특수교육에서도 그 가능성을 탐색하는 시도가 있을 것으로 기대된다. 이와 같은 포트폴리오사정은 수행사정과 마찬가지로 특수아 평가단계 중 교육 프로그램계획, 형성평가, 그리고 총괄평가에서 유익한 정보를 제공할 수 있다.

2. 포트폴리오사정의 준비

앞장에서 살펴본 수행사정과 마찬가지로 포트폴리오사정도 실시에 앞서 체계적인 준비를 필요로 한다. Salend(1998)는 포트폴리오사정의 준비절차를 다음과 같은 6단계로 제시하고 있다.

① 포트폴리오의 목적 확인하기
② 포트폴리오의 유형 결정하기
③ 포트폴리오의 조직화를 위한 절차 결정하기
④ 포트폴리오 목표와 관련된 학급 내 실제상황결과물의 범위 선정하기
⑤ 포트폴리오에 포함된 품목의 중요성을 기록하는 방법 결정하기
⑥ 포트폴리오의 정기적 검토계획 설정하기

또한 Vavrus(1990)에 의하면 포트폴리오사정은 다음과 같은 5단계의 준비절차를 거치게 된다.

① 포트폴리오의 구조 결정하기
② 포트폴리오의 유형 결정하기

3 품목의 선정과정 결정하기
4 포트폴리오의 채점방법 결정하기
5 포트폴리오사정 결과의 활용방법 결정하기

이 책에서는 Vavrus(1990)가 제시한 5단계를 중심으로 포트폴리오사정의 준비절차를 설명하기로 한다.

1) 단계 1: 포트폴리오의 구조 결정하기

앞서 언급한 바와 같이 포트폴리오란 아동의 성취를 평가하기 위하여 수집된 아동의 작업집이나 작품집이라고 할 수 있는데, 포트폴리오사정을 실시하고자 할 때에는 포트폴리오의 물리적 구조(physical structure)와 개념적 구조(conceptual structure)에 대한 구상이 필요하다. 물리적 구조란 포트폴리오에 포함된 품목들의 실제적 배열을 말한다. 예를 들어, 포트폴리오는 교과목, 날짜, 또는 작업양식에 따라 구조화될 수 있다. 이에 비해 개념적 구조는 아동의 학습목적과 그 목적을 잘 반영하는 품목을 말한다. 예를 들어, 글을 읽지 못하는 아동을 위해 그림의 의미를 이해하는 것이 학습목적으로 설정되었을 때 아동이 그림에 대해 이야기하는 것을 녹음 또는 녹화한 테이프는 아동의 학습목적을 잘 반영하는 품목이 될 수 있다. 또한, 아동의 작문기술을 향상시키는 것이 학습목적으로 설정되었다면 일기, 편지, 수필, 독후감, 보고서 등은 아동의 학습목적을 반영하는 품목들로 볼 수 있다.

2) 단계 2: 포트폴리오의 유형 결정하기

앞서 설명되었듯이 포트폴리오는 목적에 따라 아동의 학습과정을 보여 주기 위한 과정포트폴리오(process portfolio)와 아동의 최상의 작업이나 작품을 보여 주기 위한 결과포트폴리오(product portfolio)의 두 가지 유형으로 분류된다. 따라서 포트폴리오사정을 실시하고자 할 때에는 두 가지 유형 중 어느 유형을 사용할 것인가 또는 두 가지 유형을 병행할 것인가에 대한 결정이 필요하다. 한 가지 유형을 선택하여 사용할 경우에는, 앞서 언급되었듯이, 학습과정에서 아동이 거치는 단계들을 기록하기에 더 적합하다는 이유로 교사들은 결과포트폴리오보다는 과정포트폴리오를 더 선호하는 경향이 있다(Venn, 2004).

3) 단계 3: 품목의 선정과정 결정하기

포트폴리오는 아동의 성취를 평가하기 위하여 수집된 아동의 작업집이나 작품집이지만 아동의 모든 작업이나 작품이 포트폴리오에 포함되는 것은 아니다. 따라서 설정된 학습목적과 관련하여 포트폴리오에 포함될 작업이나 작품의 선정과정을 결정할 필요가 있다. 예를 들어, 작문기술을 향상시키는 것이 학습목적으로 그리고 일기, 편지, 수필, 독후감, 보고서 등이 품목으로 설정되었을 때 한 학기 또는 한 학년 동안 2주마다 아동과 교사 간의 포트폴리오협의(portfolio conference)를 통하여 한 품목을 선정하고 아동으로 하여금 그 품목에 대하여 자기성찰(self-reflection)을 하여 그 품목에 첨부하게 할 수 있는데, 〈그림 8-1〉은 아동의 자기성찰을 위하여 교사가 제작하여 아동에게 제공한 자기성찰지의 예를 보여 주고 있다. 이와 같이 포트폴리오사정은, 이 장의 첫 부분에서 언급되었듯이, 한 학기나 한 해 등의 장기간의 시간을 필요로 하고(성태제, 2010; Farr & Tone, 1998), 교사와 아동 간의 포트폴리오협의가 요

〈그림 8-1〉 포트폴리오사정에서 사용되는 자기성찰지의 예(작문)

날 짜:
아동성명:
선정품목:

1) 이 작문을 선정한 이유는 무엇인가?

2) 이 작문의 좋은 점은 무엇인가?

3) 이 작문을 수정한다면 어떤 점을 고칠 것인가?

4) 이 과제의 쉬웠던 점은 무엇인가?

5) 이 과제의 어려웠던 점은 무엇인가?

수정발췌: Taylor, R. L. (2006). *Assessment of exceptional students: Educational and psychological procedures* (7th ed.). Boston, MA: Allyn and Bacon. (p. 168)

구되며(Farr & Tone, 1998; Vavrus, 1990; Venn, 2004), 아동의 자기성찰이 중요한 요소 (성태제, 2010; King-Sears, 1994; Venn, 2004)라는 점 등에서 제7장에서 다룬 수행사정 과 구별된다.

4) 단계 4: 포트폴리오의 채점방법 결정하기

수행사정에서와 마찬가지로 포트폴리오사정에서도 채점방법으로 검목표방법 (checklist method), 평정척도방법(rating scale method), 총체적 채점방법(holistic scoring method)의 세 가지 유형이 주로 사용된다(Cohen & Spenciner, 2007; Gronlund, 2003; Kubiszyn & Borich, 2003). 이 세 가지 유형의 채점방법에 대해서는 제7장 '수행사정'에 서 자세히 설명하였으므로 이 장에서는 이러한 채점방법이 포트폴리오사정에서 어 떻게 적용되는지에 초점을 두고 살펴보기로 한다.

수행사정에서는 수행의 과정이나 결과를 채점할 때 세 가지 방법(검목표방법, 평정 척도방법, 총체적 채점방법) 중 한 가지 방법을 선정하여 사용하거나 또는 세 가지 방법 을 결합하여 사용한다고 앞서 설명하였다. 이에 비해 포트폴리오사정에서는 교사와 아동 간의 포트폴리오협의를 통하여 선정된 품목을 채점하는 것 외에 한 학기 또는 한 학년이 끝날 때 포트폴리오의 구조와 아동의 수행진전에 대해 채점하는 것도 필요 하다. 다음에서는 포트폴리오의 구조 채점, 포트폴리오의 선정품목 채점, 그리고 아 동의 수행진전 채점으로 나누어 포트폴리오사정에서 채점이 어떻게 이루어지는지를 살펴보기로 한다.

(1) 포트폴리오의 구조 채점

포트폴리오의 구조를 채점하기 위해서는 검목표방법을 사용할 수 있다. 즉, 포트 폴리오 구조의 측정가능한 측면들을 준거항목으로 하여 검목표를 작성할 수 있다. 이와 같은 검목표는 포트폴리오를 구상하거나 포트폴리오의 결점을 발견하는 데 필 요한 지침이 되기도 한다. 〈그림 8-2〉는 포트폴리오의 구조를 채점하기 위한 일반적 준거들로 구성된 검목표의 예를 보여 주고 있는데, 특정 교과영역의 포트폴리오를 채 점하기 위해서는 〈그림 8-2〉에 제시된 일반적 준거들을 그 교과영역의 내용에 맞추 어 수정할 필요가 있다. 예를 들어, 교과영역이 과학일 경우에는 세 번째 항목을 '포 트폴리오가 이해, 실험실기술, 연구기술에 대한 증거를 제공하고 있는가?'로 기술할

● 〈그림 8-2〉 **포트폴리오의 구조를 채점하기 위한 검목표의 예**

■ 기록지시: 포트폴리오가 만족시키는 항목의 앞줄에 ✓로 표시하시오.

_____ 1) 포트폴리오의 목적이 명확하게 진술되었는가?

_____ 2) 포트폴리오가 조직화되고 유용한 방식으로 품목들을 제시하고 있는가?

_____ 3) 포트폴리오가 다양한 학습유형에 대한 증거를 제공하고 있는가?

_____ 4) 포트폴리오가 타당한 판단을 내리는 데에 충분한 품목을 포함하고 있는가?

_____ 5) 포트폴리오가 아동의 참여를 위한 지침을 제공하고 있는가?

_____ 6) 포트폴리오가 각 품목에 대한 아동의 자기성찰지를 포함하고 있는가?

_____ 7) 포트폴리오가 수업과 사정의 상호작용을 보여 주고 있는가?

_____ 8) 포트폴리오가 성공적인 수행에 대해 명료하게 진술된 준거들에 근거한 채점을 포함하고 있는가?

_____ 9) 포트폴리오를 통해 학습진전과 현재의 학습수준에 대한 결정을 내리는 것이 가능한가?

수정발췌: Gronlund, N. E. (2003). _Assessment of student achievement_ (7th ed.). Boston, MA: Allyn and Bacon. (p. 164)

수 있다.

(2) 포트폴리오의 선정품목 채점

교사와 아동 간의 포트폴리오협의를 통해 일정기간마다 선정되는 품목을 채점하기 위해서 평정척도방법이나 총체적 채점방법을 사용할 수 있다. 예를 들어, 작문기술의 향상을 목적으로 2주마다 교사와 아동간의 협의를 통하여 일기, 편지, 수필, 독후감, 보고서 등에서 한 품목을 선정하여 채점하고자 할 때 〈그림 8-3〉 또는 〈그림 8-4〉와 같은 채점기준표를 작성할 수 있는데 전자는 평정척도방법이 그리고 후자는 총체적 채점방법이 사용된 예다.

(3) 아동의 수행진전 채점

한 학기 또는 한 학년이 끝날 때, 그동안 선정되어 채점된 품목들을 근거로 하여 아동의 수행이 어떻게 진전되었는지를 알기 위한 채점이 필요하다. 예를 들어, 작문기술의 향상을 목적으로 한 학년 동안 2주마다 교사와 아동 간의 협의를 통하여 일기, 편지, 수필, 독후감, 보고서 등에서 한 품목을 선정하여 채점한 결과 15개의 품목이

● 〈그림 8-3〉 **포트폴리오의 선정품목을 채점하기 위한 평정척도의 예(작문)**

■ 기록지시: 아래의 구분을 적용해 적절한 숫자에 ○를 하여 각 항목을 평정하시오.
  4 - 뛰어남
  3 - 잘함
  2 - 보통
  1 - 못함

4 3 2 1   1) 목적 및 주제의 명료성
4 3 2 1   2) 내용의 조직성
4 3 2 1   3) 단어선택의 적절성
4 3 2 1   4) 문장구성의 적절성
4 3 2 1   5) 철자의 정확성
4 3 2 1   6) 문법의 정확성
4 3 2 1   7) 독창성

수정발췌: Venn, J. J. (2004). *Assessing students with special needs* (3rd ed.). Upper Saddle River, NJ: Prentice-Hall. (p. 574)

● 〈그림 8-4〉 **포트폴리오의 선정품목을 채점하기 위한 총체적 채점지의 예(작문)**

4 -   작문양식과 질이 의도된 목적에 매우 적절함.
        단어와 문장이 의도된 목적에 매우 적절함.
        철자오류가 거의 없음.
        문법오류가 거의 없음.

3 -   작문양식과 질이 의도된 목적에 비교적 적절함.
        단어와 문장이 의도된 목적에 비교적 적절함.
        철자오류가 약간 있음.
        문법오류가 약간 있음.

2 -   작문양식과 질이 의도된 목적에 다소 부적절함.
        단어와 문장이 의도된 목적에 다소 부적절함.
        철자오류가 다소 있음; 절의 의미에 영향을 줄 수도 있음.
        문법오류가 다소 있음; 절의 의미에 영향을 줄 수도 있음.

1 -   작문양식과 질이 의도된 목적에 매우 부적절함.
        단어와 문장이 의도된 목적에 매우 부적절함.
        철자오류가 많이 있음; 절의 의미에 영향을 줌.
        문법오류가 많이 있음; 절의 의미에 영향을 줌.

수정발췌: Taylor, R. L. (2006). *Assessment of exceptional students: Educational and psychological procedures* (7th ed.). Boston, MA: Allyn and Bacon. (p. 165)

● 〈그림 8-5〉 **포트폴리오사정에서 사용되는 수행진전 채점지의 예(작문)**

A. 품목들이 평정척도방법에 의해 채점된 경우: 품목의 개별채점지 참조

준 거	품 목														
	1	2	3	4	5	6	7	8	9	10	11	12	13	14	15
목적 및 주제의 명료성															
내용의 조직성															
단어선택의 적절성															
문장구성의 적절성															
철자의 정확성															
문법의 정확성															
독창성															

B. 품목들이 총체적 채점방법에 의해 채점된 경우: 품목의 개별채점지 참조

품 목														
1	2	3	4	5	6	7	8	9	10	11	12	13	14	15

C. 아동의 수행진전에 대한 채점: 위의 A 그리고/또는 B 참조

아 동	교 사
■ 기록지시: 자신의 수행진전의 정도와 관련하여 적절한 숫자에 ○를 하시오. 　4 – 탁월한 진전 　3 – 우수한 진전 　2 – 만족스러운 진전 　1 – 불만족스러운 진전 ■ 의　　견:	■ 기록지시: 아동의 수행진전의 정도와 관련하여 적절한 숫자에 ○를 하시오. 　4 – 탁월한 진전 　3 – 우수한 진전 　2 – 만족스러운 진전 　1 – 불만족스러운 진전 ■ 의　　견:

수집되었다면 〈그림 8-5〉에 제시된 방법으로 아동의 수행진전에 대한 채점을 할 수 있다. 〈그림 8-5〉에서 알 수 있듯이, 일정기간마다 교사와 아동 간의 포트폴리오협의를 통하여 한 품목을 선정하여 채점하고 아동으로 하여금 그 품목에 대한 자기성찰

지를 작성하게 한 것과 마찬가지로 한 학기 또는 한 학년이 끝날 때 실시되는 아동의 수행진전에 대한 채점도 교사와 아동 간의 포트폴리오협의를 통하여 이루어짐으로써 아동의 참여를 요구하게 된다.

5) 단계 5: 포트폴리오사정 결과의 활용방법 결정하기

포트폴리오사정을 준비할 때 마지막으로 결정해야 할 사항은 포트폴리오사정 결과의 활용방법을 구체화하는 것이다. 이는 한 학기 또는 한 학년이 끝나더라도 포트폴리오는 종결되어서는 안 되기 때문이다(Wesson & King, 1996). 특히 한 학년이 끝날 때 아동의 다음 담당교사에게 전달됨으로써 포트폴리오는 교육의 연속성을 조장하고 다음 담당교사와 아동에 대한 중요한 정보를 공유할 수 있는 기회를 제공한다. 또한 아동의 부모와 함께 포트폴리오를 검토함으로써 아동의 학업성취에 대한 의견을 교환할 수도 있는데, 이 점은 학년이 끝날 때마다 부모의 참석하에 개별화교육프로그램(IEP)의 검토가 요구되는 특수교육의 경우 특히 필요한 사항이라고 할 수 있다.

3. 포트폴리오사정의 타당도와 신뢰도

제7장 3절에서 수행사정은 과제나 채점방법의 선정 및 개발이 주관적인 판단에 많이 의존하기 때문에 타당도와 신뢰도에 특히 신중을 기할 필요가 있으며 이와 같은 점은 포트폴리오사정에도 해당된다고 설명하였다. 따라서 포트폴리오사정의 타당도와 신뢰도는 제7장 3절에서 다룬 수행사정의 타당도 및 신뢰도와 내용상 별다른 차이가 없으므로 내용의 중복을 피하기 위하여 이 장에서는 타당도와 신뢰도에 대한 구체적인 설명은 생략하기로 하고 대신에 포트폴리오사정의 특성상 고려되어야 할 몇 가지 사항을 살펴보기로 한다.

1) 포트폴리오사정의 타당도

하나의 특정 과제를 중심으로 아동의 성취를 평가하는 수행사정과는 달리 포트폴리오사정에서는 한 학년 또는 한 학기 동안 수집된 아동의 작업집이나 작품집인 포트폴리오를 통하여 아동의 성취를 평가하게 된다. 따라서 포트폴리오는 사정의 목적에 부적절할 수 있는 과제를 포함해서는 안 될 뿐만 아니라 사정의 목적과 관련된 중요한 과제를 충분히 포함하고 있어야 할 필요가 있다(Nolet, 1992). 이와 같은 필요성을 Tombari(2003)는 적절성(relevance)과 대표성(representativeness)으로 표현하고 다음과 같이 설명하고 있다.

- 적절성(relevance): 포트폴리오를 구성할 때 측정하고자 하는 바를 벗어나는 능력이나 특성을 요구해서는 안 된다. 예를 들어, 문제해결력을 반영하기 위하여 고안된 중학교과학포트폴리오는 중학교학생의 이해력을 초월하는 과학 정기간행물을 읽도록 요구해서는 안 된다.
- 대표성(representativeness): 대표성을 보장하는 가장 좋은 방법은 측정하고자 하는 능력이나 특성을 명확히 제시하고 이러한 능력이나 특성을 반영하는 다양한 결과물을 요구하는 것이다.

2) 포트폴리오사정의 신뢰도

포트폴리오사정은 한 학기 또는 한 학년 동안 교사와 아동 간의 정기적인 포트폴리오협의를 통하여 진행되므로 교사는 아동과 매우 친숙할 수 있다. 따라서 교사가 포트폴리오를 채점할 때 객관성이 결여될 수도 있으며 어떤 상황에서는 아동에 대해 너무 비판적이 될 수도 있다. 이러한 점을 고려하여 Venn(2004)은 관찰자간 신뢰도를 추정할 때 아동과 전혀 접촉을 한 적이 없는 사람과 교사간의 신뢰도, 즉 외부 채점자(external rater)와 내부 채점자(internal rater) 간의 신뢰도를 산출해 볼 것을 제안하기도 하였다.

4. 포트폴리오사정의 장점과 단점

1) 포트폴리오사정의 장점

포트폴리오사정에는 다음과 같은 장점이 있다(Gronlund, 2003; Venn, 2004).

- 시간의 경과에 따른 학습의 진전을 명확히 보여 줄 수 있다.
- 아동의 최상의 작업이나 작품에 초점을 둠으로써 학습에 긍정적인 영향을 미친다.
- 다른 아동들의 작업이나 작품에 비교하기보다는 아동자신의 과거 작업이나 작품에 비교함으로써 동기를 더 부여한다.
- 아동으로 하여금 스스로 최상의 작업이나 작품을 선정하게 함으로써 자기성찰 기술을 높인다.
- 아동으로 하여금 선정된 작업이나 작품에 대한 자기성찰지를 작성하게 함으로써 성찰학습(reflective learning)을 조장한다.
- 개인적 차이에 따른 조절을 가능하게 한다.
- 학습의 진전에 대한 아동, 부모 그리고 다른 사람들과의 의사소통을 원활하게 한다.
- 교수-학습-사정과정에 있어서 교사와 아동 간의 협력을 강화한다.
- 아동 진전의 다양한 측면을 측정할 수 있다.

2) 포트폴리오사정의 단점

포트폴리오사정은 다음과 같은 단점도 가지고 있다(Gronlund, 2003; Venn, 2004).

- 포트폴리오를 유지하고 사용하는 데에 많은 시간이 소요된다.
- 주관적인 판단과 채점이 사용되므로 신뢰도의 확보에 어려움이 있다.
- 정기적으로 교사와 아동 간의 포트폴리오협의를 실시하는 데에 어려움이 따를 수 있다.

제**3**부 ▶

사정도구

EVALUATION IN SPECIAL EDUCATION

제9장

지능

지능(intelligence)은 심리학 및 교육학 분야에서 오래전부터 많은 관심을 받아 왔으나 그 정의에 대한 논의는 아직도 계속되고 있다. 그러나 오늘날 대부분의 지능전문가들은 지능을 인지적 또는 지적 역량과 관련된 특성 또는 구인이며 학습 가능성이나 능력과 직접적으로 연관되어 있는 것으로 보고 있다(Venn, 2004). 이 장에서는 국내에 출시되어 있는 지능 사정도구를 가나다순으로 소개하고자 한다(저자주: 사정도구에서 제시되는 대상의 연령은 만 연령임).

1. 종합인지기능 진단검사

1) 개요

종합인지기능 진단검사(Cognitive Assessment System: CAS)는 문수백, 이영재, 여광응, 그리고 조석희(2007)가 미국의 Das Naglieri Cognitive Assessment System(CAS)(Naglieri & Das, 1997)을 한국의 아동들을 대상으로 표준화한 것이다.

2) 목적 및 대상

CAS는 PASS 이론(Das, Naglieri, & Kirby, 1994)에 근거한 인지과정적 접근을 통하여 5세부터 12세까지의 아동들을 대상으로 인지기능을 진단하기 위한 검사다. PASS 이론은 지능에 대한 신경심리학적 접근으로서 계획기능(planning), 주의집중(attention), 동시처리(simultaneous processing), 순차처리(successive processing)라는 4개의 주요 인지과정요인을 제시하고 있는데 PASS 이론은 이들 4개 요인의 각 머리글자(P, A, S, S)를 따서 명명되었다.

3) 구성

CAS는 PASS척도와 전체척도로 구성되어 있는데 PASS척도는 PASS이론에 제시된

▽ 〈표 9-1〉 **CAS의 구성내용**

척도		하위검사	표준검사	기본검사
PASS척도	계획기능	숫자 짝짓기	○	○
		부호쓰기	○	○
		순서잇기	○	
	동시처리	도형유추	○	○
		언어-공간관계	○	○
		도형기억	○	
	주의집중	표현주의력	○	○
		숫자찾기	○	○
		수용주의력	○	
	순차처리	단어계열	○	○
		문장반복	○	○
		말하기 속도[1]	○	
		문장이해[2]		
전체척도		—		

[1] 5~7세용임.

[2] 8~12세용임.

4개의 주요 인지과정요인에 따른 4개의 하위척도(계획기능, 동시처리, 주의집중, 순차처리)를 포함하고 있으며 4개의 하위척도에는 13개의 하위검사가 포함되어 있다. 또한 하위검사의 결합방식에 따라 표준검사(12개 하위검사로 구성)와 기본검사(8개 하위검사로 구성)로 분류된다. 이와 같은 CAS의 구성내용을 요약하여 제시하면 〈표 9-1〉과 같다.

4) 실시

검사자는 검사설명서에 제시된 지시문의 내용 및 절차에 익숙해진 다음 검사를 실시하도록 한다.

5) 결과

CAS는 표준검사와 기본검사에서 13개 하위검사별로 척도점수(평균이 10이고 표준편차가 3인 표준점수)를 그리고 4개 하위척도와 전체척도별로 해당 하위검사의 척도점수의 합에 의해 백분위점수와 표준점수(평균 100, 표준편차 15)를 제공한다.

2. 한국 비언어 지능검사-2판

1) 개요

한국 비언어 지능검사-2판(Korean Comprehensive Test of Nonverbal Intelligence-Second Edition: K-CTONI-2)은 박혜원(2014)이 미국의 Comprehensive Test of Nonverbal Intelligence-Second Edition(CTONI-2)(Hammill, Pearson, & Wiederholt, 2009)을 한국의 아동과 성인들을 대상으로 표준화한 것이다. 비언어 검사란 비언어적 지시, 내용, 응답을 사용하는 검사라고 할 수 있다.

2) 목적 및 대상

K-CTONI-2는 5세 0개월부터 59세 11개월까지의 연령집단을 대상으로 일반지능을 측정하기 위한 검사다. 비언어 검사인 K-CTONI-2는 일반 아동 및 성인뿐만 아니라 의사소통장애, 청각장애, 뇌손상 등의 장애를 가진 아동 및 성인의 지적 능력을 측정할 때 유용하다.

3) 구성

K-CTONI-2는 6개의 소검사(그림유추, 도형유추, 그림범주, 도형범주, 그림순서, 도형순서)로 구성되어 있다. K-CTONI-2에는 일반지능을 측정하는 3개의 종합척도(그림척도, 도형척도, 전체척도)가 있는데 그림척도는 그림을 사용하는 3개 소검사(그림유추, 그림범주, 그림순서)의 환산점수를 합한 것이고, 도형척도는 이미지를 사용하는 3개 소검사(도형유추, 도형범주, 도형순서)의 환산점수를 합한 것이며, 전체척도는 6개 소검사 전체 환산점수를 합한 것이다. 이와 같은 K-CTONI-2의 구성내용을 요약하여 제시하면 〈표 9-2〉와 같다.

▷ 〈표 9-2〉 **K-CTONI-2의 구성내용**

종합척도	소검사		
	유추	범주	순서
그림척도	• 그림유추	• 그림범주	• 그림순서
도형척도	• 도형유추	• 도형범주	• 도형순서
전체척도	• 그림유추 • 도형유추	• 그림범주 • 도형범주	• 그림순서 • 도형순서

4) 실시

K-CTONI-2를 실시할 때 가능한 한 검사설명서에 나와 있는 구두지시를 사용한다. K-CTONI-2가 비언어 검사임에도 불구하고 구두지시를 사용하는 이유는 검사자가 말을 하지 않는 것은 청력이 있는 피검자에게 낯설고 불안한 상황을 조장할 뿐 아

니라 청각장애인도 당황해할 수 있기 때문이다. 청각이 심하게 손상된 사람 또는 청각장애인을 대상으로 검사를 실시할 경우 검사자는 수어(手語)나 증폭된 청각/구두 언어 또는 신호를 포함하여 지시할 수 있다. 만약 피검자가 구두지시를 이해할 수 없다고 판단되면 검사설명서의 부록에 제시된 팬터마임 지시를 사용할 수 있다.

5) 결과

K-CTONI-2는 6개 소검사별로 발달연령(저자주: 이 책 제2장 3절의 정신연령에 해당함), 백분위점수, 환산점수(평균 10, 표준편차 3인 표준점수)를 제공하고 3개 종합척도별로는 백분위점수와 지능지수(평균 100, 표준편차 15인 표준점수)를 제공한다. 소검사별 환산점수와 종합척도별 지능지수는 〈표 9-3〉에 제시된 바와 같이 분류된다.

▷ 〈표 9-3〉 K-CTONI-2의 환산점수 및 지능지수 분류

분류	환산점수(소검사)	지능지수(종합척도)
최우수	17~20	>130
우수	15~16	121~130
평균상	13~14	111~120
평균	8~12	90~110
평균하	6~7	80~89
경계선	4~5	70~79
매우 낮음	1~3	<70

3. 한국 웩슬러 아동지능검사-5판

1) 개요

한국 웩슬러 아동지능검사-5판(Korean Wechsler Intelligence Scale for Children-Fifth Edition: K-WISC-V)은 곽금주와 장승민(2019)이 미국의 Wechsler Intelligence Scale for Children-Fifth Edition(WISC-V)(Wechsler, 2015)을 한국의 아동들을 대상으로 표

준화한 것이다.

2) 목적 및 대상

K-WISC-V는 6세 0개월부터 16세 11개월까지의 아동을 대상으로 지능을 평가하기 위한 종합적인 임상도구다.

3) 구성

K-WISC-V는 16개의 소검사(토막짜기, 공통성, 행렬추리, 숫자, 기호쓰기, 어휘, 무게비교, 퍼즐, 그림기억, 동형찾기, 상식, 공통그림찾기, 순차연결, 선택, 이해, 산수)로 구성되어 있다. 이 16개 소검사는 〈표 9-4〉에 보이듯이 기본소검사와 추가소검사의 두 가지 범주로 나뉘어 있다. 또한 〈표 9-4〉에 보이듯이, K-WISC-V에서는 전체 IQ와 더불어 5개 기본지표점수와 5개 추가지표점수를 산출하게 되어 있다. 〈표 9-5〉는 K-WISC-V의 전체 IQ, 5개 기본지표점수, 5개 추가지표점수의 산출에 사용되는 소검사를 제시하고 있다. 〈표 9-5〉에 보이듯이, K-WISC-V에서는 전체 IQ와 기본지표점수를 10개의 기본소검사를 사용하여 산출하는데 특히 전체 IQ의 경우 7개 소검사만을 사용한다. 또한 소검사 대체는 전체 IQ에서만 1회 허용된다.

▷ 〈표 9-4〉 **K-WISC-V의 구성내용**

소검사		지표점수	
기본소검사	추가소검사	기본지표	추가지표
• 토막짜기	• 상식	• 언어이해지표	• 양적추론지표
• 공통성	• 공통그림찾기	• 시공간지표	• 청각작업기억지표
• 행렬추리	• 순차연결	• 유동추론지표	• 비언어지표
• 숫자	• 선택	• 작업기억지표	• 일반능력지표
• 기호쓰기	• 이해	• 처리속도지표	• 인지효율지표
• 어휘	• 산수		
• 무게비교			
• 퍼즐			
• 그림기억			
• 동형찾기			

▷ 〈표 9-5〉 K-WISC-V의 전체 IQ와 지표점수의 소검사 구성

구분		소검사
전체 IQ		• 토막짜기(대체가능 소검사: 퍼즐) • 공통성(대체가능 소검사: 상식, 이해) • 행렬추리(대체가능 소검사: 공통그림찾기) • 숫자(대체가능 소검사: 그림기억, 순차연결) • 기호쓰기(대체가능 소검사: 동형찾기, 선택) • 어휘(대체가능 소검사: 상식, 이해) • 무게비교(대체가능 소검사: 공통그림찾기, 산수)
기본지표	언어이해지표	• 공통성 • 어휘
	시공간지표	• 토막짜기 • 퍼즐
	유동추론지표	• 행렬추리 • 무게비교
	작업기억지표	• 숫자 • 그림기억
	처리속도지표	• 기호쓰기 • 동형찾기
추가지표	양적추론지표	• 무게비교 • 산수
	청각작업기억지표	• 숫자 • 순차연결
	비언어지표	• 토막짜기 • 행렬추리 • 기호쓰기 • 무게비교 • 퍼즐 • 그림기억
	일반능력지표	• 토막짜기 • 공통성 • 행렬추리 • 어휘 • 무게비교
	인지효율지표	• 숫자 • 기호쓰기 • 그림기억 • 동형찾기

4) 실시

K-WISC-V의 검사설명서와 기록용지에 제시된 순서대로(① 토막짜기, ② 공통성, ③ 행렬추리, ④ 숫자, ⑤ 기호쓰기, ⑥ 어휘, ⑦ 무게비교, ⑧ 퍼즐, ⑨ 그림기억, ⑩ 동형찾기, ⑪ 상식, ⑫ 공통그림찾기, ⑬ 순차연결, ⑭ 선택, ⑮ 이해, ⑯ 산수) 소검사를 실시한다. 만약 아동이 특정 소검사의 수행을 거부한다면 해당 소검사를 일시적으로 보류하고 다음 소검사를 실시할 수도 있다. 아동이 검사에 좀 더 집중하게 되면 보류했던 소검사로 되돌아간다. 10개의 기본소검사를 모두 실시하였을 경우 아동의 지적 능력에 대한 종합적인 설명과 평가는 가능하다. 그러나 6개의 추가소검사는 아동의 지적 기능에 대해 좀 더 풍부한 정보를 제공할 수 있으므로 기본소검사와 더불어 실시하는 것이 좋다.

5) 결과

K-WISC-V는 16개 소검사별 환산점수와 전체 IQ 및 10개 지표(5개 기본지표, 5개 추가지표)에 대한 합산점수를 제공한다. 소검사별 환산점수는 평균이 10이고 표준편차가 3인 표준점수이며, 전체 IQ 및 10개 지표에 대한 합산점수는 평균이 100이고 표준편차가 15인 표준점수다. 전체 IQ 및 10개 지표에 대해서는 백분위점수도 제공한다.

4. 한국 웩슬러 유아지능검사-4판

1) 개요

한국 웩슬러 유아지능검사-4판(Korean Wechsler Preschool and Primary Scale of Intelligence-Fourth Edition: K-WPPSI-IV)은 박혜원, 이경옥, 그리고 안동현(2016)이 미국의 Wechsler Preschool and Primary Scale of Intelligence-Fourth Edition(WPPSI-IV)(Wechsler, 2012)을 한국의 아동들을 대상으로 표준화한 것이다.

2) 목적 및 대상

K-WPPSI-IV는 2세 6개월부터 7세 7개월까지의 유아를 대상으로 인지능력을 평가하기 위한 지능검사다.

3) 구성

K-WPPSI-IV는 15개의 소검사(① 토막짜기, ② 상식, ③ 행렬추리, ④ 동형찾기, ⑤ 그림기억, ⑥ 공통성, ⑦ 공통그림찾기, ⑧ 선택하기, ⑨ 위치찾기, ⑩ 모양맞추기, ⑪ 어휘, ⑫ 동물짝짓기, ⑬ 이해, ⑭ 수용어휘, ⑮ 그림명명)로 구성되어 있으며 이 15개 소검사는 핵심

▷〈표 9-6〉 K-WPPSI-IV의 구성내용

4:0-7:7세용			2:6-3:11세용		
소검사 범주	소검사		소검사 범주	소검사	
핵심소검사	①	토막짜기	핵심소검사	①	수용어휘[1]
	②	상식		②	토막짜기
	③	행렬추리		③	그림기억
	④	동형찾기		④	상식
	⑤	그림기억		⑤	모양맞추기
	⑥	공통성		⑥	위치찾기
	⑦	공통그림찾기			
	⑧	선택하기	-		
	⑨	위치찾기			
	⑩	모양맞추기			
보충소검사	⑪	어휘	보충소검사	⑦	그림명명
	⑫	동물짝짓기	-		
	⑬	이해			
선택소검사	⑭	수용어휘[1]	-		
	⑮	그림명명			

[1] 소검사 범주는 연령군에 따라 달라질 수 있는데, 예를 들어 수용어휘는 4:0-7:7세용에서는 선택소검사이지만 2:6-3:11세용에서는 핵심소검사다.

▷ 〈표 9-7〉 K-WPPSI-IV의 전체 IQ와 지표점수의 소검사 구성

4:0–7:7세용		2:6–3:11세용	
구분	소검사	구분	소검사
전체 IQ	• 토막짜기 　(대체가능 소검사: 모양맞추기) • 상식 　(대체가능 소검사: 어휘, 이해) • 행렬추리 　(대체가능 소검사: 공통그림찾기) • 동형찾기 　(대체가능 소검사: 선택하기, 동물짝짓기) • 그림기억 　(대체가능 소검사: 위치찾기) • 공통성 　(대체가능 소검사: 어휘, 이해)	전체 IQ	• 수용어휘 　(대체가능 소검사: 그림명명) • 토막짜기 • 그림기억 　(대체가능 소검사: 위치찾기) • 상식 • 모양맞추기

기본지표				기본지표			
	①	언어이해지표	• 상식　　• 공통성		①	언어이해지표	• 수용어휘　　• 상식
	②	시공간지표	• 토막짜기　　• 모양맞추기		②	시공간지표	• 토막짜기　　• 모양맞추기
	③	유동추론지표	• 행렬추리　　• 공통그림찾기		③	작업기억지표	• 그림기억　　• 위치찾기
	④	작업기억지표	• 그림기억　　• 위치찾기				–
	⑤	처리속도지표	• 동형찾기　　• 선택하기				

추가지표				추가지표			
	①	어휘습득지표	• 수용어휘　　• 그림명명		①	어휘습득지표	• 수용어휘　　• 그림명명
	②	비언어지표	• 토막짜기 　(대체가능 소검사: 모양맞추기) • 행렬추리 • 동형찾기 　(대체가능 소검사: 선택하기, 동물짝짓기) • 그림기억 　(대체가능 소검사: 위치찾기) • 공통그림찾기		②	비언어지표	• 토막짜기 • 그림기억 • 모양맞추기 • 위치찾기
	③	일반능력지표	• 토막짜기 　(대체가능 소검사: 모양맞추기) • 상식 　(대체가능 소검사: 어휘, 이해) • 행렬추리 　(대체가능 소검사: 공통그림찾기) • 공통성 　(대체가능 소검사: 어휘, 이해)		③	일반능력지표	• 수용어휘 　(대체가능 소검사: 그림명명) • 토막짜기 • 상식 • 모양맞추기
	④	인지효율성지표	• 동형찾기 　(대체가능 소검사: 동물짝짓기) • 그림기억 • 선택하기 　(대체가능 소검사: 동물짝짓기) • 위치찾기				–

소검사, 보충소검사, 선택소검사의 세 가지 범주로 나뉜다. K-WPPSI-IV에서는 검사를 2세 6개월부터 3세 11개월까지의 유아를 위한 2:6-3:11세용과 4세 0개월부터 7세 7개월까지의 유아를 위한 4:0-7:7세용의 두 가지 유형으로 구분한다. 이 두 연령군에 따른 검사는 구성에서 차이가 있는데, 4:0-7:7세용에서는 15개 소검사가 모두 사용되는 반면 2:6-3:11세용에서는 7개의 소검사(① 수용어휘, ② 토막짜기, ③ 그림기억, ④ 상식, ⑤ 모양맞추기, ⑥ 위치찾기, ⑦ 그림명명)가 사용된다. 〈표 9-6〉은 두 연령군의 구성을 비교하여 제시하고 있다. 또한 〈표 9-7〉에 보이듯이, 4:0-7:7세용에서는 전체 IQ와 더불어 5개 기본지표점수와 4개 추가지표점수를 산출하는 데 비해 2:6-3:11세용에서는 전체 IQ와 더불어 3개 기본지표점수와 3개 추가지표점수를 산출한다. 〈표 9-6〉과 〈표 9-7〉에서 알 수 있듯이, K-WPPSI-IV의 소검사 구성은 연령군이나 지표점수에 따라 달라진다.

4) 실시

K-WPPSI-IV의 검사설명서와 기록용지에 제시된 순서대로(4:0-7:7세용: ① 토막짜기, ② 상식, ③ 행렬추리, ④ 동형찾기, ⑤ 그림기억, ⑥ 공통성, ⑦ 공통그림찾기, ⑧ 선택하기, ⑨ 위치찾기, ⑩ 모양맞추기, ⑪ 어휘, ⑫ 동물짝짓기, ⑬ 이해, ⑭ 수용어휘, ⑮ 그림명명)(2:6-3:11세용: ① 수용어휘, ② 토막짜기, ③ 그림기억, ④ 상식, ⑤ 모양맞추기, ⑥ 위치찾기, ⑦ 그림명명) 소검사를 실시한다. 모든 소검사를 실시하지 않을 경우에는 생략할 소검사는 건너뛰고 표준순서에 따라 실시하면 된다. 만약 유아가 특정 소검사의 수행을 거부하면 해당 소검사를 일시적으로 보류하고 다음 소검사를 먼저 실시할 수도 있다. 유아가 검사에 좀 더 집중하게 되면 보류했던 소검사로 되돌아간다. 가능하면 핵심소검사를 실시해야 하며 전체 IQ와 지표점수별로 단 1개 소검사만 대체가 허용된다.

5) 결과

K-WPPSI-IV는 4:0-7:7세용의 경우 15개 소검사별 환산점수와 전체 IQ 및 9개 지표(5개 기본지표, 4개 추가지표)에 대한 합산점수를 제공하고, 2:6-3:11세용의 경우 7개 소검사별 환산점수와 전체 IQ 및 6개 지표(3개 기본지표, 3개 추가지표)에 대한 합산점수를 제공한다. 소검사별 환산점수는 평균이 10이고 표준편차가 3인 표준점수이며,

전체 IQ 및 지표에 대한 합산점수는 평균이 100이고 표준편차가 15인 표준점수다. 전체 IQ 및 지표에 대해서는 백분위점수도 제공한다.

5. 한국판 라이터 비언어성 지능검사-개정판

1) 개요

한국판 라이터 비언어성 지능검사-개정판(Korean Leiter International Performance Scale-Revised: K-Leiter-R)은 신민섭과 조수철(2010)이 미국의 Leiter International Performance Scale-Revised(Leiter-R)(Roid & Miller, 1997)를 한국의 아동들을 대상으로 표준화한 것이다.

2) 목적 및 대상

K-Leiter-R은 2세 0개월부터 7세 11개월까지(저자주: Leiter-R의 경우 2세 0개월부터 20세 11개월까지)의 아동들을 대상으로 인지기능을 평가하기 위한 검사다. 특히, K-Leiter-R은 이중 언어환경에서 자란 아동이나 청각장애, 의사소통장애, 주의력결핍과잉행동장애, 학습장애, 뇌손상 등을 가진 아동들에게도 실시할 수 있는 비언어성 지능검사다.

3) 구성

K-Leiter-R은 크게 검사와 평정척도의 두 부분으로 이루어져 있다. 검사는 시각화, 추론 및 공간 능력과 관련된 비언어적 지적 능력을 평가하는 '시각화 및 추론(visualization and reasoning: VR) 검사'와 비언어적 주의력 및 기억력을 평가하는 '주의력 및 기억력(attention and memory: AM) 검사'로 구성되어 있는데 VR검사에는 9개의 소검사가 그리고 AM검사에는 10개의 소검사가 포함되어 있다. 아동의 연령 및 해당 소검사에 따라 VR검사는 전체지능, 단축지능 및 2개 영역(유동적 추론, 기본적 시각화)의 복합점수로 이루어져 있으며 AM검사는 6개 영역(기억선별, 연합기억, 기억폭, 주

▷〈표 9–8〉 K–Leiter–R의 구성내용

| | | | 소검사 | 전체지능 | | 단축지능 | 복합점수 | |
				(2~5세)	(6~7세)	(2~7세)	유동적 추론 (2~7세)	기본적 시각화 (2~5세)
검사	V R 검 사	1	전경배경(FG)	○	○	○		
		2	그림유추(DA)		○			
		3	형태완성(FC)	○	○	○		
		4	짝짓기(M)	○	○			○
		5	계기적 순서추론(SO)	○	○	○	○	
		6	반복패턴찾기(RP)	○	○	○	○	
		7	그림맥락추론(PC)	○				○
		8	범주화(C)	○				
		9	접힌형태추론(PF)		○			

| | | | 소검사 | 복합점수 | | | | | |
				기억선별 (2~7세)	연합기억 (6~7세)	기억폭 (6~7세)	주의력 (6~7세)	기억과정 (6~7세)	재인기억 (4~7세)
검사	A M 검 사	1	쌍대연합(AP)	○	○				
		2	즉각재인(IR)						○
		3	바로따라 기억하기(FM)	○		○		○	
		4	지속적 주의력(AS)	○			○		
		5	거꾸로따라 기억하기(RM)			○			
		6	대응도형찾기(VC)					○	
		7	공간기억(SM)			○		○	
		8	지연쌍대연합(DP)		○				
		9	지연재인(DR)						○
		10	분할주의력(AD)				○		

| | | | 하위척도 | 복합점수 | |
				인지/사회	정서/조절
평 정 척 도	검 사 자 평 정 척 도	1	주의력	○	
		2	조직화 / 충동통제	○	
		3	활동수준	○	
		4	사회성	○	
		5	활력 및 감정		○
		6	조절 및 정서조절		○
		7	불안		○
		8	감각적 반응		○

| | | | 하위척도 | 복합점수 | |
				인지/사회	정서/조절
평 정 척 도	부 모 평 정 척 도	1	주의력	○	
		2	활동수준	○	
		3	충동성	○	
		4	적응능력		○
		5	기분과 자신감		○
		6	활력과 감정		○
		7	사회적 능력	○	
		8	민감성과 생리적 조절반응		○

의력, 기억과정, 재인기억)의 복합점수로 이루어져 있다. 아동에 대한 다차원적인 행동관찰 정보를 제공하는 평정척도는 '검사자 평정척도'와 '부모 평정척도'로 구성되어 있으며 각각 8개의 하위척도가 포함되어 있다. 2개의 평정척도 모두 해당 하위척도에 따라 2개 영역(인지/사회, 정서/조절)의 복합점수로 이루어져 있다. 이와 같은 K-Leiter-R의 구성내용을 요약하여 제시하면 〈표 9-8〉과 같다.

4) 실시

검사자는 임상적 필요에 따라 VR검사와 AM검사 중 하나만 선택하여 실시할 수 있다. 검사자 평정척도는 VR검사만 실시할 경우에는 VR검사가 종료된 직후에 그리고 VR검사와 AM검사가 모두 실시된 경우에는 AM검사가 종료된 직후에 실시한다. 부모 평정척도는 부모 혹은 주양육자가 직접 작성하게 하는데 읽기능력이 부족할 경우 검사자(혹은 보조자)가 문항을 읽어 주면서 작성하게 할 수 있으며 필요한 경우 검사자가 전화면담으로 실시할 수도 있다.

5) 결과

VR검사에서는 소검사별로 환산점수(평균이 10이고 표준편차가 3인 표준점수), 백분위점수, 성장점수(문항반응이론을 기반으로 한 점수로서 약 380~590점 사이의 범위를 지닌 점수), 연령등가점수를 제공하고 전체지능과 단축지능별로 지능지수(평균이 100이고 표준편차가 15인 표준점수), 백분위점수, 성장점수, 연령등가점수를 제공하며 복합점수의 2개 영역별로 복합지수(평균이 100이고 표준편차가 15인 표준점수), 백분위점수, 성장점수, 연령등가점수를 제공한다. AM검사에서는 소검사별로 환산점수(평균이 10이고 표준편차가 3인 표준점수), 백분위점수, 성장점수(문항반응이론을 기반으로 한 점수로서 약 375~575점 사이의 범위를 지닌 점수), 연령등가점수를 제공하고 복합점수의 6개 영역별로 복합지수(평균이 100이고 표준편차가 15인 표준점수), 백분위점수, 성장점수(단, 주의력 영역 제외), 연령등가점수(단, 주의력 영역 제외)를 제공한다. 평정척도(검사자 평정척도, 부모 평정척도)에서는 하위척도별로 환산점수(평균이 10이고 표준편차가 3인 표준점수)와 백분위점수를 제공하고 복합점수의 2개 영역별로 복합지수(평균이 100이고 표준편차가 15인 표준점수)와 백분위점수를 제공한다.

6. 한국판 색채누진행렬

1) 개요

한국판 색채누진행렬(Korean Coloured Progressive Metrices: K-CPM)은 임호찬 (2004b)이 영국의 Coloured Progressive Metrices(CPM)를 한국의 아동들을 대상으로 표준화한 것이다. 누진(progressive)이라는 용어는 문항난이도가 사고의 깊이와 다양 성을 점점 더 많이 요구하는 방향으로 진행되기 때문에 붙여진 명칭이다.

CPM은 Raven's Progressive Metrices(RPM)를 구성하고 있는 4종류의 검사 중 하 나인데, RPM는 비언어성(nonverbal) 지능검사로서 시각장애인을 제외한 모든 장애 인에게도 비교적 공평하게 적용할 수 있으며 CPM을 포함한 Standard Progressive Metrices(SPM), Standard Progressive Metrices-plus(SPM-plus), 그리고 Advanced Progressive Metrices(APM)의 4종류 검사로 되어 있다. CPM은 유·아동 및 노인층 에게 적용할 수 있고, SPM은 초등재학 이상의 평균능력자들에게 적용할 수 있으며, SPM-plus는 중등재학 이상의 다소 상위능력자들에게 적용할 수 있고, APM은 연구 원이나 기업체의 핵심직무수행자들에게 적용할 수 있다(임호찬, 2004a).

한국판 RPM는 한국판 레이븐 지능검사(K-Raven)로 소개되고 있는데 K-CPM에 이 어 나머지 3종류의 검사도 K-SPM(한국판 표준누진행렬: Korean Standard Progressive Metrices), K-SPM-plus(한국판 표준누진행렬 플러스: Korean Standard Progressive Metrices-plus), 그리고 K-APM(한국판 고급누진행렬: Korean Advanced Progressive Metrices)으로 각각 제작될 것이다(임호찬, 2004a).

2) 목적 및 대상

K-CPM은 월령 33개월부터 98개월까지의 아동을 대상으로 지능을 측정하기 위한 검사인데 피검자가 반응을 수행하는 데 시각기능과 인지능력만을 필요로 하기 때문 에 지체장애아동, 의사소통장애아동, 지적장애아동, 청각장애아동에게도 적용할 수 있으나 특정 능력(예: 시력) 결함과 정서적 조건(예: 불안) 등은 낮은 점수를 일으키는 원인이 된다(임호찬, 2004b).

3) 구성

K-CPM은 세 가지 세트(A, Ab, 그리고 B)로 구성되어 있으며 각 세트당 12문항씩 총 36문항으로 구성되어 있다(임호찬, 2004b).

4) 실시

K-CPM은 검사자와 피검자가 'ㄱ'이나 'ㄴ'자 형태로 앉아서 실시하는 것이 좋으며 만일 피검자가 한 문항에 집착해서 고심할 경우 다음 문항을 먼저 풀게 하고 나중에 다시 해결하지 못한 문항을 풀도록 유도한다(임호찬, 2004b).

5) 결과

K-CPM은 백분위점수를 제공한다. K-CPM이 다른 지능검사처럼 표준점수를 제공하지 않는 이유는 백분위점수에 의한 표시가 아동의 수행수준을 더 객관적으로 이해할 수 있다고 하는 Raven 박사의 철학에 따른 것인데 피검자의 백분위점수는 〈표 9-9〉에 제시된 것과 같이 분류할 수 있다(임호찬, 2004b).

▷ 〈표 9-9〉 K-CPM의 백분위점수 분류

등급	내용
등급 1	'지적으로 우수', 해당 연령층 중에서 백분율 95 이상을 보일 경우.
등급 2	'평균 이상 우수', 해당 연령층 중에서 백분율 75 이상을 보일 경우. 등급 2+는 백분율 90 이상에 해당할 경우.
등급 3	'평균 지능', 백분율 25에서 75 사이에 해당할 경우. 등급 3+는 백분율 50 이상에 해당할 경우. 등급 3-는 백분율 50 미만에 해당할 경우.
등급 4	'평균 이하 지능', 백분율 25 미만에 해당할 경우. 등급 4-는 백분율 10 미만에 해당할 경우.
등급 5	'지능 결함', 백분율 5 미만에 해당할 경우.

7. 한국판 카우프만 간편지능검사 2

1) 개요

한국판 카우프만 간편지능검사 2(한국판 KBIT2)(Korean Kaufman Brief Intelligence Test-Second Edition)는 문수백(2020)이 미국의 Kaufman Brief Intelligence Test-Second Edition(KBIT-2)(Kaufman & Kaufman, 2004b)을 우리나라의 문화적 특성에 맞도록 수정보완하여 표준화한 것이다.

2) 목적 및 대상

한국판 KBIT2는 지적 능력을 측정하기 위한 지능검사로서 검사대상의 연령범위는 4세부터 90세까지다.

3) 구성

한국판 KBIT2는 언어지식, 관계유추, 수수께끼의 3개 하위검사로 구성되어 있으며 언어성 IQ(Verval IQ) 비언어성 IQ(Nonverval IQ), 그리고 전체 IQ(Composite IQ)를 산출한다. 언어성 IQ는 2개 하위검사(언어지식, 수수께끼)를 통해 산출되는데 언어 및 학업수행 관련기능을 측정한다. 비언어성 IQ는 1개 하위검사(관계유추)를 통해 산출되는데 새로운 상황에서 문제를 해결할 수 있는 문제해결 능력을 측정한다. 그리고 전체 IQ는 산출된 언어성 IQ와 비언어성 IQ의 합을 근거로 산출된다.

4) 실시

한국판 KBIT2는 실시 절차와 방법에 대한 전문적인 훈련을 받은 사람이면 누구든지 실시할 수 있는 검사다. 검사에는 약 15~30분 정도의 시간이 소요되는데, 검사대상의 연령에 따른 평균 소요시간은 4~9세는 15분, 10~15세는 20분, 16~45세는 25분, 46~90세는 30분이다. 한국판 KBIT2는 3개 하위검사를 모두 실시해 언어성 IQ

와 비언어성 IQ를 산출하게 되어 있지만 피검자의 특별한 요구를 고려해야 하는 경우 2개(언어지식, 수수께끼) 또는 1개(관계유추)의 하위검사를 실시하여 언어성 IQ 또는 비언어성 IQ만 산출할 수도 있다.

5) 결과

한국판 KBIT2는 언어성 IQ, 비언어성 IQ, 전체 IQ라는 세 가지 지능지수(평균 100, 표준편차 15인 표준점수)와 그에 상응하는 백분위점수를 제공한다. 또한 언어성 IQ와 비언어성 IQ에 상응하는 연령규준점수(저자주: 이 책 제2장 3절의 연령등가점수를 참조할 것)도 제공한다. 세 가지 지능지수(언어성 IQ, 비언어성 IQ, 전체 IQ)는 〈표 9-10〉에 제시된 바와 같이 분류된다.

▷ 〈표 9-10〉 **한국판 KBIT2의 지능지수 분류**

지능지수	기술적 범주
131 이상	매우 높다.
116~130	평균 이상이다.
85~115	평균 정도이다.
70~84	평균 이하이다.
69 이하	매우 낮다.

8. 한국판 KABC-II

1) 개요

한국판 KABC-II(Kaufman Assessment Battery for Children-II)는 문수백(2014)이 미국의 Kaufman Assessment Battery for Children-Second Edition(KABC-II)(Kaufman & Kaufman, 2004a)을 한국의 아동들을 대상으로 표준화한 것이다.

2) 목적 및 대상

한국판 KABC-II는 3세부터 18세까지의 아동 및 청소년을 대상으로 인지능력을 측정하기 위한 지능검사다.

3) 구성

한국판 KABC-II는 18개의 하위검사(① 이름기억, ② 관계유추, ③ 얼굴기억, ④ 이야기완성, ⑤ 수회생, ⑥ 그림통합, ⑦ 빠른길찾기, ⑧ 이름기억-지연, ⑨ 표현어휘, ⑩ 언어지식, ⑪ 암호해독, ⑫ 삼각형, ⑬ 블록세기, ⑭ 단어배열, ⑮ 형태추리, ⑯ 손동작, ⑰ 암호해독-지연, ⑱ 수수께끼)로 구성되어 있다. 이 18개 하위검사는 핵심하위검사와 보충하위검사의 두 가지 유형으로 나누어져 있는데, 핵심하위검사와 보충하위검사의 수는 피검자의 연령에 따라 달라진다. 또한 한국판 KABC-II에는 5개 하위척도(순차처리, 동시처리, 계획력, 학습력, 지식)가 있다. 이러한 구성내용을 요약하여 제시하면 〈표 9-11〉과 같다.

한국판 KABC-II에는 인지처리지수(MPI: Mental Processing Index)와 유동성-결정성지수(FCI: Fluid-Crystallized Index)의 2개 전체척도도 포함되어 있다. 한국판 KABC-II에서는 피검자의 특성에 따라 검사자가 Luria 모델과 CHC(Cattell-Horn-Carroll) 모델 중 어느 하나를 선택하여 검사를 실시할 수 있게 되어 있는데, Luria 모델을 선택하면 MPI가 산출되고 CHC 모델을 선택하면 FCI가 산출된다. 〈표 9-12〉는 5개 하위척도 및 2개 전체척도와 두 모델과의 관계를 보여 주고 있다.

또한 한국판 KABC-II는 비언어성척도를 포함하고 있다. 비언어성척도의 하위검사에서는 검사자가 몸짓으로 문항을 제시하고 피검자는 언어가 아닌 동작으로 반응할 수 있게 함으로써 청각이 손실되었거나 의사소통장애로 인해 제한된 언어능력을 가진 다문화가정의 아동들을 보다 타당하게 평가할 수 있다. 〈표 9-13〉에는 비언어성척도의 하위검사 구성이 제시되어 있다.

▷ 〈표 9-11〉 **한국판 KABC-II의 구성내용**

하위척도	하위검사	피검자 연령(세)	
		핵심하위검사	보충하위검사
순차처리	⑤ 수회생	4~18	3
	⑭ 단어배열	3~18	–
	⑯ 손동작	–	4~18
동시처리	⑬ 블록세기	13~18	5~12
	② 관계유추	3~6	–
	③ 얼굴기억	3~4	5
	⑮ 형태추리[1]	5~6	–
	⑦ 빠른길찾기	6~18	–
	④ 이야기완성[1]	–	6
	⑫ 삼각형	3~12	13~18
	⑥ 그림통합	–	3~18
계획력	⑮ 형태추리[1]	7~18	–
	④ 이야기완성[1]	7~18	–
학습력	① 이름기억	3~8	–
	⑪ 암호해독	4~18	–
	⑧ 이름기억-지연	–	5~18
	⑰ 암호해독-지연	–	5~18
지식	⑨ 표현어휘	3~6	7~18
	⑱ 수수께끼	3~18	–
	⑩ 언어지식	7~18	3~6

[1] 2개 하위검사(형태추리, 이야기완성)는 중복됨.

▷ 〈표 9-12〉 **한국판 KABC-II의 척도와 모델(Luria 모델, CHC 모델)의 관계**

척도		Luria 용어	CHC 용어
하위척도	순차처리	순차처리	단기기억
	동시처리	동시처리	시각적 처리
	학습력	학습력	장기저장-회생
	계획력	계획력	유동성추리
	지식	–	결정성능력
전체척도		인지처리지표(MPI)	유동성-결정성지표(FCI)

▽ 〈표 9-13〉 **한국판 KABC-II 비언어성척도의 하위검사 구성**

피검자 연령	하위검사
3~4세	⑯ 손동작 ② 관계유추 ③ 얼굴기억 ⑫ 삼각형
5세	⑯ 손동작 ② 관계유추 ③ 얼굴기억 ⑮ 형태추리 ⑫ 삼각형
6세	⑯ 손동작 ② 관계유추 ⑮ 형태추리 ③ 이야기완성 ⑫ 삼각형
7~18세	⑯ 손동작 ⑬ 블록세기 ⑫ 삼각형 ⑮ 형태추리 ④ 이야기완성

4) 실시

한국판 KABC-II는 18개 하위검사로 구성되어 있지만 Luria 모델, CHC 모델, 비언어성척도 중 어느 것을 선택하느냐와 피검자의 연령에 따라 하위검사의 수와 소요시간에 차이가 있다.

5) 결과

한국판 KABC-II는 실시된 하위검사별로 환산점수(평균 10이고 표준편차 3인 표준점수), 백분위점수, 연령점수(저자주: 이 책 제2장 3절의 연령등가점수를 참조할 것)를 제공한다. 5개 하위척도와 2개 전체척도에 대해서는 표준점수(평균 100, 표준편차 15)와 백분위점수를 제공한다.

9. KISE 한국형 개인지능검사

1) 개요

KISE 한국형 개인지능검사(Korea Institute for Special Education-Korea Intelligence Test for Children: KISE-KIT)는 박경숙, 정동영, 그리고 정인숙(2002)이 한국 최초로 한국의 문화적·사회적 배경에 적합하게 개발한 지능검사다[저자주: 우리나라 국립특수교육원의 영문명인 KISE(Korea Institute for Special Education)는 2016년 1월 1일부터 NISE(National Institute of Special Education)로 변경되었음].

2) 목적 및 대상

KISE-KIT는 5세부터 17세까지의 아동과 청소년을 대상으로 지능을 측정하기 위한 검사인데, 쉬운 문항도 포함시킴으로써 장애(예: 지적장애, 자폐성장애)로 인해 지적 발달이 지체된 아동이나 청소년들의 지능도 측정이 가능하도록 개발되었다.

3) 구성

KISE-KIT는 크게 동작성 검사와 언어성 검사의 두 부분으로 구성되어 있다. 〈표 9-14〉는 두 부분에 해당되는 소검사들을 제시하고 있는데, 각 소검사 앞에 있는 숫자는 표준실시순서에서의 실시순서를 나타내고 있으며 보충검사로 표시된 소검사는 특정의 검사를 수행할 수 없는 경우 대체할 수 있는 검사다. 따라서 KISE-KIT는 12개의 소검사로 구성되어 있지만 실제 실시할 때는 보충검사 2개를 제외하고 동작성 소검사 5개와 언어성 소검사 5개를 실시하도록 구성되어 있다.

▷ 〈표 9-14〉 **KISE-KIT의 구성내용**

동작성 검사	언어성 검사
1. 그림배열	2. 낱말이해
3. 이름기억	4. 계산
5. 칠교놀이	6. 낱말유추
7. 숨은그림	8. 교양
9. 그림무늬	10. 문제해결
11. 손동작[1]	12. 수기억[1]

[1] 보충검사.

4) 실시

　KISE-KIT의 검사요강과 기록용지가 〈표 9-14〉에 제시된 실시순서를 따르고 있으므로 그 순서대로 검사를 실시하는 것이 편리하다. 그러나 피검자가 어떤 특정 소검사를 기피하거나 지루하게 느껴 순서대로 실시하는 것이 어려운 경우에는 소검사의 순서를 바꿔 실시하고 다른 소검사를 모두 실시한 다음 빠진 소검사를 실시하는 등 상황에 따라 순서를 변경할 수도 있다.

　또한 KISE-KIT를 실시할 때 검사자는 한 번의 회기 내에 검사 전체를 실시하기 위해 노력해야 한다. 그러나 피검자의 부적절한 동기나 피로의 누적 등으로 인해 한 번의 회기 내에 검사 전체를 실시하기 어려운 경우 검사자는 소검사 단위로 검사를 분리해서 실시해도 된다. 그러나 검사를 분리해 실시하는 경우 두 번째 검사는 첫 번째 검사에서 일주일 이상의 간격을 두어서는 안 된다.

5) 결과

　KISE-KIT는 동작성 지능지수, 언어성 지능지수, 그리고 전체 지능지수를 제공하는데 이러한 점수들은 모두 평균이 100이고 표준편차가 15다.

제**10**장

의사소통

우리나라 「장애인 등에 대한 특수교육법」은 장애유형의 하나로서 의사소통장애를 명시하고 있다. 그러나 미국 「장애인교육법(IDEA 2004)」에서는 의사소통장애 대신 '말/언어장애(speech or language impairments)'라는 명칭을 사용하고 있는데 문헌들(예: 김영욱 외, 2005; 이소현, 박은혜, 2006; Heward, 2006; Kirk, Gallagher, & Anastasiow, 2003)에서도 볼 수 있듯이 근래 많은 관련전문가들은 '의사소통장애(communication disorder)'라는 명칭을 더 선호하고 있다. 미국 말-언어-청각협회(American Speech-Language-Hearing Association: ASHA, 1993)도 의사소통장애라는 명칭을 사용하면서 의사소통장애에 말장애(speech disorder)(말소리의 발성, 흐름, 음성에 있어서의 손상: 조음장애, 유창성장애, 음성장애)와 언어장애(language disorder)(말, 문자, 기타 상징체계의 이해 및 활용에 있어서의 손상: 언어형식의 결함, 언어내용의 결함, 언어기능의 결함)를 포함시키고 있다. 흔히 구어(oral language)를 수용언어(receptive language)와 표현언어(expressive language)로 분류하고(Taylor, 2006) 수용언어장애(receptive language disorder)나 표현언어장애(expressive language disorder)라는 용어를 사용하기도 한다(Heward, 2006). 이 장에서는 국내에 출시되어 있는 의사소통관련 사정도구를 가나다순으로 소개하고자 한다(저자주: 사정도구에서 제시되는 대상의 연령은 만 연령임).

1. 구문의미 이해력 검사

1) 개요

구문의미 이해력 검사는 배소영, 임선숙, 이지희, 그리고 장혜성(2004)이 아동들의 구문의미 이해력을 측정하기 위하여 제작한 검사인데 기존의「문장이해력검사」(장혜성, 임선숙, 백현정, 1994)를 수정·보완한 것이다.「문장이해력검사」는 미국의 Test of Language Development-Second Edition(TOLD-2)(Newcomer & Hammill, 1988) 중에서 문법이해력 하위검사를 한국의 아동들을 대상으로 표준화한 것이다. 현재 미국에서는 TOLD의 제3판이 사용되고 있는데, TOLD의 제3판은 4세부터 8세 11개월까지의 아동들은 위한 Test of Language Development-Primary, Third Edition(TOLD-P:3)(Newcomer & Hammill, 1997)과 8세부터 12세 11개월까지의 아동들을 위한 Test of Language Development-Intermediate, Third Edition(TOLD-I:3)(Hammill & Newcomer, 1997)의 두 검사로 분리되어 개발되어 있다.

2) 목적 및 대상

구문의미 이해력 검사는 4세에서 9세(또는 초등학교 3학년) 수준의 구문의미 이해력을 측정하기 위한 검사로서 언어이해력에 어려움을 보일 가능성이 있는 아동들로 4세에서 초등학교 3학년 정도의 구문이해력 범주에 있는 아동들이면 검사의 대상이 될 수 있다. 따라서 장애아동의 경우 생활연령이 9세 이상이더라도 구문이해력이 초등학교 3학년 아동보다 지체를 보이면 사용할 수 있다. 또한 이 검사는 검사자가 읽어 준 문장을 듣고 그에 해당하는 그림을 지적하면 되기 때문에 일반아동은 물론 장애(예: 지적장애, 자폐성장애, 청각장애, 의사소통장애, 지체장애, 주의력결핍과잉행동장애 등)를 가진 아동들에게도 실시할 수 있다.

3) 구성

구문의미 이해력 검사는 문법(문법형태소 또는 구문구조)에 초점을 맞춘 38개 문항과 의미에 초점을 맞춘 19개 문항을 포함한 총 57개 문항으로 이루어져 있다.

4) 실시

검사자는 2개의 연습문항을 실시한 후 1번 문항부터 시작한다. 만약 연습문항들을 실시한 후에도 아동이 검사방법을 익히지 못할 경우에는 검사실시를 중단한다.

5) 결과

구문의미 이해력 검사는 연령에 따른 백분위점수를 제공하고 있으며 학령기 아동의 경우 학년에 따른 백분위점수도 제공한다.

2. 수용 · 표현 어휘력 검사

1) 개요

수용 · 표현 어휘력 검사(Receptive and Expressive Vocabulary Test: REVT)는 김영태, 홍경훈, 김경희, 장혜성, 그리고 이주연(2009)이 어휘능력을 측정하기 위해 개발한 검사다.

2) 목적 및 대상

REVT는 2세 6개월부터 16세 이상 성인 연령을 대상으로 수용어휘능력과 표현어휘능력을 측정하기 위한 검사다. 즉, REVT는 일반 아동이나 성인뿐만 아니라 환경적 요인(예: 다문화가정, 저소득가정 등), 유전적 · 발달적 요인(예: 미숙아, 저체중아 등), 장애(예: 단순언어장애, 지적장애, 자폐성장애, 청각장애, 지체장애 등)로 인해 수용어휘력과 표현어휘력 발달에 지체가 예상되는 장애 아동 및 성인의 어휘발달 정도를 측정하는 데 활용할 수 있다.

3) 구성

REVT는 수용어휘검사와 표현어휘검사로 구성되어 있다. 수용어휘검사(REVT-R)는 185개 문항을 포함하고 있는데, 품사별로는 명사 98개(53%), 동사 68개(37%), 형용사 및 부사 19개(10%)로 이루어져 있다. 표현어휘검사(REVT-E)도 185개 문항을 포함하고 있는데, 품사별로는 명사 106개(57.30%), 동사 58개(31.35%), 형용사 및 부사 21개(11.35%)로 이루어져 있다.

4) 실시

REVT는 표현어휘검사를 먼저 실시하고 그다음 수용어휘검사를 실시한다. 단, 표현어휘검사의 실시가 불가능한 경우에는 수용어휘검사만 실시할 수 있다. 표현어휘검사와 수용어휘검사에는 각각 5개의 연습문항(문항 A~문항 E)이 포함되어 있는데 피검자가 6세 미만인 경우에는 문항 A, B, C를 실시하고 6세 이상일 경우에는 문항 D와 E를 실시한다. 연습문항에서 피검자가 틀리게 반응하면 정확한 답을 알려준 후 맞는 반응을 할 때까지 그 문항을 반복하고 피검자가 검사자의 도움 없이 연습문항에 모두 정확하게 반응하면 본 문항을 실시한다. 만약 연습을 계속했는데도 피검자가 적절하게 반응하지 못하면 검사를 중단한다.

5) 결과

REVT는 수용어휘검사와 표현어휘검사 각각에서 등가연령(저자주: 이 책 제2장 3절의 연령등가점수를 참조할 것)과 백분위점수를 제공한다. 또한 수용어휘검사와 표현어휘검사 각각에서 피검자의 어휘발달을 '정상발달', '약간지체(유의요망)', 또는 '어휘능력 발달지체'로 판정한다.

3. 아동용 한국판 보스톤이름대기검사

1) 개요

아동용 한국판 보스톤이름대기검사(Korean version-Boston Naming Test for Children: K-BNT-C)는 김향희와 나덕렬(2007)이 성인용(15세 이상)인 한국판 보스톤이름대기검사(Korean version-Boston Naming Test: K-BNT)(김향희, 나덕렬, 1997)를 토대로 개발한 것인데, K-BNT는 Boston Naming Test(Kaplan, Goodglass, & Weintraub, 1983)를 한국의 성인들을 대상으로 표준화한 것이다.

2) 목적 및 대상

K-BNT-C는 3세부터 14세까지의 아동들을 대상으로 대면이름대기(confrontation naming: 사물의 그림을 보고 이름을 말하는 것) 능력의 정상 여부를 판별하고 표현언어장애를 선별하기 위한 검사다.

3) 구성

K-BNT-C는 K-BNT와 동일한 60개 문항으로 구성되어 있다. 그러나 문항의 순서는 3~14세 아동들의 수행력에 맞게 재배열되었다.

4) 실시

검사자는 연습문항인 '양말' 그림을 제시한 후 피검자가 정답을 말하면 "잘했습니다. 그렇게 하면 됩니다."라고 응답하고 만일 오답을 말하거나 무반응일 경우에는 "이건 '양말'이지요?"라고 응답한 후 아동의 생활연령에 따라 검사설명서 또는 검사지에 제시된 시작문항으로 옮겨가서 본검사를 시작한다.

5) 결과

K-BNT-C는 백분위점수와 등가연령(저자주: 이 책 제2장 3절의 연령등가점수를 참조할 것)을 제공한다.

4. 언어문제 해결력 검사

1) 개요

언어문제 해결력 검사는 배소영, 임선숙, 그리고 이지희(2000)가 아동들의 논리적인 사고과정을 언어화하는 상위언어기술을 측정하기 위하여 개발하였다.

2) 목적 및 대상

언어문제 해결력 검사는 5세부터 12세까지의 아동들을 대상으로 특정상황에서 대답하는 능력을 평가함으로써 언어를 통한 문제해결능력을 측정하기 위한 검사다. 이검사는 일반아동은 물론 언어적 추리력과 조직기술이 부족한 아동, 학습장애가 의심되는 아동, 단순언어장애가 의심되는 아동, 기타 의사소통장애를 가진 아동들의 언어사용능력을 평가하는 데 사용할 수 있다.

3) 구성

언어문제 해결력 검사는 17개의 그림판과 50개의 문항으로 구성되어 있으며 각 그림판에는 2~5개의 문항이 배정되어 있다. 17개의 그림판은 학령기 아동이 직·간접으로 경험가능한 상황(일상 가정에서 접할 수 있는 상황 11가지, 학교에서 일어날 수 있는 상황 두 가지, 놀이터나 거리 등 공공장소에서 일어날 수 있는 상황 네 가지)을 표현하고 있으며, 그림판에 대한 질문인 50개의 문항은 언어적 문제 해결력을 측정하는 세 범주(원인이나 이유를 파악하는 원인이유 범주 18개 문항, 해결대안을 제시해야 하는 해결추론 범주 20개 문항, 상황단서나 미래상황을 추측하는 단서추측 범주 12개 문항)로 구성되어 있다.

4) 실시

검사자는 아동에게 문제상황이 표현된 그림판을 보여 주고 그 그림과 관련된 검사지의 질문을 한 뒤 아동의 대답을 기록하고 검사설명서에 제시된 채점기준에 따라 아동의 반응을 0, 1, 또는 2점으로 채점한다. 검사자가 아동의 대답을 기록할 수 없는 상황일 때는 녹음기를 사용하여 검사 후에 바로 전사한다.

5) 결과

언어문제 해결력 검사는 세 범주(원인이유, 해결추론, 단서추측)와 총점에 대한 백분위점수를 제공한다.

5. 영 · 유아 언어발달 검사

1) 개요

영 · 유아 언어발달 검사(Sequenced Language Scale for Infants: SELSI)는 김영태, 김경희, 윤혜련, 그리고 김화수(2003)가 영 · 유아의 수용언어 및 표현언어 능력을 조기에 평가하기 위하여 개발하였다. SELSI는 일반인용과 전문가용 두 가지로 제작되어 있는데, 일반인용은 영 · 유아의 의사소통문제 유무를 판별하기 위한 선별검사용으로 그리고 전문가용은 선별검사용 및 진단검사용으로 활용할 수 있다. 이 책에서는 전문가용만 소개하기로 한다.

2) 목적 및 대상

SELSI(전문가용)는 4개월부터 35개월까지의 영 · 유아를 대상으로 의사소통장애의 선별뿐 아니라 의사소통장애의 정도를 진단하기 위한 검사다.

3) 구성

SELSI(전문가용)는 수용언어검사와 표현언어검사의 두 부분으로 구성되어 있는데 각 검사는 56문항씩을 포함하고 있어 총 112문항으로 이루어져 있다.

4) 실시

SELSI(전문가용)는 유아의 발달을 잘 아는 부모나 주양육자와의 면담을 통하여 실시된다. 검사자는 문항의 내용을 읽어 주고 응답자(부모나 주양육자)가 '예' 또는 '아니요'로 대답하면 응답내용을 기재한다. 이때 각 문항들은 유아가 나타내는 반응의 빈도를 검사하는 것이 아니라 발달과제의 습득 유무를 판별하는 것이므로 유아가 자주 나타내지 않는 반응이라 하더라도 해당 문항의 능력이 있다고 판단되면 검사자는 긍정반응으로 간주하여 채점한다.

5) 결과

SELSI(전문가용)는 수용언어, 표현언어, 그리고 언어전반별로 등가연령(저자주: 이책 제2장 3절의 연령등가점수를 참조할 것)과 백분위점수를 제공한다.

6. 우리말조음음운검사2

1) 개요

우리말조음음운검사2(Urimal Test of Articulation and Phonology 2: UTAP2)는 김영태, 신문자, 김수진, 그리고 하지완(2020)이 우리나라 자음 또는 모음 말소리에 문제를 보이는 말소리장애 아동이 단어와 문장에서 산출하는 발음을 체계적으로 평가하기 위해 개발하였다.

2) 목적 및 대상

UTAP2는 2세부터 7세까지의 유아나 아동이 정상적인 말소리발달 과정에 있는지, 말소리발달의 결함(예: 말소리장애, 언어발달지체 등) 또는 말·언어기관의 기질적인 결함(예: 구개파열, 마비말장애, 뇌성마비 등)이 있을 경우 말소리산출의 문제가 있는지를 평가하기 위한 검사다.

3) 구성

UTAP2는 〈표 10-1〉에 보이듯이 단어수준 검사와 문장수준 검사로 구분되며 각 검사별로 다양한 지표가 산출된다. 단어수준 검사의 경우, 규준이 2세 후반부터 7세까지, 문장수준 검사의 경우 규준이 3세부터 7세까지 제시되어 있다. 하지만 UTAP2는 8세 이상에서 말소리능력을 평가하고자 할 때도 실시할 수 있는데, 이 경우 7세의 규준을 적용하여 결과를 산출한다. 그러나 8세 이상의 아동에게 실시하였을 때는 검사 결과를 신중하게 해석해야 하며 규준을 통해 산출된 결과는 참고로만 사용하여야 한다. 또한 비일관성 검사는 단어수준 검사와 문장수준 검사에서 아동의 반응이 일관적이지 않았을 경우 실시하는데, 10개의 다음절 목표단어를 3차례 더 반복 산출하게 함으로써 동일한 단어에 대해 비일관적 오류를 보이는 아동을 선별한다. 비일관성 검사 기록지에는 〈문항별 기록 양식〉과 〈단어별 기록 양식〉이라는 두 가지 양식이 있는데 검사자가 사용하기 편한 양식을 선택하여 사용한다.

4) 실시

UTAP2는 언어재활사 1급 또는 2급 국가자격증을 소지한 검사자가 실시한다. 검사자는 UTAP2의 개요와 실시, 분석, 채점 방법을 충분히 숙지한 후 실시해야 한다.

5) 결과

UTAP2는 〈표 10-1〉에 보이듯이 단어수준 검사에서 7개 지표(UTAP PCC, UTAP PCC-R, Total PCC, Total PCC-R, PWC, PMLU, PWP)와 문장수준 검사에서 4개 지표

▷ 〈표 10-1〉 **UTAP2의 구성 및 지표**

구분	지표		비고
단어수준 검사	UTAP 자음정확도	자음정확도 (UTAP PCC)	주어진 48개의 자음을 정확하게 발음한 백분율
		개정자음정확도 (UTAP PCC-R)	왜곡오류를 정조음으로 간주하여, 주어진 48개의 자음에 대해 측정한 자음정확도
	전체 자음정확도	자음정확도 (Total PCC)	검사에 포함된 모든 자음을 정확하게 발음한 백분율
		개정자음정확도 (Total PCC-R)	왜곡오류를 정조음으로 간주하여, 검사에 포함된 모든 자음에 대해 측정한 자음정확도
	단어단위 음운지표	단어단위정확률 (PWC)	전체 단어(어절) 중에 정확하게 산출한 단어(어절)의 비율
		평균음운길이 (PMLU)	단어(어절)수준의 복잡성을 반영하는 지표
		단어단위근접률 (PWP)	아동이 산출한 평균음운길이가 목표단어(어절)의 평균음운길이에 근접한 정도
	모음검사	모음정확도 (PVC)	모음을 정확하게 발음한 백분율 (※전체적인 점수의 확인을 위해 제시되는 척도로 별도의 규준없이 원점수만 산출됨)
문장수준 검사	전체 자음정확도	개정자음정확도 (Total PCC-R)	왜곡오류를 정조음으로 간주하여, 검사에 포함된 모든 자음에 대해 측정한 자음정확도
	단어단위 음운지표	단어단위정확률 (PWC)	전체 단어(어절) 중에 정확하게 산출한 단어(어절)의 비율
		평균음운길이 (PMLU)	단어(어절)수준의 복잡성을 반영하는 지표
		단어단위근접률 (PWP)	아동이 산출한 평균음운길이가 목표단어(어절)의 평균음운길이에 근접한 정도
비일관성 검사	–	–	단어수준 검사와 문장수준 검사에서 아동의 반응이 일관적이지 않았을 경우에 실시 (※10개의 다음절 목표단어를 4차례 반복 산출하게 한 다음 총 4회 시도 중 적어도 두 가지 이상 다른 오류형태가 관찰된 단어가 10개 중 4개 이상 있으면, 즉 40% 이상이면 비일관성을 보이는 아동으로 진단함)

(Total PCC-R, PWC, PMLU, PWP)를 산출하는데, 이러한 지표에 대한 지표값으로 백분위점수와 z점수(평균 0, 표준편차 1인 표준점수)를 제공한다. 또한 z점수는 〈표 10-2〉에 제시된 바와 같이 해석된다.

▽ 〈표 10-2〉 **UTAP2의 z점수에 따른 해석**

z점수	수준
-1 이상	일반
-1.5 이상 ~ -1 미만	의심
-2 이상 ~ -1.5 미만	경도
-2 미만	중도

7. 취학전 아동의 수용언어 및 표현언어 발달척도

1) 개요

취학전 아동의 수용언어 및 표현언어 발달척도(Preschool Receptive-Expressive Language Scale: PRES)는 김영태, 성태제, 그리고 이윤경(2003)이 취학전 아동의 수용언어 및 표현언어 능력을 평가하기 위하여 개발하였다.

2) 목적 및 대상

PRES는 2세 0개월부터 6세 5개월까지의 아동을 대상으로 언어발달이 정상적으로 이루어지고 있는지 혹은 언어발달에 지체가 있는지의 여부를 판별하기 위한 검사다. 따라서 PRES는 일반아동뿐 아니라 언어발달 지체나 장애를 나타낼 가능성이 있는 아동들의 언어능력을 평가하는 데 사용할 수 있다. 즉, 단순언어장애, 지적장애, 자폐성장애, 청각장애, 뇌성마비 또는 구개파열 등으로 인하여 언어발달에 결함을 나타낼 가능성이 있는 아동들의 언어능력을 평가하는 데 활용할 수 있다.

3) 구성

PRES는 수용언어영역과 표현언어영역의 두 부분으로 구성되어 있는데 각 영역은 45문항씩을 포함하고 있어 총 90문항으로 이루어져 있다.

4) 실시

PRES는 수용언어검사부터 시작하고 수용언어검사가 끝난 후 표현언어검사를 실시한다.

5) 결과

PRES는 언어발달연령과 백분위점수를 제공하고 있는데 언어발달연령(저자주: 이 책 제2장 3절의 연령등가점수를 참조할 것)은 수용언어, 표현언어, 통합언어별로 그리고 백분위점수는 수용언어와 표현언어별로 산출된다.

8. 파라다이스-유창성검사-II

1) 개요

파라다이스-유창성검사-II(Paradise-Fluency Assessment-II: P-FA-II)는 심현섭, 신문자, 그리고 이은주(2010)가 유창성을 종합적으로 평가하기 위해 개발한 검사다.

2) 목적 및 대상

P-FA-II는 거의 모든 연령층을 대상으로 유창성장애 여부와 정도를 파악하기 위한 검사다.

3) 구성

P-FA-II는 구어평가와 의사소통태도평가의 두 영역으로 이루어져 있다. 구어평가는 취학전 아동, 초등학생, 중학생 이상의 세 연령집단에 따라 별도로 나누어져 있으며 여섯 가지 필수과제(문장그림, 말하기그림, 그림책, 읽기, 이야기그림, 대화)와 두 가지 선택과제(낱말그림, 따라말하기)로 구성되어 있다. 의사소통태도평가는 초등학생과 중학생 이상의 두 연령집단으로 나누어져 있으며 각각 30문항(말하기 또는 말더듬에 대한 생각과 그로 인한 심리적 부담감, 실제생활에서의 어려움 등을 평가하는 2점척도 문항)으로 구성되어 있다. 이와 같은 P-FA-II의 구성내용을 요약하여 제시하면 〈표 10-3〉과 같다.

▷ 〈표 10-3〉 **P-FA-II의 구성내용**

구분	영역		
	구어평가		의사소통평가
	필수과제	선택과제	
취학전 아동	• 문장그림 • 말하기그림 • 그림책	• 낱말그림 • 따라말하기	.
초등학생	• 읽기 • 이야기그림 • 말하기그림		30문항
중학생 이상	• 읽기 • 말하기그림 • 대화		30문항

4) 실시

구어평가는 관련전문가가 실시하는 데 시간상 제한이 있거나 간단하게 평가하고 싶을 경우에는 선택과제를 생략하고 필수과제만 실시할 수 있다. 의사소통평가는 2개의 연습문항을 실시한 후 피검자가 각 문항에 대하여 '예' 또는 '아니요'로 평정한다.

5) 결과

구어평가에서는 필수과제총점과 두 가지 선택과제(낱말그림, 따라말하기)에 대한 백분위점수를 제공하며 의사소통태도평가에서도 총점에 대한 백분위점수를 제공한다.

9. 학령기 아동 언어 검사

1) 개요

학령기 아동 언어 검사(Language Scale for School-aged Children: LSSC)는 이윤경, 허현숙, 그리고 장승민(2015)이 학령기 아동의 언어능력을 평가하기 위하여 개발하였다.

2) 목적 및 대상

LSSC는 초등학교 1학년부터 6학년까지의 아동을 대상으로 언어능력을 평가하기 위한 검사다. 따라서 LSSC는 현재 초등학교에 재학 중인 아동뿐 아니라 언어발달이 초등학교 수준에 있는 아동들의 언어능력을 평가하는 데 사용할 수 있다. 즉, 단순언어장애, 지적장애, 자폐성장애, 주의력결핍과잉행동장애 등을 가진 아동들의 언어능력을 평가하는 데도 활용할 수 있다. 또한 다문화나 저소득과 같이 환경문제를 동반한 아동들의 언어능력 평가에도 사용이 가능하다.

3) 구성

LSSC는 11개 하위검사(상위개념 이해, 상위어 표현, 반의어 표현, 동의어 표현, 구문 이해, 비유문장 이해, 문법오류 판단, 문법오류 수정, 복문 산출, 단락 듣기 이해, 문장 따라말하기)로 구성되어 있으며 각 하위검사별로 산출된 환산점수들을 통해 7개 영역(전체언어, 수용언어, 표현언어, 의미, 문법, 화용/담화, 청각기억)의 언어지수가 산출된다. LSSC의 7개 영역별 언어지수 산출에 사용되는 하위검사들은 〈표 10-4〉와 같다.

▷ 〈표 10-4〉 LSSC의 언어지수 산출에 사용되는 하위검사

언어지수	하위검사	비고
전체언어지수	상위개념 이해, 상위어 표현, 반의어 표현, 동의어 표현, 구문 이해, 비유문장 이해, 문법오류 판단, 문법오류 수정, 복문 산출, 단락 듣기 이해	10개의 하위검사
수용언어지수	상위개념 이해, 구문 이해, 비유문장 이해, 문법오류 판단, 단락 듣기 이해	5개의 하위검사
표현언어지수	상위어 표현, 반의어 표현, 동의어 표현, 문법오류 수정, 복문 산출	5개의 하위검사
의미지수	상위개념 이해, 상위어 표현, 반의어 표현, 동의어 표현, 비유문장 이해	5개의 하위검사
문법지수	구문 이해, 문법오류 판단, 문법오류 수정, 복문 산출	4개의 하위검사
화용/담화지수	단락 듣기 이해	1개의 하위검사[1]
청각기억지수	문장 따라말하기	1개의 하위검사[1]

[1] 1개의 하위검사를 사용하여 산출되는 언어지수는 참고로만 활용함.

4) 실시

LSSC는 11개 하위검사로 구성되어 있으나 이 중 4개의 하위검사는 2개의 하위검사를 하나의 절차로 통합하여 실시하도록 되어 있다(즉, 상위개념 이해·상위어 표현, 문법오류 판단·문법오류 수정). 전체 검사는 60~70분 정도 소요되는데, 아동에 따라 수행시간에 차이가 있을 수 있으며 특히 발달장애를 동반한 아동들의 경우에는 검사시간이 더 길어질 수 있다. 이런 경우 아동의 반응이나 수행 정도를 고려하여 중간에 1~2회 휴식시간을 갖는 것도 좋다. 휴식시간이 너무 길어지면 아동의 집중력이 오히려 떨어질 수 있으므로 휴식시간은 5~10분을 넘지 않도록 한다.

5) 결과

LSSC는 11개 하위검사별로 환산점수(평균 10이고 표준편차가 3인 표준점수)를 제공하고 7개 영역별로는 언어지수(평균이 100이고 표준편차가 15인 표준점수)와 백분위점수를 제공한다. 그리고 언어지수에 따른 진단적 분류를 〈표 10-5〉와 같이 제시하고 있다.

▷ 〈표 10-5〉 LSSC의 언어지수에 따른 진단적 분류

언어지수	분류	비율(%)
130 이상	매우 우수	2.3
115~129	우수	13.6
105~114	평균 상	19.4
95~104	평균	28.6
85~94	평균 하	19.4
70~84	약간 부족	13.6
69 이하	매우 부족	2.3

10. 한국 아동 말더듬 검사

1) 개요

한국 아동 말더듬 검사(KOrean Childhood Stuttering Test: KOCS)는 신명선, 김효정, 그리고 장현진(2022)이 아동의 말더듬을 선별·진단하고 진전 여부를 파악하기 위해 개발하였다.

2) 목적 및 대상

KOCS는 말더듬을 선별하고 진단하기 위한 검사인데, 말더듬으로 판별된 아동에게 실시된 중재의 효과를 측정하는 데 활용할 수도 있다. 검사대상의 연령범위는 4세부터 12세까지다.

3) 구성

KOCS는 말더듬 평가, 관찰 평가, 부가적 평가의 세 부분으로 나뉘어 있다. 먼저, 말더듬 평가는 4개 과업(그림 빨리 명명하기, 문장 바꾸어 말하기, 구조화된 대화하기, 이야기 말하기)으로 구성되어 있다. 다음으로, 관찰 평가는 2개 관찰척도(핵심행동 관찰

척도, 부수행동 관찰척도)로 구성되어 있는데 아동에게 중요한 영향을 미치는 부모나 치료사가 실시함으로써 실제 아동의 발화에 대한 정보를 제공한다. 마지막으로, 부가적 평가는 말더듬의 가변성을 고려하여 아동의 진전 여부를 수시로 파악하기 위해 실시된다.

4) 실시

검사자가 아동에게 말더듬 평가를 실시하는 동안 보호자나 양육자에게 검사기록지의 마지막 장에 있는 관찰 평가 검사지(핵심행동 관찰척도와 부수행동 관찰척도에 각 8문항씩 포함)를 작성하게 한다. 말더듬 평가는 20~25분, 관찰 평가는 약 10분 정도 소요된다. 말더듬 평가는 조용한 환경에서 실시하며 전 과정을 녹화한다. 그리고 4개 과업은 순서대로 실시하고 검사자는 아동의 반응을 즉시 검사기록지에 기록한다.

5) 결과

KOCS는 말더듬을 선별하고 진단하기 위해 말더듬 평가에서 산출된 총점을 근거로 선별 절단점수와 진단 절단점수를 각각 2점과 4점으로 제시하고 있다. 또한 말더듬 평가, 핵심행동 관찰척도, 부수행동 관찰척도별로 총점에 따른 백분위수(저자주: 이 책 제2장 3절의 백분위점수를 참조할 것)와 심한 정도에 대한 해석을 각각 〈표 10-6〉, 〈표 10-7〉, 〈표 10-8〉과 같이 제공하고 있다.

▷ 〈표 10-6〉 KOCS 말더듬 평가의 총점, 백분위수, 및 심한 정도

말더듬 평가 총점	백분위수	심한 정도
0~1	1~3	정상
2~4	4~16	경계선
5~13	17~50	경도
14~41	51~84	중도
42 이상	85 이상	심도

▷ 〈표 10-7〉 KOCS 핵심행동 관찰척도의 총점, 백분위수, 및 심한 정도

핵심행동 관찰척도 총점	백분위수	심한 정도
0~1	1~3	정상
2~7	4~16	경계선
8~15	17~50	경도
16~20	51~84	중도
21 이상	85 이상	심도

▷ 〈표 10-8〉 KOCS 부수행동 관찰척도의 총점, 백분위수, 및 심한 정도

부수행동 관찰척도 총점	백분위수	심한 정도
0	1~3	정상
1	4~16	경계선
2~8	17~50	경도
9~13	51~84	중도
14 이상	85 이상	심도

11. 한국 아동 토큰검사-2판

1) 개요

한국 아동 토큰검사-2판(Korean-Token Test for Children-Second Edition: K-TTFC-2)은 신문자, 김영태, 정부자, 그리고 김재옥(2011)이 미국의 Token Test for Children-Second Edition(TTFC-2)(McGhee, Ehrler, & DiSimoni, 2007)을 한국의 아동들을 대상으로 표준화한 것이다.

2) 목적 및 대상

K-TTFC-2는 3세 0개월부터 12세 11개월까지의 아동을 대상으로 듣기이해력 장애 유무를 판별하고 이 영역의 장애 정도를 측정하기 위한 검사다.

3) 구성

K-TTFC-2는 지시문의 복잡성에 따라 4개의 단원으로 나누어져 있다. 단원 1, 2, 3은 각각 난이도 수준의 차이가 없는 10개 문항을 포함하고 있고 단원 4는 난이도 수준에 따라 배열된 16개의 문항으로 구성되어 있다. 이러한 문항들은 언어적 지시문으로 이루어져 있는데 피검자는 검사자의 언어적 지시에 따라 크기, 모양, 색상의 세 가지 측면에서 서로 다른 토큰들을 조작하게 된다.

4) 실시

K-TTFC-2를 실시하기 전에 아동이 크기(크다/작다), 모양(동그라미/네모), 색상(파랑, 초록, 노랑, 하양, 빨강)에 대한 어휘를 이해하는지 확인한다. 그다음 연습문항 3개를 실시하는데 아동이 3문항 모두 틀리게 반응한 경우 검사를 실시하지 않는다. 검사를 실시하게 되면 3~5세 아동들은 단원 1부터, 6~8세 아동들은 단원 2부터, 9세 이상의 아동들은 단원 3부터 시작한다. 만약 아동이 시작 단원에서 모두 맞게 반응하면 그 이전 단원을 실시하지 않는다. 그러나 한 문항이라도 틀리게 반응하면 그 이전 단원도 실시한다. 또한 한 단원에서 아동이 모두 틀리게 반응하면 다음 단원은 모두 틀리게 반응한 것으로 간주하고 검사를 중지한다.

5) 결과

K-TTFC-2는 4개 단원별 점수와 총점(단원 1~4의 합)을 백분위점수, 표준점수(평균 100, 표준편차 15), 등가연령(저자주: 이 책 제2장 3절의 연령등가점수를 참조할 것)으로 제공한다. 그리고 백분위점수와 표준점수에 따른 수준 분류를 〈표 10-9〉와 같이 제시하고 있다.

▷〈표 10-9〉 K-TTFC-2의 백분위점수와 표준점수에 따른 수준 분류

백분위점수	표준점수	수준 분류	비율(%)
>98	>130	매우 우수	2.34
92~98	121~130	우수	6.87
76~91	111~120	평균 이상	16.12
25~75	90~110	평균	49.51
9~24	80~89	평균 이하	16.12
2~8	70~79	저조	6.87
<2	<70	매우 저조	2.34

12. 한국어 표준 그림 조음음운 검사

1) 개요

한국어 표준 그림 조음음운 검사(Korean Standard Picture of Articulation and Phonological Test: KS-PAPT)는 석동일, 박상희, 신혜정, 그리고 박희정(2008)이 우리 말 자음과 모음 산출에 문제가 있는 조음음운장애를 평가하기 위해 개발한 것이다.

2) 목적 및 대상

KS-PAPT는 조음음운장애가 의심되는 3세 이상의 아동 및 성인들을 대상으로 조음음운장애를 선별하거나 진단하기 위한 검사다(표준화는 3세부터 6세까지의 아동들을 대상으로 하였음). 이 검사는 그림 명명하기가 가능한 아동에게 적합하지만 그림어휘력이 부족하여 자발적인 그림 명명이 되지 않을 때에는 모방을 통한 검사도 가능하므로 기능적 조음음운장애는 물론 기질적 조음음운장애(예: 구개파열, 청각장애, 마비말장애 등)를 가진 아동들에게도 실시할 수 있다.

3) 구성

KS-PAPT는 선별검사와 정밀검사로 나누어져 있다. 선별검사(조음음운장애 아동을 선별하기 위한 검사)는 30개 어휘로 이루어져 있으며 기록지는 결과요약지(자음 선별검사 데이터 요약, 자음검사 결과, 모음검사 결과, 음소위치별 결과, 프로파일), 선별검사 발음기록지, 오류분석지-자음, 오류분석지-모음, 선별검사 음운변동분석지의 5개 부분으로 구성되어 있다. 정밀검사(선별된 조음음운장애 아동을 진단하기 위한 검사)는 선별검사에 포함되어 있는 35개 어휘에 40개의 어휘가 추가된 총 75개 어휘로 이루어져 있으며 기록지는 결과요약지(자음 정밀검사 데이터 요약, 자음검사 결과, 모음검사 결과, 음소위치별 결과, 음절유형 요약, 프로파일), 정밀검사 발음기록지, 오류분석지, 정밀검사 음운변동분석지의 4개 부분으로 구성되어 있다.

4) 실시

검사자는 기록지, 그림, 필기구를 준비해 두고 검사실시 내용을 녹음하거나 녹화할 수 있는 도구(예: 녹음기, MP3, 디지털카메라, 캠코더)도 사전에 준비해 두어야 한다. 피검자는 그림을 잘 볼 수 있는 자리에 그리고 검사자는 피검자의 입모양을 잘 볼 수 있는 자리에 앉아 실시한다.

5) 결과

선별검사와 정밀검사의 결과요약지는 각 검사의 오류분석지를 근거로 작성되며 백분율점수를 제공한다. 정밀검사의 경우 3~6세 아동들을 위해서는 백분위점수도 제공된다.

13. 한국판 맥아더-베이츠 의사소통발달 평가

1) 개요

한국판 맥아더-베이츠 의사소통발달 평가(Korean MacArthur-Bates Communicative Development Inventories: K M-B CDI)는 배소영과 곽금주(2011)가 미국의 MacArthur-Bates Communicative Development Inventories-Second Edition(M-B CDI-2) (Fenson et al., 2007)을 한국의 영유아들을 대상으로 표준화한 것이다.

2) 목적 및 대상

K M-B CDI는 8개월부터 36개월까지의 영유아를 대상으로 어휘, 제스처와 놀이, 및 문법 수준을 살펴보기 위한 검사다.

3) 구성

K M-B CDI는 8개월부터 17개월까지의 영아용과 18개월부터 36개월까지의 유아용으로 나누어져 있다. 영아용은 두 부분(어휘, 제스처와 놀이)으로 구성되어 있고 유아용도 두 부분(어휘, 문법)으로 구성되어 있다. 또한 영아용과 유아용 각각 원판과 축약판이 있다.

4) 실시

K M-B CDI에서는 아동의 어휘와 의사소통 수준을 잘 아는 주양육자 또는 성인이 기록지를 작성한다. 주위가 너무 소란스럽거나 다른 일을 하면서 작성하면 제대로 기록하기 어렵기 때문에 주양육자가 방해받지 않고 조용한 분위기에서 기록할 수 있도록 한다.

5) 결과

K M-B CDI는 어휘, 제스처와 놀이, 문법 영역별로 백분위점수에 근거하여 해석을 한다. 백분위점수 10 이하에 해당하는 경우는 적신호이며 백분위점수 25 미만에 해당하는 경우 지속적인 모니터링이 필요하다고 본다.

14. 한국판 영유아 언어 및 의사소통 발달검사

1) 개요

한국판 영유아 언어 및 의사소통 발달검사(Korean adaptation of the LENA developmental snapshot: K-SNAP)는 배소영, 윤효진, 그리고 설아영(2017)이 미국의 The LENA developmental snapshot(Gilkerson & Richards, 2008)을 한국의 영유아들을 대상으로 표준화한 것이다.

2) 목적 및 대상

K-SNAP는 6개월부터 36개월까지의 영유아를 대상으로 간편하게 언어 및 언어발달수준을 살펴보기 위한 검사다.

3) 구성

K-SNAP는 발성과 제스처, 단어 사용, 문장과 문법 사용, 다양한 의사소통 상황에서의 화용적 상호작용 등을 살펴보는 52개 문항으로 구성되어 있다.

4) 실시

K-SNAP는 유아를 잘 알고 있는 사람이 검사지를 작성하도록 한다. 유아의 연령과 상관없이 항상 1번 문항부터 시작하며 유아가 해당 문항을 두 번 이상 보여준 경우에

만 '예'로 표시한다. 연속해서 5개 문항에서 '아니요'가 나오면 기록을 중단한다.

5) 결과

K-SNAP는 백분위점수와 표준점수(평균 100, 표준편차 15)를 제공한다. 백분위점수 10 이하 혹은 표준점수 81 이하에 해당하는 경우 언어발달 위험군으로 보고 백분위점수 11~24(표준점수 82~89)에 해당하는 경우는 언어발달 관심군으로 본다. 이와 같은 해석을 요약하여 제시하면 〈표 10-10〉과 같다.

▷ 〈표 10-10〉 K-SNAP의 결과 해석

백분위점수	수준
≥90	또래보다 빠름
75~89	또래보다 조금 빠름
25~74	또래 수준
11~24	또래보다 조금 느림(관심군)
≤10	또래보다 느림(위험군)

15. 한국표준수용어휘력검사

1) 개요

한국표준수용어휘력검사는 최성규(2002)가 아동들의 수용어휘력을 평가하기 위해 개발한 것이다.

2) 목적 및 대상

한국표준수용어휘력검사는 2세부터 12세까지의 아동들을 대상으로 수용어휘력을 측정하기 위한 검사다. 이 검사는 5개의 그림 중에서 검사자가 불러 주는(또는 수어나 지화로 전달하는) 어휘에 해당하는 그림을 손가락 또는 연필 등과 같은 도구로 가리키면 되기 때문에 일반아동은 물론 장애(예: 지적장애, 자폐성장애, 청각장애, 지체장애)를 가진 아동들의 수용어휘력을 측정하는 데 활용할 수 있다.

3) 구성

한국표준수용어휘력검사는 500개의 문항(100개씩 5조로 나뉘어져 있음)과 100개의 그림판으로 구성되어 있다. 이 검사의 개발과정에서는 먼저 100개(명사 70개, 동사 20개, 형용사 및 기타 10개)의 표적어휘를 선정한 후 각 표적어휘와 동일한 용도를 가진 4개의 유사어휘를 선정하여 5개의 어휘를 하나의 군이 되게 하였기 때문에 각 조의 100문항은 모두 명사어휘 70개, 동사어휘 20개, 그리고 형용사 및 기타어휘 10개로 구성되어 있으며 5개의 유사어휘에 해당하는 5개의 그림을 한 장의 그림판에 그렸기 때문에 100개의 그림판이 포함되어 있다.

4) 실시

검사자는 5조 가운데 실시할 조를 결정한 후 문항 1부터 문항 100까지 해당어휘를 차례대로 불러 주면서(또는 수어나 지화로 전달하면서) 피검자에게 어휘에 해당하는 그림을 손가락 또는 연필 등과 같은 도구로 가리키도록 지시한다. 검사자는 피검자의 반응에 따라 맞으면 ○, 틀리면 ×로 표시한다.

5) 결과

한국표준수용어휘력검사는 백분율(%)과 수용언어연령을 제공한다. 이 검사에서 백분율은 100개의 문항에 대한 정반응 문항수의 비율로 산출하는 것이 아니라 검사설명서에 제시되어 있는 백분율 산정표를 보고 연령에 맞는 백분율을 찾도록 되어 있다. 또한 수용언어연령은 검사설명서에 제시되어 있는 도표를 보고 찾는다. 이와 같은 백분율 산정표와 수용언어연령 도표는 일반아동과 지적장애아동별로 제시되어 있는데 일반아동용은 2세부터 12세까지 그리고 지적장애아동용은 3세부터 8세까지로 작성되어 있다.

제11장

학습

학습관련 검사는 읽기(혹은 읽기이해), 쓰기(혹은 작문), 셈하기(혹은 수학) 등의 영역을 전반적으로 또는 분리하여 학업능력을 측정한다. 이 장에서는 국내에 출시되어 있는 학습관련 사정도구를 가나다순으로 소개하고자 한다(저자주: 사정도구에서 제시되는 대상의 연령은 만 연령임).

1. 기초학습기능 수행평가체제-수학검사

1) 개요

기초학습기능 수행평가체제-수학검사(Basic Academic Skills Assessment-Math: BASA-Math)는 수학능력을 측정하기 위하여 김동일(2006)이 교육과정중심측정(curriculum-based measurement: CBM)(저자주: 교육과정중심측정에 대한 자세한 내용은 이 책 제6장을 참조할 것) 절차에 근거하여 제작한 검사다.

2) 목적 및 대상

BASA-Math는 초등학교 1~3학년 아동들을 대상으로 수학 학습부진을 진단하기 위한 검사다. 또한 BASA-Math는 진단과 더불어 아동의 변화를 지속적으로 점검하는 형성평가도구로도 활용된다.

3) 구성

BASA-Math는 1, 2, 3학년 교과서와 익힘책을 분석하여 개발한 네 가지 검사(I 단계 검사, II 단계 검사, III 단계 검사, 통합단계 검사)로 나누어져 있다. I 단계 검사는 1학년 수준, II 단계 검사는 2학년 수준, III 단계 검사는 3학년 수준, 통합단계 검사는 1, 2, 3학년 수준의 문제를 모두 포함하고 있다.

4) 실시

BASA-Math에서는 학년에 따라 검사를 선택하여 실시한다. 초등학교 1학년 아동에게는 I 단계 검사와 통합단계 검사, 초등학교 2학년 아동에게는 II 단계 검사와 통합단계 검사, 초등학교 3학년 아동에게는 III 단계 검사와 통합단계 검사를 각각 3회 실시한 뒤 원점수의 중앙값을 산출하고 그다음에 검사설명서에 제공된 지침에 따라 학년단계와 통합단계별로 기초평가 기록지를 작성한다(단, 학년수준 검사에서 백분위점수가 15 이하일 경우에는 아래 학년수준의 검사, 즉 초등학교 2학년 아동에게는 I 단계 검사, 초등학교 3학년 아동에게는 II 단계 검사를 실시하여 백분위점수를 확인한다.). 이때 학년수준과 통합수준 중 한 가지 수준을 선택할 수도 있다. 이와 같이 기초평가를 통하여 아동의 기초선(baseline)을 확인하고 나면 이후의 형성평가를 통하여 아동의 지속적인 성장을 점검한다.

5) 결과

BASA-Math는 백분위점수, T점수, 그리고 학년점수(저자주: 이 책 제2장 3절의 학년등가점수를 참조할 것)를 제공한다.

2. 기초학습기능 수행평가체제–쓰기검사

1) 개요

기초학습기능 수행평가체제–쓰기검사(Basic Academic Skills Assessment–Written Expression: BASA-Written Expression)는 쓰기능력을 측정하기 위하여 김동일(2008a)이 교육과정중심측정(curriculum-based measurement: CBM)(저자주: 교육과정중심측정에 대한 자세한 내용은 이 책 제6장을 참조할 것) 절차에 근거하여 제작한 검사다.

2) 목적 및 대상

BASA-Written Expression은 초등학교 1~6학년 아동들을 대상으로 쓰기문제를 진단하기 위한 검사다. 또한 BASA-Written Expression은 진단과 더불어 아동의 변화를 지속적으로 점검하는 형성평가도구로도 활용된다.

3) 구성

BASA-Written Expression은 주어진 시간 내에 얼마나 많은 글자를 정확하게 쓰는가를 측정하며 기초평가와 형성평가로 나누어져 있다. 기초평가는 아동의 쓰기유창성을 측정하기 위한 정량적 평가와 아동의 쓰기수행에 대한 부가적인 정보를 얻기 위한 정성적 평가로 구성되어 있다. 형성평가는 기초평가를 통해 쓰기수행 수준을 확인한 후 다양한 이야기 서두를 활용하여 지속적으로 아동의 쓰기수행 수준을 점검한다.

4) 실시

BASA-Written Expression에서 기초평가를 실시할 때는 이야기 서두제시검사를 1회 실시하는 것을 원칙으로 하되 아동의 검사수행 태도에 근거하여 검사결과를 신뢰하기 어려울 때는 이야기 서두제시검사를 총 2회 실시하여 더 높은 점수를 채택한다 (재검사에서 사용될 이야기 서두는 형성평가용 이야기 서두 중 하나를 선택한다.). 기초평가 실시가 완료되면 정량적 평가의 원점수를 근거로 기초평가 기록지를 작성한다. 이와 같이 기초평가를 통하여 아동의 기초선(baseline)을 확인하고 나면 이후의 형성평가를 통하여 아동의 지속적인 성장을 점검한다.

5) 결과

BASA-Written Expression은 백분위점수, T점수, 그리고 학년점수(저자주: 이 책 제2장 3절의 학년등가점수를 참조할 것)를 제공한다.

3. 기초학습기능 수행평가체제-읽기검사(2판)

1) 개요

기초학습기능 수행평가체제-읽기검사(2판)(Basic Academic Skills Assessment-Reading, Second Edition: BASA-Reading-II)는 읽기능력을 측정하기 위하여 김동일(2008b)이 교육과정중심측정(curriculum-based measurement: CBM)(저자주: 교육과정중심측정에 대한 자세한 내용은 이 책 제6장을 참조할 것) 절차에 근거하여 제작한 검사다.

2) 목적 및 대상

BASA-Reading-II는 초등학교 1학년 이상의 아동들을 대상으로 읽기곤란이나 읽기장애를 진단하기 위한 검사다(단, 초등학교 4학년 이상의 아동과 중·고등학교 학생의 경우 3학년 2학기 규준이 적용됨). 또한 BASA-Reading-II는 진단과 더불어 아동의 변화를 지속적으로 점검하는 형성평가도구로도 활용된다.

3) 구성

BASA-Reading-II는 기초평가와 형성평가로 나누어져 있다. 기초평가용으로 제작된 읽기검사는 읽기검사자료 1(읽기유창성)과 읽기검사자료 2(빈칸채우기)로 구성되어 있는데, 읽기검사자료 1은 다시 읽기검사 (1)과 (2)로 나누어져 있고 주어진 시간 내에 얼마나 많은 글자를 정확하게 읽는가를 측정하며 읽기검사자료 2는 독해력을 측정한다. 형성평가는 기초평가를 통해 읽기수행 수준을 확인한 후 다양한 이야기 자료를 활용하여 지속적으로 아동의 읽기수행 수준을 점검한다.

4) 실시

BASA-Reading-II에서 기초평가용으로 제작된 읽기검사를 실시할 때는 먼저 읽기검사자료 1(읽기유창성)을 이용하여 읽기검사 (1), (2), (1)의 순서로 3회 실시한 뒤 원점수의 중앙값을 산출하고 그다음에 읽기검사자료 2(빈칸채우기)를 1회 실시하여 원점수를 산출한 후 마지막으로 기초평가 기록지를 작성한다. 이와 같이 기초평가를 통하여 아동의 기초선(baseline)을 확인하고 나면 이후의 형성평가를 통하여 아동의 지속적인 성장을 점검한다.

5) 결과

BASA-Reading-II는 백분위점수, T점수, 그리고 학년점수(저자주: 이 책 제2장 3절의 학년등가점수를 참조할 것)를 제공한다.

4. 기초학습기능 수행평가체제-읽기이해

1) 개요

기초학습기능 수행평가체제-읽기이해(Basic Academic Skills Assessment-Reading Comprehension: BASA-RC)는 읽기이해 능력을 측정하기 위하여 김동일(2019)이 교육과정중심측정(curriculum-based measurement: CBM)(저자주: 교육과정중심측정에 대한 자세한 내용은 이 책 제6장을 참조할 것) 절차에 근거하여 제작한 검사다.

2) 목적 및 대상

BASA-RC는 초등학교 3~6학년 학생을 대상으로 읽기이해 능력을 평가하기 위한 검사다(단, 부득이하게 중학생 이상을 대상으로 실시할 경우 6학년 검사지를 사용하고 6학년 2학기 규준을 적용함). 또한 BASA-RC는 읽기이해 능력의 진전도를 반복적으로 점검할 수 있는 형성평가 세트도 포함하고 있다.

3) 구성

BASA-RC는 기초평가와 형성평가로 나누어져 있다. 기초평가는 사실적 이해, 추론적 이해, 평가적 이해의 세 영역으로 구성되어 있는데 각 영역의 학년별 문항수는 〈표 11-1〉에 제시된 바와 같다. 각 문항의 점수는 정답을 표시한 경우 1점, 오답을 표시한 경우 0점이다. 형성평가는 읽기이해에 대한 학생의 진전도를 반복적으로 평가하기 위한 것으로 학년별로 3세트씩 포함되어 있다.

▷ 〈표 11-1〉 BASA-RC의 구성내용

학년	문항수			
	사실적 이해	추론적 이해	평가적 이해	계
3학년	11	7	2	20
4학년	11	7	5	23
5학년	13	10	5	28
6학년	15	10	5	30

4) 실시

BASA-RC의 기초평가는 15분 안에 풀어야 하는 시간제약형 검사이므로 빠른 시간 내에 가능한 한 많은 문항을 정확하게 풀 수 있도록 피검자를 격려해야 한다. 학년별로 3세트씩 개발되어 있는 형성평가는 순차적으로 1-2-3-1-2-3 순으로 실시하여 진전도를 확인한다.

5) 결과

BASA-RC의 기초평가는 총점과 더불어 두 영역(사실적 이해, 추론적 이해)의 점수에 대한 T점수(평균 50, 표준편차 10인 표준점수)와 백분위점수를 제공한다. 단, 평가적 이해 영역 2~5개 문항으로 문항수가 많지 않으므로 읽기이해 총점에는 반영되나 결과에서는 개별 영역으로 구분하여 별도로 제시되지는 않는다. 또한 기초평가의 총점과 두 영역(사실적 이해, 추론적 이해)의 백분위점수에 따른 단계와 수준을 〈표 11-2〉와 같이 제시하고 있다.

▷ 〈표 11-2〉 BASA-RC 기초평가의 백분위점수에 따른 단계와 수준

백분위점수	단계	수준
95 초과	1단계	매우 우수한 읽기 수준입니다.
85 초과 95 이하	2단계	우수한 읽기 수준입니다.
15 초과 85 이하	3단계	정상적인 읽기 수준입니다.
5 초과 15 이하	4단계	기초 읽기능력 향상을 위하여 지도를 부탁드립니다.
5 이하	5단계	전반적이고 지속적인 읽기지도가 필요합니다.

5. 기초학습기능 수행평가체제-초기수학

1) 개요

기초학습기능 수행평가체제-초기수학(Basic Academic Skills Assessment-Early Numeracy: BASA-Early Numeracy)은 김동일(2011)이 초기 수학능력을 측정하기 위하여 개발한 검사다.

2) 목적 및 대상

BASA-Early Numeracy는 4세 이상의 아동들을 대상으로 초기 수학능력을 대표하는 수 감각을 평가하기 위한 검사다. 수 감각이란 수에 대한 상대적인 크기를 인식하

고 다양한 방법으로 수 체계를 활용하는 방법을 인식하는 능력을 말한다.

3) 구성

BASA-Early Numeracy는 기초평가와 형성평가로 나누어져 있는데, 기초평가를 통해 아동의 현재 수준을 점검한 후 형성평가를 이용하여 지속적으로 아동의 발달 정도를 파악한다. 기초평가와 형성평가는 수 감각과 관련된 수 인식(80문항), 빠진 수 찾기(30문항), 수량변별(40문항), 추정(30문항)의 4개 소검사(총 180문항)로 구성되어 있다.

4) 실시

BASA-Early Numeracy는 각 소검사별로 1분 동안 실시되는데, 각 소검사 실시 이전에 예제를 통하여 아동에게 어떻게 문항을 풀어야 하는지 충분히 숙지시킨다. 모든 소검사에서 아동이 정답을 말하면 1점을 처리하고 틀리거나 3초 이상 머뭇거리면 정답을 말해주고 0점으로 처리한 후 다음 문항으로 넘어간다. 검사자는 1분 동안 아동이 정확하게 대답한 개수를 기록지에 기록한다.

5) 결과

BASA-Early Numeracy는 T점수, 백분위점수, 그리고 연령점수(저자주: 이 책 제2장 3절의 연령등가점수를 참조할 것)를 제공한다.

6. 기초학습능력종합검사

1) 개요

기초학습능력종합검사(Basic Academic Skills Assessment-Comprehensive Test: BASA-CT)는 학습자들의 읽기, 수학, 쓰기 기초학습기능 수행과 발달 수준을 종합적으로 평가하기 위하여 김동일(2021)이 개발한 검사다.

2) 목적 및 대상

BASA-CT는 기초학습기능(읽기, 쓰기, 수학)의 수행과 발달 수준을 종합적으로 평가함으로써 기초학습 문제를 진단하기 위한 검사다. 초등학교 1학년부터 사용할 수 있으며, 학습지연을 보이는 중·고등학생, 발달장애 성인에게도 실시할 수 있다(저자 주: 검사설명서에 검사개발과정이 제시되지 않아 규준집단에 대한 정보가 제한되어 있지만 검사의 구성을 고려할 때 본 검사는 초등학교 학생을 대상으로 실시하는 것이 바람직할 것으로 보임).

3) 구성

BASA-CT는 4개 검사(읽기검사, 수학검사, 쓰기검사, 읽기유창성검사)로 구성되어 있는데 읽기유창성검사는 보충검사다. 〈표 11-3〉에는 각 검사에 대한 설명이 제시되어 있다.

4) 실시

BASA-CT의 순서는 읽기검사, 수학검사, 쓰기검사, 읽기유창성검사(보충검사)로 진행된다. 검사에 소요되는 시간은 안내 시간을 포함하여 약 25분이다.

5) 결과

BASA-CT는 검사(읽기검사, 수학검사, 쓰기검사, 읽기유창성검사)별로 T점수(평균 50, 표준편차 10인 표준점수)와 백분위점수를 제공한다. 또한 백분위점수에 따른 단계와 수준을 〈표 11-4〉와 같이 제시하고 있다.

▽ 〈표 11-3〉 BASA-CT의 구성내용

구분	내용
읽기검사[1]	읽기 기본능력 및 이해력을 측정하기 위한 검사로 23문항이 포함되어 있다. 피검자는 본문을 마음속으로 읽다가 문장 가운데 삽입된 괄호 속 단어 3개 중 적절한 단어 하나를 선택한다. 3분 내에 확실하지 않더라도 옳다고 생각되는 단어를 빠짐없이 선택해야 한다. 읽기검사자료는 '배우며 생각하며'(교육개발원, 1998)[3]에서 발췌한 내용이다.
수학검사	초등학교 1, 2, 3학년의 교과서와 수학익힘책의 연산문제를 분석한 것으로 해당 교육과정을 반영한 문제들이다. 피검자는 검사지를 1차부터 3차까지 세 차례 번호 순서대로 풀어 나간다. 1차시당 2분의 시간이 주어진다.
쓰기검사	이야기 서두제시검사의 형태로 실시하며 피검자가 주어진 시간 내에 얼마나 많은 글자를 정확하게 쓰는지를 측정한다. 이야기 서두는 "나는 오늘 아침에 일찍 일어났습니다."이다. 피검자는 1분 동안 무슨 이야기를 쓸지 생각하고 3분 동안 글을 쓴다.
읽기유창성검사[2]	피검자가 주어진 시간 내에 얼마나 많은 글자를 정확하게 읽는지를 측정한다. 검사자는 피검자에게 검사자료를 제시하고, 지시에 따라 1분 동안 되도록 또박또박 읽도록 한다. 읽기유창성검사는 총 3회 실시되는데, 1회는 읽기유창성검사 자료 1(토끼야 토끼야), 2회는 읽기유창성검사 자료 2(분명히 내 동생인데), 3회는 다시 읽기유창성검사 자료 1(토끼야 토끼야)을 실시한다. 읽기유창성검사 자료는 '토끼야, 토끼야'(김학선, 1991),[4] '분명히 내 동생인데'(한국교육개발원, 1991)[5]에서 발췌한 내용이다.

[1] 초등학교 1학년 1학기 학생에게 다소 적합하지 않은 수준의 이해력 검사일 수 있으며, 선다형 문항의 추측 요인으로 인하여 현재 수행수준이 과대추정될 수 있음.
[2] 보충소검사
[3] 한국교육개발원(1998). 배우며 생각하며 2학년. 충북 진천: 저자.
[4] 김학선(1991). 일학년이 읽는 동화. 서울: 아동문예.
[5] 한국교육개발원(1991). 배우며 생각하며, 1–2학년, 3–4학년(한국교육개발원 연구보고). 충북 진천: 저자.

▽ 〈표 11-4〉 BASA-CT의 백분위점수에 따른 단계와 수준

백분위점수	단계	수준
95 초과	1단계	매우 우수한 학습 수준입니다.
85 초과 95 이하	2단계	우수한 학습 수준입니다.
15 초과 85 이하	3단계	정상적인 학습 수준입니다.
5 초과 15 이하	4단계	기초학습능력 향상을 위하여 지도를 부탁드립니다.
5 이하	5단계	전반적이고 지속적인 학습지도가 필요합니다.

7. 쓰기 성취 및 쓰기 인지처리능력 검사

1) 개요

쓰기 성취 및 쓰기 인지처리능력 검사(Test of Writing Achievement and Writing Cognitive Process Ability: WA-WCP)는 김애화, 김의정, 그리고 유현실(2020)이 아동의 쓰기 능력을 평가하기 위하여 개발한 검사다.

2) 목적 및 대상

WA-WCP는 초등학교 1~6학년 학생을 대상으로 쓰기 성취 및 인지처리능력을 측정하기 위한 검사이며 쓰기장애 학생의 진단과정에도 활용될 수 있다. WA-WCP는 지시문을 이해할 수 있는 학생, 특히 연습문항을 이해하고 연습문항에 올바른 반응을 할 수 있는 학생을 대상으로 실시해야 한다.

3) 구성

WA-WCP는 쓰기 성취 검사와 쓰기 인지처리능력 검사로 나누어져 있다. 쓰기 성취 검사는 철자 그리고 작문의 2개 소검사로 구성되어 있고 쓰기 인지처리능력 검사는 동음이철어, 표기코딩, 형태인식, 반대말, 비슷한말, 빠른 자동 이름대기의 6개 소검사로 구성되어 있다. 또한 WA-WCP는 쓰기영역을 철자 그리고 작문의 두 영역으로 구분하고 있다. 따라서 WA-WCP에서는 8개 소검사별로 산출된 환산점수를 통해 쓰기영역의 지수점수가 산출된다. WA-WCP의 쓰기영역별 지수점수 산출에 사용되는 소검사들은 〈표 11-5〉와 같다.

4) 실시

WA-WCP의 8개 소검사를 실시하는 데 소요되는 시간은 학년 및 개인에 따라 차이가 있지만 1시간~1시간 30분 정도다. 검사는 한 번에 실시할 수도 있고 두 번에 나

▷ 〈표 11-5〉 **WA-WPC의 쓰기영역별 지수점수 산출에 사용되는 소검사**

구분	영역	소검사
쓰기 성취 검사	철자 성취	철자
	작문 성취	작문
	전체 쓰기 성취	철자 성취와 작문 성취 검사들의 환산점수를 합산
쓰기 인지처리능력 검사	철자 인지처리능력	동음이철어, 표기코딩, 형태인식, 반대말
	작문 인지처리능력	동음이철어, 형태인식, 반대말, 비슷한말, 빠른 나 동 이름대기
	전체 쓰기 인지처리능력	철자 인지처리능력과 작문 인지처리능력 검사들의 환산점수를 합산

누어 실시할 수도 있다. 한 번에 실시하는 경우에는 중간에 휴식을 취하여 아동의 주
의를 환기시키는 것이 필요하다. 두 번에 나누어 실시하는 경우에는 가능한 한 1주일
이내에 실시해야 한다.

5) 결과

WA-WCP는 8개 소검사별로 환산점수(평균이 10이고 표준편차가 3인 표준점수)를 제
공하고 6개 영역(철자 성취, 작문 성취, 전체 쓰기 성취, 철자 인지처리능력, 작문 인지처리
능력, 전체 쓰기 인지처리능력)별로 지수점수(평균이 100이고 표준편차가 15인 표준점수)
와 백분위점수를 제공한다.

8. 읽기 성취 및 읽기 인지처리능력 검사

1) 개요

읽기 성취 및 읽기 인지처리능력 검사(Test of Reading Achievement and Reading
Cognitive Process Ability: RA-RCP)는 김애화, 김의정, 황민아, 그리고 유현실(2014)이
아동의 읽기 능력을 평가하기 위하여 개발한 검사다.

2) 목적 및 대상

RA-RCP는 초등학교 1~6학년 학생을 대상으로 읽기 성취 및 인지처리능력을 측정하기 위한 검사이며 읽기장애 학생의 진단과정에도 활용될 수 있다. RA-RCP는 지시문을 이해할 수 있는 학생, 특히 연습문항을 이해하고 연습문항에 올바로 반응할 수 있는 학생을 대상으로 실시해야 한다.

3) 구성

RA-RCP는 읽기 성취 검사와 읽기 인지처리능력 검사로 나누어져 있다. 읽기 성취 검사는 단어인지, 읽기유창성, 읽기이해의 3개 소검사로 구성되어 있고 읽기 인지처리능력 검사는 자모지식, 빠른 자동 이름대기, 음운기억, 문장 따라 말하기, 듣기이해, 어휘의 6개 소검사로 구성되어 있다. 또한 RA-RCP는 읽기영역을 단어인지, 읽기유창성, 읽기이해의 세 영역으로 구분하고 있다. 따라서 RA-RCP에서는 9개 소검사별로 산출된 환산점수를 통해 읽기영역의 지수점수가 산출된다. RA-RCP의 읽기영역별 지수점수 산출에 사용되는 소검사들은 〈표 11-6〉과 같다.

▷ 〈표 11-6〉 **RA-RCP의 읽기영역별 지수점수 산출에 사용되는 소검사**

구분	영역	소검사
읽기 성취 검사	단어인지 성취	단어인지
	읽기유창성 성취	읽기유창성
	읽기이해 성취	읽기이해
	전체 읽기 성취	단어인지, 읽기유창성, 읽기이해 소검사들의 환산점수를 합산
읽기 인지처리능력 검사	단어인지 인지처리능력	자모지식, 빠른 자동 이름대기, 음운기억, 어휘
	읽기유창성 인지처리능력	빠른 자동 이름대기, 어휘
	읽기이해 인지처리능력	문장 따라 말하기, 듣기이해, 어휘
	전체 읽기 인지처리능력	단어인지 인지처리능력, 읽기유창성 인지처리능력, 읽기이해 인지처리능력의 환산점수를 합산

4) 실시

RA-RCP의 9개 소검사를 실시하는 데 소요되는 시간은 학년 및 개인에 따라 차이가 있지만 1시간 30분~2시간 정도다. 검사는 한 번에 실시할 수도 있고 두 번에 나누어 실시할 수도 있다. 한 번에 실시하는 경우에는 중간에 휴식을 취하여 아동의 주의를 환기시키는 것이 필요하다. 두 번에 나누어 실시하는 경우에는 가능한 한 1주일 이내에 실시해야 한다.

5) 결과

RA-RCP는 9개 소검사별로 환산점수(평균이 10이고 표준편차가 3인 표준점수)를 제공하고 8개 영역(단어인지 성취, 읽기유창성 성취, 읽기이해 성취, 전체 읽기 성취, 단어인지 인지처리능력, 읽기유창성 인지처리능력, 읽기이해 인지처리능력, 전체 읽기 인지처리능력)별로 지수점수(평균이 100이고 표준편차가 15인 표준점수)와 백분위점수를 제공한다.

9. 중 · 고등학생을 위한 읽기 및 쓰기 검사

1) 개요

중 · 고등학생을 위한 읽기 및 쓰기 검사(Reading and Writing Test for Secondary School Students: RWT)는 김애화, 김의정, 그리고 김재철(2022)이 중학교 1학년~고등학교 1학년 학생의 읽기 및 쓰기 능력을 평가하기 위하여 개발한 검사다.

2) 목적 및 대상

RWT는 중학교 1학년부터 고등학교 1학년까지의 학생을 대상으로 읽기 및 쓰기 성취를 측정하기 위한 검사이며 학습장애(난독증 포함)의 진단과정에서도 활용될 수 있다. RWT는 지시문을 이해할 수 있는 학생, 특히 연습문항을 이해하고 연습문항에 올바른 반응을 할 수 있는 학생을 대상으로 실시해야 한다.

3) 구성

RWT는 읽기 성취 검사와 쓰기 성취 검사로 나누어져 있다. 읽기 성취 검사는 단어인지 성취 검사, 읽기유창성 성취 검사, 읽기이해 성취 검사의 3개 소검사로 구성되어 있고 쓰기 성취 검사는 철자 성취 검사와 작문 성취 검사의 2개 소검사로 구성되어 있다.

4) 실시

RWT의 5개 소검사를 실시하는 데 소요되는 시간은 학년 및 개인에 따라 차이가 있지만 대략 1시간 정도다. 검사는 한 번에 실시할 수도 있고 두 번에 나누어 실시할 수도 있다. 한 번에 실시하는 경우에는 중간에 휴식을 취하여 아동의 주의를 환기시키는 것이 필요하다. 두 번에 나누어 실시하는 경우에는 가능한 한 1주일 이내에 실시해야 한다.

5) 결과

RWT는 5개 소검사별로 환산점수(평균이 10이고 표준편차가 3인 표준점수)와 지수점수(평균이 100이고 표준편차가 15인 표준점수)를 제공한다. 그리고 전체 읽기 성취에서는 3개 소검사(단어인지 성취 검사, 읽기유창성 성취 검사, 읽기이해 성취 검사)의 환산점수의 합을 활용한 지수점수를 제공하고 전체 쓰기 성취에서는 2개 소검사(철자 성취 검사와 작문 성취 검사)의 환산점수의 합을 활용한 지수점수를 제공한다. 이러한 지수점수는 〈표 11-7〉에 제시된 바와 같이 해석된다.

▽ 〈표 11-7〉 RWT의 지수점수에 따른 해석

지수점수	수준	
131 이상	매우 평균 이상	상위 수준
116~130	평균 이상	
86~115	평균 수준	
71~85	평균 이하	위험군 수준
70 이하	매우 평균 이하	

10. 학습장애 선별검사

1) 개요

학습장애 선별검사(Learning Disabilities Screening Test: LDST)는 김동일(2012)이 아동 및 청소년들의 학업능력 및 학교적응능력을 평가하기 위하여 개발한 검사다.

2) 목적 및 대상

LDST는 초등학교 3~6학년 학생과 중·고등학교 학생을 대상으로 학습/학교적응에 심각한 어려움을 가지고 있는 학습장애 학생들을 선별하기 위한 검사다.

3) 구성

LDST는 초등학생(3~6학년)을 위한 아동용과 중·고등학생을 위한 청소년용으로 나누어져 있다. 또한 아동용과 청소년용은 각각 학생 자가진단척도(LDST-S)와 교사 관찰척도(LDST-O)를 포함하고 있는데 LDST-O는 학부모를 대상으로도 실시가 가능하다. LDST는 수용언어, 표현언어, 수학, 주의집중 및 조직화, 사회성의 5개 요인으로 구성되어 있으며 3점 척("그렇지 않다" 1점, "그렇다" 2점, "매우 그렇다" 3점)의 25개 문항을 포함하고 있다.

4) 실시

LDST는 정해진 답이 없기 때문에 응답할 때 가급적 한 문항을 너무 오래 생각하지 말고 바로 응답할 수 있도록 해야 하며 가능한 한 자신의 생각에 따라 솔직하게 응답해야 한다. 특히 LDST-S(학생 자가진단척도)의 경우, 피검자가 문항을 읽고 이해하지 못하면 검사자가 직접 문항을 읽어 주고 응답을 받아 적도록 한다.

5) 결과

LDST는 5개 요인별로 그리고 전체에 대한 T점수 및 백분위점수를 제공한다. T점수 55 이하(백분위점수 68%ile 이하)는 일반군, T점수 56~65(백분위점수 69~93%ile)는 학습장애 잠재적 위험군, T점수 66 이상(백분위점수 94%ile 이상)은 학습장애 고위험군으로 본다.

11. 한국판 학습장애 평가 척도

1) 개요

한국판 학습장애 평가 척도(Korean version of Learning Disability Evaluation Scale: K-LDES)는 신민섭, 조수철, 그리고 홍강의(2007)가 미국의 Learning Disability Evaluation Scale(LDES)(McCarney, 1988)을 한국의 아동들을 대상으로 표준화한 것이다. 현재 미국에서는 Learning Disability Evaluation Scale-Renormed Second Edition(LDES-R2)(McCarney & Arthaud, 2007)이 사용되고 있다.

2) 목적 및 대상

K-LDES는 6세부터 11세까지(초등학교 1~6학년)의 아동들을 대상으로 학습문제를 평가하고 학습장애의 선별 및 진단에 유용한 정보를 제공하기 위한 도구다.

3) 구성

K-LDES는 7개 하위척도(주의력, 생각하기, 말하기, 읽기, 쓰기, 철자법, 수학적 계산)로 구성되어 있으며 각 하위척도에는 7~20개 문항이 포함되어 총 88문항으로 이루어져 있다. 이와 같은 K-LDES의 구성내용을 요약하여 제시하면 〈표 11-8〉과 같다.

▽ 〈표 11-8〉 K-LDES의 구성내용

	하위척도	내용	문항수	총 문항수
1	주의력	주의집중의 어려움을 평가	7	88
2	생각하기	시·공간적 능력, 계기적 정보처리 능력을 평가	17	
3	말하기	말할 때 음을 빠뜨리거나, 단어를 전혀 틀리게 발음하거나, 대화를 잘 이어가지 못하거나, 어휘력이 한정되어 있는 것 등을 평가	9	
4	읽기	단어나 행, 문장들을 빼먹고 읽는 것과 같은 읽기의 정확성과 독해력을 평가	14	
5	쓰기	반전 오류(글자나 숫자를 거꾸로 씀), 띄어쓰기에서의 어려움 등을 평가	14	
6	철자법	철자법, 받아쓰기의 어려움 등을 평가	7	
7	수학적 계산	수학적 연산과 수학적 추론에서의 어려움을 평가	20	

4) 실시

K-LDES는 아동을 관찰하고 아동에게 직접 학습을 지도할 수 있는 적절한 기회를 가진 부모나 교사가 평정하도록 되어 있다(저자주: 미국 LDES는 교사들이 평정하지만 한국에서는 부모가 자녀들의 학습지도를 많이 하므로 K-LDES는 부모나 교사가 평정하는 척도로 개발됨). 교사가 평정할 경우, 여러 과목을 각각 다른 교사가 가르칠 때는 몇 명의 교사가 한 아동을 평정할 수 있다. 따라서 필요한 경우에는 한 번에 평정을 끝내야 할 필요가 없으며 며칠에 걸쳐 평정할 수도 있다. 평정이 완료되면 각 하위척도별로 원점수를 산출한 다음 검사지를 작성한다.

5) 결과

K-LDES는 하위척도별 표준점수(평균이 10이고 표준편차가 3인 표준점수)와 하위척도 표준점수들의 합에 의한 학습지수(Learning Quotient: LQ)(평균이 100이고 표준편차가 15인 표준점수)를 제공한다.

12. KISE 기초학력검사

1) 개요

KISE 기초학력검사(Korea Institute for Special Education-Basic Academic Achievement Test: KISE-BAAT)는 박경숙, 김계옥, 송영준, 정동영, 그리고 정인숙(2005)이 기초학력을 측정하기 위하여 개발한 검사다[저자주: 우리나라 국립특수교육원의 영문명인 KISE(Korea Institute for Special Education)는 2016년 1월 1일부터 NISE(National Institute of Special Education)로 변경되었음].

2) 목적 및 대상

KISE-BAAT는 5세 0개월 0일부터 14세 11개월 30일까지(유치원~중학교 3학년)의 아동들을 대상으로 읽기, 쓰기, 수학 기초학력을 측정하는 검사다.

3) 구성

KISE-BAAT는 KISE-BAAT(읽기), KISE-BAAT(쓰기), KISE-BAAT(수학)의 3개의 소검사로 이루어져 있는데 〈표 11-9〉, 〈표 11-10〉, 그리고 〈표 11-11〉은 소검사별로 구성내용을 요약하여 제시하고 있다. 이러한 소검사들은 또한 가형과 나형 2종의 동형검사로 구성되어 있다.

4) 실시

KISE-BAAT의 소검사들은 모두 구성영역 순으로 실시하도록 되어 있다. 그러나 피검자가 어떤 특정 영역을 기피하거나 지루하게 느껴 순서대로 실시하는 것이 어려운 경우에는 다른 영역을 모두 실시한 다음 빠진 영역을 실시할 수 있다. 또한 피검자의 부적절한 동기나 피로의 누적 등으로 인해 한 번의 회기 내에 검사전체를 실시하기 어려운 경우 검사자는 영역별로 분리해서 실시할 수도 있는데, 이와 같은 경우에

▷ 〈표 11-9〉 **KISE-BAAT(읽기)의 구성내용**

영역		내용	문항수	총 문항수
선수 기능		도형 변별: 같은 도형 찾기	45	360
		낱자 변별: 같은 낱자 찾기		
		낱말 변별: 같은 낱말 찾기		
음독 능력		낱자 읽기: 낱자 읽기	75	
		낱말 읽기: 낱말 읽기(2~3음절)		
		문장 읽기		
독해 능력	낱말 이해	반대말, 비슷한 말, 유추, 존대어	60	
		낱말의 상하관계 유추, 수량단위, 존대어		
	문장 완성	그림 보고 문장 완성하기	30	
		문장 완성하기		
	어휘 선택	시제일치, 호응관계	30	
		접속사, 의미를 파악하고 적절한 어휘 선택하기		
	어휘 배열	문장을 구성하여 배열하기	30	
	짧은 글 이해	문장 읽고 주요 사실에 답하기	90	
		문장 읽고 사실과 느낌, 의견 구분하기		
		문장 읽고 비유나 상징적 표현 이해하기		
		글의 주제 찾기		
		속담 이해하기		
		글 읽고 결과 유추하기		
		글 읽고 비판하기		

는 첫 번째 검사와 두 번째 검사의 간격이 일주일 이상이어서는 안 된다.

5) 결과

KISE-BAAT는 소검사별로 백분위점수, 학력지수(평균 100, 표준편차 15인 표준점수), 그리고 학년규준(저자주: 이 책 제2장 3절의 학년등가점수를 참조할 것)을 제공한다.

▷ 〈표 11-10〉 **KISE-BAAT(쓰기)의 구성내용**

영역	내용	문항수	총 문항수
선수 기능	사물, 숫자, 기호, 문자 변별하기	60	300
	줄긋기, 도형그리기		
	글자 보고 쓰기		
	자신의 이름 쓰기		
표기 능력	낱자 쓰기	60	
	낱말 쓰기		
	맞춤법에 맞추어 쓰기		
	받아 쓰기		
	띄어 쓰기		
	문장부호 사용하기		
어휘 구사력	주어진 낱말을 사용하여 짧은 글짓기	60	
	주어진 두 낱말의 뜻을 구분하여 짧은 글짓기		
	주어진 낱말을 보고 연상되는 낱말 쓰기		
	주어진 문장 속에 알맞은 낱말 쓰기		
문장 구사력	주어진 낱말들을 순서대로 배열하기	60	
	그림을 보고 다른 형태의 문장들을 만들기		
	문장구성이 잘못된 것을 고치기		
	의문문, 청유문, 명령문, 감탄문 쓰기		
글 구성력	그림을 순서대로 나열하여 이야기 만들기	60	
	들려주는 글의 내용을 한 문장으로 요약하여 쓰기		
	그림을 보거나 들려주는 글을 듣고 인과관계, 닮은 점, 추론한 것 등을 쓰기		

▽ 〈표 11-11〉 KISE-BAAT(수학)의 구성내용

영역		내용	문항수	총 문항수
수	범 자연수	10 이하, 100 이하, 1000 이하, 1000 이상	72	780
	분수와 소수	분수, 소수	36	
	비와 백분율	비와 백분율	21	
도형	도형	공간감각, 평면도형, 입체도형	72	
연산	덧셈	개념/구체물 활용, 자연수 덧셈, 분수와 소수 덧셈	54	
	뺄셈	개념/구체물 활용, 자연수 뺄셈, 분수와 소수 뺄셈	54	
	곱셈	개념/구체물 활용, 자연수 곱셈, 분수와 소수 곱셈	60	
	나눗셈	개념/구체물 활용, 자연수 나눗셈, 분수와 소수 나눗셈	60	
	암산	듣고 암산하기, 자연수, 분수와 소수	54	
측정	측정	길이와 각도, 넓이, 무게, 부피와 들이	72	
	시간과 화폐	기초개념, 시각과 달력, 금액 · 물건값	54	
	어림	수, 측정, 계산(화폐 포함)	54	
확률과 통계	확률과 통계	표와 차트, 그래프, 경우의 수 · 확률	54	
문제해결	문제해결	간단한 문제해결, 문제의 이해 및 전략, 복잡한 문제해결	63	

제**12**장

정서 및 행동

아동과 청소년의 행동문제는 크게 내재화 행동문제와 외현화 행동문제로 구분할 수 있다. 내재화 행동문제를 보이는 아동과 청소년들은 우울하고 불안한 모습으로 묘사되며 감정을 자신에게 발산하는 정서적 문제를 갖고 있는 것으로 기술된다. 따라서 이들의 문제는 흔히 내재화장애(internalizing disorders)로 불린다. 이에 비해 외현화 행동문제에는 공격성, 일탈행동, 불복종, 부주의, 과잉행동, 충동성 등이 포함되는데 이러한 문제를 보이는 아동과 청소년들은 다른 사람들과 갈등 상태에 놓이게 된다. 따라서 이들의 문제를 흔히 외현화장애(externalizing disorders)라고 한다. 일반적으로 정서행동장애는 내재화장애와 외현화장애로 분류되며, 우울장애와 불안장애는 내재화장애로 그리고 품행장애와 주의력결핍과잉행동장애는 외현화장애로 본다(이승희, 2017). 이 장에서는 국내에 출시되어 있는 포괄적인 정서행동장애관련 사정도구를 가나다순으로 소개하고자 한다(저자주: 사정도구에서 제시되는 대상의 연령은 만 연령임). 단, 주의력결핍과잉행동장애는 근래 많은 주목을 받고 있는 영역이므로 이 책에서는 특수영역으로 분류하여 제16장에서 별도로 다루기로 한다.

1. 사회적 기술 및 문제행동 검사

1) 개요

사회적 기술 및 문제행동 검사(Social Skills and Problem Behavior Test: SS-PB)는 김애화, 김의정, 그리고 유현실(2023)이 초등학교 1~6학년 학생의 사회적 기술 및 문제행동을 평가하기 위하여 개발한 검사다.

2) 목적 및 대상

SS-PB는 초등학교 1~6학년 학생을 대상으로 사회적 기술 및 문제행동 특성을 측정하기 위한 검사이며 사회적 기술이나 행동에 대한 지원이 요구되는 학생의 선별과정에서도 활용될 수 있다. SS-PB에는 교사용과 학생용이 있는데, 교사용은 초등학교 1~6학년 학생의 사회적 기술 및 문제행동 특성을 측정하고 학생용은 초등학교 3~6학년 학생의 사회적 기술 및 문제행동 특성을 측정한다.

3) 구성

SS-PB는 교사용과 학생용을 포함하고 있다. 교사용과 학생용 둘 다 사회적 기술 검사와 문제행동 검사로 나누어져 있으며 각각 7개 하위영역(협조, 책임, 참여, 교우관계, 의사소통, 자기통제, 자기주장)과 5개 하위영역(공격적 행동, 규칙 어기기 행동, 또래 괴롭힘 행동, 주의산만/과잉/충동 행동, 내재화 문제행동)으로 구성되어 있다. 〈표 12-1〉은 SS-PB의 구성내용을 요약하여 제시하고 있다.

4) 실시

SS-PB의 2개 검사(사회적 기술 검사, 문제행동 검사)를 실시하는 데 소요되는 시간은 학년 및 개인에 따라 다소 차이가 있을 수 있지만 일반적으로 약 30분 정도다. 검사는 가능한 한 2개 검사(사회적 기술 검사, 문제행동 검사)를 한 번에 실시하는 것을 원칙으

▷ 〈표 12-1〉 **SS-PB의 구성내용**

구분	하위영역	문항수		평정 방법
		교사용	학생용	
사회적 기술 검사	협조	11	11	행동의 빈도에 따라 5점 척도로 평정
	책임	4	4	
	참여	3	3	
	교우관계	8	8	
	의사소통	8	8	
	자기통제	11	11	
	자기주장	5	5	
	전체	50	50	–
문제행동 검사	공격적 행동	10	10	행동의 빈도에 따라 5점 척도로 평정
	규칙 어기기 행동	7	7	
	또래 괴롭힘 행동	5	5	
	주의산만/과잉/충동 행동	4	4	
	내재화 문제행동	8	8	
	전체	34	34	–

로 한다. 교사용의 경우, 대상 학생의 특성을 충분히 파악한 상태에서 평정해야 하기 때문에 학기초에 사용하는 것보다 학생의 교육적 특성을 파악할 수 있도록 최소 3개월 이상 가르친 이후에 사용하는 것이 적절하다. 학생용의 경우, 학생 스스로가 평정을 실시하는데 학생이 문항에 있는 단어의 뜻을 물으면 교사는 단어의 의미를 설명해 줄 수 있다.

5) 결과

SS-PB는 2개 검사(사회적 기술 검사, 문제행동 검사)별로 전체점수에 대한 백분위점수와 표준점수(평균 100, 표준편차 15)를 제공한다. 이러한 백분위점수와 표준점수는 〈표 12-2〉에 제시된 바와 같이 해석된다. 만약 '위험군'으로 해석될 경우 하위영역별로 '행동수준'이 제시된다. '행동수준'이란 사회적 기술 검사 또는 문제행동 검사에서 '위험군'으로 나타날 경우에 제시되는 하위영열별 수준이라고 할 수 있다. '행동수준'

은 하위영역별 표준점수(평균 100, 표준편차 15)에 따라 〈표 12-3〉과 같이 분류된다.

▷ 〈표 12-2〉 SS-PB의 전체점수에 대한 백분위점수와 표준점수에 따른 해석

구분	백분위점수 (표준점수)	해석	비고
사회적 기술 검사	70 이상 (108 이상)	평균 이상	백분위점수가 낮을수록 '위험군'이라고 해석한다(점수가 낮을수록 사회성이 낮다는 것을 의미).
	17~69 (86~107)	평균 범위	
	16 이하 (85 이하)	평균 이하(위험군)	
문제행동 검사	84 이상 (115 이상)	평균 이상(위험군)	백분위점수가 높을수록 '위험군'이라고 해석한다(점수가 높을수록 문제행동이 심하다는 것을 의미).
	31~83 (93~114)	평균 범위	
	30 이하 (92 이하)	평균 이하	

▷ 〈표 12-3〉 SS-PB의 하위영역별 표준점수에 따른 행동수준 분류

구분	표준점수	해석	비고
하위영역 (사회적 기술 검사)	≥108	상위 수준	행동수준이 '하위'에 속하는 것은 해당 하위영역의 행동특성이 낮아 위험 수준에 속한다는 것을 의미한다.
	86~107	평균 수준	
	≤85	하위 수준(위험군)	
하위영역 (문제행동 검사)	≥115	상위 수준(위험군)	행동수준이 '상위'에 속하는 것은 해당 하위영역의 행동특성이 높아 위험 수준에 속한다는 것을 의미한다.
	93~114	평균 수준	
	≤92	하위 수준	

2. 청소년 성격평가질문지(증보판)

1) 개요

청소년 성격평가질문지(증보판)(Personality Assessment Inventory for Adolescent: PAI-A)(증보판)은 황순택 등(2019)이 미국의 Personality Assessment Inventory-Adolescent(PAI-A)(Morey, 2007)를 한국의 청소년들을 대상으로 표준화한 것이다. 앞서 김영환 등(2006)이 성인용으로 개발된 미국의 Personality Assessment Inventory(PAI)(Morey, 1991)를 근거로 청소년 성격평가 질문지(Adolescent Personality Assessment Inventory: PAI-A)를 제작한 바 있는데, PAI-A(증보판)은 그 후속이라고 할 수 있다.

2) 목적 및 대상

PAI-A(증보판)는 12~18세 청소년들을 대상으로 다양한 정신병리를 측정하기 위한 검사다. 즉, 일반 성격 영역에 대한 광범위한 평가를 위한 검사는 아니며 임상적 진단이나 정신병리의 선별과 관련 있는 정보를 제공하도록 설계되었다.

3) 구성

PAI-A(증보판)는 〈표 12-4〉에 보이듯이 264개 문항으로 이루어져 있고 22개 척도(타당성척도 4개, 임상척도 11개, 치료고려척도 5개, 대인관계척도 2개)로 구성되어 있다. 22개 척도 중 10개 척도는 복잡한 임상적 구성개념을 보다 전반적이고 심도있게 평가하기 위해 개념적으로 도출한 3~4개의 하위척도를 포함하고 있다. 〈표 12-4〉에 제시된 일반형과 더불어 136개 문항으로 이루어진 단축형도 개발되어 있다. 단, 단축형은 일반형에 비해 신뢰도가 낮고 측정의 표준오차가 커지기 때문에 정확한 해석에 어려움이 있으므로 불가피한 경우(예: 피검자가 비협조적일 경우)를 제외하고는 사용하지 않는 것이 바람직하다.

4) 실시

PAI-A(증보판)는 자기보고형 질문지로서 청소년 자신이 평정하도록 되어 있다. 따라서 실시하기 전에 피검자가 검사의 지시와 문항을 제대로 이해할 수 있는지를 확인하는 것이 중요하다. 대부분의 청소년이 264개 문항으로 구성된 일반형을 완성하는 데 소요되는 시간은 약 40~50분 정도다.

5) 결과

PAI-A(증보판)의 일반형에서는 22개 척도 및 하위척도별로 T점수와 백분위점수 제공하고 단축형에서는 22개 척도별로 T점수를 제공한다.

▷ 〈표 12-4〉 **PAI-A(증보판)의 구성내용(일반형)**

척도			하위척도	문항수	총 문항수
타당성 척도	1	비일관성(ICN)	–	–	10[1]
	2	저빈도(INF)	–	–	8
	3	부정적 인상(NIM)	–	–	8
	4	긍정적 인상(PIM)	–	–	8
임상 척도	5	신체적 호소(SOM)	전환(SOM-C)	6	18
			신체화(SOM-S)	6	
			건강염려(SOM-H)	6	
	6	불안(ANX)	인지적(ANX-C)	6	18
			정서적(ANX-A)	6	
			신체생리적(ANX-P)	6	
	7	불안관련 장애(ARD)	강박장애(ARD-O)	6	18
			공포증(ARD-P)	6	
			외상적 스트레스(ARD-T)	6	
	8	우울(DEP)	인지적(DEP-C)	6	18
			정서적(DEP-A)	6	
			신체생리적(DEP-P)	6	
	9	조증(MAN)	활동수준(MAN-A)	6	18
			과대성(MAN-G)	6	
			초조성(MAN-I)	6	
	10	망상(PAR)	과경계(PAR-H)	6	18
			피해망상(PAR-P)	6	
			원한(PAR-R)	6	
	11	조현병(SCZ)	정신병적 경험(SCZ-P)	6	18
			사회적 위축(SCZ-S)	6	
			사고장애(SCZ-T)	6	
	12	경계선적 특징(BOR)	정서적 불안정성(BOR-A)	5	20
			정체감문제(BOR-I)	5	
			부정적 관계(BOR-N)	5	
			자기손상(BOR-S)	5	
	13	반사회적 특징(ANT)	반사회적 행동(ANT-A)	6	18
			자기중심성(ANT-E)	6	
			자극추구(ANT-S)	6	
	14	알코올문제(ALC)	–	–	8
	15	약물문제(DRG)	–	–	8

(총 문항수: 264)

▷〈표 12-4〉 계속됨

척도			하위척도	문항수	총 문항수
치료고려 척도	16	공격성(AGG)	공격적 태도(AGG-A)	6	18
			언어적 공격(AGG-V)	6	
			신체적 공격(AGG-P)	6	
	17	자살관념(SUI)	–	–	8
	18	스트레스(STR)	–	–	6
	19	비지지(NON)	–	–	6
	20	치료거부(RXR)	–	–	6
대인관계 척도	21	지배성(DOM)	–	–	8
	22	온정성(WRM)	–	–	8

[1] 비일관성(ICN)은 별도의 문항들이 있는 것이 아니라 정적 또는 부적 상관이 높은 10개의 문항쌍으로부터 점수를 산출하므로 총 문항수에는 포함되지 않음.

3. 청소년행동평가척도-교사용

1) 개요

청소년행동평가척도-교사용(Adolescent Behavior Assessment Scales for Teacher Report: ABAS-T)은 이해경(2010)이 청소년들의 부적응행동을 평가하기 위해 개발하였다.

2) 목적 및 대상

ABAS-T는 중학교와 고등학교 시기에 해당하는 연령(12~18세)의 청소년들을 대상으로 부적응행동을 평가하기 위한 선별도구다. 따라서 학교에 재학하고 있는 청소년들뿐만 아니라 학교를 그만둔 청소년들을 포함하여 12~18세에 해당하는 모든 청소년을 대상으로 실시가 가능하다.

3) 구성

ABAS-T는 평가자 교사의 평가가 타당한지를 평가하는 타당도척도, 평가대상 청소년이 일상생활에서 겪는 행동문제를 평가하는 문제척도, 그리고 적극적인 조기개입과 위기상담을 필요로 하는 청소년을 발견하는 데 유용한 단서를 제공하는 중요문항의 세 부분으로 나누어져 있다. 타당도척도는 2개의 하위척도로 그리고 문제척도는 9개 하위척도로 구성되어 있으며 중요문항에는 12개 문항이 포함되어 있다. 이와 같은 ABAS-T의 구성내용을 요약하여 제시하면 〈표 12-5〉와 같다.

▷ 〈표 12-5〉 ABAS-T의 구성내용

척도		하위척도	문항수[1]
타당도척도	1	비일관성(inconsistency: I)	16[2]
	2	부정반응경향(negative responding tendency: N)	12[3]
문제척도	1	인터넷중독(internet addiction: Int)	8
	2	또래관계문제(peer relations problem: PeeR)	8
	3	교사관계문제(teacher relations problem: TeaR)	7
	4	학업/주의문제(learning/attention problem: LeAt)	11
	5	진로문제(career problem: Car)	7
	6	공격행동(aggressive behavior: Agg)	8
	7	지위비행(status delinquency: SDel)	6
	8	범죄성비행(criminal delinquency: CDel)	8
	9	충동/과다행동(impulsive/hyperactive behavior: ImHy)	7
중요문항(critical items: CR)			12[4]

[1] ABAS-T는 총 74개 문항(문제척도 70개 문항, 중요문항 12개 중 문제척도에 포함되지 않은 4개 문항)으로 구성됨.
[2] 비일관성척도는 범죄성비행 영역을 제외한 8개 문제영역에서 각각 추출된 총 16개(8개 문항 쌍) 문항으로 구성되었으며, 모두 문제척도에 포함된(중복 채점되는) 문항들임.
[3] 부정반응경향척도는 12개 문항으로 모두 문제척도에 포함된(중복 채점되는) 문항들임.
[4] 중요문항은 12개 문항으로 이 가운데 8개는 문제척도에 포함된(중복 채점되는) 문항이고 4개는 추가된 것임.

4) 실시

ABAS-T는 교사용 도구로서 평가자 교사가 각 문항을 읽고 그 문항이 나타내는 행동이나 생각을 지난 6개월 동안에 평가대상 청소년이 얼마나 자주 했는지를 4점 척도("전혀 그런 적이 없다" 0, "가끔 그렇다" 1, "자주 그렇다" 2, "항상 그렇다" 3)로 응답하도록 되어 있다.

5) 결과

ABAS-T는 타당도척도와 문제척도의 11개 하위척도별로 T점수를 제공하며 12개 중요문항별로 응답결과를 제공한다.

4. 청소년행동평가척도–부모용

1) 개요

청소년행동평가척도–부모용(Adolescent Behavior Assessment Scales for Parent Report: ABAS-P)은 이해경(2012)이 청소년들의 부적응행동을 평가하기 위해 개발하였다.

2) 목적 및 대상

ABAS-P는 중학교와 고등학교 시기에 해당하는 연령(12~18세)의 청소년들을 대상으로 부적응행동을 평가하기 위한 선별도구다. 따라서 학교에 재학하고 있는 청소년들뿐만 아니라 학교를 그만둔 청소년들을 포함하여 12~18세에 해당하는 모든 청소년을 대상으로 실시가 가능하다.

3) 구성

ABAS-P는 평가자 부모의 평가가 타당한지를 평가하는 타당도척도, 평가대상 청소년 자녀가 일상생활에서 겪는 행동문제를 평가하는 문제척도, 그리고 적극적인 조기개입과 위기상담을 필요로 하는 청소년을 발견하는 데 유용한 단서를 제공하는 중요문항의 세 부분으로 나누어져 있다. 타당도척도는 2개의 하위척도로 그리고 문제척도는 9개 하위척도로 구성되어 있으며 중요문항에는 12개 문항이 포함되어 있다. 이와 같은 ABAS-P의 구성내용을 요약하여 제시하면 〈표 12-6〉과 같다.

▽ 〈표 12-6〉 ABAS-P의 구성내용

척도		하위척도	문항수[1]
타당도척도	1	비일관성(inconsistency: I)	14[2]
	2	부정반응경향(negative responding tendency: N)	13[3]
문제척도	1	인터넷중독(internet addiction: Int)	8
	2	섭식문제(eating problem: Eat)	8
	3	가족관계문제(family relations problem: FamR)	10
	4	또래관계문제(peer relations problem: PeeR)	9
	5	학업/주의문제(learning/attention problem: LeAt)	11
	6	진로문제(career problem: Car)	7
	7	공격행동(aggressive behavior: Agg)	9
	8	비행(delinquency: Del)	11
	9	충동/과다행동(impulsive/hyperactive behavior: ImHy)	8
중요문항(critical items: CR)			12[4]

[1] ABAS-P는 총 88개 문항(문제척도 81개 문항, 중요문항 12개 중 문제척도에 포함되지 않은 4개 문항, 부정반응경향척도 중 문제척도에 포함되지 않은 3개 문항)으로 구성됨.

[2] 비일관성척도는 비행, 또래관계문제, 공격행동, 충동/과다행동의 4개 영역을 제외한 나머지 5개 문제영역에서 각각 추출된 총 14개(7개 문항 쌍) 문항으로 구성되었으며, 모두 문제척도에 포함된(중복 채점되는) 문항들임.

[3] 부정반응경향척도는 13개 문항으로 10개 문항은 문제척도에 포함된(중복 채점되는) 문항들이며, 나머지 3개 문항은 문제척도에 포함되지 않는 문항들임.

[4] 중요문항은 12개 문항으로 이 가운데 8개는 문제척도에 포함된(중복 채점되는) 문항이고 4개는 문제척도에 포함되지 않는 추가 문항들임.

4) 실시

ABAS-P는 부모용 도구로서 평가자인 부모는 각 문항을 읽고 그 문항이 나타내는 행동이나 생각을 지난 6개월 동안에 평가대상인 청소년 자녀가 얼마나 자주 했는지를 4점 척도("전혀 그런 적이 없다" 0, "가끔 그렇다" 1, "자주 그렇다" 2, "항상 그렇다" 3)로 응답하도록 되어 있다.

5) 결과

ABAS-P는 타당도척도와 문제척도의 11개 하위척도별로 T점수를 제공하며 12개 중요문항별로 응답결과를 제공한다.

5. 청소년행동평가척도-청소년용

1) 개요

청소년행동평가척도-청소년용(Adolescent Behavior Assessment Scales for Self Report: ABAS-S)은 이해경, 신현숙, 그리고 이경성(2008)이 한국 청소년들이 일상생활에서 경험하는 부적응문제를 포괄적으로 평가하기 위하여 개발하였다.

2) 목적 및 대상

ABAS-S는 12세부터 18세까지(중학교 1학년~고등학교 3학년)의 청소년들을 대상으로 부적응문제를 평가하고 문제청소년을 선별하기 위한 도구다.

3) 구성

ABAS-S는 피검자의 응답이 타당한지를 평가하는 타당도척도, 피검자가 일상생활에서 겪는 행동문제를 평가하는 문제척도, 그리고 적극적인 조기개입과 위기상담을 필요로 하는 청소년을 발견하는 데 유용한 단서를 제공하는 중요문항의 세 부분으로 나누어져 있다. 타당도척도는 3개의 하위척도로 그리고 문제척도는 11개 하위척도로 구성되어 있으며 중요문항에는 11개의 문항이 포함되어 있다. 이와 같은 ABAS-S의 구성내용을 요약하여 제시하면 〈표 12-7〉과 같다.

▷ 〈표 12-7〉 ABAS-S의 구성내용

척도		하위척도	문항수[1]
타당도척도	1	비일관성(inconsistency: I)	16[2]
	2	긍정반응경향(positive responding tendency: P)	12
	3	부정반응경향(negative responding tendency: N)	13[3]
문제척도	1	인터넷중독(internet addiction: Int)	14
	2	섭식문제(eating problem: Eat)	12
	3	가족관계문제(family relations problem: FamR)	15
	4	또래관계문제(peer relations problem: PeeR)	15
	5	교사관계문제(teacher relations problem: TeaR)	11
	6	학업/주의문제(learning/attention problem: LeAt)	12
	7	진로문제(career problem: Car)	10
	8	공격행동(aggressive behavior: Agg)	13
	9	지위비행(status delinquency: SDel)	11
	10	범죄성비행(criminal delinquency: CDel)	13
	11	충동/과다행동(impulsive/hyperactive behavior: ImHy)	6
중요문항(critical items: CR)			11[4]

[1] ABAS-S는 총 151개 문항(문제척도 132개 문항, 비일관성척도 문항 가운데 문제척도에 포함되지 않은 5개 문항, 긍정반응경향척도 12개 문항, 중요문항 가운데 문제척도에 포함되지 않은 2개 문항)으로 구성됨.

[2] 비일관성척도는 유사문항 2개씩 짝지은 8개 문항쌍으로 구성되어 총 16개 문항으로 이루어짐. 이 가운데 11개는 문제척도에 포함된 중복문항이고 나머지 5개는 문제척도에 포함되지 않은 문항으로 추가된 것임.

[3] 부정반응경향척도 13개 문항은 모두 문제척도에 포함된(중복 채점되는) 문항임.

[4] 중요문항은 11개이며 이 가운데 9개는 문제척도에 포함된(중복 채점되는) 문항이고 2개는 추가된 것임.

4) 실시

ABAS-S는 자기보고용 도구로서 청소년 자신이 각 문항을 읽고 그 문항이 나타내는 행동이나 생각을 지난 6개월 동안 얼마나 자주 했는지를 평정하도록 되어 있다.

5) 결과

ABAS–S는 타당도척도와 문제척도의 14개 하위척도별로 T점수를 제공하며 11개 중요문항별로는 응답결과를 제공한다.

6. 한국 아동 · 청소년 인성평정척도–교사평정용

1) 개요

한국 아동 · 청소년 인성평정척도–교사평정용(Korean Personality Rating for Children and Adolescents–Teacher Report: KPRC–T)은 홍상황 등(2009)이 부모평정용으로 개발된 한국아동인성평정척도(Korean Personality Rating Scale for Children: KPRC)(김지혜, 조선미, 홍창희, 황순택, 2005)를 교사들이 평정할 수 있도록 수정하여 개발한 도구다.

2) 목적 및 대상

KPRC–T는 초등학교 1~6학년 학생들을 대상으로 성격과 적응력을 평가하기 위한 도구다[저자주: 대상의 연령을 고려할 때 본 검사도구의 명칭은 '한국 아동 인성평정척도–교사평정용(Korean Personality Rating for Children–Teacher Report: KPRC–T)'이 더 적절할 것으로 보임].

3) 구성

KPRC–T는 13개 척도(타당도척도 2개, 자아탄력성척도 1개, 임상척도 10개)로 구성되어 있다. 또한 표준형과 더불어 단축형도 개발되어 있다. 〈표 12-8〉은 KPRC–T의 구성내용을 요약하여 제시하고 있다.

▷ 〈표 12-8〉 KPRC-T의 구성내용

척도			측정영역	문항수[1]	
				표준형	단축형
타당도척도	1	ICN척도	검사 · 재검사 신뢰도	20	10
	2	F척도	증상의 과장이나 무선반응	15	8
자아탄력성척도	3	ERS척도	자아탄력성	19	7
임상척도	4	VDL척도	언어발달	10	5
	5	PDL척도	운동발달	11	5
	6	ANX척도	불안, 긴장, 걱정	15	7
	7	DEP척도	우울, 자신감결여	14	7
	8	SOM척도	신체화 경향성	15	8
	9	DLQ척도	비행, 품행장애	13	6
	10	HPR척도	주의력결핍, 과잉행동	19	9
	11	FAM척도	가정불화, 부모-자녀관계	18	10
	12	SOC척도	사회적	13	6
	13	PSY척도	현실접촉의 어려움, 정신증 증상	18	9

[1] 척도간 문항중복이 있으며 실제 총 문항수는 표준형의 경우 152문항, 단축형은 81문항임.

4) 실시

KPRC-T는 교사평정용 도구로서 초등학생을 대상으로 30일 이상 담임을 맡은 교사가 평정하도록 되어 있다.

5) 결과

KPRC-T는 표준형과 단축형 모두에서 13개 척도별로 T점수와 백분위점수를 제공한다. 1개의 자아탄력성척도에서는 T점수 30 이하인 경우 자아탄력성이 낮은 것으로 해석되고, 10개의 임상척도에서는 T점수 65 이상인 경우 임상적으로 주목할 필요가 있는 것으로 해석된다. 참고로 인싸이트(www.inpsyt.co.kr)에서 제공하는 결과지에 따르면 T점수 30 이하는 '낮음', 31에서 69까지는 '중간', 70 이상은 '높음'으로 수준을 분류하고 있다. 이처럼 임상척도에서는 현재 심리적으로 문제가 되는 주요영역을 알아보고, 자아탄력성척도에서는 심리적 문제에 대처할 수 있는 적응잠재력을 평가한다.

7. 한국 아동 · 청소년 인성평정척도—자기보고용

1) 개요

한국 아동 · 청소년 인성평정척도-자기보고용(Korean Personality Rating for Children and Adolescents-Self Report: KPRC-S)은 황순택 등(2020)이 부모평정용으로 개발된 한국아동인성평정척도(Korean Personality Rating Scale for Children: KPRC)(김지혜, 조선미, 홍창희, 황순택, 2005)를 아동 · 청소년 자신들이 평정할 수 있도록 수정하여 개발한 도구다.

2) 목적 및 대상

KPRC-S는 초등학교 고학년(4~6학년) 학생과 중 · 고등학교 학생을 대상으로 성격과 적응력을 평가하기 위한 도구다.

3) 구성

KPRC-S는 '초등 고학년용'과 '청소년용'으로 나누어져 있는데, 둘 다 14개 척도(타당도척도 3개, 자아탄력성척도 1개, 임상척도 10개)로 구성되어 있다. 또한 초등 고학년용과 청소년용 모두 표준형과 더불어 단축형이 개발되어 있다. 〈표 12-9〉는 KPRC-S의 구성내용을 요약하여 제시하고 있다.

4) 실시

KPRC-S는 자기보고용 도구로서 아동이나 청소년이 각 문항을 읽고 그 문항이 자신에게 해당되는 정도에 따라 '전혀 아니다'(0), '약간 그렇다'(1), '대체로 그렇다'(2),

▷ 〈표 12-9〉 KPRC-S의 구성내용

척도			측정영역	문항수	
				표준형	단축형
타당도척도	1	비일관성척도(ICN)	검사-재검사 신뢰도	20	10
	2	허위척도(L)	긍정왜곡	15	6
	3	저빈도척도(F)	증상의 과장이나 무선반응	15	6
자아탄력성 척도	4	자아탄력성척도(ERS)	자아탄력성	19	9
임상척도	5	언어발달지연척도(VDL)	언어발달지연	10	6
	6	운동발달지연척도(PDL)	운동발달지연	11	5
	7	불안척도(ANX)	불안, 긴장, 걱정	15	7
	8	우울척도(DEP)	우울, 자신감결여	14	7
	9	신체화문제척도(SOM)	신체화 경향성	15	7
	10	비행척도(DLQ)	비행, 품행장애	13	8
	11	과잉행동척도(HPR)	주의력결핍, 과잉행동	19	9
	12	가족관계문제척도(FAM)	가정불화, 부모-자녀관계	18	8
	13	사회관계문제척도(SOC)	사회적 관계의 어려움	13	7
	14	정신증척도(PSY)	현실접촉의 어려움, 정신증 증상	18	9

'매우 그렇다'(3) 중 하나에 답하도록 되어 있다.

5) 결과

KPRC-S는 표준형과 단축형 모두에서 14개 척도별로 T점수와 백분위점수를 제공한다. 1개의 자아탄력성척도에서는 T점수 30 이하인 경우 자아탄력성이 낮은 것으로 해석되고, 10개의 임상척도에서는 T점수 65 이상인 경우 임상적으로 주목할 필요가 있는 것으로 해석된다. 참고로 인싸이트(www.inpsyt.co.kr)에서 제공하는 결과지에 따르면 T점수 30 이하는 '낮음', 31에서 69까지는 '중간', 70 이상은 '높음'으로 수준을 분류하고 있다. 이처럼 임상척도에서는 현재 심리적으로 문제가 되는 주요영역을 알아보고, 자아탄력성척도에서는 심리적 문제에 대처할 수 있는 적응잠재력을 평가한다.

8. 한국어판 아동불안척도-2판

1) 개요

한국어판 아동불안척도-2판(Korean Revised Children's Manifest Anxiety Scale-
Second Edition: K-RCMAS-2)은 김지혜, 이은호, 홍상황, 그리고 황순택(2021)이 미국
의 Revised Children's Manifest Anxiety Scale-Second Edition(RCMAS-2)(Reynolds &
Richmond, 2008)을 한국의 아동·청소년들을 대상으로 표준화한 것이다.

2) 목적 및 대상

K-RCMAS-2는 초등학교 3학년부터 고등학교 3학년까지 학생들을 대상으로 불안
의 수준과 특성을 평가하기 위한 도구다.

3) 구성

K-RCMAS-2는 〈표 12-10〉에 보이듯이 총 49개 문항으로 이루어져 있고 2개의 타
당도척도(불일치반응, 방어성)와 4개의 불안척도(신체적 불안, 걱정, 사회적 불안, 전체불

▷ 〈표 12-10〉 **K-RCMAS-2의 구성내용**

척도		문항수
타당도척도	불일치반응(Inconsistent Responding: INC)	9쌍[1]
	방어성(Defensiveness: DEF)	9
불안척도	신체적 불안(Physiological Anxiety: PHY)	12
	걱정(Worry: WOR)	16
	사회적 불안(Social Anxiety: SOC)	12
	전체불안(Total Anxiety: TOT)	40
보충척도	수행 불안(Performance Anxiety: PER)	10개 문항(번호: 4, 8, 10, 13, 23, 26, 32, 37, 41, 49)

[1] 총 문항수에 포함되지 않음.

안)로 구성되어 있다. 1개의 보충척도(수행불안)가 추가되어 있는데 총 49개 문항 중 10개 문항으로 구성된다. 또한 총 49개 문항 중 처음 10개 문항은 단축형(Short Form)으로 사용될 수 있는데, 이 10개 문항의 총합은 단축형 전체불안 점수(Short From Total Anxiety score: SF-TOT)가 된다.

4) 실시

K-RCMAS-2는 자기보고식 도구로서 아동이나 청소년이 각 문항을 읽고 그 문항이 자신의 기분이나 행동을 잘 기술하고 있는 경우에는 '예'에 표시를 하고 자신의 생각을 제대로 기술하지 못하였으면 '아니요'에 표시를 하면 된다. K-RCMAS-2를 실시하는 데는 약 10~15분이 소요된다. 단축형(첫 10개 문항)을 5분 내에 실시가 가능하다.

5) 결과

K-RCMAS-2는 2개의 타당도척도(불일치반응, 방어성)별로 T점수를 제공하고 4개의 불안척도(신체적 불안, 걱정, 사회적 불안, 전체불안)별로는 T점수와 백분위점수를 제공한다. 10개 문항으로 구성된 보충척도(수행불안)와 단축형에서도 총점에 대한 T점수가 제공된다. 본 검사도구에는 점수해석에 대한 별다른 기준이 제시되어 있지 않지만, 인싸이트(www.inpsyt.co.kr)에서 제공하는 결과지에 따르면 T점수 60 이상은 '불안' 그리고 60 미만은 '정상'으로 분류하고 있다.

9. 한국어판 아동우울척도-2판

1) 개요

한국어판 아동우울척도-2판(Korean Children's Depression Inventory-Second Edition: K-CDI-2)은 김지혜, 이은호, 황순택, 그리고 홍상황(2019)이 미국의 Children's Depression Inventory-Second Edition(CDI-2)(Kovacs, 2011)을 한국의 아동 · 청소년들을 대상으로 표준화한 것이다.

2) 목적 및 대상

K-CDI-2는 7~17세 아동 및 청소년들을 대상으로 우울증상을 평가하기 위한 도구다. 현재 우울증을 겪고 있는 아동 · 청소년을 선별하거나 진단하는 데 유용한 정보를 제공할 수 있다.

3) 구성

K-CDI-2는 자기보고용, 부모용, 교사용으로 나누어져 있는데 자기보고용에는 표준형과 단축형이 있다. 〈표 12-11〉에 보이듯이 자기보고용 표준형은 2개 척도와 4개 하위척도로, 부모용은 2개 척도로, 교사용은 2개 척도로 구성되어 있다.

▽ 〈표 12-11〉 K-CDI-2의 구성내용

구분		척도	하위척도	문항수
자기보고용	표준형[1]	• 정서적 문제 • 기능적 문제	• 부정적 기분/신체적 증상 • 부정적 자존감 • 비효율성 • 대인관계 문제	28
	단축형[2]	–	–	12
부모용[3]		• 정서적 문제 • 기능적 문제	–	17
교사용[4]		• 정서적 문제 • 기능적 문제	–	12

[1] Korean Children's Depression Inventory-Second Edition-Self Report(K-CDI-2-SR)
[2] Korean Children's Depression Inventory-Second Edition-Self Report Short Form(K-CDI-2-SR[S])
[3] Korean Children's Depression Inventory-Second Edition-Parent(K-CDI-2-P)
[4] Korean Children's Depression Inventory-Second Edition-Teacher(K-CDI-2-T)

4) 실시

K-CDI-2를 실시하는 데 소요되는 시간은 자기보고용 표준형과 자기보고용 단축형은 각각 15분과 5분 정도이고 부모용과 교사용은 각각 10분과 5분 정도다. 그러나

정서나 행동상의 문제가 있는 아동·청소년들은 주의집중을 하거나 의사결정을 하는 데 혹은 지시문을 이해하는 데(이 경우 되풀이해서 읽어야 하므로) 더 많은 시간이 필요할 수 있다.

5) 결과

K-CDI-2를 자기보고용(표준형, 단축형), 부모용, 교사용에 따라 〈표 12-12〉와 같

▷ 〈표 12-12〉 **K-CDI-2의 점수**

구분		자기보고용		부모용	교사용
		표준형	단축형		
전체		T점수 백분위점수	T점수 백분위점수	T점수 백분위점수	T점수 백분위점수
척도	• 정서적 문제 • 기능적 문제	T점수 백분위점수	-	T점수 백분위점수	T점수 백분위점수
하위 척도	• 부정적 기분/신체적 증상 • 부정적 자존감 • 비효율성 • 대인관계 문제	T점수 백분위점수	-	-	-

▷ 〈표 12-13〉 **K-CDI-2의 T점수와 백분위점수에 따른 분류**[1]

T점수	백분위점수	분류
70 이상	98 이상	• 매우 상승된 점수 • 백분위 순위(평균보다 훨씬 많은 관심이 필요함)
65~69	93~97	• 상승된 점수 • 백분위 순위(평균보다 많은 관심이 필요함)
60~64	84~92	• 평균보다 높은 점수 • 백분위 순위(평균보다 어느 정도 관심이 필요함)
40~59	16~83	• 평균 점수 • 백분위 순위(평균적인 수준임)
40 미만	16 미만	• 낮은 점수 • 백분위 순위(평균보다 낮은 수준임)

[1] T점수와 백분위점수에 따른 분류는 주요한 해석 지침이 될 수는 있으나 절대적인 것은 아님.

이 *T*점수와 백분위점수를 제공하고 있다. 이러한 *T*점수와 백분위점수는 〈표 12-13〉에 제시된 지침에 따라 해석된다.

10. 한국판 아동 · 청소년 행동평가척도

1) 개요

한국판 아동 · 청소년 행동평가척도(Korean ASEBA School-Age Forms: K-ASEBA)는 오경자와 김영아(2011)가 미국의 ASEBA School-Age Forms(Achenbach & Rescorla, 2001)를 한국의 아동과 청소년을 대상으로 표준화한 것이다(저자주: ASEBA란 Achenbach System of Empirically Based Assessment의 두문자어임). K-ASEBA에는 부모용인 K-CBCL(Korean Child Behavior Checklist), 교사용인 K-TRF(Korean Teacher's Report Form), 자기보고용인 K-YSR(Korean Youth Self Report)이 포함되어 있다.

2) 목적 및 대상

K-ASEBA는 아동과 청소년들을 대상으로 정서행동문제를 평가하기 위한 도구다. 부모용인 K-CBCL은 6~18세(초 · 중 · 고등학교) 아동이나 청소년의 문제행동을 부모가 평정하는 것이고, 교사용인 K-TRF는 6~18세(초 · 중 · 고등학교) 아동이나 청소년의 문제행동을 교사가 평정하는 것이며, 자기보고용인 K-YSR은 11~18세(중 · 고등학교) 청소년이 자신의 문제행동을 스스로 평정하는 것이다.

3) 구성

K-ASEBA에서는 K-CBCL, K-TRF, K-YSR 모두 적응척도와 문제행동척도의 2개 척도로 크게 나누어져 있고, 이 중 문제행동척도는 증후군척도, DSM진단척도, 문제행동특수척도의 3개 척도로 구성되어 있다. 이 가운데 증후군척도는 K-CBCL, K-TRF, K-YSR 모두에서 12개 하위척도로 동일하게 구성되어 있는데 〈표 12-14〉는 K-ASEBA 증후군척도의 구성내용을 요약하여 제시하고 있다.

▷ 〈표 12-14〉 K-ASEBA 증후군척도의 구성내용

척도	하위척도	문항수			결과(T점수) 해석		
		K-CBCL	K-TRF	K-YSR	정상범위	준임상범위	임상범위
증후군척도	① 불안/우울	13	16	13	64T 이하	65T~69T	70T 이상
	② 위축/우울	8	8	8			
	③ 신체증상	11	9	10			
	④ 사회적 미성숙	11	11	11			
	⑤ 사고문제	15	10	12			
	⑥ 주의집중문제	10	26	9			
	⑦ 규칙위반	17	12	15			
	⑧ 공격행동	18	20	17			
	⑨ 기타문제	17	8	10			
	⑩ 내재화[1]	32	33	31	59T 이하	60T~63T	64T 이상
	⑪ 외현화[2]	35	32	32			
	⑫ 총문제행동[3]	120	120	105			

[1] ⑩: ①불안/우울＋②위축/우울＋③신체증상.
[2] ⑪: ⑦규칙위반＋⑧공격행동.
[3] ⑫: ⑩내재화＋⑪외현화＋④사회적 미성숙＋⑤사고문제＋⑥주의집중문제＋⑨기타문제.

4) 실시

K-ASEBA에서는 K-CBCL과 K-YSR은 지난 6개월 내에 그리고 K-TRF 지난 2개월 내에 아동과 청소년이 각 문항에 서술된 행동을 보였는지 판단하여 부모, 자기 자신, 교사가 각각 평정하도록 되어 있다.

5) 결과

K-ASEBA에서는 K-CBCL, K-TRF, K-YSR 모두 증후군척도의 12개 하위척도별로 백분위점수와 T점수를 제공한다. K-ASEBA 증후군척도의 T점수는 〈표 12-14〉에 제시된 바와 같이 정상범위, 준임상범위, 또는 임상범위로 해석된다.

11. 한국판 유아행동평가척도

1) 개요

한국판 유아행동평가척도(K-CBCL 1.5-5)는 오경자와 김영아(2009)가 미국의 Child Behavior Checklist for ages 1.5-5(CBCL 1.5-5)(Achenbach & Rescorla, 2000)를 한국의 유아들을 대상으로 표준화한 것이다.

2) 목적 및 대상

K-CBCL 1.5-5는 유아들을 대상으로 문제행동을 평가하기 위한 도구다. 미국의 CBCL 1.5-5는 18개월부터 5세까지의 유아를 대상으로 하지만 우리나라의 경우 초등학교 취학연령이 다소 늦으므로 K-CBCL 1.5-5는 6세 미취학아동에게도 적용할 수 있도록 조정되었다.

3) 구성

K-CBCL 1.5-5는 행동평가척도와 언어발달척도의 2개 척도로 크게 나누어져 있다. 행동평가척도는 문제행동증후군척도와 DSM방식척도로 구성되어 있고 언어발달척도는 어휘력척도와 문장길이척도로 구성되어 있다. 이 가운데 문제행동증후군척도는 11개 하위척도로 구성되어 있는데 〈표 12-15〉는 K-CBCL 1.5-5 문제행동증후군척도의 구성내용을 요약하여 제시하고 있다.

4) 실시

K-CBCL 1.5-5는 지난 2개월 내에 유아가 각 문항에 서술된 행동을 보였는지 판단하여 부모가 평정하도록 되어 있다.

▷ 〈표 12-15〉 K-CBCL 1.5-5 문제행동증후군척도의 구성내용

척도	하위척도		문항수	결과(T 점수) 해석		
				정상범위	준임상범위	임상범위
문제행동증후군척도	①	정서적 반응성	9	64T 이하	65T~69T	70T 이상
	②	불안/우울	8			
	③	신체증상	11			
	④	위축	8			
	⑤	주의집중문제	5			
	⑥	공격행동	19			
	⑦	수면문제	7			
	⑧	기타문제	33			
	⑨	내재화[1]	36	59T 이하	60T~63T	64T 이상
	⑩	외현화[2]	24			
	⑪	총문제행동[3]	100			

[1] ⑨: ①정서적 반응성＋②불안/우울＋③신체증상＋④위축.
[2] ⑩: ⑤주의집중문제＋⑥공격행동.
[3] ⑪: ⑨내재화＋⑩외현화＋⑦수면문제＋⑧기타문제.

5) 결과

K-CBCL 1.5-5는 문제행동증후군척도의 11개 하위척도별로 백분위점수와 T점수를 제공한다. K-CBCL 1.5-5 문제행동증후군척도의 T점수는 〈표 12-15〉에 제시된 바와 같이 정상범위, 준임상범위, 또는 임상범위로 해석된다.

12. 한국판 정서행동문제 검사-2판

1) 개요

한국판 정서행동문제 검사-2판(Korea-Scales for Assessing Emotional Disturbance-Second Edition: K-SAED-2)은 진미영과 박지연(2017)이 미국의 Scales for Assessing Emotional Disturbance-Second Edition(SAED-2)(Epstein & Cullinan, 2010)을 한국의

아동과 청소년들을 대상으로 표준화한 것이다.

2) 목적 및 대상

K-SAED-2는 6세부터 18세까지의 아동 및 청소년들을 대상으로 하며 정서행동문제로 인해 특수교육서비스에 의뢰되는 학생을 객관적으로 선별하고 진단하기 위한 검사다.

3) 구성

K-SAED-2는 평정척도, 발달과 교육에 관한 면담기록지, 직접관찰기록지의 세 가지 요소로 나누어져 있다. 평정척도는 표준화된 규준참조검사이고, 발달과 교육에 관한 면담기록지와 직접관찰기록지는 보충도구다. 이 요소들은 사용자의 목적에 따라 단독으로 사용될 수 있고, 2개 또는 3개의 다양한 조합으로도 사용될 수 있다. 이 세 가지 요소 가운데 평정척도는 5개 하위척도(학습에 대한 어려움, 대인관계 문제, 부적절한 행동, 불행감이나 우울, 신체적 증상이나 공포)로 구성되어 있으며 각 하위척도별로 10개, 5개, 5개, 10개, 7개 문항이 포함되어 있다. 또한 교육적 수행에 미치는 불리한 영향에 대한 3개 문항이 포함되어 있다. 이와 같은 K-SAED-2 평정척도의 구성내용을 요약하여 제시하면 〈표 12-16〉과 같다.

▽ 〈표 12-16〉 K-SAED-2 평정척도의 구성내용

평정척도			문항수	결과(척도점수) 해석		
				문제없음	준임상군	임상군
하위척도	1	학습에 대한 어려움	10	13 이하	14~16	17 이상
	2	대인관계 문제	5			
	3	부적절한 행동	5			
	4	불행감이나 우울	10			
	5	신체적 증상이나 공포	7			
교육적 수행에 미치는 불리한 영향			3	-		

4) 실시

K-SAED-2 평정척도는 보통 학생의 교사가 평정하지만 학생의 행동에 대해 잘 알고 있는 학교의 다른 성인이 될 수도 있다. 학교 환경에서 학생이 어떻게 기능하는지에 대하여 잘 알고 있는 사람이 평정자가 되어야 한다. 평정자는 각 문항을 읽고 학생의 현재 및 지난 2개월 동안의 상태에 대해 4점 척도("전혀 그렇지 않음" 0, "약간 그러함" 1, "상당히 그러함" 2, "매우 심각함" 3)로 응답하도록 되어 있다.

5) 결과

K-SAED-2는 평정척도의 5개 하위척도별로 백분위점수와 척도점수(평균이 10이고 표준편차가 3인 표준점수)를 제공한다. K-SAED-2 평정척도의 척도점수는 〈표 12-16〉에 제시된 바와 같이 문제없음(정서행동장애가 아님), 준임상군(정서행동장애의 가능성이 있음), 또는 임상군(정서행동장애의 가능성이 높음)으로 해석된다. 또한 K-SAED-2 평정척도에서는 5개 하위척도 척도점수의 합으로 산출되는 백분위점수와 정서행동문제지수(평균 100, 표준편차 15)도 제공한다. 정서행동문제지수는 정서행동장애를 판별하는 목적으로 사용하는 것이 아니라 학생이 가진 정서행동문제의 전반적인 정도를 측정하기 위한 것이다.

제**13**장

감각/지각 및 운동

유아는 자신을 둘러싸고 있는 환경의 자극을 여러 감각을 통해 받아들이고 그 감각정보들을 뇌에서 조직하여 의미를 해석하는 과정을 거치면서 언어, 인지, 운동 영역의 발달을 이루어 나간다(조은희, 전병진, 2009). 이와 같이 자신의 신체와 환경으로부터 주어지는 감각정보들을 조직화하고 그 환경 속에서 신체를 효과적으로 사용할 수 있도록 하는 신경학적 과정을 감각통합(sensory integraion)이라고 한다(Ayres, 1979). 따라서 감각통합기능에 이상이 있을 경우 학습과 행동에 문제가 나타날 가능성이 있다. 예를 들어, 자폐스펙트럼장애, 주의력결핍과잉행동장애, 학습장애 등과 연관되어 나타나는 문제가 이러한 감각통합기능 이상에 기인한 것으로 보기도 한다 (Scheuermann & Hall, 2012). 이처럼 감각통합기능에 문제가 있는 것을 감각통합기능장애(sensoty integration dysfunction)라고 하는데, 근래에는 감각처리장애(sensory processing disorder)라는 용어가 주로 사용되고 있다. 따라서 감각과 관련된 사정에서 아동의 감각처리패턴에 초점을 두기도 한다. 또한 지각이나 운동 능력의 사정에서는 아동이 정보를 가장 잘 인지하는 방식과 아동이 반응하는 방식에 관심을 둔다. 이 장에서는 국내에 출시되어 있는 감각/지각 및 운동과 관련된 사정도구를 가나다순으로 소개하고자 한다(저자주: 사정도구에서 제시되는 대상의 연령은 만 연령임).

1. 한국판 감각프로파일2

1) 개요

한국판 감각프로파일2(Korean Sensory Profile, Second Edition: K-SP2)는 김은영 등 (2021)이 미국의 Sensory Profile-Second Edition(Dunn, 2014)을 한국의 아동들을 대 상으로 표준화한 것이다.

2) 목적 및 대상

K-SP2는 출생부터 14세 11개까지의 아동들을 대상으로 일상생활 맥락에서 아동 의 감각처리패턴을 평가하기 위한 검사다.

3) 구성

K-SP2는 영아용(K-ISP2), 유아용(K-TSP2), 아동용(K-CSP2), 단축형(K-SSP2)으 로 나누어져 있는데 해당 연령은 각각 출생~6개월, 7~35개월, 3세~14세 11개 월, 3세~14세 11개월이며 문항수는 각각 25개, 54개, 86개, 34개다. 문항들은 사분 (quadrants) 또는/그리고 감각섹션(sesnory sections), 행동섹션(behavioral sections)으로 분류된다. 〈표 13-1〉은 K-SP2의 구성내용을 요약하여 제시하고 있다. 〈표 13-1〉에 보이듯이 K-ISP2, K-TSP2, K-CSP2, K-SSP2는 모든 영역에 대한 점수를 산출하지 않을 뿐 아니라 점수를 산출하는 영역에서도 차이가 있다.

4) 실시

K-SP2를 실시하는 데 소요되는 시간은 K-ISP2, K-TSP2, K-CSP2, K-SSP2별로 각 각 5~10분, 10~15분, 15~20분, 5~10분이다. 작업치료사, 언어치료사, 의사 등의 검사자가 양육자에게 각 문항을 묻고 양육자는 다양한 감각경험에 대한 아동의 반응 빈도를 거의 없음(1점), 자주(2점), 절반 정도(3점), 가끔(4점), 거의 항상(5점) 중 하나

▷ 〈표 13-1〉 K-SP2의 구성내용

구분			K-ISP2[1]	K-TSP2[2]	K-CSP2[3]	K-SSP2[4]
연령			0~6개월	7~35개월	3:0~14:11세	3:0~14:11세
문항수			25	54	86	34
검사영역	사분	추구	–	○	○	○
		회피	–	○	○	○
		민감	–	○	○	○
		등록	–	○	○	○
	감각섹션	일반처리	△	○	–	–
		청각처리	△	○	○	–
		시각처리	△	○	○	–
		촉각처리	△	○	○	–
		움직임처리	△	○	○	–
		몸위치처리	–	–	○	–
		구강감각처리	△	○	○	–
		감각처리[5]	–	–	–	○
	행동섹션	감각처리관련 행동반응	–	○	–	○
		감각처리관련 행취	–	–	○	–
		감각처리관련 사회정서반응	–	–	○	–
		감각처리관련 주의집중반응	–	–	○	–

[1] 한국판 영아 감각프로파일2(Korean Infant Sensory Profile 2: K-ISP2)
[2] 한국판 유아 감각프로파일2(Korean Toddler Sensory Profile 2: K-TSP2)
[3] 한국판 아동 감각프로파일2(Korean Child Sensory Profile 2: K-CSP2)
[4] 한국판 단축 감각프로파일2(Korean Short Sensory Profile 2: K-SSP2)
[5] K-SSP2를 사용하여 감각적 상호작용에 대한 반응의 전반적 지표를 제공하고 선별 및 연구 목적을 위한 빠른 정보를 제공하기 위해 고안됨.
△: 정보는 제공하지만 점수가 해석되지는 않음.

로 응답한다.

5) 결과

K-SP2는 점수가 산출된 각 영역에 대해 정규분포의 평균과 표준편차를 근거로

〈표 13-2〉와 같이 수준을 분류한다. 또한 점수가 산출된 각 영역에 대해 백분위점수의 범위가 제시된다. 단, K-ISPS는 감각섹션의 총점에 대한 수준 및 백분위점수 범위만 제공된다.

▽ 〈표 13-2〉 **K-SP2의 정규분포에 따른 수준 분류**

정규분포	수준
+2SD 이상	또래보다 매우 많음(much more than others)
+1SD ~ +2SD	또래보다 많음(more than others)
-1SD ~ +1SD	또래와 유사(just like the majority of others)
-2SD ~ -1SD	또래보다 적음(less than others)
-2SD 이하	또래부다 매우 적음(much less than others)

2. 한국판 시지각 발달검사-청소년용

1) 개요

한국판 시지각 발달검사-청소년용(Korean-Developmental Test of Visual Perception-Adolescent: K-DTVP-A)은 조용태(2011)가 미국의 Developmental Test of Visual Perception-Adolescent and Adult(Reynolds, Pearson, & Voress, 2002)를 한국의 아동과 청소년들을 대상으로 표준화한 것이다.

2) 목적 및 대상

K-DTVP-A는 9세부터 19세까지의 아동 및 청소년들을 대상으로 시지각능력을 측정하기 위한 검사다. 미국의 Developmental Test of Visual Perception-Adolescent and Adult(Reynolds et al., 2002)는 11세부터 74세까지의 연령집단에 적용할 수 있도록 개발된 검사이지만 한국판에서는 9세부터 19세까지의 연령집단에 적용하도록 표준화되었다.

3) 구성

K-DTVP-A는 6개 하위검사로 구성되어 있는데 각 하위검사는 형태항상성, 공간 관계, 및 도형-배경으로 분류되는 시지각능력을 측정한다. 또한 각 하위검사는 운동 개입 감소와 운동개입 향상으로 구분된다. 이와 같은 K-DTVP-A의 구성내용을 요약 하여 제시하면 〈표 13-3〉과 같다.

▽ 〈표 13-3〉 **K-DTVP-A의 구성내용**

	하위검사	측정되는 시지각 유형	하위검사에 포함된 운동	
			운동개입 감소	운동개입 향상
1	따라그리기	공간관계		○
2	도형-배경	도형-배경	○	
3	시각-운동 탐색	도형-배경		○
4	시각 통합	형태항상성	○	
5	시각-운동 속도	형태항상성과 공간관계		○
6	형태항상성	형태항상성	○	

4) 실시

K-DTVP-A는 〈표 13-2〉에 제시되어 있는 6개 하위검사의 순으로 실시되며 모든 하위검사에서 문항 1번부터 시작한다. 2개 하위검사는 시간이 정해져 있는데 하위검 사 3(시각-운동 탐색)은 3분을, 하위검사 5(시각-운동 속도)는 1분을 초과할 수 없다. 다 른 4개 하위검사는 중단점에 도달할 때까지 실시한다.

5) 결과

K-DTVP-A는 6개 하위검사별로 표준점수(평균 10, 표준편차 3)를 제공하며 하위검사 의 표준점수들을 근거로 하여 3개의 종합척도(일반시지각, 운동-감소시지각, 시각-운동 통합)별로 지수(평균이 100이고 표준편차가 15인 표준점수)와 백분위점수를 제공한다. 그 리고 이러한 표준점수와 지수에 따라 시지각능력을 〈표 13-4〉와 같이 분류하고 있다.

▷〈표 13-4〉 K-DTVP-A의 하위검사 표준점수와 종합척도 지수에 따른 시지각능력 분류

하위검사 표준점수	시지각능력	종합척도 지수	시지각능력
17~20	매우 우수	131~165	매우 우수
15~16	우수	121~130	우수
13~14	평균 이상	111~120	평균 이상
8~12	평균	90~110	평균
6~7	평균 이하	80~89	평균 이하
4~5	부족	70~79	열등
1~3	매우 부족	35~69	매우 열등

3. 한국판 시지각기능검사

1) 개요

한국판 시지각기능검사(Korean-Test of Visual Perceptual Skills(non-motor)-Revised: K-TVPS-R)는 김정민, 강태옥, 그리고 남궁지영(2007)이 미국의 Test of Visual Perceptual Skills(non-motor)-Revised(TVPS-R)(Gardner, 1997)를 한국의 아동들을 대상으로 표준화한 것이다.

2) 목적 및 대상

K-TVPS-R은 4세부터 12세까지의 아동들을 대상으로 시지각능력의 강점과 약점을 파악하기 위한 검사다. 그리기나 도형모사와 같은 운동능력을 필요로 하지 않으며 언어적 지시를 이해하지 못하거나 듣지 못하는 아동에게도 적용이 가능하다. 따라서 일반아동뿐 아니라 언어적 장애가 있는 아동, 지능의 문제가 있는 아동, 신경학적 손상이 있는 아동, 학습문제가 있는 아동들에게도 실시할 수 있다.

3) 구성

K-TVPS-R은 7개 하위검사(시각변별, 시각기억, 공간관계, 형태항상성, 순차기억, 도형배경, 시각통합)로 구성되어 있으며 하위검사별 16문항, 총 112문항이 포함되어 있다.

4) 실시

K-TVPS-R은 각 하위검사별로 첫 문항부터 시작하여 최고한계점(4지 선다형에서는 연속적 3문항 실패, 5지 선다형에서는 연속적 4문항 실패)까지 실시한다.

5) 결과

K-TVPS-R은 7개 하위검사별로 시지각연령(저자주: 이 책 제2장 3절의 연령등가점수를 참조할 것), 표준점수(평균이 100이고 표준편차가 15인 표준점수), 변환점수(평균이 10이고 표준편차가 3인 표준점수), T점수, 백분위점수, 및 스태나인(저자주: 이 책 제2장 3절의 구분점수를 참조할 것)을 제공한다. 전체적으로는 시지각연령 중앙값(7개 하위검사의 시지각연령 중 4번째로 높은 시지각연령)과 하위검사 변환점수의 합에 의한 시지각지수(평균이 100이고 표준편차가 15인 표준점수) 및 백분위점수를 제공한다.

4. 한국판 아동 시지각 발달검사-3판

1) 개요

한국판 아동 시지각발달검사-3판(Korean Developmental Test of Visual Perception-Third Edition: K-DTVP-3)은 문수백(2016)이 미국의 Developmental Test of Visual Perception-Third Edition(DTVP-3)(Hammill, Pearson, & Voress, 2013)을 한국의 아동들을 대상으로 표준화한 것이다.

2) 목적 및 대상

K-DTVP-3는 4세부터 12세까지의 아동을 대상으로 시지각능력과 시각-운동능력을 측정하기 위한 검사다.

3) 구성

K-DTVP-3는 5개 하위검사(눈-손협응, 따라그리기, 도형-배경, 시각통합, 형태항상성)로 구성되어 있다. 각 하위검사는 시지각 반응 시 운동개입 정도에 따라 시각-운동 통합(visual-motor integration: VMI), 운동축소 시지각(motor reduced visual perception: MRVP), 일반 시지각(general visual perception: GVP)의 세 가지 종합척도로 분류된다. 이와 같은 K-DTVP-3의 구성내용을 요약하여 제시하면 〈표 13-5〉와 같다.

▷ 〈표 13-5〉 K-DTVP-3의 구성내용

종합척도	운동개입 정도	하위검사	
시각-운동 통합(VMI)	운동개입 강화	1	눈-손협응
		2	따라그리기
운동축소 시지각(MRVP)	운동개입 최소화	3	도형-배경
		4	시각통합
		5	형태항상성
일반 시지각(GVP)	운동개입 강화	1	눈-손협응
		2	따라그리기
	운동개입 최소화	3	도형-배경
		4	시각통합
		5	형태항상성

4) 실시

K-DTVP-3는 〈표 13-5〉에 제시되어 있는 5개 하위검사의 순으로 실시되며 피검자의 연령과 관계없이 모든 하위검사에서 문항 1번부터 시작한다.

5) 결과

K-DTVP-3는 5개 하위검사별로 척도점수(평균이 10이고 표준편차가 3인 표준점수), 연령점수(저자주: 이 책 제2장 3절의 연령등가점수를 참조할 것), 그리고 백분위점수를 제공하며 하위검사의 척도점수들을 근거로 하여 3개의 종합척도별로 종합척도지수(평균이 100이고 표준편차가 15인 표준점수)와 백분위점수를 제공한다. 그리고 이러한 척도점수와 종합척도지수에 따라 시지각발달을 〈표 13-6〉과 같이 분류하고 있다.

▷ 〈표 13-6〉 K-DTVP-3의 척도점수와 종합척도지수에 따른 시지각발달 분류

척도점수	종합척도지수	시지각발달
17~20	>130	매우 우수
15~16	121~130	우수
13~14	111~120	평균 이상
8~12	90~110	평균
6~7	80~89	평균 이하
4~5	70~79	낮음
1~3	<70	매우 낮음

제**14**장

적응행동 및 지원요구

미국지적및발달장애협회(American Association on Intellectual and Developmental Disabilities: AAIDD, 2010)는 지적장애를 '지적 기능과 개념적 · 사회적 · 실제적 적응 기술로 표현되는 적응행동 양 영역에서 유의한 제한성을 가진 장애로 특징지어진다. 이 장애는 18세 이전에 시작된다.'라고 정의하면서 적응행동(adaptive behavior)을 개념적 적응기술(conceptual adaptive skills), 사회적 적응기술(social adaptive skills), 그리고 실제적 적응기술(practical adaptive skills)의 집합체로 보고 있다. 이 정의에서 '개념적 적응기술'은 언어(수용언어, 표현언어), 읽기/쓰기, 돈 개념, 자기지시 등을 의미하고, '사회적 적응기술'은 인간관계, 책임감, 자존감, 순수함, 속기 쉬움, 규칙 따르기, 법 지키기, 희생당하지 않기 등을 의미하며, 그리고 '실제적 적응기술'은 일상생활하기(식사하기, 이동하기, 화장실 사용하기, 옷 입기), 일상생활의 도구적 활동(식사 준비하기, 집 청소하기, 교통수단 이용하기, 약 먹기, 돈 관리하기, 전화 사용하기), 직업기술, 안전한 환경 유지하기 등을 의미한다. 또한 미국지적및발달장애협회(AAIDD, 2010)는 지적장애인의 개별적 지원요구(support needs)에 따라 서비스를 제공해야 한다고 강조하면서 지원요구를 측정하는 사정도구를 개발하기도 하였다. 이 장에서는 국내에 출시되어 있는 적응행동 및 지원요구와 관련된 사정도구를 가나다순으로 소개하고자 한다(저자주: 사정도구에서 제시되는 대상의 연령은 만 연령임).

1. 지역사회적응검사-2판

1) 개요

지역사회적응검사-2판(Community Integration Skills Assessment-2: CISA-2)은 김동일, 박희찬, 그리고 김정일(2017)이 그림을 이용하여 적응기술을 평가하도록 개발한 비언어성 적응행동검사다. CISA-2와 더불어 지역사회적응교육과정(Community Integration Skills Curriculum-2: CISC-2)도 개발되어 있어 CISA-2를 통해 피검자의 지역사회적응수준을 평가하고 CISC-2를 토대로 체계적인 교육훈련을 실시할 수 있다.

2) 목적 및 대상

CISA-2는 5세 이상의 지적장애인과 자폐성장애인을 포함한 발달장애인을 대상으로 지역사회에 통합되는 데 필수적인 적응기술을 포괄적으로 평가하기 위한 검사다.

3) 구성

CISA-2는 기본생활, 사회자립, 그리고 직업생활의 세 영역으로 구성되어 있는데 이 세 영역은 각각 66문항, 64문항, 31문항을 포함하고 있어 총 161문항으로 이루어져 있다. 또한 기본생활은 기초개념(17문항), 기능적 기호와 표지(16문항), 가정관리(16문항), 건강과 안전(17문항)의 4개 하위영역으로 구성되어 있고 사회자립은 지역사회 서비스(17문항), 시간과 측정(16문항), 금전관리(15문항), 통신서비스(16문항)의 4개 하위영역으로 구성되어 있으며 직업생활은 직업기능(15문항), 대인관계와 예절(16문항)의 2개 하위영역으로 구성되어 있다. 이와 같은 CISA-2의 구성내용을 요약하여 제시하면 〈표 14-1〉과 같다.

4) 실시

CISA-2는 원칙적으로 검사자와 피검자 외에 다른 사람이 없는 검사실에서 실시된

▽ 〈표 14-1〉 **CISA-2의 구성내용**

영역		하위영역	문항수	총 문항수
기본생활	1	기초개념	17	
	2	기능적 기호와 표지	16	66
	3	가정관리	16	
	4	건강과 안전	17	
사회자립	5	지역사회 서비스	17	161
	6	시간과 측정	16	64
	7	금전관리	15	
	8	통신서비스	16	
직업생활	9	직업기능	15	31
	10	대인관계와 예절	16	

다. 그러나 간혹 검사자의 판단하에 원만한 검사진행을 위해서 보호자가 검사실 안에 있도록 허락할 수도 있는데 이런 경우 보호자는 검사 시 피검자가 볼 수 없는 곳에 조용히 앉아 있어야 한다. 또한 CISA-2는 대체로 하위영역 1에서 10의 순서로 진행되지만 검사자의 판단하에 하위영역의 실시순서를 변경할 수도 있다.

5) 결과

CISA-2는 세 영역별 영역지수(기본생활지수, 사회자립지수, 직업생활지수)와 전반적인 적응지수를 제공하는데 이러한 지수들은 모두 평균이 100이고 표준편차가 15인 표준점수다. 또한 하위영역별로 환산점수(평균 10이고 표준편차 3인 표준점수)도 제공한다. 그리고 이러한 지수와 환산점수에 따라 적응수준을 〈표 14-2〉와 같이 분류하고 있다. CISA-2에는 일반규준과 임상규준의 두 가지 규준이 제시되어 있는데 초등학교 3학년 이하는 일반규준으로 결과가 산출되고 초등학교 4학년 이상은 일반규준과 임상규준 두 가지로 결과가 산출된다.

▷ 〈표 14-2〉 CISA-2의 지수 및 환산점수에 따른 적응수준 분류

지수	적응수준	환산점수	적응수준
69 이하	적응행동 지체	1~3	매우 낮음
70~79	경계선	4~5	낮음
80~89	평균하	6~7	평균하
90~109	평균	8~12	평균
110~119	평균상	13~14	평균상
120~129	우수	15~16	높음
130 이상	최우수	17~79	매우 높음

2. 한국판 바인랜드 적응행동척도-2판

1) 개요

한국판 바인랜드 적응행동척도-2판(Korean Vineland Adaptive Behavior Scales-Second Edition: K-Vineland-II)은 황순택, 김지혜, 그리고 홍상황(2018)이 미국의 Vineland Adaptive Behavior Scales-Second Edition(Vineland-II)(Sparrow, Cicchetti, & Balla, 2005)을 한국에서 표준화한 것이다. Vineland-II는 Doll(1965)의 Vineland Social Maturity Scale을 Sparrow, Balla, 그리고 Cicchetti(1984)가 개정했던 Vineland Adaptive Behavior Scales(VABS)의 2판이다.

2) 목적 및 대상

K-Vineland-II는 0세부터 90세 11개월까지의 개인을 대상으로 지적장애 진단에 필요한 적응행동을 평가하거나 개인의 일상생활 기능을 평가하기 위한 검사다.

3) 구성

K-Vineland-II는 의사소통, 생활기술, 사회성, 운동기술의 4개 주영역과 이들을

구성하는 11개 하위영역으로 이루어져 있다. K-Vineland-II 검사지에는 면담형과 보호자평정형이 있는데, 몇몇 하위영역 명칭에 차이가 있을 뿐 문항의 내용과 순서는 동일하다. 주영역 표준점수의 합으로부터 전체 적응행동조합점수(adaptive behavior composite)가 산출된다. 또한 K-Vineland-II에는 선택적으로 실시되는 주영역인 부적응행동이 포함되어 있는데, 내현화와 외현화 두 하위영역과 '기타'로 표시된 문항들부터 부적응행동지표를 산출할 수 있다. 부적응행동의 하위영역인 '결정적 문항'은 선택적으로 실시되며 부적응행동지표를 산출하는 데는 사용되지 않는다. 이와 같은 K-Vineland-II의 구성내용을 요약하여 제시하면 〈표 14-3〉과 같다.

▷ 〈표 14-3〉 K-Vineland-II의 구성내용

구분	주영역		하위영역		문항수	총 문항수
	면담형	보호자평정형	면담형	보호자평정형		
필수	의사소통	의사소통	수용	듣기, 이해하기	20	99
			표현	말하기	54	
			쓰기	읽기와 쓰기	25	
	생활기술	생활기술	개인	자신돌보기	41	109
			가정	집안돌보기	24	
			지역사회	사회생활	44	
	사회성	사회성	대인관계	대인관계	38	99
			놀이와 여가	놀이와 여가	31	
			대처기술	대처기술	30	
	운동기술[1]	운동기술[1]	대근육운동	대근육운동	40	76
			소근육운동	소근육운동	36	
선택	부적응행동	부적응행동	내현화	하위영역 A	11	50
			외현화	하위영역 B	10	
			기타	하위영역 C	15	
			결정적 문항[2]	하위영역 D[2]	14	

총 문항수: 433

[1] 0세부터 6세 11개월 30일까지는 4개 주영역의 표준점수의 합으로부터, 7세 이상부터는 운동기술 영역을 제외한 3개 주영역의 표준점수의 합으로부터 적응행동조합점수가 산출된다.
[2] 하위영역 또는 부적응행동지표를 산출하는 데는 사용되지 않음.

4) 실시

K-Vineland-II는 면담형과 보호자평정평의 두 가지 양식이 있는데, 이 두 양식은 대상자, 즉 적응행동 평가를 받을 사람의 참석이 필요하지 않으며 그 대상자의 행동에 친숙한 응답자(보호자)만 필요하다. 단, 응답자는 반드시 성인이어야 하며 대상자와 매일 함께 생활할 만큼 친숙한 사이여야 한다. 면담형과 보호자평정형 중에서 선택을 할 때는 평가를 받게된 사유와 평가결과의 용도뿐만 아니라 응답자의 성격, 동기, 정서상태 등을 고려해야 한다.

5) 결과

K-Vineland-II는 필수 주영역의 11개 하위영역별로 V-척도점수(저자주: V-척도점수에 대한 내용은 K-Vineland-II의 검사설명서를 참조할 것), 백분위점수, 등가연령(저자주: 이 책 제2장 3절의 연령등가점수를 참조할 것), 스테나인(저자주: 이 책 제2장 3절의 구분점수를 참조할 것)을 제공하며 4개 필수 주영역별로는 표준점수(평균 100, 표준편차 15), 백분위점수, 스테나인을 제공한다. 주영역 표준점수의 합으로부터 적응행동조합점수(평균이 100이고 표준편차가 15인 표준점수, 백분위점수, 및 구분점수)가 산출된다. 선택적으로 실시되는 주영역인 부적응행동에 대해서는 내현화와 외현화 2개 하위영역별로 V-척도점수가 제공되며 부적응행동지표도 V-척도점수로 제공된다. 그리고 이러한 점수에 따라 적응수준 및 부적응수준을 〈표 14-4〉와 같이 분류하고 있다.

▷ 〈표 14-4〉 K-Vineland-II의 적응수준 및 부적응수준 분류

4개 주영역			부적응행동	
하위영역 V-척도점수	주영역 표준점수 적응행동조합점수	적응수준	V-척도점수	부적응수준
1~9	20~70	낮음	21~24	임상적으로 의미 있는
10~12	71~85	약간 낮음	18~20	다소 높은
13~17	86~114	평균	1~17	보통 정도
18~20	115~129	약간 높음		-
21~24	130~160	높음		

3. 한국판 아동용 지원정도척도

1) 개요

한국판 아동용 지원정도척도(Korean Supports Intensity Scale-Children's Version: K-SIS-C)는 서효정 등(2021)이 미국의 Supports Intensity Scale-Children's Version (SIS-C)(Thompson et al., 2016)을 한국의 지적장애 및 관련 발달장애 아동들을 대상으로 표준화한 것이다.

2) 목적 및 대상

K-SIS-C는 지적장애 그리고/또는 자폐스펙트럼장애(특히, 저기능 자폐스펙트럼장 애)를 가진 5~16세 아동들을 대상으로 지원요구(support needs)를 평가하기 위해 개 발된 구조화 면접도구다.

3) 구성

K-SIS-C는 영역 1(특별한 의료적·행동적 지원요구)과 영역 2(지원요구지표 척도)로 나누어져 있는데, 두 영역은 각각 2개의 하위영역과 7개의 하위영역으로 구성되어 있으며 총 94개 문항을 포함하고 있다. 영역 1은 2개 하위영역에서 필요한 지원을 파 악할 때 반드시 고려해야 하는 개인의 의료적 지원요구와 행동적 지원요구를 파악하 고 영역 2는 7개 하위영역별로 지원요구의 수준과 정도를 파악한다. 〈표 14-5〉에는 K-SIS-C의 구성내용이 요약되어 있다.

4) 실시

K-SIS-C는 구조화 면접도구로 개발된 표준화된 면접도구로서 검사설명서에 면 접자와 응답자에 대한 지침이 제시되어 있다. 먼저, 면접자의 자격은 최소한 학사 학 위를 취득하고 지적장애아동을 위한 분야에서 서비스를 제공한 경력이 있는 사람

▽ 〈표 14-5〉 **K-SIS-C의 구성내용**

영역		하위영역		문항수	비고
영역 1	특별한 의료적 · 행동적 지원요구	영역 1A	특별한 의료적 지원요구	19	각 문항을 3점 척도 (0~2점)로 측정.
		영역 1B	특별한 행동적 지원요구	14	
영역 2	지원요구지표 척도	영역 2A	가정생활 활동	9	아래 세 가지 측면에서 각 문항을 5점 척도(0~4점)로 측정: ① 지원의 종류 ② 지원의 빈도 ③ 일일 지원 시간
		영역 2B	지역사회와 이웃 활동	8	
		영역 2C	학교 참여 활동	9	
		영역 2D	학교 학습 활동	9	
		영역 2E	건강과 안전 활동	8	
		영역 2F	사회 활동	9	
		영역 2G	옹호 활동	9	

(예: 심리학자, 특수교사, 사례관리자, 사회복지사 등)이다. 면접자는 최소한 두 명 이상의 피면접자로부터 정보를 수집해야 하는데, 피면접자들을 개별적으로 면접하거나 동시에 면접할 수도 있다. 피면접자들 간에 정보가 일치하지 않을 경우에는 면접자가 피면접자들에게서 얻은 정보를 통합적으로 판단하여 기록한다. 다음으로, 응답자의 자격은 최소 3개월 동안 해당 아동을 잘 알고 지냈고 한 가지 이상의 환경에서 적어도 몇 시간 동안 아동을 관찰할 기회가 있었던 사람(예: 부모, 교사, 친척, 특수교육 실무원, 작업 감독자 등)이다. 또한 연령을 포함한 여러 가지 요인을 고려하여 해당 아동을 피면접자로 선정할 수도 있다. K-SIS-C를 실시하는 데 소요되는 시간은 약 30~60분이다.

5) 결과

K-SIS-C는 영역별로 제공하는 점수에 차이가 있다. 영역 1(특별한 의료적 · 행동적 지원요구)에서는 2개의 하위영역별로 원점수만 제공하는데, 2개의 하위영역에서 2점으로 채점된 문항이 있거나 총점이 5점 이상인 경우 해당 아동은 영역 2에서 산출되는 'SIS-C 지원요구지표'에서 비슷한 점수를 받은 아동보다 더 강한 지원요구를 가지고 있을 가능성이 높은 것으로 해석한다. 영역 2(지원요구지표 척도)에서는 7개 하위영역별로 표준점수(평균 10, 표준편차 3)와 백분위점수를 제공하고 하위영역들 평균의 합에 대한 'SIS-C 지원요구지표'와 백분위점수를 제공한다. 'SIS-C 지원요구지표

(support needs index: SNI)'는 전체적인 종합 지원요구지표라고 할 수 있으며 평균이 100이고 표준편차가 15인 표준점수다. 표준점수와 백분위점수는 상대적 위치점수이 므로 동일 연령대의 지적장애 그리고/또는 자폐스펙트럼장애(특히, 저기능 자폐스펙트 럼장애) 아동들과 비교하여 해당 아동의 상대적인 지원요구의 수준과 정도에 대한 해 석이 가능하다.

4. 한국판 적응행동검사

1) 개요

한국판 적응행동검사(Korean-Scales of Independent Behavior-Revised: K-SIB-R) 는 백은희, 이병인, 그리고 조수제(2007)가 미국의 Scales of Independent Behavior-Revised(SIB-R)(Bruininks, Woodcock, Weatherman, & Hill, 1996)를 한국의 아동과 청소 년을 대상으로 표준화한 것이다.

2) 목적 및 대상

K-SIB-R은 적응행동을 측정하기 위한 검사로서 검사대상의 연령범위는 0세부터 18세까지다.

3) 구성

K-SIB-R은 독립적 적응행동과 문제행동의 두 영역으로 구분되어 있는데 독립적 적응행동은 4개 척도(운동기술, 사회적 상호작용 및 의사소통기술, 개인생활기술, 지역사 회생활기술) 및 14개 하위척도(대근육운동, 소근육운동, 사회적 상호작용, 언어이해, 언어 표현, 식사와 음식준비, 신변처리, 옷입기, 개인위생, 가사/적응행동, 시간 이해 및 엄수, 경 제생활, 작업기술, 이동기술)로 구성되어 있으며 문제행동은 3개 척도(내적 부적응행동, 외적 부적응행동, 반사회적 부적응행동) 및 8개 하위척도(자신을 해치는 행동, 특이한 반복 적인 습관, 위축된 행동이나 부주의한 행동, 타인을 해치는 행동, 물건을 파괴하는 행동, 방

해하는 행동, 사회적으로 공격적인 행동, 비협조적인 행동)로 구성되어 있다. 이와 같은
K-SIB-R의 구성내용을 요약하여 제시하면 〈표 14-6〉과 같다.

4) 실시

K-SIB-R은 대상아동의 부모 또는 양육자가 체크리스트형식의 검사지에 기입하거
나 검사자의 질문에 응답하는 방식을 통하여 실시된다.

▷ 〈표 14-6〉 **K-SIB-R의 구성내용**

영역	척도	하위척도	문항수	총 문항수
독립적 적응행동	운동기술	대근육운동	19	38
		소근육운동	19	
	사회적 상호작용 및 의사소통기술	사회적 상호작용	18	56
		언어이해	18	
		언어표현	20	
	개인생활기술	식사와 음식준비	19	88
		신변처리	17	
		옷 입기	18	
		개인위생	16	
		가사/적응행동	18	
	지역사회생활기술	시간 이해 및 엄수	19	77
		경제생활	20	
		작업기술	20	
		이동기술	18	259
문제행동	내적 부적응행동	자신을 해치는 행동	4[1]	12
		특이한 반복적인 습관	4[1]	
		위축된 행동이나 부주의한 행동	4[1]	
	외적 부적응행동	타인을 해치는 행동	4[1]	12
		물건을 파괴하는 행동	4[1]	
		방해하는 행동	4[1]	
	반사회적 부적응행동	사회적으로 공격적인 행동	4[1]	8
		비협조적인 행동	4[1]	32

[1] 4개 문항 중 2개 문항은 각각 문제행동의 빈도와 심각성을 측정함.

5) 결과

K-SIB-R은 두 영역(독립적 적응행동, 문제행동)별 결과와 이들 두 영역을 조합한 결과를 제공한다. 먼저 독립적 적응행동에 있어서는 14개 하위척도별로 W점수(저자주: W점수에 대한 내용은 K-SIB-R의 검사설명서를 참조할 것)와 등가연령점수(저자주: 이 책 제2장 3절의 연령등가점수를 참조할 것)를 제공하고 4개 척도별로 W점수, 등가연령점수, 표준점수(평균 100, 표준편차 15), 백분위점수를 제공하며 4개 척도를 종합하여 전반적 독립에 대한 W점수, 등가연령점수, 표준점수(평균 100, 표준편차 15), 백분위점수를 제공한다. 다음으로 문제행동에 있어서는 3개 척도별로 부적응행동지수(평균 0, 표준편차 10)인 내적 부적응지수(IMI), 외적 부적응지수(EMI), 반사회적 부적응지수(AMI)를 제공하고 3개 척도를 종합하여 일반적 부적응지수(GMI)를 제공한다(저자주: 부적응행동지수의 해석은 K-SIB-R의 검사지 또는 검사설명서를 참조할 것). 마지막으로 독립적 적응행동의 전반적 독립 W점수와 문제행동의 일반적 부적응지수(GMI)를 이용하여 지원점수를 제공한다(저자주: 지원점수의 해석은 K-SIB-R의 검사지 또는 검사설명서를 참조할 것).

5. KISE 적응행동검사

1) 개요

KISE 적응행동검사(Korea Institute for Special Education-Scales of Adaptive Behavior: KISE-SAB)는 정인숙, 강영택, 김계옥, 박경숙, 그리고 정동영(2003)이 한국의 사회적·문화적 맥락과 생활양식에 적합하게 개발한 적응행동검사다[저자주: 우리나라 국립특수교육원의 영문명인 KISE(Korea Institute for Special Education)는 2016년 1월 1일부터 NISE(National Institute of Special Education)로 변경되었음].

2) 목적 및 대상

KISE-SAB는 지적장애아동의 경우 5세부터 17세까지를 대상으로 그리고 일반아동의 경우 21개월부터 17세까지를 대상으로 적응행동을 측정하기 위한 검사다.

3) 구성

KISE-SAB는 개념적 적응행동검사, 사회적 적응행동검사, 그리고 실제적 적응행

▷ 〈표 14-7〉 KISE-SAB의 구성내용

소검사	문항 내용	문항수		총 문항수
개념적 적응행동	언어이해	18	72	242
	언어표현	20		
	읽기	10		
	쓰기	9		
	돈 개념	6		
	자기지시	9		
사회적 적응행동	사회성 일반	10	68	
	놀이활동	10		
	대인관계	10		
	책임감	10		
	자기존중	9		
	자기보호	9		
	규칙과 법	10		
실제적 적응행동	화장실 이용	6	102	
	먹기	10		
	옷 입기	11		
	식사준비	7		
	집안정리	8		
	교통수단 이용	8		
	진료받기	8		
	금전관리	8		
	통신수단 이용	9		
	직업기술	10		
	안전 및 건강관리	17		

동검사의 세 가지 소검사로 구성되어 있는데 이 세 가지 소검사는 각각 72문항, 68문항, 102문항을 포함하고 있어 총 242문항으로 이루어져 있다. 이와 같은 KISE-SAB의 구성내용을 요약하여 제시하면 〈표 14-7〉과 같다.

4) 실시

KISE-SAB는 아동을 6개월 이상 관찰하여 아동의 특성과 행동을 제대로 파악하고 있는 정보제공자(예: 부모, 교사 등)와의 면담을 통하여 실시된다. 검사자는 한 번의 회기 내에 검사 전체를 실시하기 위해 노력해야 한다. 그러나 아동에 대한 정보제공자의 부적절한 정보제공으로 인해 한 번의 회기 내에 검사 전체를 실시하기 어려운 경우 소검사를 단위로 분리해서 실시할 수도 있는데, 이와 같은 경우에는 첫 번째 검사와 두 번째 검사의 간격이 일주일 이상이어서는 안 된다.

5) 결과

KISE-SAB는 개념적 적응행동지수, 사회적 적응행동지수, 실제적 적응행동지수, 및 전체 적응행동지수를 제공하는데 이러한 지수들은 모두 평균이 100이고 표준편차가 15인 표준점수다. 그리고 이러한 적응행동지수에 따른 진단적 분류를 〈표 14-8〉과 같이 제시하고 있다.

▽ 〈표 14-8〉 KISE-SAB의 적응행동지수에 따른 진단적 분류

적응행동지수	분류	비율(%)
130 이상	최우수	2.2
120~129	우수	6.7
110~119	평균상	16.1
90~109	평균	50.0
80~89	평균하	16.1
70~79	경계선	6.7
69 이하	지체	2.2

제15장

영유아발달

발달사정(developmental assessment)은 출생부터 약 6세 사이에 있는 영유아들의 수행을 측정하기 위한 사정이라고 할 수 있다(Venn, 2004). 즉, 발달사정은 영유아들이 성장하면서 거칠 것으로 예상되는 행동유형들을 이용함으로써 그들이 연령수준에 적절한 기술들을 습득해 가고 있는지를 결정하는 데 도움을 준다. 따라서 영유아들을 위한 발달검사는 발달영역(예: 신체발달, 인지발달, 언어발달, 사회·정서발달, 자조기술발달)을 중심으로 구성되어 있는 경우가 많다. 이와 같은 영유아발달검사는 2008년부터 시행되고 있는 「장애인 등에 대한 특수교육법」(교육인적자원부, 2007)에 새로운 장애유형으로 포함된 발달지체(정의: 신체, 인지, 의사소통, 사회·정서, 적응행동 중 하나 이상의 발달이 또래에 비하여 현저하게 지체되어 특별한 교육적 조치가 필요한 영아 및 9세 미만의 아동)를 선별하거나 진단하는 데 유용하게 사용될 수 있다. 이 장에서는 국내에 출시되어 있는 영유아발달 사정도구를 가나다순으로 소개하고자 한다(저자주: 사정도구에서 제시되는 대상의 연령은 만 연령임).

1. 영아발달검사

1) 개요

영아발달검사(Korean Child Development Inventory for infant: K-CDI infant)는 김정미(2023)가 보육과 특수교육 현장에서 널리 사용되고 있는 한국판 아동발달검사(Korean-Child Development Inventory: K-CDI)(김정미, 2021)의 방법과 절차를 반영하여 개발하였다.

2) 목적 및 대상

K-CDI infant는 생후 0개월부터 24개월까지의 영아를 대상으로 발달적 기능을 평가하기 위한 영아발달 선별검사다.

3) 구성

K-CDI infant는 발달문제와 문제항목으로 나누어져 있다. 발달문제는 영아의 발달상태를 측정하는 6개 하위 발달척도(사회성, 자조행동, 대근육 운동, 소근육 운동, 표현언어, 언어이해)로 구성되어 있으며 총 138개 문항을 포함하고 있다. 문제항목은 영아기에 관찰될 수 있는 다양한 증상과 양육자가 호소하는 행동문제(건강과 성장, 언어발달, 사회정서)를 기술하고 있으며 12개 문항을 포함하고 있다. 〈표 15-1〉은 K-CDI infant의 구성내용을 요약하여 제시하고 있다.

4) 실시

K-CDI infant는 부모보고용이며 따라서 영아의 주 양육자에 의해 작성된다. 대부분의 경우 어머니가 작성하지만, 아버지나 다른 양육자 또는 교사도 해당 영아를 자주 접하고 관찰하였다면 검사지를 작성할 수 있다. K-CDI infant의 모든 문항은 '예' 또는 '아니요'로 응답하게 되어 있으며 작성하는 데 소요되는 시간은 부모의 문자 해독력과

▽ 〈표 15-1〉 K−CDI infant의 구성내용

구분			문항수
발달문제	하위 발달척도	사회성	22
		자조행동	26
		대근육 운동	24
		소근육 운동	22
		표현언어	23
		언어이해	21
	전체 발달척도		138
문제항목	행동문제	건강과 성장	4
		언어발달	1
		사회정서	7

영아의 발달연령에 따라 다소 차이가 있을 수 있지만 일반적으로 약 30분 이내다.

5) 결과

　K-CDI infant는 발달문제의 6개 하위 발달척도별로 발달연령(저자주: 이 책 제2장 3절의 연령등가점수를 참조할 것)과 발달범주를 제공하며 6개 하위 발달척도의 총 138개 문항으로 산출되는 전체 발달척도에 대해서도 발달연령(개월)과 발달범주를 제공한다. 발달범주는 세 범주(정상 발달, 경계선 발달, 느린 발달)로 분류되어 프로파일로 제공되는데 K-CDI infant의 발달연령에 따른 발달범주는 〈표 15-2〉와 같이 분류된다. 그리고 문제항목의 결과는 점수로 제공되지 않고 발달문제의 결과를 설명하는 보충자료로 사용된다. 예를 들어, 문제항목 중 사회정서에서 표시된 결과는 발달문제 중

▽ 〈표 15-2〉 K−CDI infant의 발달연령에 따른 발달범주 분류

범위	연령선[1] 이하 해당 영아 비율	발달범주
연령선 이하 −25% 이상	10%	정상 발달
연령선 이하 −25~30%	5%	경계선 발달
연령선 이하 −30% 이하	2%	느린 발달

[1] 생활연령선(개월).

사회성척도의 결과를 설명할 때 보충자료가 될 수 있다.

2. 영유아를 위한 사정, 평가 및 프로그램 체계

1) 개요

영유아를 위한 사정, 평가 및 프로그램 체계(Assessment, Evaluation, and Programming System for Infants and Children: AEPS)는 제1권(이영철, 허계형, 이상복, 정갑순, 2005), 제2권(허계형, 이영철, 정갑순, 이상복, 2005), 제3권(이영철, 문현미, 허계형, 정갑순, 2008), 그리고 제4권(허계형, 정갑순, 이영철, 문현미, 2008)으로 출간되어 있는데 미국의 Assessment, Evaluation, and Programming System for Infants and Children-Second Edition의 제1권(Bricker, Pretti-Frontczak, Johnson, & Straka, 2002), 제2권(Capt, Johnson, McComas, Pretti-Frontczak, & Bricker, 2002a), 제3권(Bricker, Capt, et al., 2002) 그리고 제4권(Capt, Johnson, McComas, Pretti-Frontczak, & Bricker, 2002b)을 각각 번역한 것이다. AEPS의 제1권은 개념적 · 구조적 정보를 제공하는 지침서로서 체계의 시작법, 연결체계의 요소, 검사결과 해석법, 가족참여전략, 팀협력법을 설명하고 제2권은 출생부터 3세까지 그리고 3세부터 6세까지의 영유아들을 대상으로 사용할 수 있는 검사문항을 소근육운동, 대근육운동, 적응, 인지, 사회-의사소통, 사회성 영역으로 구분하여 제시하며 제3권과 제4권은 각각 발달연령이 출생부터 3세까지 그리고 3세부터 6세까지인 영유아들을 위한 교육과정과 다양한 중재활동을 포함하고 있다. 이 책에서는 제1권과 제2권을 중심으로 AEPS에 대해 살펴보기로 한다.

2) 목적 및 대상

AEPS는 출생부터 3세까지(출생~36개월) 또는 3세부터 6세까지(36~72개월)의 장애유아나 장애위험유아를 대상으로 발달정도를 사정하기 위한 도구다.

▷ 〈표 15-3〉 AEPS의 구성내용

영역	연령수준별 요소 및 문항							
	출생~3세				3~6세			
	요소	문항 수	총 문항 수	최고 가능 점수	요소	문항 수	총 문항 수	최고 가능 점수
소근육 운동	A. 도달하고, 잡고, 놓기	20	33	66	A. 좌우 운동협응능력	5	15	30
	B. 소근육 운동기술의 기능적 사용	13			B. 쓰기출현	10		
대근육 운동	A. 누운 자세와 엎드린 자세의 움직임과 운동력	14	55	110	A. 균형과 운동성	4	17	34
	B. 앉은 자세에서 균형잡기	10			B. 놀이기술	13		
	C. 균형과 운동성	17			·			
	D. 놀이기술	14			·			
적응	A. 음식 먹이기	18	32	64	A. 음식 먹기	11	35	70
	B. 개인위생	7			B. 개인위생	10		
	C. 옷 벗기	7			C. 옷 입기와 옷 벗기	14		
인지	A. 감각자극	5	58	116	A. 개념	10	54	108
	B. 대상영속성	9			B. 범주화	4		
	C. 인과관계	6			C. 계열화	6		
	D. 모방	5			D. 사건 회상하기	3		
	E. 문제해결	10			E. 문제해결	7		
	F. 물체와의 상호작용	5			F. 놀이	7		
	G. 초기개념	12			G. 수전(premath)	6		
	·				H. 음운론적 인식과 발현적 읽기	9		
사회-의사소통	A. 언어전 상호작용적 의사소통	8	46	92	A. 사회-의사소통적 상호작용	18	46	92
	B. 단어로 전환하기	10			B. 단어, 구, 문장의 생성	28		
	C. 단어와 문장의 이해	10			·			
	D. 사회-의사소통적 신호, 단어, 문장 표현하기	18			·			
사회성	A. 친숙한 어른과의 상호작용	11	25	50	A. 다른 사람과의 상호작용하기	14	47	94
	B. 환경과의 상호작용	5			B. 참여	13		
	C. 또래와의 상호작용	9			C. 환경과의 상호작용	7		
	·				D. 자신과 다른 사람에 대해 표현하기	13		

3) 구성

AEPS는 두 연령수준(출생~3세, 3~6세)별로 6개 발달영역(소근육운동, 대근육운동, 적응, 인지, 사회-의사소통, 사회성)으로 구성되어 있는데 각 6개 영역과 이와 관련된 요소들을 요약하여 제시하면 〈표 15-3〉과 같다.

4) 실시

AEPS는 검사자의 관찰이나 직접검사 또는 보고의 세 가지 방법을 통해 실시된다. AEPS의 각 문항에는 준거가 제시되어 있으며 각 문항은 2(일관성 있게 준거 수행), 1(일관성 없이 준거 수행), 또는 0(준거 수행하지 못함)으로 채점된다.

5) 결과

AEPS는 각 영역별로 원점수와 퍼센트점수(저자주: 이 책 제2장 3절의 백분율점수를 참조할 것)를 산출하도록 되어 있다.

3. 한국 영유아 발달선별검사-개정판

1) 개요

한국 영유아 발달선별검사-개정판(Korean Developmental Screening Test for Infants & Children: K-DST)은 국내 영유아 건강검진 사업의 일환으로 보건복지부와 질병관리본부의 후원하에 관련학회의 전문가들이 모여 한국 영유아의 특성에 맞게 개발한 발달선별검사로서 2014년에 출시된 초판의 개정판이다(대한소아과학회, 2017).

2) 목적 및 대상

K-DST는 취학전 연령인 6세 미만 영유아(4~71개월)를 대상으로 전반적인 발달을

평가하기 위한 선별검사다.

3) 구성

K-DST는 월령구간에 따른 20개의 검사지로 나누어져 있으며 각 검사지는 5~6개 영역으로 구성되어 있다. 영역별로 8개 문항이 포함되어 있어 각 검사지는 총 40~ 48문항으로 이루어져 있다. 평가하는 영역은 대근육운동, 소근육운동, 인지, 언어, 사

▷ 〈표 15-4〉 K-DST의 구성내용

월령구간		영역별 문항수						합계	추가질문 (문항수)
		대근육운동	소근육운동	인지	언어	사회성	자조		
1	4~5개월	8	8	8	8	8	–	40	–
2	6~7개월	8	8	8	8	8	–	40	1
3	8~9개월	8	8	8	8	8	–	40	2
4	10~11개월	8	8	8	8	8	–	40	2
5	12~13개월	8	8	8	8	8	–	40	4
6	14~15개월	8	8	8	8	8	–	40	3
7	16~17개월	8	8	8	8	8	–	40	4
8	18~19개월	8	8	8	8	8	8	48	5
9	20~21개월	8	8	8	8	8	8	48	5
10	22~23개월	8	8	8	8	8	8	48	4
11	24~26개월	8	8	8	8	8	8	48	6
12	27~29개월	8	8	8	8	8	8	48	5
13	30~32개월	8	8	8	8	8	8	48	5
14	33~35개월	8	8	8	8	8	8	48	4
15	36~41개월	8	8	8	8	8	8	48	7
16	42~47개월	8	8	8	8	8	8	48	7
17	48~53개월	8	8	8	8	8	8	48	5
18	54~59개월	8	8	8	8	8	8	48	5
19	60~65개월	8	8	8	8	8	8	48	6
20	66~71개월	8	8	8	8	8	8	48	6

회성, 자조인데 자조는 일정한 발달기술을 획득한 후 계발되는 특성을 지니고 있기 때문에 18개월 이후부터 평가하도록 구성되었다. 또한 각 검사지 후반에는 0~7개의 추가질문이 제시되어 있는데, 추가질문은 발달과정에서 매우 중요하기 때문에 별도로 고려가 필요한 항목과 신경발달장애를 탐지할 수 있는 항목을 주로 다룬다. 이와 같은 K-DST의 구성내용을 요약하여 제시하면 〈표 15-4〉와 같다.

4) 실시

K-DST는 영유아의 발달과정 전반에 대한 관찰과 신뢰할 수 있는 보고가 가능한 부모 혹은 양육자가 검사지를 작성하도록 한다. 검사지는 검사일과 출생일에 근거하여 월령에 적합한 것으로 결정하는데, 37주 미만의 미숙아의 경우에는 생후 24개월까지 실제 출생일 대신 출산 예정일을 기준으로 교정연령을 계산하여 검사지를 선택한다. 각 문항은 '잘 할 수 있다'(3점), '할 수 있는 편이다'(2점), '하지 못하는 편이다'(1점), 또는 '전혀 할 수 없다'(0점)로 평정한다. 각 검사지 후반에 제시되어 있는 추가질문에 대해서는 '예'(1) 또는 '아니요'(0)에 표시한다.

5) 결과

K-DST는 영역별로 총점(0~24점)과 설정된 절단점을 비교하여 네 가지 수준(빠른 수준, 또래 수준, 추적검사 요망, 심화평가 권고)으로 분류한다. '빠른 수준'은 해당 영역의 총점이 월령집단 내에서 +1표준편차 이상을, '또래 수준'은 −1표준편차 이상부터 +1표준편차 미만까지를, '추적검사 요망'은 −2표준편차 이상부터 −1표준편차 미만까지를, '심화평가 권고'는 −2표준편차 미만을 의미한다.

4. 한국영아발달검사

1) 개요

한국영아발달검사(Korean Infant Development Scale: KIDS)는 서소정과 하지영

(2023)이 영아선별 · 교육진단검사(Developmental assessment for the Early intervention Program planning: DEP)(장혜성, 서소정, 하지영, 2011)를 기반으로 영아들의 전반적인 발달을 평가하기 위해 개발한 것이다.

2) 목적 및 대상

KIDS는 영아의 발달적 문제를 조기에 선별하기 위한 검사로서 검사대상의 연령범위는 출생부터 40개월까지다.

3) 구성

KIDS는 6개 발달영역(대근육 운동기술, 소근육 운동기술, 의사소통, 인지, 사회관계, 자기조절)으로 구성되어 있으며 8개 월령단계(0~3개월, 4~6개월, 7~9개월, 10~12개월, 13~18개월, 19~24개월, 25~30개월, 31~40개월)로 구분되어 있다. KIDS의 검사지도 6개 발달영역으로 구성되어 있고 각 발달영역에는 8개 월령단계별로 5~16개 문항이 포함되어 있다. 따라서 월령단계마다 총 문항수에 차이가 있는데 월령단계별 총 문항수는 38~51개다. 〈표 15-5〉는 KIDS의 구성내용을 요약하여 제시하고 있다.

▽ 〈표 15-5〉 KIDS의 구성내용

월령단계	발달영역별 문항수						
	대근육 운동기술	소근육 운동기술	의사소통	인지	사회관계	자기조절	합계
0~3개월	6	8	6	6	5	7	38
4~6개월	7	8	7	5	8	7	42
7~9개월	7	6	7	6	5	7	38
10~12개월	8	8	7	7	6	7	43
13~18개월	6	6	8	7	6	7	40
19~24개월	8	7	8	7	5	9	44
25~30개월	8	6	11	9	5	7	46
31~40개월	6	7	16	9	6	7	51

4) 실시

KIDS는 부모, 양육자, 또는 교사가 직적 관찰을 통해 실시한다. 단, 12개월 이하의 영아인 경우에 한해서는 주양육자인 부모가 실시하는 것이 바람직하다. 13개월 이상의 영아인 경우에는 최소 1개월 이상 보육한 담임교사도 실시할 수 있다. 또한 대상 영아를 직접 관찰한 경험이 없는 제3의 검사자가 부모나 교사를 대상으로 질문을 통해 실시할 수도 있다. 각 영역의 문항들에 대해 영아가 수행할 수 있으면 '예(10점)', 가끔씩 가능하면 '가끔(5점)', 전혀 수행할 수 없으면 '아니요(0점)'에 표시하며 실시하는 데 소요되는 시간은 약 20분이다.

5) 결과

KIDS는 총점 및 발달영역별로 백분위점수(KIDS 지수)를 제공하는데, 백분위점수에 따라 발달수준을 '빠름(70%ile 이상)', '보통(30%ile 이상~70%ile 미만)', '느림(15%ile 이상~30%ile 미만)', '매우 느림(15%ile 미만)'의 4개 수준으로 분류한다. 또한 KIDS는 총점 및 발달영역별로 발달연령(저자주: 이 책 제2장 3절의 연령등가점수를 참조할 것)도 제공한다.

5. 한국판 아동발달검사

1) 개요

한국판 아동발달검사(Korean-Child Development Inventory: K-CDI)는 김정미(2021)가 미국의 Child Development Inventory(CDI)(Ireton, 1992)를 한국의 영유아들을 대상으로 표준화한 것으로서 2010년에 출시된 초판(김정미, 신희선, 2010) 이후의 세 번째 개정판(즉, 4판)이다. 현재의 개정판에는 부모용에 더하여 교사용이 추가되어 있는데, 본 검사는 부모용(즉, 부모보고형)이 주된 절차이며 교사용(즉, 교사보고형)은 참고로 사용할 것이 권장된다(김정미, 2021).

2) 목적 및 대상

K-CDI는 15개월에서 6세 5개월까지 또는 이와 같은 연령범위에서 발달적 기능을 한다고 판단되는 그 이상(혹은 그 이하)의 연령을 가진 아동들을 대상으로 발달수준 및 행동문제를 평가하기 위한 검사다. 단, 2세 이하나 6세 이상의 아동에 대해서는 부가적인 발달검사를 실시할 필요가 있다.

3) 구성

K-CDI는 발달영역과 문제항목으로 나누어져 있다. 발달영역은 8개 발달척도(사

▷ 〈표 15-6〉 **K-CDI의 구성내용**

구분			문항수	합계	총 문항수
발달영역	발달척도	1 사회성	35	270	300
		2 자조행동	38		
		3 대근육운동	29		
		4 소근육운동	30		
		5 표현언어	50		
		6 언어이해	50		
		7 글자	23		
		8 숫자	15		
	전체발달		70[1]	–	
문제항목	내용	1 시각·청각·성숙문제	9	30	
		2 운동능력부조화	2		
		3 언어문제	4		
		4 미성숙	4		
		5 주의집중문제	3		
		6 행동문제	3		
		7 정서문제	4		
		8 그 밖에 다른 문제가 있다(직접 기록란에 기록)	1		

[1] 발달영역의 8개 발달척도에 포함된 문항들 중 가장 연령구분력이 뛰어난 10개 문항씩(단, 글자 및 숫자 척도에서는 각각 5개 문항씩)으로 구성됨.

회성, 자조행동, 대근육운동. 소근육운동, 표현언어, 언어이해, 글자, 숫자)로 구성되어 있으며 270개 문항을 포함하고 있다. 문제항목은 영·유아기에 관찰될 수 있는 다양한 증상과 행동문제(시각·청각·성숙문제, 운동능력부조화, 언어문제, 미성숙, 주의집중문제, 행동문제, 정서문제)를 기술하고 있으며 30개 문항을 포함하고 있다. 〈표 15-6〉에는 K-CDI의 구성내용이 제시되어 있다.

4) 실시

K-CDI는 문항별로 '예' 또는 '아니요'에 표시하게 되어 있다. 부모용의 경우, 검사지에 문항들이 연령에 따른 위계적 순서와 상관없이 정렬되어 있으므로 모든 문항에 응답해야 하는데 아동이 현재하는 행동 또는 지금은 하지 않지만 이전에 했던 행동에 대해서는 '예'로 응답하고 아동이 현재 하지 못하는 행동 또는 요즘 막 시작하려는 행동으로 가끔씩 관찰되는 행동에 대해서는 '아니요'로 응답한다. 교사용의 경우, 검사지에 문항들이 연령별 순서로 제시되어 있으므로 검사설명서에 제시된 지침에 따라 시작점부터 종료점(저자주: 이 책 제2장 2절의 최고한계점을 참조할 것)까지의 문항에 응답해야 하는데 일반적으로 또는 꽤 자주 관찰되는 행동에 대해서는 '예'로 응답하고 이제 막 시작한 행동 또는 가끔씩만 관찰되는 행동에 대해서는 '아니요'로 응답한다. 소요시간은 약 30~40분인데, 부모용(모든 문항에 응답)이 교사용(시작점부터 종료점까지의 문항에 응답)보다 시간이 더 소요될 가능성이 있다.

5) 결과

K-CDI는 발달영역의 8개 발달척도별로 발달연령(저자주: 이 책 제2장 3절의 연령등가점수를 참조할 것)과 발달범위를 제공하며 전체발달에 대해서도 발달연령과 발달범위를 제공한다. 발달범위는 발달연령에 따라 세 가지(정상, 경계선, 지연)로 분류되어 프로파일로 제공된다. 그리고 문제항목에서는 결과를 점수로 제공하지 않고 '예'로 표시된 문항들을 제시한다.

6. 한국판 ASQ

1) 개요

한국판 ASQ(Korean-Ages and Stages Questionnaires: K-ASQ)는 허계형, Jane Squires, 이소영, 그리고 이준석(2006)이 미국의 Ages and Stage Questionnaires- Second Edition(ASQ)(Squires, Potter, & Bricker, 1999)을 한국의 영유아들을 대상으로 표준화한 것이다.

2) 목적 및 대상

K-ASQ는 발달지체 또는 장애 가능성이 있는 영유아들을 선별하기 위한 검사로서 검사대상의 연령범위는 4개월부터 60개월까지다.

3) 구성

K-ASQ는 월령별(4, 6, 8, 10, 12, 14, 16, 18, 20, 22, 24, 27, 30, 33, 36, 42, 48, 54, 60개월)에 따른 19개의 질문지로 나뉘어져 있으며 각 질문지는 5개 발달영역(의사소통, 대근육운동, 소근육운동, 문제해결, 개인-사회성)으로 구성되어 있다. 발달영역별로 6개 문항이 포함되어 있어 각 질문지는 30개 문항으로 이루어져 있다. 이와 같은 K-ASQ의 구성내용을 요약하여 제시하면 〈표 15-7〉과 같다.

4) 실시

K-ASQ는 부모나 양육자가 아동의 수행을 판단하여 문항별로 '예'(10점), '가끔'(5점), 또는 '아니요'(0점)로 평정하도록 되어 있다.

▽ 〈표 15-7〉 K-ASQ의 구성내용

질문지		영역별 문항수					합계	총 문항수
		의사소통	대근육운동	소근육운동	문제해결	개인-사회성		
1	4개월	6	6	6	6	6	30	
2	6개월	6	6	6	6	6	30	
3	8개월	6	6	6	6	6	30	
4	10개월	6	6	6	6	6	30	
5	12개월	6	6	6	6	6	30	
6	14개월	6	6	6	6	6	30	
7	16개월	6	6	6	6	6	30	
8	18개월	6	6	6	6	6	30	
9	20개월	6	6	6	6	6	30	
10	22개월	6	6	6	6	6	30	570
11	24개월	6	6	6	6	6	30	
12	27개월	6	6	6	6	6	30	
13	30개월	6	6	6	6	6	30	
14	33개월	6	6	6	6	6	30	
15	36개월	6	6	6	6	6	30	
16	42개월	6	6	6	6	6	30	
17	48개월	6	6	6	6	6	30	
18	54개월	6	6	6	6	6	30	
19	60개월	6	6	6	6	6	30	

5) 결과

K-ASQ는 아동이 질문지에서 얻은 점수에 따라 전문적인 진단에 의뢰해야 하는지를 알려주는 영역별 절선점수를 제공한다.

7. 한국판 DIAL-3

1) 개요

한국판 DIAL-3(Korean Developmental Indicators for the Assessment of Learning-Third Edition: K-DIAL-3)는 전병운, 조광순, 이기현, 이은상, 그리고 임재택(2004)이 미국의 Developmental Indicators for the Assessment of Learning-Third Edition(DIAL-3)(Mardell-Czudnowski & Goldenberg, 1998)을 한국의 유아들을 대상으로 표준화한 것이다.

2) 목적 및 대상

K-DIAL-3는 발달지체 및 장애의 가능성이 있는 유아들을 선별하기 위한 검사로서 검사대상의 연령범위는 3세 0개월부터 6세 11개월까지다.

3) 구성

K-DIAL-3는 5개 발달영역(운동, 인지, 언어, 자조, 사회성)으로 구성되어 있으며 사회성영역의 보완영역으로 심리사회적 행동영역이 포함되어 있다. 운동영역, 인지영역, 언어영역은 각각 7문항, 7문항, 6문항으로 이루어져 있으나 문항 중에는 여러 개의 세부과제로 나누어진 것이 있어 유아가 수행해야 하는 과제는 운동영역에서 22과제, 인지영역에서 30과제, 언어영역에서 19과제로 구성되어 있다. 나머지 3개 영역인 자조영역, 사회성영역, 심리사회적 행동영역은 각각 15문항, 20문항, 9문항으로 이루어져 있다.

4) 실시

K-DIAL-3는 검사자가 직접 검사를 실시하거나, 검사자가 검사실시 중에 피검자를 관찰하거나, 또는 부모가 제공된 질문지에 응답하도록 되어 있다. 5개 발달영역

중 운동영역, 인지영역, 언어영역에서는 검사자가 피검자를 대상으로 직접 검사를 실시하고 검사실시 중에 각 영역별로 피검자의 행동을 관찰하여 심리사회적 행동영역(사회성영역의 보완영역)의 문항들을 평정한다. 자조영역과 사회성영역은 부모용으로 제작된 질문지를 사용하여 부모가 응답하게 되어 있다.

5) 결과

K-DIAL-3는 3개 발달영역(운동영역, 인지영역, 언어영역)별로 그리고 이 3개 전체영역의 백분위점수와 발달연령(저자주: 본서 제2장 3절의 연령등가점수를 참조할 것)을 제공하고 자조영역과 사회성영역에서는 백분위점수를 제공한다. 이러한 백분위점수와 제시된 절선기준을 근거로 '잠재적 지체' 또는 '통과'라는 결정을 하게 된다. 또한 3개 발달영역(운동영역, 인지영역, 언어영역)별로 실시된 심리사회적 행동영역의 총점은 0점부터 54점까지의 분포를 보이게 되는데 피검자의 연령과 총점을 근거로 심리사회적 영역에서의 '정상' 또는 '잠재적 지체'라는 결정을 하도록 되어 있다.

8. 한국형 베일리 영유아 발달검사-3판

1) 개요

한국형 베일리 영유아 발달검사-3판(Korean Bayley Scales of Infant and Toddler Development-Third Edition: K-Bayley-III)은 방희정, 남민, 그리고 이순행(2019)이 미국의 Bayley Scales of Infant and Toddler Development-Third Edition(Bayley-III)(Bayley, 2005)을 한국의 영유아들을 대상으로 표준화한 것이다.

2) 목적 및 대상

K-Bayley-III는 생후 15일부터 42개월 15일까지의 영유아들을 대상으로 영유아의 발달적 기능을 평가하기 위한 검사다.

3) 구성

K-Bayley-III는 5개 발달영역(인지, 언어, 운동, 사회-정서, 적응행동)으로 나누어져 있으며 16개 하위검사(인지, 수용언어, 표현언어, 소근육운동, 대근육운동, 사회-정서, 의사소통, 지역사회 이용, 학령전 학업기능, 가정생활, 건강과 안전, 놀이 및 여가, 자조기술, 자기주도, 사회성, 운동기술)로 구성되어 있다. K-Bayley-III의 구성내용을 요약하여 제시하면 〈표 15-8〉과 같다.

▽ 〈표 15-8〉 **K-Bayley-III의 구성내용**

	발달영역		하위검사	문항수	계
1	인지	①	인지	91	91
2	언어	②	수용언어	49	97
		③	표현언어	48	
3	운동	④	소근육운동	66	138
		⑤	대근육운동	72	
4	사회-정서	⑥	사회-정서	35	35
5	적응행동	⑦	의사소통	25	241
		⑧	지역사회 이용(1세 이상만 해당)	22	
		⑨	학령전 학업기능(1세 이상만 해당)	23	
		⑩	가정생활(1세 이상만 해당)	25	
		⑪	건강과 안전	24	
		⑫	놀이 및 여가	22	
		⑬	자조기술	24	
		⑭	자기주도	25	
		⑮	사회성	24	
		⑯	운동기술	27	

4) 실시

K-Bayley-III의 발달영역 중 인지, 언어, 운동 영역은 검사자가 직접 실시하고 사회-정서와 적응행동은 주양육자가 작성한다. 인지, 언어, 운동 영역의 하위검사는

2점 척도(1 또는 0), 사회-정서 영역 하위검사는 6점 척도(항상 5, 대부분 4, 반 정도 3, 때때로 2, 전혀 1, 알 수 없다 0), 적응행동 영역 하위검사는 4점 척도(항상 함 3, 가끔 함 2, 거의 안함 1, 아직 못함 0)로 평정한다.

5) 결과

K-Bayley-III는 척도점수(평균이 10, 표준편차 3인 표준점수), 발달지수(평균 100, 표준편차 15인 표준점수), 백분위점수, 발달월령(저자주: 이 책 제2장 3절의 연령등가점수를

▷ 〈표 15-9〉 K-Bayley-III가 제공하는 점수유형

발달영역		하위검사		점수유형			
				척도점수	발달지수	백분위점수	발달월령
1	인지	①	인지	○	○	○	○
2	언어				○	○	
·	·	②	수용언어	○			○
		③	표현언어	○			○
3	운동				○	○	
·	·	④	소근육운동	○			○
		⑤	대근육운동	○			○
4	사회-정서	⑥	사회-정서	○	○	○	
5	적응행동				○	○	
·	·	⑦	의사소통	○			
		⑧	지역사회 이용	○			
		⑨	학령전 학업기능	○			
		⑩	가정생활	○			
		⑪	건강과 안전	○			
		⑫	놀이 및 여가	○			
		⑬	자조기술	○			
		⑭	자기주도	○			
		⑮	사회성	○			
		⑯	운동기술	○			

참조할 것)의 네 가지 점수를 제공한다. 〈표 15-9〉에는 K-Bayley-III가 제공하는 점수유형이 제시되어 있다.

9. 한국형 Denver II

1) 개요

한국형 Denver II는 신희선, 한경자, 오가실, 오진주, 그리고 하미나(2002)가 미국의 Denver Developmental Screening Test-II(Denver II)(Frankenburg et al., 1990)를 한국의 유아들을 대상으로 표준화한 것이다.

2) 목적 및 대상

한국형 Denver II는 발달지연 또는 문제의 가능성이 있는 유아들을 선별하기 위한 검사로서 검사대상의 연령범위는 출생부터 5세 12개월까지다.

3) 구성

한국형 Denver II는 4개의 발달영역(개인-사회성발달, 미세운동 및 적응발달, 언어발달, 운동발달)에 걸쳐 110문항으로 구성되어 있는데 각 발달영역별 문항수는 22개, 27개, 34개, 그리고 27개다. 또한 한국형 Denver II는 검사자가 주관적으로 검사도중 유아가 보이는 전반적 행동을 평정하도록 5개의 검사행동문항(일상적인 행동, 순응정도, 환경에 대한 관심도, 두려움 정도, 주의집중력)도 포함하고 있다.

4) 실시

한국형 Denver II의 검사지에는 110개 문항이 가로막대로 나타나 있으며 검사지의 위와 아래에는 연령눈금이 24개월까지는 1개월 간격으로 그 후부터는 3개월 간격으로 표시되어 있다. 검사자는 피검자의 생활연령을 계산한 후 검사지 위와 아래의 해당연령을 연결하여 세로로 연령선을 긋는다(생활연령이 24개월 이하이고 2주 이상 조산인 유아의 경우 생활연령에서 조산한 달과 날을 뺀 조정된 연령으로 연령선을 긋는다.). 검사자는 피검자의 연령과 검사능력에 따라 검사문항을 수를 다르게 실시하게 되는데 검사문항수는 검사에 주어진 시간과 검사의 목적(유아의 발달지연을 알기 위한 것인지 또는 유아의 상대적인 발달적 강점을 알기 위한 것인지)에 따라 달라진다. 실시한 각 문항에 대해서는 'P(pass: 통과)', 'F(fail: 실패)', 'NO(no opportunity: 기회 없음)', 또는 'R(refusal: 거부)'로 표시한다. 검사행동문항은 4개의 발달영역에 대한 검사가 완전히 이루어진 후에 평정한다.

5) 결과

한국형 Denver II는 실시한 각 문항에 대해 '월등한(advanced)', '정상(normal)', '주의(caution)', '지연(delayed)', 또는 '기회 없음(no opportunity)'으로 해석한 후 검사전체에 대해 '정상(normal) 발달', '의심스런(questionable) 발달', 또는 '검사불능(untestable)'으로 판단할 수 있도록 지침과 프로파일을 제공한다.

제16장

특수영역Ⅰ : 주의력결핍과잉행동장애

앞서 제12장에서 언급한 바와 같이 주의력결핍과잉행동장애(attention deficit hyperactivity disorder: ADHD)는 정서행동장애의 한 범주이나 근래 많은 관심을 받고 있는 영역이므로 특수영역의 하나로 분리하여 이 장에서 다루기로 한다. ADHD에 대한 관심이 높아지면서 주목할 만한 관련 사정도구들도 출판되고 있는데 이 장에서는 국내에 출시되어 있는 ADHD관련 사정도구를 가나다순으로 소개하고자 한다(저자주: 사정도구에서 제시되는 대상의 연령은 만 연령임).

1. 한국 주의력결핍 · 과잉행동장애 진단검사

1) 개요

한국 주의력결핍 · 과잉행동장애 진단검사(Korean Attention Deficit Hyperactivity Disorder Diagnostic Scale: K-ADHDDS)는 DSM-IV-TR(American Psychiatric Association, 2000)의 ADHD 진단준거와 Gilliam(1995a)이 개발한 Attention-Deficit/Hyperactivity Disorder Test(ADHDT)를 기초로 하여 이상복과 윤치연(2004)이 우리나라의 실정에 맞도록 제작한 ADHD 진단검사다.

2) 목적 및 대상

K-ADHDDS는 ADHD로 의심되는 3세부터 23세까지의 아동 및 청소년을 대상으로 ADHD를 진단하기 위한 검사다.

3) 구성

K-ADHDDS는 3개의 하위검사(과잉행동, 충동성, 부주의)로 구성되어 있는데, 과잉행동에는 13개 문항, 충동성에는 10개 문항, 그리고 부주의에는 13개 문항이 포함되어 있어 총 36개 문항으로 이루어져 있다.

4) 실시

K-ADHDDS는 피검자와 적어도 2주 이상 정규적으로 접촉해 온 부모, 교사 또는 치료사가 실시할 수 있는데, 검사지에 제시된 일정한 순서에 따라 문항 1에서 문항 36까지 빠짐없이 0(문제가 없음), 1(문제가 가벼움), 또는 2(문제가 심각함)로 평정한다.

5) 결과

K-ADHDDS는 하위검사별로 표준점수(평균이 10이고 표준편차가 3인 표준점수)와 백분위점수를 제공한다. 또한 K-ADHDDS는 하위검사 표준점수들의 합으로 산출되는 ADHD지수(평균이 100이고 표준편차가 15인 표준점수)와 백분위점수도 제공한다.

2. FACT-II 개인적응형 주의력 검사

1) 개요

FACT-II 개인적응형 주의력 검사(Frankfurt Adaptive Concentration Test-II: FACT-II)는 오현숙(2018)이 독일의 Frankfurter Adaptiver Konzentrationsleistungs Test-

II(FAKT-II)(Moosbrugger & Goldhammer, 2007)를 한국의 아동 및 청소년들을 대상으로 표준화한 것이다(저자주: FACT의 독일 원명은 FAKT임). FAKT-II에는 3개의 하위검사가 포함되어 있는데 FACT-II에서는 그중 2개의 하위검사(FACT-SR, FACT-E)가 표준화되었다.

2) 목적 및 대상

FACT-II는 초 · 중 · 고등학생을 대상으로 컴퓨터에 기반하여 주의력을 평가하기 위한 검사다. FACT-II의 하위검사 중 FACT-SR은 초 · 중 · 고등학생을 대상으로 하고 FACT-E는 중 · 고등학생을 대상으로 한다.

3) 구성

FACT-II는 아이템이 제시되는 방식에 따라 구분되는 2개의 하위검사(FACT-SR, FACT-E)로 구성되어 있다. FACT-SR(providing item Series with Record of reaction time)은 10개의 아이템이 컴퓨터 모니터에 동시에 제공되며, 개개 아이템에 대해서 피검자의 평가작업이 이루어지면서 이때 일어난 피검자의 반응시간을 평가하는 방식이다. 이에 비해 FACT-E(providing Each item)는 평가할 아이템이 컴퓨터 모니터에 1개씩 제시되며, 개인에 맞게 적응적으로 아이템 제시시간이 변하면서 매우 짧게 제공되는 방식이다. 또한 FACT-SR과 FACT-E에서는 세 가지 평가치, 즉 척도(CP, CC, CB)가 산출되는데 척도별 규준집단의 평균과 표준편차는 〈표 16-1〉과 같다.

4) 실시

FACT-II는 컴퓨터를 통해 온라인상에서 실시된다(저자주: 인싸이트 홈페이지에서 실시되는데 사전에 '온라인코드' 구입이 필요함). FACT-II 실시 과정에서는 문제 난이도가 피검자의 능력수준에 자동적으로 적응하여 변하는데 이 때문에 FACT-II를 '개인적응형 주의력 검사'라고 한다.

▷ 〈표 16-1〉 FACT-Ⅱ 하위검사의 척도별 규준집단 평균과 표준편차

하위검사	척도	평균(표준편차)		
		초등학생	중학생	고등학생
FACT-SR	주의-속도(CP)[1]	49.75 (20.32)	81.61 (24.27)	93.68 (23.17)
	주의-정확성(CC)[2]	89.08 (9.78)	94.18 (7.07)	95.59 (4.59)
	주의-균형(CB)[3]	6.60 (5.29)	10.83 (4.15)	12.69 (5.24)
FACT-E	주의-속도(CP)[1]	–	67.97 (22.15)	78.35 (21.36)
	주의-정확성(CC)[2]	–	60.42 (2.55)	59.77 (2.08)
	주의-균형(CB)[3]	–	19.02 (10.76)	24.80 (11.67)

[1] CP: Power of Concentration Performance; Testing Speed(CP가 높을수록 피검자가 그만큼 더 빠른 속도로 주의집중하였음을 의미한다.).

[2] CC: Concentration's Correctness(모든 응답에서 피검자가 틀리지 않고 응답한 백분율과 관계된다. 실수의 비율이 낮을수록 CC 평가치는 올라가고 피검자는 그만큼 더 정확히 작업했음을 의미한다.).

[3] CB: Concentration's Balance(피검자가 작업하는 모든 시간의 작업균일성과 관계된다. CB가 높을수록 피검자가 그만큼 지속적으로 균일하게 주의집중할 수 있음을 의미한다.).

5) 결과

FACT-Ⅱ에서는 2개 하위검사 모두 3개 척도별로 원점수와 백분위점수를 제공한다. 원점수가 속하는 규준집단 점수대를 찾아서 백분위점수를 표시한다.

3. FAIR 주의집중력검사

1) 개요

FAIR 주의집중력검사는 오현숙(2002)이 독일의 Frankfurter Aufmerksamkeits-

Inventar(FAIR)(Moosbrugger & Oehlschlaegel, 1996)를 한국의 아동, 청소년, 및 성인들을 대상으로 표준화한 것이다.

2) 목적 및 대상

FAIR 주의집중력검사는 주의력(attention)이 여러 기능요소로 구성된다는 최근의 이론을 바탕으로 유형별 주의력을 측정하기 위해 개발된 검사다. 따라서 FAIR 주의집중력검사는 주의력의 가장 근본적인 기능으로 보이는 자기통제력(self-control), 선택적 주의력(selective attention), 그리고 지속적 주의력(sustained attention)을 측정하는데(저자주: FAIR 주의집중력검사에서는 선택적 주의력을 '선택주의력'으로 지속적 주의력을 '지속성 주의력'으로 표현하고 있다.), 실시연령은 8세 이상이다.

3) 구성

FAIR 주의집중력검사는 두 장의 검사문항지(검사 1, 검사 2)로 구성되어 있는데 각 검사문항지에는 구분 판단을 해야 하는 320개의 테스트아이템이 그려져 있다.

4) 실시

FAIR 주의집중력검사를 실시할 때 검사자는 초시계를 준비하고 있어야 하며 피검자는 잘 써지는 필기도구가 필요하다. 검사자는 검사를 시작하기 전에 피검자로 하여금 '검사에 관한 안내문'을 읽고 연습문제를 끝내도록 하고(피검자의 동기나 독해력이 부족하다고 판단될 경우에는 검사자가 안내문을 읽어줄 수도 있다.) 검사가 시작되면 검사 1과 검사 2를 각 3분씩 연속해서 실시하는데 초시계를 이용하여 각 검사의 시작과 끝을 정확하게 알려 주어야 한다.

5) 결과

FAIR 주의집중력검사는 능력치수(Performance value: P), 품질치수(Quality value: Q), 지속성치수(Continuity value: C)를 제공한다. 능력치수 P는 선택주의력의 측정치

(주어진 시간 안에 얼마나 많은 양의 정보를 방해자극을 물리치는 가운데 옳게 수행했는가의 지표)이고, 품질치수 Q는 자기통제력의 측정치(정확성과 속도와의 딜레마 속에서 정보를 얼마나 정확하게 처리했는가의 지표)이며, 지속성치수 C는 지속성 주의력의 측정치(뇌 에너지 활성수준의 지표)다. P, Q, 그리고 C는 모두 구분점수(stanine scores)다(저자 주: FAIR 주의집중력검사에서는 구분점수를 '9간 규준점수'로 표현하고 있다.).

제**17**장

특수영역 II : 자폐스펙트럼장애

　우리나라 「장애인 등에 대한 특수교육법」은 장애유형의 하나로서 자폐성장애(이와 관련된 장애를 포함한다.)를 명시하고 있으며 미국의 「장애인교육법(IDEA 2004)」에는 자폐증(autism)이라는 장애유형이 포함되어 있다. 이 장애와 관련하여 미국정신의학회(American Psychiatric Association: APA)가 발행하는 『정신장애의 진단 및 통계 편람(Diagnostic and Statistical Manual of Mental Disorders: DSM)』의 경우 DSM-IV-TR(APA, 2000)까지 전반적 발달장애(pervasive developmental disorders: PDDs)라는 장애를 두고 그 하위유형으로 자폐장애(autistic disorder)를 비롯하여 레트장애(Rett's disorder), 아동기붕괴성장애(childhood disintegrative disorder), 아스퍼거장애(Asperger's disorder), 불특정 전반적 발달장애(pervasive developmental disorder not otherwise specified: PDD-NOS)를 포함하였으나, DSM-5(APA, 2013)에서 전반적 발달장애(PDDs)라는 용어와 하위유형들을 삭제하고 대신 자폐스펙트럼장애(autism spectrum disorder: ASD)라는 새로운 단일범주를 도입하였으며 이는 최근에 발행된 DSM-5-TR(APA, 2022)에서도 유지되고 있다. 이에 따라 대두되는 필요성 중의 하나가 적절한 사정도구의 개발인데, 그 이유는 정신장애와 관련된 사정도구들이 DSM의 진단준거를 근거로 하는 경우가 많기 때문이다(이승희, 2015). 그러나 아직까지 DSM의 ASD에 초점을 두고 개발된 사정도구는 극소수이며 따라서 현재로서는 기존의 자폐장애에 초점을 두고 개발된 사정도구에 어느 정도 의존할 수밖에 없는 실정이다. 이 장에서는 현재 국내에 출시되어 있는 ASD관련 사정도구를 가나다순으로 소개하고자 한다(저자주: 사정도구에서 제시되는 대상의 연령은 만 연령임).

1. 걸음마기 아동 행동 발달 선별 척도-놀이

1) 개요

걸음마기 아동 행동 발달 선별 척도-놀이(Behavior Development Screening for Toddlers-Play: BeDevel-P)는 유희정 등(2022a)이 DSM-5(APA, 2013)에 제시된 자폐스펙트럼장애 진단준거를 근거로 영유아의 자폐스펙트럼장애를 선별하기 위해 개발한 도구다.

2) 목적 및 대상

BeDevel-P는 9~42개월 아동들을 대상으로 자폐스펙트럼장애를 선별하기 위해 개발된 표준화된 관찰도구다. 즉, BeDevel-P는 평가자와 함께 간단한 놀이를 하는 과정에서 아동을 관찰하여 사회적 상호작용 및 의사소통 그리고 제한적이고 반복적인 행동을 평가할 수 있도록 제작된 직접 관찰도구라고 할 수 있다.

3) 구성

BeDevel-P는 DSM-5의 자폐스펙트럼장애 진단준거에 맞추어 두 가지 영역(사회적 의사소통 및 상호작용, 제한적이고 반복적인 행동특성 및 관심사)로 구성되어 있으며 BeDevel-P Toolbox(BeDevel-P를 시행하는 데 필요한 표준도구들을 모은 도구 세트)가 포함되어 있다. 평가자(관찰자)가 사용하는 기록지에는 연령대별(9~11개월, 12~17개월, 18~23개월, 24~35개월, 36~42개월)로 다섯 가지가 있다. BeDevel-P의 문항수는 연령대별로 7~20개다. 또한 BeDevel-P에서는 연령대별로 선별 변별도가 높은 문항들을 핵심문항(primary item)으로 선정해 놓았는데, 이는 각 문항과 자폐스펙트럼장애 진단여부의 일치도를 보았을 때 진단을 가장 잘 반영하는 문항들을 의미한다.

4) 실시

BeDevel-P는 관련된 훈련을 받은 평가자가 아동과 함께 간단한 놀이를 하는 과정에서 아동을 직접 관찰하여 채점한다. 첫 번째 활동인 [익숙해지기]를 제외하고는 놀이활동마다 아동이 보이는 특정한 행동에 점수를 부여할 수 있게 되어 있다. 점수는 1~3점 체계(일부 문항은 1점, 3점 두 가지)를 사용하는데 1점은 전형적인 발달, 2점은 충분하지 않거나 비일관적인 발달, 3점은 전형적이지 않거나 상당히 제한된 발달 특성을 보이는 것을 의미한다. 채점은 관찰을 하는 도중에, 또는 시행 직후에 완료하도록 한다. BeDevel-P를 시행하고 채점하는 데는 15~20분 정도 소요되지만. 이후 인싸이트의 온라인 채점을 활용하여 결과를 산출하고 이를 해석하는 것까지 포함하면 총 40~50분 정도의 시간이 소요될 수 있다. 참고로, BeDevel-P는 9~42개월 아동을 대상으로 하고 있으나 발달상의 지연을 보이는 43~53개월의 아동들에게도 예외적으로 적용할 수 있다. 이 경우에는 36~42개월 연령대를 대상으로 하는 관찰을 시행하며 결과는 36~42개월을 기준으로 제공된다.

5) 결과

BeDevel-P에서 자폐스펙트럼장애 가능성 유무는 전형적이지 않은 행동에 해당하는 점수를 받은 핵심문항(primary item)의 개수로 판별된다. 즉, 핵심문항들 중에서 전형적인 발달을 의미하는 1점을 받지 않은 문항의 개수를 모두 합산한다. BeDevel-P의 채점은 인싸이트의 온라인 채점을 통해 이루어지는데, 모든 문항의 점수를 기입하면 각 연령대의 핵심문항 중에서 1점이 아닌 점수를 받은 문항의 개수가 자동적으로 산출되고 검사결과보고서를 통해서 각 문항에 대한 간단한 결과와 함께 선별여부가 제공된다. 단, 두 연령대(9~11개월, 12~17개월)에 대해서는 선별여부가 제공되지 않는데, 해당 연령대에서는 영유아의 발달 적합성을 임상적으로 평가하기 위해 BeDevel-P를 활용할 수 있다.

2. 걸음마기 아동 행동 발달 선별 척도-면담

1) 개요

걸음마기 아동 행동 발달 선별 척도-면담(Behavior Development Screening for Toddlers-Interview: BeDevel-I)은 유희정 등(2022b)이 DSM-5(APA, 2013)에 제시된 자폐스펙트럼장애 진단준거를 근거로 영유아의 자폐스펙트럼장애를 선별하기 위해 개발한 도구다.

2) 목적 및 대상

BeDevel-I는 9~42개월 아동들을 대상으로 자폐스펙트럼장애를 선별하기 위해 개발된 표준화된 면접도구다. 즉, BeDevel-I는 아동을 양육하거나 오랜 시간 관찰하는 사람(예: 부모, 조부모, 보육교사 등)과의 면담을 통해 아동의 사회적 상호작용 및 의사소통 그리고 제한적이고 반복적인 행동을 평가할 수 있도록 제작된 질문지와 답안지라고 할 수 있다.

3) 구성

BeDevel-I는 DSM-5의 자폐스펙트럼장애 진단준거에 맞추어 세 가지 영역(사회적 의사소통 및 상호작용, 제한적이고 반복적인 행동특성 및 관심사, 자폐스펙트럼장애의 진단에 필수적인 것은 아니지만 중요하게 평가해야 하는 기타 행동 특성)으로 구분되어 있다. 평가자(면접자)가 사용하는 기록지에는 연령대별(9~11개월, 12~17개월, 18~23개월, 24~35개월, 36~42개월)로 다섯 가지가 있다. BeDevel-I의 문항수는 연령대별로 8~16개다. 또한 BeDevel-I에서는 연령대별로 선별 변별도가 높은 문항들을 Primary Item(핵심문항)으로 선정해 놓았는데, 이는 각 문항과 자폐스펙트럼장애 진단여부의 일치도를 보았을 때 진단을 가장 잘 반영하는 문항들을 의미한다.

4) 실시

BeDevel-I는 관련된 훈련을 받은 평가자가 아동을 양육하거나 오랜 시간 관찰하는 사람(예: 부모, 조부모, 보육교사 등)과의 면담을 통해 채점한다. 채점은 3점 척도(1, 2, 3점)를 사용하는데 모든 문항에 걸쳐 1점은 전형적인 발달, 2점은 충분하지 않거나 비일관적인 발달, 3점은 전형적이지 않거나 상당히 제한된 발달 특성을 보이는 것을 의미한다. 채점은 면담을 하는 도중에, 또는 시행 직후에 완료하도록 한다. BeDevel-I를 시행하고 채점하는 데는 15~20분 정도 소요되지만. 이후 인싸이트의 온라인 채점을 활용하여 결과를 산출하고 이를 해석하는 것까지 포함하면 총 40~50분 정도의 시간이 소요될 수 있다. 참고로, BeDevel-I는 9~42개월 아동을 대상으로 하고 있으나 발달상의 지연을 보이는 43~53개월의 아동들에게도 예외적으로 적용할 수 있다. 이 경우에는 36~42개월 연령대를 대상으로 하는 관찰을 시행하며 결과는 36~42개월을 기준으로 제공된다.

5) 결과

BeDevel-I에서 자폐스펙트럼장애 가능성 유무는 전형적이지 않은 행동에 해당하는 점수를 받은 핵심문항(primary item)의 개수에 의해 판별된다. 즉, 핵심문항들 중에서 전형적인 발달을 의미하는 1점을 받지 않은 문항의 개수를 모두 합산한다. BeDevel-I의 채점은 인싸이트의 온라인 채점을 통해 이루어지는데, 모든 문항의 점수를 기입하면 각 연령대의 핵심문항 중에서 1점이 아닌 점수를 받은 문항의 개수가 자동적으로 산출되고 검사결과보고서를 통해서 각 문항에 대한 간단한 결과와 함께 선별여부가 제공된다. 단, 두 연령대(9~11개월, 12~17개월)에 대해서는 선별여부가 제공되지 않는데, 해당 연령대에서는 영유아의 발달 적합성을 임상적으로 평가하기 위해 BeDevel-I를 활용할 수 있다.

3. 덴버모델 발달 체크리스트

1) 개요

덴버모델 발달 체크리스트는 정경미(2017)가 미국의 Early Start Denver Model Curriculum Checklist for Young Children with Autism(ESDM Curriculum Checklist)(Rogers & Dawson, 2010)을 번역한 것이다. ESDM(Early Start Denver Model)은 자폐스펙트럼장애(ASD) 영유아를 대상으로 하는 조기중재모델인데, 이 모델에서 ASD 영유아의 평가와 중재를 위해 개발한 도구가 ESDM Curriculum Checklist다.

2) 목적 및 대상

덴버모델 발달 체크리스트는 12개월부터 48개월까지의 자폐스펙트럼장애 영유아를 평가하기 위한 도구다.

3) 구성

덴버모델 발달 체크리스트는 4단계 레벨(레벨 1, 레벨 2, 레벨 3, 레벨 4)로 나누어져 있는데, 각각은 12~18개월, 19~24개월, 25~36개월, 37~48개월에 해당된다. 각 레벨은 수용언어, 표현언어, 사회기술, 인지, 소근육운동, 대근육운동, 자조기술 등의 다양한 발달영역에 포함되는 항목들로 구성되어 있다. 이와 같은 덴버모델 발달 체크리스트의 구성내용을 요약하여 제시하면 〈표 17-1〉과 같다.

4) 실시

덴버모델 발달 체크리스트는 조기중재 전문가가 실시한다. 전문가(평가자)는 부모나 아동을 잘 아는 사람(예: 선생님)과 함께 평가를 실시하는데, 먼저 부모나 선생님에게 각 항목에 대해 아동이 할 수 있는지 물어보고 가능하면 직접관찰을 통해 아동의 수행여부를 결정한다. 만약 부모나 선생님의 보고와 평가자의 의견이 다를 경우 직

▷ 〈표 17-1〉 **덴버모델 발달 체크리스트의 구성내용**

레벨	발달영역		문항수	총 문항수
레벨 1 (12~18개월)	1	수용언어	15	98
	2	표현언어	14	
	3	사회기술	10	
	4	모방	4	
	5	인지	4	
	6	놀이	8	
	7	소근육운동	12	
	8	대근육운동	8	
	9	행동	5	
	10	자조기술	18	
레벨 2 (19~24개월)	1	수용언어	10	122
	2	표현언어	12	
	3	합동 주시행동	8	
	4	사회기술	20	
	5	모방	9	
	6	인지	8	
	7	놀이	8	
	8	소근육운동	14	
	9	대근육운동	7	
	10	자조기술	26	
레벨 3 (25~36개월)	1	수용언어	14	101
	2	표현언어	18	
	3	사회기술	15	
	4	인지	10	
	5	놀이	6	
	6	소근육운동	11	
	7	대근육운동	8	
	8	개인적 독립	19	

총 문항수: 446

▷ 〈표 17-1〉 **계속됨**

레벨		발달영역	문항수	총 문항수
레벨 4 (37~48개월)	1	수용언어	19	125
	2	표현언어	30	
	3	사회기술	9	
	4	인지	12	
	5	놀이	9	
	6	소근육운동	19	
	7	대근육운동	9	
	8	자조기술	18	

접관찰 결과에 따라 최종 결정을 내린다. 따라서 각 항목별로 관찰자, 부모, 기타/선생님의 보고를 기입하는 3개의 관찰보고 작성란과 최종결과를 기입하는 1개의 코드 작성란이 있다. 관찰보고 작성란과 코드 작성란은 〈표 17-2〉에 제시된 바에 따라 표기된다.

▷ 〈표 17-2〉 **덴버모델 발달 체크리스트의 항목별 작성란 표기 요령**

작성란	표기	설명
관찰보고 작성란(3칸) (관찰자, 부모, 기타/선생님)	P 또는 (+)	지속적으로 일관된 수행을 보이는 행동
	P/F 또는 (+/−)	비일관적인 수행을 보이는 행동
	F 또는 (−)	수행하기 힘든 행동
코드 작성란(1칸) (최종결과)	A	이미 습득한 행동일 경우
	P	부분적으로 혹은 도움을 주면 수행하는 행동일 경우
	N	아동이 그 행동을 할 능력이 없는 경우
	X	행동할 기회가 없거나 해당아동에게 적합하지 않은 행동일 경우

5) 결과

덴버모델 발달 체크리스트를 실시하였을 경우 각 영역에서 아동의 기술수준은 4단계 레벨 중 하나에 속하게 된다. 그러나 한 레벨에서 숙달한 것으로 보이는 기술도 이전 레벨에서 실패하는 경우가 있기 때문에 이전 레벨의 마지막 항목을 체크하여 그 기술을 성공적으로 수행하는지 확인할 필요가 있다. 또한 아동이 어떤 레벨에서 거의 모든 기술을 수행한다면 다음 레벨로 넘어가 각 영역별로 항목의 반을 먼저 평가하여 아동의 현재 레퍼토리에 대한 아이디어를 얻는다. 각 영역에서 통과(pass)가 실패(fail)로 되는 시점을 가르치기 시작해야 하는 목표영역(target area)으로 설정한다.

4. 사회적 의사소통 설문지

1) 개요

사회적 의사소통 설문지(Social Communication Questionnaire: SCQ)는 유희정(2008)이 미국의 Social Communication Questionnaire(SCQ)(Rutter, Bailey, Berument, Lord, & Pickles, 2003)를 번역한 것이다.

2) 목적 및 대상

SCQ는 2세 이상의 아동 및 성인을 대상으로 자폐스펙트럼장애를 선별하기 위한 검사다.

3) 구성

SCQ는 각각 40문항으로 이루어진 일생형(lifetime form)과 현재형(current form)의 두 가지로 구성되어 있는데 일생형은 선별검사가 목적일 경우에 적절하며 현재형은 이전에 자폐장애로 진단받은 개인의 시간에 따른 변화에 초점을 맞출 경우에 적절하다.

4) 실시

SCQ는 아동의 발달력과 현재행동에 대해 잘 알고 있는 부모나 양육자가 문항별로

'예' 또는 '아니요'로 평정한다.

5) 결과

SCQ는 일생형과 현재형별로 총점을 제공하는데 일생형의 경우 15점 이상이면 자폐스펙트럼장애의 가능성이 있는 것으로 판단된다.

5. 심리교육 프로파일

1) 개요

심리교육 프로파일(Psychoeducational Profile-Revised: PEP-R)은 김태련과 박랑규(2005)가 미국의 Psychoeducational Profile-Revised(PEP-R)(Schopler, Reichler, Bashford, Lansing, & Marcus, 1990)를 한국의 아동들을 대상으로 표준화한 것이다. Psychoeducational Profile-Revised는 Schopler와 Reichler(1979)가 개발한 Psychoeducational Profile(PEP)을 모체로 하여 제작된 개정판인데 PEP는 한국에서 「교육진단검사」(김정권, 1987)로 편역되어 사용되어 왔다. 현재 미국에서는 PEP-3(Schopler, Lansing, Reichler, & Marcus, 2005)가 사용되고 있다.

2) 목적 및 대상

PEP-R은 자폐장애아동과 유사 발달장애아동의 발달수준과 특이한 학습 및 행동 패턴을 평가하여 개별 치료프로그램에 활용하기 위해 제작된 검사다.

3) 구성

PEP-R은 발달척도와 행동척도로 나누어져 있는데 발달척도는 7개 영역의 131개 문항으로 구성되어 있으며 행동척도는 4개 영역의 43개 문항으로 구성되어 있어 총 174개 문항으로 이루어져 있다. 이와 같은 PEP-R의 구성내용을 요약하여 제시하면

〈표 17-3〉과 같다.

▷ 〈표 17-3〉 **PEP-R의 구성내용**

척도		하위영역	내용	문항수	총 문항수
발달 척도	1	모방	다른 사람이 말한 것을 반복하거나 다른 사람이 하는 것을 흉내내는 능력	16	131
	2	지각	소리에 대한 반응, 시각 추적, 형태·색깔·크기의 지각 능력	13	
	3	소근육 운동	손협응과 쥐기와 같은 운동기능	16	
	4	대근육 운동	팔·다리 등 대근육의 사용 운동기능	18	
	5	눈-손 협응	눈과 손을 함께 사용하는 능력	15	
	6	동작성 인지	언어에 의존하지 않는 과제들의 수행능력과 언어이해능력	26	
	7	언어성 인지	언어 또는 몸짓을 통해 표현하는 능력	27	
행동 척도	1	대인관계 및 감정	사람들(부모 및 검사자)과의 관계와 정서반응	12	43
	2	놀이 및 검사재료에 대한 흥미	선호하는 놀이유형과 검사재료 사용방법	8	
	3	감각 반응	시각·청각·촉각 자극에 대한 반응의 민감성과 감각통합 양상	12	
	4	언어	의사소통 유형, 억양, 언어모방(반향어) 등	11	

총 문항수 174

4) 실시

PEP-R은 아동의 반응을 정확히 파악할 수 있는 검사자에 의해 실시되어야 하며, 아동이 불안해하거나 흥분하여 검사의 진행이 어려운 경우에는 부모를 검사회기의 초기 또는 검사회기 내내 검사실에 입실시켜 도움을 받을 수도 있다. 발달척도의 문항들은 검사실시 중에 합격, 싹트기 반응, 실패의 3수준으로 채점되며 행동척도의 문항들은 검사가 끝난 즉시 정상, 경증, 중증의 3수준으로 채점된다. 발달척도에서 합격은 검사자의 시범 없이 과제를 혼자 힘으로 해결할 때이고, 싹트기 반응은 과제를 풀 수 있는 방법에 대한 약간의 지식은 있지만 성공적으로 완성할 능력이 없거나 또는 완성시키는 데 검사자가 시연을 반복하거나 가르쳐야 할 때이며, 실패는 과제의 어느 면도 해결하지 못하거나 또는 검사자가 몇 번이나 시연해 본 후에도 과제를 시도하지 않을 때다. 행동척도에서 정상은 행동이 연령에 상응하는 경우이고, 경증은 행동이 연령에 미미한 정도로 상응하지 않는 경우이며, 중증은 행동이 연령에 심각한 정도로 상응하지 않는 경우다.

5) 결과

PEP-R의 결과는 발달척도와 행동척도별로 제시된다. 발달척도에서는 7개 하위영역의 총 합격점을 근거로 하위영역별 발달연령과 전체 발달연령을 산출하고 발달척도 결과표를 작성한다. 행동척도에서는 4개의 하위영역이 표시되어 있는 사분원의 중심에서 바깥쪽으로 중증에 해당하는 문항수만큼은 까맣게 그리고 경증에 해당하는 문항수만큼은 회색으로 칠하여 행동척도 결과표를 작성한다.

6. 자폐증 진단 관찰 스케줄-2

1) 개요

자폐증 진단 관찰 스케줄-2(Autism Diagnostic Observation Schedule-2: ADOS-2)는 유희정 등(2017)이 미국의 Autism Diagnostic Observation Schedule-Second Edition(ADOS-2)(Lord et al., 2012)을 번역한 것이다.

2) 목적 및 대상

ADOS-2는 1세 이상의 아동 및 성인을 대상으로 자폐스펙트럼장애를 진단하기 위해 개발된 반구조화 관찰도구다.

3) 구성

ADOS-2는 5개의 모듈(모듈 T, 모듈 1, 모듈 2, 모듈 3, 모듈 4)로 구성되어 있다. 평가 대상자의 표현언어 수준, 생활연령, 그리고/또는 관심과 능력에 적절한 과제가 무엇인지를 고려하여 가장 잘 맞는 1개의 모듈을 선택하여 시행한다. 모듈 T(걸음마기 모듈이라고도 함)는 연령이 12개월에서 30개월 사이고 구(句) 언어를 일관되게 사용하지 않는 걸음마기 아동에게, 모듈 1은 연령이 31개월 이상이면서 구(句) 언어를 일관되게 사용하지 않는 아동에게, 모듈 2는 연령에 상관없이 어구를 사용하지만 언어가 유창하지 않은 아동에게, 모듈 3은 언어가 유창한 아동과 나이가 어린 청소년에게, 모듈 4는 언어가 유창하고 나이가 많은 청소년과 성인에게 사용한다.

4) 실시

ADOS-2는 관련된 훈련을 받은 평가자가 실시한다. ADOS-2의 모든 모듈은 각각의 프로토콜 소책자를 가지고 있는데, 이 소책자들은 해당 모듈의 시행 및 채점에 대한 순서와 구조를 제공한다. 소책자의 관찰 부분은 도구를 제시하고 활동을 관찰하여 기록하는 부분이고, 채점 부분은 평가자가 대상자에게서 관찰한 행동을 기반으로 전체적인 채점을 하는 부분이다. 채점이 완료되면 알고리듬 양식을 사용한다.

5) 결과

ADOS-2의 각 모듈에는 평가 대상자가 자폐증(autism), 자폐스펙트럼(autism spectrum), 비스펙트럼(non-spectrum) 중 어디에 속하는지를 결정하는 절단점을 사용하는 1개 또는 2개의 알고리듬이 있다. 또한 모듈 1, 2, 3에서는 비교점수를 제공한다. 비교점수는 1부터 10까지의 점수로 대상자의 알고리듬 전체총합을 동일 생활연령과 언어수준을 가진 다른 자폐스펙트럼장애 아동들의 점수와 비교하는 데 사용되며 또한 ADOS-2를 2회 이상 실시했을 경우 시간의 흐름에 따른 변화를 해석하는 데 활용될 수도 있다.

7. 자폐증 진단 면담지-개정판

1) 개요

자폐증 진단 면담지-개정판(Autism Diagnostic Interview-Revised: ADI-R)은 박규리 등(2014)이 미국의 Autism Diagnostic Interview-Revised(ADI-R)(Rutter, Le Couteur, & Lord, 2003)를 번역한 것이다.

2) 목적 및 대상

ADI-R은 2세 이상의 아동 및 성인을 대상으로 자폐증을 진단하기 위해 개발된 반구조화 면접도구다.

3) 구성

ADI-R은 면담 프로토콜(interview protocol), 진단적 알고리듬, 현재행동 알고리듬으로 구성되어 있다. 면담 프로토콜에는 도입부 질문(문항 1), 초기 발달(문항 2~8), 언어/기타 능력의 습득과 상실(문항 9~28), 언어와 의사소통 능력(문항 29~49), 사회적 발달과 놀이(문항 50~66), 흥미와 행동(문항 67~79), 일반적 행동들(문항 80~93)의 7개 영역 93개 문항이 포함되어 있다. 진단적 알고리듬은 연령군(2세 0개월~3세 11개월, 4세 0개월~9세 11개월)에 따른 두 가지 유형으로 나누어져 있고 현재행동 알고리듬은 연령군(2세 0개월~3세 11개월, 4세 0개월~9세 11개월, 10세 0개월 이상)에 따른 세 가지 유형으로 나누어져 있다. 진단적 알고리듬은 자폐증을 진단하는 데 사용할 수 있으며 현재행동 알고리듬은 지도 전후의 효과를 평가하는 데 유용하다.

4) 실시

ADI-R은 관련된 훈련을 받은 평가자가 실시하며 평가 대상자의 부모나 보호자와의 면담을 통해 이루어진다. 평가자는 면담 프로토콜을 사용하여 면담을 실시하는데 면담시간은 90~120분 정도 소요된다. 면담이 끝나면 필요한 알고리듬을 사용한다.

5) 결과

ADI-R은 진단적 알고리듬을 사용하여 자폐증을 진단하는데, 3개 영역(사회적 상호 작용의 질적 이상, 의사소통의 질적 이상, 행동의 제한적·반복적·상동적 패턴) 모두에서 최소한의 절단점을 충족시키거나 초과할 때 자폐증으로 진단한다.

8. 한국 자폐증 진단검사

1) 개요

한국 자폐증 진단검사(Korean Autism Diagnostic Scale: K-ADS)는 DSM-IV-TR(American Psychiatric Association, 2000)의 자폐장애 진단준거와 Gilliam Autism Rating Scale(GARS)(Gilliam, 1995b)을 기초로 하여 강위영과 윤치연(2004)이 우리나라의 실정에 맞도록 제작한 자폐증 진단검사다. 현재 미국에서는 GARS-2(Gilliam, 2006)가 사용되고 있다.

2) 목적 및 대상

K-ADS는 자폐증으로 의심되는 3세부터 21세까지의 아동 및 청소년을 대상으로 자폐증을 진단하기 위한 검사다.

3) 구성

K-ADS는 3개의 하위검사(상동행동, 의사소통, 사회적 상호작용)로 구성되어 있는데, 각 하위검사마다 14개의 문항이 포함되어 있어 총 42개 문항으로 이루어져 있다.

4) 실시

K-ADS는 피검자와 적어도 2주 이상 정규적으로 접촉해 온 부모나 교사 또는 치료사가 실시할 수 있는데, 검사지에 제시된 일정한 순서에 따라 문항 1에서 문항 42까지 빠짐없이 0(전혀 발견하지 못함), 1(드물게 발견함), 2(때때로 발견함), 또는 3(자주 발견함)으로 평정한다.

5) 결과

K-ADS는 하위검사별로 표준점수(평균이 10이고 표준편차가 3인 표준점수)와 백분위점수를 제공한다. 또한 K-ADS는 하위검사 표준점수들의 합으로 산출되는 자폐지수(평균이 100이고 표준편차가 15인 표준점수)와 백분위점수도 제공한다.

9. 한국판 아동기 자폐 평정 척도-2

1) 개요

한국판 아동기 자폐 평정 척도-2(Korean Childhood Autism Rating Scale-2: K-CARS-2)는 이소현, 윤선아, 그리고 신민섭(2019)이 미국의 Childhood Autism Rating Scale-Second Edition(CARS-2)(Schopler, Van Bourgondien, Wellman, & Love, 2010)을 한국에서 표준화한 것이다.

2) 목적 및 대상

K-CARS-2는 일반 인구를 대상으로 개발된 것이 아니라 2세부터 36세까지의 자폐스펙트럼장애를 지닌 아동, 청소년, 및 성인을 판별하고 다른 장애로부터 구별하기 위해 개발된 도구다.

3) 구성

K-CARS-2는 표준형 평가지(Korean Childhood Autism Rating Scale, Second Edition-Standard Version: K-CARS2-ST), 고기능형 평가지(Korean Childhood Autism Rating Scale, Second Edition-High Functioning Version: K-CARS2-HF), 부모/양육자 질문지(Korean Childhood Autism Rating Scale, Second Edition-Questionnaire for Parents or Caregivers: K-CARS2-QPC)의 세 가지 양식으로 구성되어 있다. 표준형 평가지(K-CARS2-ST)는 측정된 전반적 IQ가 79 이하이면서 의사소통능력이 손상되었거나 측정 IQ와 상관없이 6세 미만의 평가 대상자에게 사용한다. 이에 비해 고기능형 평가지(K-CARS2-HF)는 IQ가 80 이상이고 구어기술이 비교적 양호한 6세 이상의 평가 대상자에게 사용한다. 표준형 평가지(K-CARS2-ST)와 고기능형 평가지(K-CARS2-HF)에는 각각 자폐스펙트럼장애 진단과 관련된 15개 문항이 포함되어 있다. 부모/양육자 질문지(K-CARS2-QPC)는 표준형 평가지(K-CARS2-ST) 또는 고기능형 평가지(K-CARS2-HF)와 함께 사용하는데, 7개 영역에 걸쳐 총 38개 문항으로 이루어져 있다. 부모/양육자 질문지(K-CARS2-QPC)는 부모나 양육자로부터 자폐스펙트럼장애와 관련된 행동에 대한 정보를 얻는 데 도움을 받기 위해서 고안된 채점이 필요하지 않은 양식이다.

4) 실시

평가자는 평가 대상자에 따라 표준형 평가지(K-CARS2-ST) 또는 고기능형 평가지(K-CARS2-HF)를 선택하여 실시하는데 평가지의 각 문항은 7점 척도(1, 1.5, 2, 2.5, 3, 3.5, 4)로 평정된다.

5) 결과

K-CARS-2는 표준형 평가지(K-CARS2-ST)와 고기능형 평가지(K-CARS2-HF) 실시 후 15개 문항의 총점인 원점수와 그에 상응하는 *T*점수 및 백분위점수를 제공한다. K-CARS-2의 원점수와 *T*점수는 각각 〈표 17-4〉와 〈표 17-5〉에 제시된 바와 같이 해석된다.

▷ 〈표 17-4〉 K-CARS-2의 원점수에 따른 해석

원점수		장애진단 가설	서술적 수준
K-CARS2-ST	K-CARS2-HF		
15~29.5	15~26	자폐 아님	증상이 없거나 최소한의 자폐 관련 행동
30~36.5	26.5~29.5	자폐 범주	경도에서 중등도 수준의 자폐 관련 행동
37~60	30~60	자폐 범주	중도 수준의 자폐 관련 행동

▷ 〈표 17-5〉 K-CARS-2의 T점수에 따른 해석

T점수	설명
>70	자폐로 진단된 사람과 비교할 때 극심한 수준의 자폐 관련 증상
60~70	자폐로 진단된 사람과 비교할 때 매우 높은 수준의 자폐 관련 증상
55~59	자폐로 진단된 사람과 비교할 때 높은 수준의 자폐 관련 증상
45~54	자폐로 진단된 사람과 비교할 때 평균 수준의 자폐 관련 증상
40~44	자폐로 진단된 사람과 비교할 때 낮은 수준의 자폐 관련 증상
25~39	자폐로 진단된 사람과 비교할 때 매우 낮은 수준의 자폐 관련 증상
<25	자폐로 진단된 사람과 비교할 때 최소한에서 전혀 없는 수준의 자폐 관련 증상

용어해설

다음에 소개되는 용어들은 이 책의 내용에 의거하여 정의되었다. 따라서 다른 분야나 문헌에서는 다소 다르게 정의되는 경우도 있을 것이다.

간격기록(interval recording)

관찰에서 사용되는 기록방법의 한 종류로서, 관찰행동을 관찰기간 동안 일정한 간격으로 여러 회에 걸쳐 관찰하여 그 행동의 발생여부를 기록하는 방법(시간표집 또는 시간기반기록이라고도 함).

간접적 관찰(indirect observation)

관찰자가 매개물을 통해 관찰대상의 행동을 관찰하는 것.

강도기록(intensity recording)

사건기록의 한 유형으로서, 관찰기간 동안 행동이 발생할 때마다 행동의 강도를 기록하는 것.

개별화교육프로그램(individualized education program: IEP)

장애를 가진 아동의 적절한 교육을 위하여 작성된 문서(우리나라 「장애인 등에 대한 특수교육법」에서는 개별화교육계획이라고 함).

객관도(objectivity)

검사(시험)에서 검사자의 주관적인 편견이 얼마나 배제되었느냐의 문제(한 검사자가 다른 검사자와 얼마나 유사하게 채점하느냐의 문제와 한 검사자가 모든 채점대상을 얼마나 일관되게 채점하느냐의 문제로 구분할 수 있음).

검목표기록(checklist recording)

평정기록의 한 유형으로서, 일련의 행동이나 특성들의 목록, 즉 검목표(checklist)에 해당 행동이나 특성의 유무를 기록하는 것.

검목표방법(checklist method)

수행사정과 포트폴리오사정에서 사용되는 채점방법의 한 유형으로서 검목표(checklist)를 활용하여 채점기준표를 만들어 채점하는 방법.

검사(test)

사전에 결정된 반응유형을 요구하는 일련의 질문이나 과제를 통하여 점수 또는 다른 형태의 수량적 자료를 수집하는 방법.

검사-재검사신뢰도(test-retest reliability)

신뢰도의 한 종류로서 동일한 검사를 동일한 집단에게 일정 간격을 두고 두 번 실시하여 얻은 점수 간의 일관성의 정도.

공식적 관찰(formal observation)

관찰의 한 유형으로서, 표준화된 관찰도구(standardized observation instrument)를 사용하는 관찰.

공식적 면접(formal interview)

면접의 한 유형으로서, 표준화된 면접도구(standardized interview instrument)를 사용하는 면접.

공식적 사정(formal assessment)

실시·채점·해석에 대한 명확한 지침을 가지고 자료를 수집하는 방법(예: 규준참조검사, 표준화된 준거참조검사, 공식적 관찰, 공식적 면접, 교육과정중심측정 등).

공식적 평가(formal evaluation)

수집된 자료에 근거하여 가치판단을 통하여 공식적인 교육적 의사결정을 내리는 평가.

공인타당도(concurrent validity)

준거관련타당도의 한 유형으로서 검사결과가 거의 동일한 시기에 실시된 다른 검사결과와 일치하는 정도(공유타당도 또는 동시타당도라고도 함).

관찰(observation)

일반적으로 일상적인 상황에서 자연스럽게 나타나는 아동의 행동을 기술 또는 기록함으로써 특정 현상에 대한 객관적인 자료를 수집하는 방법.

관찰자간 신뢰도(inter-observer reliability)

한 명의 관찰자가 다른 관찰자와 얼마나 유사하게 관찰하는가를 나타냄.

관찰자내 신뢰도(intra-observer reliability)

한 명의 관찰자가 모든 관찰대상을 얼마나 일관성 있게 관찰하는가를 나타냄.

교수설계용교육과정중심사정(curriculum-based assessment for instructional design: CBA-ID)

교육과정중심사정의 한 유형으로서 아동들의 수행에 근거하여 그들의 요구를 결정하기 위하여 교수내용의 확인 및 수정뿐만 아니라 교수자료가 제시되는 수준의 조절에도 초점을 두는 방법.

교육과정-교수중심사정(curriculum and instruction-based assessment: CIBA)

교육과정중심사정의 한 유형으로서 교육과정에 포함된 아동수행의 타당성 및 학습을 위한 교수환경의 적절성에 초점을 두는 방법.

교육과정중심사정(curriculum-based assessment: CBA)

아동에게 가르치는 교육과정과 관련하여 아동의 수행에 대한 자료를 수집하는 방법.

교육과정중심측정(curriculum-based measurement: CBM)

교육과정중심사정의 한 유형으로서 아동의 요구에 맞도록 교수프로그램을 변경하거나 수정하기 위해 교사가 활용할 수 있는 자료를 제공하도록 설계됨으로써 교수프로그램 수정 후 아동의 진전을 사정하는 데에 강조점을 두는 방법.

교육과정중심평가(curriculum-based evaluation: CBE)

교육과정중심사정의 한 유형으로서 아동의 착오를 분석하고 결핍된 기술을 확인하는 데에 초점을 두는 방법.

구분점수(stanine scores)

상대적 위치점수의 한 유형으로서 정규분포를 9개 범주로 분할한 점수.

구인(構因: construct)

눈으로 직접 관찰되지 않는 추상적이고 가설적인 심리적 특성(예: 지능, 창의력, 인성, 동기, 자아존중감, 불안 등).

구인타당도(construct validity)

타당도의 한 종류로서 측정하고자 하는 이론적 구인을 검사도구가 실제로 측정하는 정도(구성타당도라고도 함).

구조적 관찰(structured observation)

관찰의 한 유형으로서, 관찰내용과 관찰도구가 사전에 결정되어 있는 관찰.

구조화면접(structured interview)

면접의 한 유형으로서, 미리 준비된 질문목록 순서에 따라 정확하게 질문을 해 나가는 것.

규준(norm)

한 아동의 점수를 비교하고자 하는 규준집단의 점수의 분포(비교단위에 따라 전국규준과 지역규준으로 구분됨).

규준집단(norm group)

한 아동의 점수를 해석하기 위해 사용되는 비교집단(비교집단에는 아동이 포함되어 있거나 포함되어 있지 않음).

규준참조검사(norm-referenced test)

그 검사를 받은 규준집단의 점수의 분포인 규준에 아동의 점수를 비교함으로써 규준집단 내 아동의 상대적 위치에 대한 정보를 제공하는 검사.

규준참조평가(norm-referenced evaluation)

규준이나 그것을 근거로 설정된 기준에 따라 의사결정을 내리는 과정(상대평가라고도 함).

기술통계(descriptive statistics)

수량적 자료를 체계화하고 설명하는 통계.

기저점(basal)

표준화검사에서 그 이하의 모든 문항에는 피검자가 정답(또는 옳은 반응)을 보일 것이라고 가정되는 지점.

기준(standard)

　　해당 특성이 나타나는 정도를 두 단계 이상의 수준으로 구분해 놓은 것(규준 또는 준거를 근거로 설정되므로 상대적이거나 절대적일 수 있음).

내용타당도(content validity)

　　타당도의 한 종류로서 측정하고자 하는 영역을 검사문항이 대표하고 있는 정도.

내적일관성신뢰도(internal consistency reliability)

　　신뢰도의 한 종류로서 검사를 구성하고 있는 부분검사 또는 문항 간의 일관성의 정도.

능력점수(ability scores)

　　일반적으로 평균 100 그리고 표준편차 15(또는 16)를 가지는 표준점수.

능력참조평가(ability-referenced evaluation)

　　아동의 잠재능력에 비추어서 아동의 수행결과에 대한 가치판단을 하는 평가.

대안적 사정(alternative assessment)

　　전통적 사정방법을 지양하는 일련의 사정방법(예: 수행사정, 포트폴리오사정 등)을 총칭하는 용어.

대체사정(alternate assessment)

　　조정(accommodation)에도 불구하고 정규사정에 참여할 수 없는 소수의 특수아동(즉, 장애학생)을 위해 고안된 사정.

대체점수(alternate scores)

　　표준화검사를 수정된 조건에서 실시하여 얻은 점수.

동형검사신뢰도(equivalent form reliability)

　　신뢰도의 한 종류로서 2개의 동형검사를 제작한 뒤 동일한 집단에게 일정한 간격을 두고 실시하여 얻은 점수 간의 일관성의 정도.

등가점수(equivalent scores)

　　발달점수의 한 유형으로서 특정 원점수를 평균수행으로 나타내는 연령 또는 학년.

등간척도(interval scale)

척도의 한 유형으로서 측정대상의 분류와 서열에 관한 정보를 주는 서열척도의 특성을 가지면서 동시에 동간성(동일한 측정단위 간격에 동일한 수적 차이를 부여하는 속성)을 갖는 척도.

면접(interview)

면접자(interviewer)와 피면접자(interviewee) 간의 면대면 대화를 통해 일련의 질문에 대한 반응을 기록함으로써 자료를 수집하는 방법.

명명척도(nominal scale)

척도의 한 유형으로서 측정대상을 구분 · 분류하기 위하여 사용되는 척도.

명확도(specificity)

선별도구가 장애를 가지고 있지 않은 아동을 선별해 내지 않는 정도.

문항내적일관성신뢰도(interitem consistency reliability)

내적일관성신뢰도의 한 유형으로서 개별문항들을 하나의 검사로 간주하였을 때 문항들 간의 일관성의 정도.

민감도(sensitivity)

선별도구가 장애를 실제로 가지고 있는 아동을 선별해 내는 정도.

바닥효과(bottom effect/floor effect)

측정도구가 측정하려는 특성의 하위수준에 속하는 아동들을 변별하지 못하는 현상.

반구조화면접(semistructured interview)

면접의 한 유형으로서, 미리 준비된 질문목록을 사용하되 응답내용에 따라 필요한 추가질문을 하거나 질문순서를 바꾸기도 하면서 질문을 해 나가는 것.

반분신뢰도(split-half reliability)

내적일관성신뢰도의 한 유형으로서 한 번 실시한 검사를 두 부분으로 나누었을 때 두 부분검사 점수 간의 일관성의 정도.

발달점수(developmental scores)

유도점수의 한 유형으로서 아동의 발달정도를 나타내는 점수.

백분위점수(percentile scores)

상대적 위치점수의 한 유형으로서 특정 원점수 이하의 점수를 받은 아동의 백분율.

백분율점수(percentage scores)

변환점수의 한 유형으로서 총 문항수에 대한 정답문항수의 백분율 또는 총점에 대한 획득점수의 백분율.

범위(range)

변산도값의 한 종류로서 관찰된 자료의 양극단 점수 간의 간격.

범주기록(category recording)

평정기록의 한 유형으로서, 연속적으로 기술된 몇 개의 질적 차이가 있는 범주 중 관찰행동을 가장 잘 나타내는 범주를 선택하여 기록하는 것.

벤치마크(benchmark)

수행사정이나 포트폴리오사정에서 아동의 수행을 총체적으로 채점할 때 채점의 일관성을 높이기 위하여 각 수준별로 제공된 표본(sample).

변산도(variability)

자료가 흩어져 있는 정도.

변산도값(measure of variability)

자료가 흩어져 있는 정도를 나타낸 수치.

변환점수(transformed scores)

아동의 수행에 대한 절대적 또는 상대적 해석을 하기 위해 원점수를 변환시킨 점수.

부분간격기록(partial interval recording)

간격기록의 한 유형으로서, 전체관찰시간을 일정한 간격으로 나눈 후 행동이 간격의 어느 한 순간에 한 번이라도 나타났을 때 해당 간격에 행동이 발생했다고 기록하는 것.

부적 상관(negative correlation)

상관의 한 유형으로서 상관계수(r)가 $-1.00 \leq r < 0.00$으로 나타나는 경우.

부적 편포(negatively skewed distribution)

편포의 한 유형으로서 분포의 긴 꼬리부분이 왼쪽, 즉 음의 부호쪽으로 길게 뻗어 있는 분포.

분산(variance)

변산도값의 한 종류로서 편차점수(개별점수 – 평균) 제곱의 평균.

분석적 채점방법(analytic scoring method)

수행사정과 포트폴리오사정에서 사용되는 채점방법의 한 유형으로서 수행의 과정이나 결과를 채점할 때 구성요소, 즉 준거항목들을 선정하여 준거항목별로 채점한 뒤 이 점수들을 총합하여 점수를 산출하는 방법(평정척도방법이라고도 함).

분할점수(cut-score/cut-off score)

피검자들을 몇 단계 집단으로 구분하기 위해서 설정하는 어떤 척도 위의 특정점수.

비공식적 관찰(informal observation)

관찰의 한 유형으로서, 관찰자제작 관찰도구(observer–made observation instrument)를 사용하는 관찰.

비공식적 면접(formal interview)

면접의 한 유형으로서, 면접자제작 면접도구(interviewer–made interview instrument)를 사용하는 면접.

비공식적 사정(informal assessment)

실시 · 채점 · 해석에 대한 엄격한 지침 없이 자료를 수집하는 방법(예: 교사제작 준거참조검사, 비공식적 관찰, 비공식적 면접, 준거참조-교육과정중심사정 등).

비공식적 평가(informal evaluation)

수집된 자료에 근거하여 가치판단을 통하여 비공식적인 교육적 의사결정을 내리는 평가.

비구조적 관찰(unstructured observation)

관찰의 한 유형으로서, 관찰내용과 관찰도구가 사전에 결정되어 있지 않는 관찰.

비구조화면접(unstructured interview)

면접의 한 유형으로서, 특정한 지침 없이 면접자가 많은 재량을 가지고 융통성 있게 질문을 해 나가는 것.

비율척도(ratio scale)

척도의 한 유형으로서 분류, 서열, 동간성의 속성을 지닌 등간척도의 특성을 지니면서 동시에 절대 영점과 가상적 단위를 갖는 척도.

비학업산물기록(nonacademic product recording)

산물기록의 한 유형으로서, 비학업적 행동을 관찰행동으로 하는 산물기록.

빈도기록(frequency recording)

사건기록의 한 유형으로서, 관찰기간 동안 행동이 발생한 횟수를 기록하는 것.

사건기록(event recording)

관찰에서 사용되는 기록방법의 한 종류로서, 관찰기간 동안 지속적으로 관찰하여 관찰행동이 발생할 때마다 그 행동의 어떤 차원을 기록하는 방법(사건표집 또는 사건기반기록이라고도 함).

사건표집(event sampling)

사건기록을 참고할 것.

사전적 정의(dictionary definition)

어떤 용어가 지닌 가장 기본적이고 객관적인 의미.

사정(assessment)

교육적 의사결정에 필요한 자료를 수집하는 과정.

사정방법(assessment method)

평가에 필요한 자료를 수집하기 위하여 사용되는 전략 또는 기법.

산물기록(product recording)

관찰에서 사용되는 기록방법의 한 종류로서, 행동이 낳은 산물(産物)의 개수(number)를 세어 행동발생의 추정치를 기록하는 방법(영구적 산물 기록 또는 결과물 기록이라고도 함).

상관계수(correlation coefficient: r)

상관의 방향과 강도를 나타내는 통계적 수치($-1.00 \leq r \leq +1.00$).

상관(correlation)

두 변인(무게, 길이, 성별, 지능 등과 같이 사물이나 사람을 구별짓는 특성) 간의 관계.

상대적 위치점수(scores of relative standing)

유도점수의 한 유형으로서 아동의 수행수준을 또래집단 내 그 아동의 상대적 위치로 나타내는 점수.

생활연령(chronological age: CA)

출생 이후의 햇수와 달수.

서술기록(narrative recording)

관찰에서 사용되는 기록방법의 한 종류로서, 특정 사건이나 행동의 전모를 이야기하듯 있는 그대로 사실적으로 묘사하는 방법.

서열척도(ordinal scale)

척도의 한 유형으로서 측정대상의 분류에 관한 정보를 주는 명명척도의 특성을 가지면서 동시에 측정대상의 상대적 서열을 표시하기 위하여 사용되는 척도.

선별(screening)

심층평가가 필요한 아동을 식별해 내는 과정.

성장참조평가(growth-referenced evaluation)

아동의 이전 수행에 비추어서 아동의 수행결과에 대한 가치판단을 하는 평가.

수정(modification)

표준화검사에서 피검자가 장애보다는 자신의 능력을 드러낼 수 있도록 하기 위하여 검사자료나 검사과정을 조정 또는 변경하는 것.

수행사정(performance assessment)

과제를 수행하는 과정이나 결과를 통하여 아동의 지식, 태도, 또는 기능에 대한 자료를 수집하는 방법.

순간간격기록(momentary interval recording)

간격기록의 한 유형으로서, 전체관찰시간을 일정한 간격으로 나눈 후 행동이 간격의 한 순간(예: 마지막 순간)에 나타났을 때 해당 간격에 행동이 발생했다고 기록하는 것.

시간표집(time sampling)

간격기록을 참고할 것.

신뢰구간(confidence interval)

획득점수(obtained score)를 중심으로 아동의 진점수(true score)가 포함되는 점수의 범위.

신뢰도(reliability)

반복시행에 따른 검사도구의 일관성(consistency)의 정도(즉, 동일한 검사도구를 반복 실시했을 때 개인의 점수가 일관성 있게 나타나는 정도).

실용도(practicality)

검사도구를 노력, 시간, 비용 등을 얼마나 적게 들이고 사용할 수 있는가의 정도(검사도구의 유용성의 정도를 나타냄).

안면타당도(face validity)

검사문항들이 피검자에게 친숙한 정도.

양적 관찰(quantitative observation)

관찰의 한 유형으로서, 관찰을 통해서 수집된 원자료 그리고/또는 요약된 자료가 양적 자료인 관찰.

양적 자료(quantitative data)

수량적 형태로 제시되거나 요약된 자료(예: 지필검사 점수, 5점척도 점수 등).

연령등가점수(age-equivalent scores)

등가점수의 한 유형으로서 특정 원점수를 평균수행으로 나타내는 연령.

영 상관(zero correlation)

상관의 한 유형으로서 상관계수(r)가 $r=0.00$으로 나타나는 경우.

예측타당도(predictive validity)

준거관련타당도의 한 유형으로서 검사결과가 미래의 행동을 정확하게 예측할 수 있는 정도(예언타당도라고도 함).

왜도(skewness)

자료의 분포가 기울어진 방향과 정도를 나타내는 척도.

원점수(raw scores)

획득점수(obtained scores)라고도 하며 피검자가 옳은 반응을 보였거나 옳은 반응을 보인 것으로 가정되는 문항에 부여된 배점을 합산한 점수.

위양(false positive)

선별에서 부정확한 판단이 내려진 경우의 하나로서 아동이 심층평가로 의뢰되었으나 특수교육이 필요하지 않은 것으로 판별된 경우.

위음(false negative)

선별에서 부정확한 판단이 내려진 경우의 하나로서 아동이 심층평가로 의뢰되지 않았는데 나중에 특수교육이 필요한 아동으로 확인되는 경우.

유도점수(derived scores)

변환점수의 한 유형으로서 점수들 간의 상대적 비교가 가능하도록 원점수를 변환시킨 점수.

의뢰전 중재(prereferral intervention)

일반적으로 학습문제 그리고/또는 행동문제와 관련하여 공식적인 심층평가에 의뢰하기 전에 주로 일반학급에서 실시되는 비공식적 문제해결 과정.

일화기록(anecdotal recording)

서술기록의 한 유형으로서, 특정한 시간이나 장소에 제한 없이 관찰자가 기록할 만한 가치가 있다고 느꼈던 어떤 짧은 내용의 사건, 즉 일화(逸話)에 대한 간략한 서술적 기록.

적부성(eligibility)

특수교육대상자로서의 적격성.

전체간격기록(whole interval recording)

간격기록의 한 유형으로서, 전체관찰시간을 일정한 간격으로 나눈 후 행동이 간격의 처음부터 끝까지 나타났을 때 해당 간격에 행동이 발생했다고 기록하는 것.

전통적 사정(traditional assessment)

표준화검사 혹은 선다형중심의 지필검사를 통하여 아동의 성취수준, 능력, 잠재력 등에 대한 자료를 수집하는 것.

절대척도(absolute scale)

척도의 한 유형으로서 분류, 서열, 동간성의 속성을 지닌 등간척도의 특성을 지니면서 동시에 절대영점과 절대단위를 갖는 척도.

정규곡선등가점수(normal curve equivalent scores: NCE scores)

평균 50 그리고 표준편차 21(정확하게는 21.06)을 가지는 표준점수.

정규분포(normal distribution)

대부분의 점수가 평균 주위에 모여 있으면서 평균 이상과 이하의 점수가 좌우대칭 모양을 갖춘 분포(즉, 평균과 중앙값 그리고 최빈값이 일치하며 좌우대칭이 되는 분포로서 정상분포라고도 함).

정규사정(regular assessment)

통상적으로 실시되는 일반적 사정.

정적 상관(positive correlation)

상관의 한 유형으로서 상관계수(r)가 $0.00 < r \le +1.00$으로 나타나는 경우.

정적 편포(positively skewed distribution)

편포의 한 유형으로서 분포의 긴 꼬리부분이 오른쪽, 즉 양의 부호쪽으로 길게 뻗어 있는 분포.

조작적 정의(operational definition)

어떤 용어를 경험적으로 측정할 수 있는 속성으로 설명한 의미(관찰에서는 관찰행동을 관찰가능하고 구체적인 형태로 표현해 놓은 것을 말함).

준거(criterion)

사전에 설정된 숙달수준(교육평가의 경우에는 교육목표를 달성했다고 인정할 수 있는 정도의 성취수준이 준거가 되고, 어떤 자격증을 부여할 경우에는 해당분야의 업무를 충실히 수행할 수 있다고 공인할 수 있는 정도의 지식 혹은 기술 수준이 준거가 됨).

준거관련타당도(criterion-related validity)

타당도의 한 종류로서 검사도구의 측정결과와 준거가 되는 변인의 측정결과와의 관련 정도.

준거참조검사(criterion-referenced test)

사전에 설정된 숙달수준인 준거에 아동의 점수를 비교함으로써 특정 지식이나 기술에 있어서의 아동의 수준에 대한 정보를 제공하는 검사.

준거참조-교육과정중심사정(criterion-referenced curriculum-based assessment: CR-CBA)

교육과정중심사정의 한 유형으로서 학급수행으로부터 추출된 목표들에 대한 아동의 숙달정도를 측정하는 데에 초점을 두는 방법.

준거참조평가(criterion-referenced evaluation)

준거나 그것을 근거로 설정된 기준에 따라 의사결정을 내리는 과정(절대평가라고도 함).

중앙값(median)

집중경향값의 한 종류로서 자료를 크기 순서대로 배열했을 때 중앙에 위치하게 되는 값.

지속시간기록(duration recording)

사건기록의 한 유형으로서, 관찰기간 동안 행동이 발생할 때마다 행동의 지속시간을 기록하는 것.

지연시간기록(latency recording)

사건기록의 한 유형으로서, 관찰기간 동안 행동일 발생할 때마다 행동의 지연시간을 기록하는 것.

지수점수(quotient scores)

발달점수의 한 유형으로서 비율점수(ratio scores)라고도 하며 생활연령에 대한 등가연령점수의 비율로 추정된 발달률의 추정치.

직접적 관찰(direct observation)

관찰의 한 유형으로서, 관찰자가 중간의 매개물 없이 관찰대상의 행동을 직접 관찰하는 것.

진단(diagnosis)

어떤 상태의 특성과 원인을 파악하는 과정.

질적 관찰(qualitative observation)

관찰의 한 유형으로서, 관찰을 통해서 수집된 원자료 그리고/또는 요약된 자료가 질적 자료인 관찰.

질적 자료(qualitative data)

서술적 형태로 제시되거나 요약된 자료(예: 행동 또는 과제물에 대한 기술적 표현).

집중경향값(measure of central tendency)

자료분포에서 가장 전형적인 수치(중심경향값이라고도 함).

집중경향성(central tendency)

한 집단으로부터 얻은 자료가 어떤 특정값을 중심으로 분포를 형성하는 경향(중심경향성이라고도 함).

참사정(authentic assessment)

실제상황에서 지식이나 기술의 적용능력에 대한 자료를 수집하는 것.

채점기준표(rubric)

수행사정과 포트폴리오사정에서 사용되는 채점지침으로서 준거항목과 다양한 성취수준을 도표화한 것.

채점자간 신뢰도(inter-scorer reliability)

신뢰도의 한 종류로서 두 검사자가 동일 집단의 피검자에게 부여한 점수 간의 일관성의 정도.

척도(scale)

측정에서 사물이나 사람의 특성을 수량화하기 위하여 그 특성에 숫자를 부여할 때 사용하는 체계적인 단위.

척도기록(scale recording)

평정기록의 한 유형으로서, 행동의 정도를 몇 개의 숫자로 표시해 놓은 척도, 즉 숫자척도(numerical scale)에 관찰행동을 가장 잘 나타내는 숫자를 선택하여 기록하는 것.

척도점수(scaled scores)

하위검사 표준점수라고 할 수 있으며 주로 평균 10 그리고 표준편차 3을 가지는 표준점수.

천장효과(ceiling effect)

측정도구가 측정하려는 특성의 상위수준에 속하는 아동들을 변별하지 못하는 현상.

총괄평가(summative evaluation)

일정 단위의 교육프로그램이 실시된 후에 애초에 설정된 프로그램의 성공기준에 비추어 프로그램이 산출한 가치를 판단하기 위해 실시하는 평가.

총체적 채점방법(holistic scoring method)

수행사정이나 포트폴리오사정에서 사용되는 채점방법의 한 유형으로서 수행의 과정이나 결과를 채점할 때 개별적인 요소를 고려하기보다는 전체적으로 판단하여 단일점수를 부여하는 방법.

최고한계점(ceiling)

표준화검사에서 그 이상의 모든 문항에는 피검자가 오답(또는 틀린 반응)을 보일 것이라고 가정되는 지점.

최빈값(mode)

집중경향값의 한 종류로서 자료에서 가장 빈번히 관찰된 최다도수를 갖는 값.

측정(measurement)

양적 또는 수량적 자료를 수집하는 과정.

측정의 표준오차(standard error of measurement: _SEM_)

획득점수(obtained score)를 가지고 진점수(true score)를 추정할 때 생기는 오차의 정도.

타당도(validity)

검사목적에 따른 검사도구의 적합성(appropriateness)의 정도(즉, 검사도구가 측정하고자 하는 능력이나 특성을 실제로 측정하고 있는 정도).

편포(skewed distribution)

정규분포와는 달리 점수의 분포가 한쪽으로 치우친 분포.

평가(evaluation)

수집된 자료에 근거하여 가치판단을 통하여 교육적 의사결정을 내리는 과정.

평균(mean)

집중경향값의 한 종류로서 전체 자료의 값을 모두 더한 다음 전체 자료의 사례수로 나눈 값.

평정기록(rating recording)

관찰에서 사용되는 기록방법의 한 종류로서, 관찰행동을 관찰한 후 사전에 준비된 평정 수단(범주, 척도, 또는 검목표)을 사용하여 행동의 양상, 정도, 또는 유무를 판단해 기록 하는 방법.

평정척도방법(rating scale method)

수행사정과 포트폴리오사정에서 사용되는 채점방법의 한 유형으로서 평정척도(rating scale)를 활용하여 채점기준표를 만들어 채점하는 방법(분석적 채점방법이라고도 함).

포트폴리오(portfolio)

포트폴리오사정에서 아동의 성취를 평가하기 위하여 수집된 아동의 작업집이나 작품집.

포트폴리오사정(portfolio assessment)

아동의 성취를 평가하기 위하여 아동 그리고/또는 교사가 선택한 아동의 작업이나 작품 의 수집에 의존하는 사정방법.

표본기록(specimen recording)

서술기록의 한 유형으로서, 일정한 시간 또는 미리 정해진 활동이 끝날 때까지 사건이 발생한 순서대로 상세하게 이야기식으로 서술하는 기록(진행기록이라고도 함).

표준점수(standard scores)

상대적 위치점수의 한 유형으로서 사전에 결정된 평균과 표준편차를 가지고 정규분포 를 이루도록 변환된 점수들을 총칭하는 용어.

표준편차(standard deviation: SD)

변산도값의 한 종류로서 분산에 제곱근을 취해 구한 값(자료의 모든 값에서 평균을 빼 서 나온 편차점수들을 제곱하여 모두 더한 값을 사례수로 나눈 후 제곱근을 구한 값).

표준화(standardization)

측정과 관련하여 사정도구의 구성요소, 실시과정, 채점방법, 결과해석기법을 엄격히 규 정하는 것.

표준화검사(standardized test)

검사의 구성요소, 실시과정, 채점방법, 결과해석기법을 엄격히 규정하는 과정, 즉 표준 화 과정을 거쳐 제작된 검사.

표준화된 사정도구(standardized assessment instrument)

표준화 과정을 거쳐 제작된 사정도구(사정방법의 종류에 따라 표준화검사라고도 하는 표준화된 검사도구, 표준화된 관찰도구, 표준화된 면접도구 등으로 구분됨).

학년등가점수(grade-equivalent scores)

등가점수의 한 유형으로서 특정 원점수를 평균수행으로 나타내는 학년.

학업산물기록(academic product recording)

산물기록의 한 유형으로서, 학업적 행동을 관찰행동으로 하는 산물기록.

형성평가(formative evaluation)

교수·학습이 진행되는 과정에서 아동의 진전을 점검하고 필요한 경우 교과과정이나 수업방법을 개선시키기 위해 실시하는 평가.

ABC기록(ABC recording)

서술기록의 한 유형으로서, 관심을 두는 행동이 잘 발생할 만한 상황에서 일정한 시간 동안 관찰하면서 해당 행동이 발생할 때마다 그 행동(B: behavior)을 중심으로 행동이 발생하기 직전의 사건인 선행사건(A: antecedent)과 행동이 발생한 직후의 사건인 후속 사건(C: consequence)을 시간의 흐름에 따라 사실적으로 서술하는 기록.

T점수(T-scores)

평균 50 그리고 표준편차 10을 가진 표준점수.

z점수(z-scores)

평균 0 그리고 표준편차 1을 가진 표준점수.

참고문헌

강대일, 정창규(2018). 과정중심평가란 무엇인가. 서울: ㈜에듀니티.

강위영, 윤치연(2004). 한국 자폐증 진단검사(K-ADS). 부산: 테스피아.

곽금주, 장승민(2019). 한국 웩슬러 아동지능검사-5판(K-WISC-V). 서울: 인싸이트.

교육부, 한국교육과정평가원(2017a). 과정을 중시하는 수행평가 어떻게 할까요?-중등(한국교육과정평가원 연구자료 ORM 2017-19-2). 충북 진천: 한국교육과정평가원.

교육부, 한국교육과정평가원(2017b). 과정을 중시하는 수행평가 어떻게 할까요?-초등(한국교육과정평가원 연구자료 ORM 2017-19-1). 충북 진천: 한국교육과정평가원.

교육인적자원부(2007). 장애인 등에 대한 특수교육법. 서울: 저자.

국립국어원(1999). 표준국어대사전. 서울: 저자.

김규리, 이승희(2010). 특수학교 기본교육과정의 전통적 평가와 수행평가 비교연구: 과학과를 중심으로. 특수교육학연구, 45(1), 81-107.

김동일(2006). 기초학습기능 수행평가체제-수학검사(BASA-Math). 서울: 인싸이트.

김동일(2008a). 기초학습기능 수행평가체제-쓰기검사(BASA-Written Expression). 서울: 인싸이트.

김동일(2008b). 기초학습기능 수행평가체제-읽기검사(2판)(BASA-Reading-II). 서울: 인싸이트.

김동일(2011). 기초학습기능 수행평가체제-초기수학(BASA-Early Numeracy). 서울: 인싸이트.

김동일(2012). 학습장애 선별검사(LDST). 서울: 인싸이트.

김동일(2019). 기초학습기능 수행평가체제-읽기이해(BASA-RC). 서울: 인싸이트.

김동일(2021). 기초학습능력종합검사(BASA-CT). 서울: 인싸이트.

김동일, 박희찬, 김정일(2017). 지역사회적응검사-2판(CISA-2). 서울: 인싸이트.

김석우, 원효헌, 김경수, 김윤용, 구경호, 장재혁(2021). 교육평가의 이론과 실제. 서울: 학지사.

김선영, 김영욱(2004). CBM을 활용한 청각장애 학생의 쓰기 표현 평가. 특수교육학연구, 39(1), 97-120.

김승국, 김옥기(1985). 사회성숙도검사. 서울: 중앙적성출판사.

김애화, 김의정, 김재철(2022). 중·고등학생을 위한 읽기 및 쓰기 검사(RWT). 서울: 인싸이트.

김애화, 김의정, 유현실(2020). 쓰기 성취 및 쓰기 인지처리능력 검사(WA-WCP). 서울: 인싸이트.

김애화, 김의정, 유현실(2023). 사회적 기술 및 문제행동 검사(SS-PB). 서울: 인싸이트.

김애화, 김의정, 황민아, 유현실(2014). 읽기 성취 및 읽기 인지처리능력 검사(RA-RCP). 서울: 인싸이트.

김영욱, 김원경, 박화문, 석동일, 윤점룡, 정재권, 정정진, 조인수(2005). 특수교육학(제3판). 경기 파주: 교육과학사.

김영종(2007). 사회복지조사론: 이해와 활용. 서울: 학지사.

김영태, 김경희, 윤혜련, 김화수(2003). 영·유아 언어발달 검사(SELSI): 전문가용. 서울: 도서출판 특수교육.

김영태, 성태제, 이윤경(2003). 취학전 아동의 수용언어 및 표현언어 발달척도(PRES). 서울: 서울장애인종합복지관.

김영태, 신문자, 김수진, 하지완(2020). 우리말조음음운검사2(UTAP2). 서울: 인싸이트.

김영태, 홍경훈, 김경희, 장혜성, 이주연(2009). 수용·표현 어휘력 검사(REVT). 서울: 서울장애인종합복지관.

김영환, 김지혜, 오상우, 이수정, 조은경, 홍상황(2006). 청소년 성격평가 질문지(PAI-A). 서울: 인싸이트.

김은영, 김슬기, 김미선, 정윤화, 지석연, 배대석(2021). 한국판 감각프로파일2(K-SP2). 대구: 한국심리주식회사.

김정권 편역(1987). 교육진단검사. 서울: 도서출판 특수교육.

김정미(2021). 한국판 아동발달검사(K-CDI). 서울: 인싸이트.

김정미(2023). 영아발달검사(K-CDI infant). 서울: 인싸이트.

김정미, 신희선(2010). 한국판 아동발달검사-2판(K-CDI). 서울: 인싸이트.

김정민, 강태욱, 남궁지영(2007). 한국판 시지각기능검사(K-TVPS-R). 서울: 도서출판 특수교육.

김지혜, 이은호, 홍상황, 황순택(2021). 한국어판 아동불안척도-2판(K-RCMAS-2). 서울: 인싸이트.

김지혜, 이은호, 황순택, 홍상황(2019). 한국어판 아동우울척도-2판(K-CDI-2). 서울: 인싸이트.

김지혜, 조선미, 홍창희, 황순택(2005). 한국아동인성평정척도(KPRC). 서울: 한국가이던스.

김태련, 박랑규(2005). 심리교육 프로파일(PEP-R). 서울: 도서출판 특수교육.

김향희, 나덕렬(1997). 한국판 보스톤이름대기검사(K-BNT). 서울: 인싸이트.

김향희, 나덕렬(2007). 아동용 한국판 보스톤이름대기검사(K-BNT-C). 서울: 인싸이트.

남명호, 김성숙, 지은림(2000). 수행평가: 이해와 적용. 서울: 문음사.

대한소아과학회(2017). 한국 영유아 발달선별검사-개정판(K-DST). 충북 청주: 질병관리본부.

문수백(2014). 한국판 KABC-II. 서울: 인싸이트

문수백(2016). 한국판 아동 시지각발달검사-3(K-DTVP-3). 서울: 인싸이트.

문수백(2020). 한국판 카우프만 간편지능검사 2(한국판 KBIT2). 서울: 인싸이트.

문수백, 이영재, 여광응, 조석희(2007). 종합인지기능 진단검사(CAS). 서울: 인싸이트.

박경숙, 김계옥, 송영준, 정동영, 정인숙(2005). KISE 기초학력검사(KISE-BAAT). 경기 안산: 국립특수교육원.

박경숙, 정동영, 정인숙(2002). KISE 한국형 개인지능검사(KISE-KIT). 경기 파주: 교육과학사.

박규리, 유희정, 조인희, 조숙환, 이미선, 곽영숙, . . . 김붕년(2014). 자폐증 진단 면담지-개정판(ADI-R). 서울: 인싸이트.

박지현, 진경애, 김수진, 이상아(2018). 과정 중심 평가 내실화를 위한 교사의 평가 전문성 신장 방안 연구(한국교육과정평가원 연구보고 PRE 2018-5). 충북 진천: 한국교육과정평가원.

박혜원(2014). 한국 비언어 지능검사-2판(K-CTONI-2). 서울: 마인드프레스.

박혜원, 이경옥, 안동현(2016). 한국 웩슬러 유아지능검사-4판(K-WPPSI-IV). 서울: 인싸이트.

방희정, 남민, 이순행(2019). 한국형 베일리 영유아 발달검사(K-Bayley-III). 서울: 인싸이트.

배소영, 곽금주(2011). 한국판 맥아더-베이츠 의사소통발달 평가(K M-B CDI). 서울: 마인드프레스.

배소영, 윤효진, 설아영(2017). 한국판 영유아 언어 및 의사소통 발달검사(K-SNAP). 서울: 인싸이트.

배소영, 임선숙, 이지희(2000). 언어문제 해결력 검사. 서울: 서울장애인종합복지관.

배소영, 임선숙, 이지희, 장혜성(2004). 구문의미 이해력 검사. 서울: 서울장애인종합복지관.

배호순(2000). 수행평가의 이론적 기초. 서울: 학지사.

백순근 편(1999). 중학교 각 교과별 수행평가의 이론과 실제. 서울: 원미사.

백은희, 이병인, 조수제(2007). 한국판 적응행동검사(K-SIB-R). 서울: 인싸이트.

서경희, 윤점룡, 윤치연, 이상복, 이상훈, 이효신(2003). 발달장애의 진단과 평가(제2판). 경북 경산: 대구대학교출판부.

서소정, 하지영(2023). 한국영아발달검사(KIDS). 서울: 인싸이트.

서효정, 전병운, 임경원(2021). 한국판 아동용 지원정도척도(K-SIS-C). 서울: 인싸이트.

석동일, 박상희, 신혜정, 박희정(2008). 한국어 표준 그림 조음음운 검사(KS-PAPT). 서울: 인싸이트.

성미영, 전가일, 정현심, 김유미, 정하나(2017). 아동관찰 및 행동연구. 서울: 학지사.

성태제(1994). 논술형 고사와 예체능계 실기고사를 위한 채점자간 신뢰도 추정. 교육평가연구, 7(1), 126-130.

성태제(2005). 교육연구방법의 이해(개정판). 서울: 학지사.

성태제(2010). 현대교육평가(3판). 서울: 학지사.

성태제(2016). 교육연구방법의 이해(제4판). 서울: 학지사.

신명선, 김효정, 장현진(2022). 한국 아동 말더듬 검사(KOCS). 서울: 인싸이트.

신문자, 김영태, 정부자, 김재옥(2011). 한국 아동 토큰검사-2판(K-TTFC-2). 서울: 인싸이트.

신민섭, 조수철(2010). 한국판 라이터 비언어성 지능검사-개정판(K-Leiter-R). 서울: 인싸이트.

신민섭, 조수철, 홍강의(2007). 한국판 학습장애 평가 척도(K-LDES). 서울: 인싸이트.

신희선, 한경자, 오가실, 오진주, 하미나(2002). 한국형 Denver II. 서울: 현문사.

심현섭, 신문자, 이은주(2010). 파라다이스-유창성검사-II(P-FA-II). 서울: 파라다이스복지재단.

양명희, 임유경(2014). 유아 행동 관찰 및 평가. 서울: 학지사.

양옥승(1997). 유아교육 연구방법. 경기 파주: 양서원.

오경자, 김영아(2009). 한국판 유아행동평가척도(K-CBCL 1.5-5). 서울: 휴노.

오경자, 김영아(2011). 한국판 아동·청소년 행동평가척도(K-ASEBA). 서울: 휴노.

오현숙(2002). FAIR 주의집중력검사. 서울: 중앙적성출판사.

오현숙(2018). FACT-II 개인적응형 주의력 검사. 서울: 인싸이트.

유영식(2017). 과정중심평가. 서울: ㈜테크빌교육.

유희정(2008). 사회적 의사소통 설문지(SCQ). 서울: 인싸이트.

유희정, 봉귀영, 곽영숙, 이미선, 조숙환, 김붕년, . . . 김소윤(2017). 자폐증 진단 관찰 스케줄-2(ADOS-2). 서울: 인싸이트.

유희정, 봉귀영, 이경숙, 정석진, 선우현정, 장정윤, . . . 홍유화(2022a). 걸음마기 아동 행동 발달 선별 척도-놀이(BeDevel-P). 서울: 인싸이트.

유희정, 봉귀영, 이경숙, 정석진, 선우현정, 장정윤, . . . 홍유화(2022b). 걸음마기 아동 행동 발달 선별 척도-면담(BeDevel-I). 서울: 인싸이트.

이경화, 강현영, 고은성, 이동환, 신보미, 이환철, 김선희(2016). 과정 중심 평가의 실행을 위한 방향 탐색. 수학교육학연구, 26(4), 819-834.

이상복, 윤치연(2004). 한국 주의력결핍·과잉행동장애 진단검사(K-ADHDDS). 부산: 테스피아.

이소현, 박은혜(2006). 특수아동교육(제2판). 서울: 학지사.

이소현, 윤선아, 신민섭(2019). 한국판 아동기 자폐 평정 척도-2(K-CARS-2). 서울: 인싸이트.

이승희(2010). 국가수준학업성취도평가를 위한 장애학생의 대체사정에 대한 고찰: 미국의 관련 연방법을 중심으로. 특수교육학연구, 45(3), 189-210.

이승희(2015). 자폐스펙트럼장애의 이해(제2판). 서울: 학지사.

이승희(2017). 정서행동장애개론. 서울: 학지사.

이승희(2021). 장애아동관찰. 서울: 학지사.

이영철, 문현미, 허계형, 정갑순 공역(2008). 영유아를 위한 사정, 평가 및 프로그램 체계(AEPS): Vol. 3. 출생에서 3세 영유아를 위한 교육과정. 서울: 핑키밍키.

이영철, 허계형, 이상복, 정갑순 공역(2005). 영유아를 위한 사정, 평가 및 프로그램 체계(AEPS): Vol. 1. 지침서. 서울: 핑키밍키.

이윤경, 허현숙, 장승민(2015). 학령기 아동 언어 검사(LSSC). 서울: 인싸이트.

이은정, 이소현(2005). 통합교육 현장의 장애 학생을 위한 기준중심 수행평가 방안: 루브릭(rubric)의 고안 및 실행을 중심으로. 특수교육학연구, 40(1), 153-178.

이은해(1995). 아동연구방법. 서울: 교문사.

이종승(2009). 현대교육평가. 경기 파주: 교육과학사.

이해경(2010). 청소년행동평가척도-교사용(ABAS-T). 서울: 인싸이트.

이해경(2012). 청소년행동평가척도-부모용(ABAS-P). 서울: 인싸이트.

이해경, 신현숙, 이경성(2008). 청소년행동평가척도-청소년용(ABAS-S). 서울: 인싸이트.

임규혁, 임웅(2007). 교육심리학(제2판). 서울: 학지사.

임종헌, 최원석(2018). '과정 중심 평가'의 특징과 의미에 관한 연구: 자유학기제 '과정 중심 평가'를 중심으로. 한국교육, 45(3), 31-59.

임호찬 편저(2004a). 한국판 레이븐 지능검사: 일반지침서. 서울: 한국가이던스.

임호찬 편저(2004b). 한국판 레이븐 지능검사: CPM 지침서. 서울: 한국가이던스.

장혜성, 서소정, 하지영(2011). 영아선별 · 교육진단검사(DEP). 서울: 인싸이트.

장혜성, 임선숙, 백현정(1994). 문장이해력검사. 서울: 서울장애인종합복지관.

장휘숙(1998). 아동연구방법. 서울: 창지사.

전남련, 김인자, 백향기, 황연옥(2016). 아동관찰 및 행동연구(개정판). 경기 파주: 양서원.

전병운, 조광순, 이기현, 이은상, 임재택(2004). 한국판 DIAL-3. 서울: 도서출판 특수교육.

전현욱, 이형연(2019). 과정중심평가 수행 방식에 관한 문화기술적 사례연구. 학습자중심교과교육연구, 19(8), 123-154.

정경미(2017). 덴버모델 발달 체크리스트. 서울: 인싸이트.

정구향, 김경희, 김재철, 반재천, 민경석(2004). 2003년 국가수준 학업성취도 평가 연구-총론. 한국교육과정평가원, 연구보고 RRE 2004-4-1-1.

정인숙, 강영택, 김계옥, 박경숙, 정동영(2003). KISE 적응행동검사(KISE-SAB). 경기 안산: 국립특수교육원.

조용태(2011). 한국판 시지각 발달검사-청소년용(K-DTVP-A). 서울: 인싸이트.

조은희, 전병진(2009). 감각통합 가정프로그램이 발달지연 아동의 감각처리능력과 일상생활 수행능력에 미치는 영향. 대한작업치료학회지, 17(1), 63-75.

진미영, 박지연(2017). 한국판 정서행동문제 검사-2판(K-SAED-2). 서울: 인싸이트.

채서일(2009). 사회과학조사방법론(제3판). 서울: 비앤엠북스.

최무연(2024). 교육과정 수업 평가, 수업을 디자인하다. 경기 파주: 행복한미래.

최성규(2002). 한국표준수용어휘력검사. 대구: 한국언어치료학회.

한경화, 김새봄, 정명철, 정혜원, 김영미, 김혜리(2019). 특수교육 과정 중심 평가. 경기 파주: 교육과학사.

한국교육평가학회 편저(2004). 교육평가 용어사전. 서울: 학지사.

허계형, 이영철, 정갑순, 이상복 공역(2005). 영유아를 위한 사정, 평가 및 프로그램 체계(AEPS): Vol. 2. 검사도구. 서울: 핑키밍키.

허계형, 정갑순, 이영철, 문현미 공역(2008). 영유아를 위한 사정, 평가 및 프로그램 체계(AEPS):

Vol. 4. 3세에서 6세 영유아를 위한 교육과정. 서울: 핑키밍키.

허계형, Jane Squires, 이소영, 이준석(2006). 한국판 ASQ(K-ASQ). 서울: 서울장애인종합복지관.

홍상황, 김지혜, 안이환, 조선미, 홍창희, 황순택, 한태희(2009). 한국 아동ㆍ청소년 인성평정척
도-교사평정용(KPRC-T). 서울: 인싸이트.

황순택, 김영환, 권해수, 김지혜, 박은영, 박중규, . . . 홍상황(2019). 청소년 성격평가질문지(증
보판). 서울: 인싸이트.

황순택, 김지혜, 조선미, 홍창희, 안이환, 한태희, 홍상황(2020). 한국 아동ㆍ청소년 인성평정척
도-자기보고용(KPRC-S). 서울: 인싸이트.

황순택, 김지혜, 홍상황(2018). 한국판 바인랜드 적응행동척도-2판(K-Vineland-II). 대구: 한국심
리주식회사.

황정규, 서민원, 최종근, 김민성, 양명희, 김재철, . . . 김동일(2016). 교육평가의 이해(2판). 서
울: 학지사.

황해익(2000). 유아교육평가. 경기 파주: 양서원

Achenbach, T. M., & Rescorla, L. A. (2000). *Manual for the ASEBA Preschool Forms and
profiles*. Burlington, VT: University of Vermont, Department of Psychiatry.

Achenbach, T. M., & Rescorla, L. A. (2001). *Manual for the ASEBA School-Age Forms and
profiles*. Burlington, VT: University of Vermont, Department of Psychiatry.

Alberto, P. A., & Troutman, A. C. (2013). *Applied behavior analysis for teachers* (9th ed.).
Upper Saddle Rover, NJ: Pearson Education, Inc.

Alessi, G. (1988). Direct observation methods for emotional/behavior problems. In E. S.
Shapiro & T. R. Kratochwill (Eds.), *Behavioral assessment in schools: Conceptual
foundations and practical applications* (pp. 14-75). New York, NY: Guilford Press.

Allinder, R. M., Fuchs, L. S., & Fuchs, D. (1998). Curriculum-based measurement. In H.
B. Vance (Ed.), *Psychological assessment of children: Best practices for school and
clinical settings* (2nd ed., pp. 106-129). New York, NY: John Wiley & Sons.

Ambrosini, P., & Dixon, J. F. (1996). *Schedule for Affective Disorders & Schizophrenia for
School-Age Children (K-SADS-IVR)*. Philadelphia, PA: Allegheny University of the
Health Sciences.

American Association on Intellectual and Developmental Disabilities. (2010). *Intellectual
disability: Definition, classification, and systems of supports* (11th ed.). Washington,
DC: Author.

American Educational Research Association, American Psychological Association, &
National Council on Measurement in Education. (1974). *Standards for educational*

and psychological testing. Washington, DC: American Psychological Association.

American Educational Research Association, American Psychological Association, & National Council on Measurement in Education. (1999). *Standards for educational and psychological testing.* Washington, DC: American Educational Research Association.

American Psychiatric Association. (2000). *Diagnostic and statistical manual of mental disorders* (4th ed., text rev.). Washington, DC: Author.

American Psychiatric Association. (2013). *Diagnostic and statistical manual of mental disorders* (5th ed.). Arlington, VA: Author.

American Psychiatric Association. (2022). *Diagnostic and statistical manual of mental disorders* (5th ed., text rev.). Washington, DC: Author.

American Speech-Language-Hearing Association. (1993). Definitions of communication disorders and variations. *ASHA, 35* (Suppl. 10), 40-41.

Angold, A., Cox, A., Rutter, M., & Simonoff, E. (1996). *Child and Adolescent Psychiatric Assessment (CAPA): Version 4.2-Child Version.* Durham, NC: Duke Medical Center.

Ayres, A. J. (1979). *Sensory integration and the child.* Los Angeles, CA: Western Psychological Services.

Babbie, E. (1998). *The practice of social research.* Belmont, CA: Wadsworth.

Bailey, D. B., Jens, K. G., & Johnson, N. (1983). Curricular for handicapped infants. In S. G. Garwood & R. R. Fewell (Eds.), *Educating handicapped infants: Issues in development and intervention* (pp. 387-415). Rockville, MD: Aspen Publication.

Bailey, J. S. (1977). *Handbook of research methods in applied behavior analysis.* Tallahassee, FL: Copy Grafix.

Bayley, N. (2005). *Bayley Scales of Infant and Toddler Development-Third Edition.* Bloomington, MN: NCS Pearson, Inc.

Bellack, A. S., & Hersen, M. (1980). *Introduction to clinical psychology.* New York, NY: Oxford University Press.

Benner, S. M. (2003). *Assessment of young children with special needs: A context-based approach.* Clifton, NY: Delmar Learning.

Bierman, K. L. (1983). Cognitive development and clinical interviews with children. In B. B. Lahey & A. E. Kazdin (Eds.), *Advances in clinical child psychology* (Vol. 6, pp. 217-250). New York, NY: Plenum Press.

Bierman, K. L. (1990). Using the clinical interview to assess children's interpersonal reasoning and emotional understanding. In C. R. Reynolds & R. W. Kamphaus

(Eds.), *Handbook of psychological and educational assessment of children: Personality, behavior, and context* (pp. 204-219). New York, NY: Guilford Press.

Blankenship, C. S. (1985). Using curriculum-based assessment data to make instructional decisions. *Exceptional Children, 52*(3), 233-238.

Boehm, A. E., & Weinberg, R. A. (1997). *The classroom observer: Developing observation skills in early childhood settings* (3rd ed.). New York, NY: Teachers College Press.

Bricker, D., Capt, B., Johnson, J. J., McComas, N., Pretti-Frontczak, K., & Waddell, M. (2002). *Assessment, Evaluation, and Programming System for Infants and Children-Second Edition: Vol. 3. Curriculum for Birth to Three Years.* Baltimore, MD: Paul H. Brookes.

Bricker, D., Pretti-Frontczak, K., Johnson, J. J., & Straka, E. (2002). *Assessment, Evaluation, and Programming System for Infants and Children-Second Edition: Vol. 1. Administration Guide.* Baltimore, MD: Paul H. Brookes.

Brigance, A. H. (2004). *Brigance Diagnostic Inventory of Early Development-Second Edition.* N. Billerica, MA: Curriculum Associates.

Bruininks, R. H., Woodcock, R. W., Weatherman, R. E., & Hill, B. K. (1996). *Scales of Independent Behavior-Revised.* Itasca, IL: Riverside Publishing.

Campbell, D. T. (1960). Recommendations for APA test standards regarding construct, trait, or discriminant validity. *American Psychologist, 15*(8), 546-553.

Canino, I. A. (1985). Taking a history. In D. Shaffer, A. A. Ehrhardt, & L. L. Greenhill (Eds.), *The clinical guide to child psychiatry* (pp. 393-408). New York, NY: Free Press.

Capt, B., Johnson, J. J., McComas, N., Pretti-Frontczak, K., & Bricker, D. (2002a). *Assessment, Evaluation, and Programming System for Infants and Children-Second Edition: Vol. 2. Test for Birth to Three Years and Three to Six Years.* Baltimore, MD: Paul H. Brookes.

Capt, B., Johnson, J. J., McComas, N., Pretti-Frontczak, K., & Bricker, D. (2002b). *Assessment, Evaluation, and Programming System for Infants and Children-Second Edition: Vol. 4. Curriculum for Three to Six Years.* Baltimore, MD: Paul H. Brookes.

Carter, A., Volkmar, F., Sparrow, S., Wang, J., Lord, C., Dawson, G., . . . Schopler, E. (1998). The Vineland Adaptive Behavior Scales: Supplementary norms for individuals with autism. *Journal of Autism and Developmental Disorders, 28*(4), 287-302.

Chen, Y., & Martin, M. A. (2000). Using performance assessment and portfolio assessment together in the elementary classroom. *Reading Improvement, 37*(1), 32-38.

Cohen, J. (1960). A coefficient of agreement for nominal scales. *Educational and Psychological Measurement, 20*(1), 37-46.

Cohen, J. (1968). Weighted kappa: Nominal scale agreement with provision for scaled disagreement or partial credit. *Psychological Bulletin, 70*(4), 213-220.

Cohen, L. G. (1990). Development of a curriculum-based assessment instrument. In L. G. Cohen & J. A. Spruill (Eds.), *A practical guide to curriculum-based assessment for special educators* (pp. 75-90). Springfield, IL: Charles C. Thomas Publisher.

Cohen, L. G., & Spence, S. (1990). Methods of implementation. In L. G. Cohen & J. A. Spruill (Eds.), *A practical guide to curriculum-based assessment for special educators* (pp. 15-23). Springfield, IL: Charles C. Thomas Publisher.

Cohen, L. G., & Spenciner, L. J. (2007). *Assessment of children and youth with special needs* (3rd ed.). Boston, MA: Allyn and Bacon.

Cooper, J. O., Heron, T. E., & Heward, W. L. (2007). *Applied behavior analysis* (2nd ed.). Upper Saddle River, NJ: Pearson Education, Inc.

Cortiella, C. (2006). *NCLB and IDEA: What parents of students with disabilities need to know and do.* Minneapolis, MN: University of Minnesota, National Center on Educational Outcomes.

Coutinho, M., & Malouf, D. (1993). Performance assessment and children with disabilities: Issues and possibilities. *Teaching Exceptional Children, 25*(4), 62-67.

Cronbach, L. J. (1951). Coefficient alpha and the internal structure of tests. *Psychometrika, 16*(3), 297-334.

Das, J. P., Naglieri, J. A., & Kirby, J. R. (1994). *Assessment of cognitive processes: The PASS theory of intelligence.* Boston, MA: Allyn and Bacon.

Deno, S. L. (1985). Curriculum-based measurement: The emerging alternative. *Exceptional Children, 52*(3), 219-232.

Deno, S. L. (1989). Curriculum-based measurement and special education services: A fundamental and direct relationship. In M. R. Shinn (Ed.), *Curriculum-based measurement: Assessing special children* (pp. 1-17). New York, NY: Guilford Press.

Deno, S. L., Fuchs, L. S., Marston, D. B., & Shin, J. (2001). Using curriculum-based measurement to establish growth standards for students with learning disabilities. *School Psychology Review, 30*(4), 507-524.

Doll, E. A. (1965). *Vineland Social Maturity Scale.* Circle Pines, MN: American Guidance Service.

Dunn, W. (2014). *Sensory Profile-Second Edition.* Bloomington, MN: NCS Pearson, Inc.

Edelbrock, C. S., & Costello, A. J. (1988). Structured psychiatric interviews for children. In M. Rutter, A. H. Tuma, & I. Lann (Eds.), *Assessment diagnosis in child psychopathology* (pp. 87-112). New York, NY: Guilford Press.

Edelbrock, C. S., Costello, A. J., Dulcan, M. K., Conover, N. C., & Kalas, R. (1986). Parent-child agreement on child psychiatric symptoms assessed via structured interview. *Journal of Child Psychology and Psychiatry*, *27*(2), 181-190.

Edelbrock, C. S., Costello, A. J., Dulcan, M. K., Kalas, R, & Conover, N. C. (1985). Age differences in the reliability of the psychiatric interview of the child. *Child Development*, *56*(1), 265-275.

Elliott, S. N. (1992). Authentic assessment: An introduction to a neobehavioral approach to classroom assessment. *School Psychology Quarterly*, *6*(4), 273-278.

Epstein, M. H., & Cullinan, D. (2010). *Scales for Assessing Emotional Disturbance-Second Edition*. Austin, TX: Pro-Ed.

Erickson, R., Ysseldyke, J. E., Thurlow, M., & Elliott, J. (1998). Inclusive assessments and accountability systems. *Teaching Exceptional Children*, *31*(2), 4-9.

Farr, R., & Tone, B. (1998). *Portfolio and performance assessment: Helping students evaluate their progress as readers and writers* (2nd ed.). Fort Worth, TX: Harcourt Brace College Publishers.

Fenson, L., Marchman, V. A., Thal, D. J., Dale, P. S., Bates, E., & Reznick, J. S. (2007). *MacArthur-Bates Communicative Development Inventories-Second Edition*. Baltimore, MD: Paul H. Brookes.

Fewster, S., & Macmillan, P. D. (2002). School-based evidence for the validity of curriculum-based measurement of reading and writing. *Remedial and Special Education*, *23*(3), 149-156.

Frankenburg, W. K., Dodds, J., Archer, P., Bresnick, B., Maschka, P., Edelman, N., & Shapiro, M. (1990). *Denver Developmental Screening Test-II*. Denver, CO: Denver Developmental Materials.

Fuchs, D., Fuchs, L. S., Benowitz, S., & Barringer, K. (1987). Norm-referenced tests: Are they valid for use with handicapped students? *Exceptional Children*, *54*(3), 263-271.

Fuchs, L. S. (1989). Evaluating solutions: Monitoring progress and revising intervention plans. In M. R. Shinn (Ed.), *Curriculum-based measurement: Assessing special children* (pp. 153-181). New York, NY: Guilford Press.

Fuchs, L. S. (1994). *Connecting performance assessment to instruction*. Reston, VA: Council for Exceptional Children.

Fuchs, L. S., & Deno, S. L. (1992). Effects of curriculum within curriculum-based measurement. *Exceptional Children*, *58*(3), 232-243.

Fuchs, L. S., & Fuchs, D. (1996). Combining performance assessment and curriculum-based measurement to strengthen instructional planning. *Learning Disabilities Research & Practice*, *11*(3), 183-192.

Fuchs, L. S., & Fuchs, D. (2000). Analogue assessment of academic skills: Curriculum-based measurement and performance assessment. In E. S. Shapiro & T. R. Kratochwill (Eds.), *Behavioral assessment in schools: Theory, research, and clinical foundations* (2nd ed., pp. 168-201). New York, NY: Guilford Press.

Fuchs, L. S., Fuchs, D., & Deno, S. L. (1985). Importance of goal ambitiousness and goal mastery to student achievement. *Exceptional Children*, *52*(1), 63-71.

Fuchs, L. S., Fuchs, D., & Hamlett, C. L. (1989). Effects of alternative goal structures within curriculum-based measurement. *Exceptional Children*, *55*(5), 429-438.

Fuchs, L. S., Fuchs, D., Hamlett, C. L., & Stecker, P. M. (1991). Effects of curriculum-based measurement and consultation on teacher planning and student achievement in mathematics operations. *American Educational Research Journal*, *28*(3), 617-641.

Fuchs, L. S., Fuchs, D., Hamlett, C. L., Walz, L., & Germann, G. (1993). Formative evaluation of academic progress: How much growth can we expect? *School Psychology Review*, *22*(1), 27-48.

Gardner, M. F. (1997). *Test of Visual-Perceptual Skills(non-motor)-Revised (TVPS-R)*. Novato, CA: Academic Therapy Publications.

Gickling, E. E., & Thompson, V. P. (1985). A personal view of curriculum-based assessment. *Exceptional Children*, *52*(3), 205-218.

Gilkerson, J., & Richards, J. A. (2008). The LENA developmental snapshot. *LENA Technical Report*. 1-7.

Gilliam, J. E. (1995a). *Attention-Deficit/Hyperactivity Disorder Test (ADHDT)*. Austin, TX: Pro-Ed.

Gilliam, J. E. (1995b). *Gilliam Autism Rating Scale (GARS)*. Austin, TX: Pro-Ed.

Gilliam, J. E. (2006). *Gilliam Autism Rating Scale-Second Edition (GARS-2)*. Austin, TX: Pro-Ed.

Gredler, G. R. (2000). Early childhood screening for developmental and educational problems. In B. A. Bracken (Ed.), *The psychoeducational assessment of preschool children* (3rd ed., pp. 399-411). Needham Heights, MA: Allyn and Bacon.

Gronlund, N. E. (2003). *Assessment of student achievement* (7th ed.). Boston, MA: Allyn and Bacon.

Gronlund, N. E., & Linn, R. L. (1990). *Measurement and evaluation in teaching* (6th ed.). New York, NY: Macmillan.

Gullo, D. F. (2005). *Understanding assessment and evaluation in early childhood education* (2nd ed.). New York, NY: Teachers College Press.

Hammill, D. D., & Newcomer, P. L. (1997). *Test of Language Development-Intermediate: Third Edition*. Austin, TX: Pro-Ed.

Hammill, D. D., Pearson, N. A., & Voress, J. K. (2013). *Developmental Test of Visual Perception-Third Edition*. Austin, TX: Pro-Ed.

Hammill, D. D., Pearson, N. A., & Wiederholt, J. L. (2009). *Comprehensive Test of Nonverbal Intelligence-Second Edition*. Austin, TX: Pro-Ed.

Hargis, C. H. (2005). Curriculum-based assessment: A primer (3rd ed.). Springfield, IL: Charles C. Thomas Publisher.

Harris, M. B., & Curran, C. M. (1998). Knowledge, attitudes, and concerns about portfolio assessment: An exploratory study. *Teacher Education and Special Education, 21*(2), 83-94.

Herman, J. L., Aschbacher, P. R., & Winters, L. (1992). *A practical guide to alternative assessment*. Alexandria, VA: Association for Supervision and Curriculum Development.

Heward, W. L. (2006). *Exceptional children: An introduction to special education* (8th ed.). Upper Saddle River, NJ: Pearson Education.

Hodges, K. (1997). *Child Adolescent Schedule (CAS)*. Ypsilanti, MI: Eastern Michigan University.

Hoge, R. D. (1985). The validity of direct observation measures of pupil classroom behavior. *Review of Educational Research, 55*(4), 469-483.

Hopkins, K. D. (1998). *Educational and psychological measurement and evaluation* (8th ed.). Needham Heights, MA: Allyn and Bacon.

Hosp, M. K., Hosp, J. L., & Howell, K. W. (2007). *The ABCs of CBM: A practical guide to curriculum-based measurement*. New York, NY: Guilford Press.

Howell, K. W., Fox, S. L., & Morehead, M. K. (1993). *Curriculum-based evaluation: Teaching and decision making* (2nd ed.). Pacific Grove, CA: Brooks/Cole.

Howell, K. W., & Nolet, V. (2000). *Curriculum-based evaluation: Teaching and decision making* (3rd ed.). Belmont, CA: Wadsworth.

Huck, S. W., & Cormier, W. H. (1996). *Reading statistics and research* (2nd ed.). New

York, NY: HarperCollins Publishers Inc.

Hyatt, K. J., & Howell, K. W. (2003). Curriculum-based measurement of students with emotional and behavioral disorders: Assessment for data-based decision making. In R. B. Rutherford, M. M. Quinn, & S. R. Mathur (Eds.), *Handbook of research in emotional and behavioral disorders* (pp. 181-198). New York, NY: Guilford Press.

Idol, L., Nevin, A., & Paolucci-Whitcomb, P. (1999). *Models of curriculum-based assessment: A blueprint for learning* (3rd ed.). Austin, TX: Pro-Ed.

Idol, L., Nevin, A., & Paolucci-Whitcomb, P. (2000). *Collaborative consultation* (3rd ed.). Austin, TX: Pro-Ed.

Ireton, H. R. (1992). *Child Development Inventory.* Minneapolis, MN: Behavioral Science Systems, Inc.

Joint Committee of Standards for Educational Evaluation. (2003). *The student evaluation standards: How to improve evaluation of students.* Thousand Oaks, CA: Corwin Press.

Kaplan, E., Goodglass, H., & Weintraub, S. (1983). *Boston Naming Test.* Philadelphia, PA: Lea & Febiger.

Kauffman, J. M., & Landrum, T. J. (2009). *Characteristics of emotional and behavioral disorders of children and youth* (9th ed.). Upper Saddle River, NJ: Pearson Education, Inc.

Kaufman, A. S., & Kaufman, N. L. (2004a). *Kaufman Assessment Battery for Children-Second Edition.* Bloomington, MN: NCS Pearson, Inc.

Kaufman, A. S., & Kaufman N, L. (2004b). *Kaufman Brief Intelligence Test-Second Edition.* Bloomington, MN: NCS Pearson, Inc.

Kaufman, J., Birmaher, B., Brent, D. A., Rao, U., & Ryan, N. (1996). *Revised Schedule for Affective Disorders and Schizophrenia for School Aged Children: Present and Lifetime Version (K-SADS-PL).* Pittsburgh, PA: Western Psychiatric Institute and Clinic.

Kearney, C. A. (2007). 정서・행동장애의 이해: 사례중심적 접근(3판) (이승희 역). 서울: 박학사. (원저 2006 출판)

King-Sears, M. E. (1994). *Curriculum-based assessment in special education.* San Diego, CA: Singular Publishing Group.

Kirk, S. A., Gallagher, J. J., & Anastasiow, N. J. (2003). *Educating exceptional children* (10th ed.). Boston, MA: Houghton Mifflin.

Kirst, M. W. (1991). Interview on assessment issues with Lorrie Shepard. *Educational Researcher, 20*(2), 21-23, 27.

Klein, R. G. (1991). Parent-child agreement in clinical assessment of anxiety and other psychopathology: A review. *Journal of Anxiety Disorders, 5*(2), 187-198.

Kovacs, M. (2011). *Children's Depression Inventory-Second Edition.* Toronto, Canada: Multi-Health Systems, Inc.

Kubiszyn, T., & Borich, G. (2003). *Educational testing and measurement: Classroom application and practice* (7th ed.). Hoboken, NJ: John Wiley & Sons.

Kuder, G. F., & Richardson, M. W. (1937). The theory of the estimation of test reliability. *Psychometrika, 2*(3), 151-160.

Linn, R. L., & Baker, E. L. (1996). Can performance-based student assessments be psychometrically sound? In J. B. Baron & D. P. Wolf (Eds.), *Performance-based student assessment: Challenges and possibilities* (pp. 84-103). Chicago, IL: University of Chicago Press.

Lord, C., Rutter, M., DiLavore, P. C., Risi, S., Gotham, K., Bishop, S. L., . . . Guthrie, W. (2012). *Autism Diagnostic Observation Schedule-Second Edition.* Torrance, CA: Western Psychological Services.

Mardell-Czudnowski, C., & Goldenberg, D. (1998). *Developmental Indicators for the Assessment of Learning* (3rd ed.). Circle Pines, MN: American Guidance Service.

Marston, D. B. (1989). A curriculum-based measurement approach to assessing academic performance: What it is and why do it. In M. R. Shinn (Ed.), *Curriculum-based measurement: Assessing special children* (pp. 18-78). New York, NY: Guilford Press.

Martin, G., & Pear, J. (2003). *Behavior modification: What it is and how to do it* (7th ed.). Upper Saddle River, NJ: Prentice-Hall.

Mash, E. J., & Terdal, L. G. (1988). Behavioral assessment of child and family disturbance. In E. J. Mash & L. G. Terdal (Eds.), *Behavioral assessment of childhood disorders* (2nd ed., pp. 3-65). New York, NY: Guilford Press.

Masters, J. C., Furman, W., & Barden, R. C. (1977). Effects of achievement standards, tangible rewards, and self-dispensed evaluations on children's task mastery. *Child Development, 48*(1), 217-224.

Mathison, S. (Ed.). (2005). *Encyclopedia of evaluation.* Thousand Oaks, CA: Sage Publications.

McCarney, S. B., & Arthaud, T. J. (2007). *Learning Disability Evaluation Scale-Renormed Second Edition (LDES-R2).* Columbia, MO: Hawthorne Educational Services, Inc.

McCarney, S. B., & Wunderlich, K. C. (2006). *Pre-referral intervention manual* (3rd ed.). Columbia, MO: Hawthorne Educational Services, Inc.

McConaughy, S. H., & Achenbach, T. M. (1994). *Manual for the Semistructured Clinical*

Interview for Children and Adolescents. Burlington, VT: University Associates in Psychiatry.

McGhee, R. L., Ehrler, D. J., & DiSimoni, F. (2007). *Token Test for Children-Second Edition*. Austin, TX: Pro-Ed.

McLean, M., Wolery, M., & Bailey, D. B. (2004). *Assessing infants and preschoolers with special needs* (3rd ed.). Upper Saddle River, NJ: Prentice-Hall.

McLoughlin, J. A., & Lewis, R. B. (2008). *Assessing students with special needs* (7th ed.). Upper Saddle River, NJ: Prentice-Hall.

Mehrens, W. A., & Lehmann, I. J. (1991). *Measurement and evaluation in education and psychology* (4th ed.). Fort Worth, TX: Holt, Rinehart & Winston.

Meisels, S. J., & Wasik, B. A. (1990). Who should be served? Identifying children in need of early intervention. In S. J. Meisels & J. P. Shonkoff (Eds.), *Handbook of early childhood intervention* (pp. 605-632). New York, NY: Cambridge University Press.

Messick, S. (1994). The interplay of evidence and consequences in the validation of performance assessments. *Educational Researcher, 23*(2), 13-23.

Meyer, C. A. (1992). What's the difference between authentic and performance assessment? *Educational Leadership, 49*(8), 39-40.

Miltenberger, R. G. (2016). *Behavior modification: Principles and procedures* (6th ed.). Belmont, CA: Wadsworth.

Moosbrugger, H., & Goldhammer, F. (2007). *Frankfurter Adaptiver Konzentrationsleistungs Test-II: FAKT-II*. Bern: Hans Huber.

Moosbrugger, H., & Oehlschlaegel, J. (1996). *Frankfurter Aufmerksamkeits-Inventar: FAIR*. Bern: Hans Huber.

Morey, L. C. (1991). *Personality Assessment Inventory (PAI)*. Port Huron, MI: SIGMA Assessment Systems.

Morey, L. C. (2007). *Personality Assessment Inventory-Adolescent (PAI-A)*. Lutz, FL: Psychological Assessment Resources, Inc.

Naglieri, J. A., & Das, J. P. (1997). *Das Naglieri Cognitive Assessment System*. Itasca, IL: Riverside Publishing.

Neisworth, J. T., & Bagnato, S. J. (1986). Curriculum-based developmental assessment: Congruence of testing and teaching. *School Psychology Review, 15*(2), 180-199.

Neisworth, J. T., & Bagnato, S. J. (1990). CBA in early childhood education. In J. Salvia & C. Hughes, *Curriculum-based assessment: Testing what is taught* (pp. 255-269). New York, NY: Macmillan Publishing Company.

Neisworth, J. T., & Wolfe, P. S. (Eds.). (2005). *The autism encyclopedia.* Baltimore, MD: Paul H. Brookes.

Newcomer, P. L., & Hammill, D. D. (1988). *Test of Language Development-Second Edition.* Austin, TX: Pro-Ed.

Newcomer, P. L., & Hammill, D. D. (1997). *Test of Language Development-Primary: Third Edition.* Austin, TX: Pro-Ed.

Nolet, V. (1992). Classroom-based measurement and portfolio assessment. *Diagnostique, 18*(1), 5-26.

Oosterhof, A. (2001). *Calssroom application of educational measurement* (3rd ed.). Upper Saddle River, NJ: Prentice-Hall, Inc.

Orvaschel, H. (1995). *Schedule for Affective Disorders and Schizophrenia for School-Age Children: Epidemiological Version 5 (K-SADS-E5).* Ft. Lauderdale, FL: NOVA Southeastern University.

Overton, T. (2000). *Assessment in special education: An applied approach* (3rd ed.). Upper Saddle River, NJ: Prentice-Hall.

Overton, T. (2006). *Assessing learners with special needs: An applied approach* (5th ed.). Upper Saddle River, NJ: Prentice-Hall.

Peverly, S. T., & Kitzen, K. R. (1998). Curriculum-based assessment of reading skills: Considerations and caveats for school psychologists. *Psychology in the Schools, 35*(1), 29-47.

Pierangelo, R., & Giuliani, G. A. (2006). *Assessment in special education: A practical approach* (2nd ed.). Boston, MA: Allyn and Bacon.

Poteet, J. A., Choate, J. S., & Stewart, S. C. (1993). Performance assessment and special education: Practices and prospects. *Focus on Exceptional Children, 26*(1), 1-20.

Reich, W. (Ed.). (1996). *Diagnostic Interview for Children and Adolescents-Revised (DICA-R) 8.0.* St. Louis, MO: Washington University.

Reynolds, C. R., Pearson, N. A., & Voress, J. K. (2002). *Developmental Test of Visual Perception: Adolescent and Adult.* Austin, TX: Pro-Ed.

Reynolds, C. R., & Richmond, B. O. (2008). *Revised Children's Manifest Anxiety Scale-Second Edition.* Los Angeles, CA: Western Psychological Service.

Rogers, S. J., & Dawson, G. (2010). *Early Start Denver Model Curriculum Checklist for Young Children with Autism.* New York, NY: Guilford Press.

Roid, G. H., & Miller, L. J. (1997). *Leiter International Performance Scale-Revised.* Wood Dale, IL: Stoelting Company.

Rosenfield, S., & Kuralt, S. K. (1990). Best practices in curriculum-based assessment. In A. Thomas & J. Grimes (Eds.), *Best practices in school psychology-II* (pp. 275-286). Washington, DC: National Association of school Psychologists.

Rubin, A., & Babbie, E. (1993). *Research methods for social work* (2nd ed.). Pacific Grove, CA: Brooks/Cole Publishing Company.

Rudner, L. M., & Schafer, W. D. (2002). *What teachers need to know about assessment*. Washington, DC: National Education Association.

Rutter, M., Bailey, A., Berument, S. K., Lord, C., & Pickles, A. (2003). *Social Communication Questionnaire: SCQ*. Los Angeles, CA: Western Psychological Services.

Rutter, M., Le Couteur, A., & Lord, C. (2003). *Autism Diagnostic Interview-Revised: ADI-R*. Los Angeles, CA: Western Psychological Services.

Salend, S. J. (1998). Using portfolios to assess student performance. *Teaching Exceptional Children, 31*(2), 36-43.

Salvia, J., & Hughes, C. (1990). *Curriculum-based assessment: Testing what is taught*. New York, NY: Macmillan Publishing Company.

Salvia, J., & Ysseldyke, J. E. (2007). *Assessment in special and inclusive education* (10th ed.). Boston, MA: Houghton Mifflin.

Sattler, J. M. (2001). *Assessment of children: Cognitive applications* (4th ed.). La Mesa, CA: Jerome M. Sattler, Publisher, Inc.

Sattler, J. M. (2002). *Assessment of children: Behavioral and clinical applications* (4th ed.). La Mesa, CA: Jerome M. Sattler, Publisher, Inc.

Scheuermann, B. K., & Hall, J. A. (2012). *Positive Behavioral supports for the classroom* (2nd ed.). Upper Saddle River, NJ: Pearson Education, Inc.

Schopler, E., Lansing, M. D., Reichler, R. J., & Marcus, L. M. (2005). *Individualized assessment and treatment for autistic and developmentally disabled children: Vol. 1. Psychoeducational Profile-Third Edition (PEP-3)*. Austin, TX: Pro-Ed.

Schopler, E., & Reichler, R. J. (1979). *Individualized assessment and treatment for autistic and developmentally disabled children: Vol. 1. Psychoeducational Profile (PEP)*. Austin, TX: Pro-Ed.

Schopler, E., Reichler, R. J., Bashford, A., Lansing, M. D., & Marcus, L. M. (1990). *Individualized assessment and treatment for autistic and developmentally disabled children: Vol. 1. Psychoeducational Profile-Revised (PEP-R)*. Austin, TX: Pro-Ed.

Schopler, E., Van Bourgondien, M. E., Wellman, G. J., & Love, S. R. (2010). *Childhood Autism Rating Scale-Second Edition*. Torrance, CA: Western Psychological Services.

Schwab-Stone, M., Fallon, T., Briggs, M., & Crowther, B. (1994). Reliability of diagnostic reporting for children aged 6-11 years: A test-retest study of the Diagnostic Interview Schedule for Children-Revised. *American Journal of Psychiatry, 151*(7), 1048-1054.

Schwab-Stone, M., Fisher, P., Piacentini, J., Shaffer, D., Davies, M., & Briggs, M. (1993). The Diagnostic Interview Schedule for Children-Revised Version (DISC-R): II. Test-retest reliability. *Journal of the American Academy of Child and Adolescent Psychiatry, 32*(3), 651-657.

Shaffer, D. (1996). *Diagnostic Interview Schedule for Children (DISC-IV)*. New York, NY: New York State Psychiatric Institute.

Shapiro, E. S. (1989). *Academic skills problems: Direct assessment and intervention*. New York, NY: Guilford Press.

Shapiro, E. S. (2004). *Academic skills problems: Direct assessment and intervention* (3rd ed.). New York, NY: Guilford Press.

Shepherd, T. L. (2010). *Working with students with emotional and behavior disorders*. Upper Saddle River, NJ: Pearson Education, Inc.

Shinn, M. R. (1989). Identifying and defining academic problems: CBM screening and eligibility procedures. In M. R. Shinn (Ed.), *Curriculum-based measurement: Assessing special children* (pp. 90-129). New York, NY: Guilford Press.

Shinn, M. R., & Bamonto, S. (1998). Advanced applications of curriculum-based measurement: "Big ideas" and avoiding confusion. In M. R. Shinn (Ed.), *Advanced application of curriculum-based measurement* (pp. 1-31). New York, NY: Guilford Press.

Shinn, M. R., Nolet, V., & Knutson, N. (1990). Best practices in curriculum-based measurement. In A. Thomas & J. Grimes (Eds.), *Best practices in school psychology-II* (pp. 287-307). Washington, DC: National Association of school Psychologists.

Siegel-Causey, E., & Allinder, R. M. (1998). Using alternative assessment for students with severe disabilities: Alignment with best practices. *Education and Training in Mental Retardation and Developmental Disabilities, 33*(2), 168-178.

Spandel, V., & Stiggins, R. J. (1990). *Creating writers: Linking assessment and writing instruction*. White Plains, NY: Longman.

Sparrow, S. S., Balla, D. A., & Cicchetti, D. V. (1984). *Vineland Adaptive Behavior Scales*. Circle Pines, MN: American Guidance Service.

Sparrow, S. S., Cicchetti, D. V., & Balla, D. A. (2005). *Vineland Adaptive Behavior Scales-Second Edition*. Bloomington, MN: NCS Pearson, Inc.

Squires, J., Potter, L., & Bricker, D. (1999). *Ages and Stages Questionnaires-Second Edition*. Baltimore, MD: Paul H. Brookes.

Sugai, G. R., & Tindal, G. A. (1993). *Effective school consultation: An interactive approach*. Pacific Grove, CA: Brooks/Cole Publishing Company.

Taylor, R. L. (2006). *Assessment of exceptional students: Education and psychological procedures* (7th ed.). Boston, MA: Allyn and Bacon.

Taylor, R. L., Willits, P. P., & Richards, S. B. (1988). Curriculum-based assessment: Considerations and concerns. *Diagnostique, 14*(1), 14-21.

Thompson, J. R., Wehmeyer, M. L., Hughes, C., Shogren, K. A., Seo, H., Little, T. D., . . . Tassé, M. J. (2016). *Supports Intensity Scale-Children's Version*. Washington, DC: American Association on Intellectual and Developmental Disabilities.

Thompson, R. J., Merritt, K. A., Keith, B. R., Murphy, L. B., & Johndrow, D. A. (1993). Mother-child agreement on the Child Assessment Schedule with nonreferred children: A research note. *Journal of Child Psychology and Psychiatry, 34*(5), 813-820.

Tombari, M. L. (2003). Portfolio assessment. In T. Kubiszyn & G. Borich, *Educational testing and measurement: Classroom application and practice* (7th ed., pp. 174-190). Hoboken, NJ: John Wiley & Sons.

U.S. Department of Education. (1997). *Nineteenth annual report to Congress on the implementation of the Individuals with Disabilities Education Act*. Washington, DC: Author.

U.S. Department of Education. (2004). *Twenty-sixth annual report to Congress on the implementation of the Individuals with Disabilities Education Act*. Washington, DC: Author.

U.S. Department of Education. (2007). 34 CFR Parts 200 and 300: Title I-Improving the Academic Achievement of the Disadvantaged; Individuals with Disabilities Education Act; Final Regulations. *Federal Resister, 72*(67), 17748-17781.

Vavrus, L. (1990). Put portfolios to the test. *Instructor, 100*(1), 48-53.

Venn, J. J. (2000). *Assessing students with special needs* (2nd ed.). Upper Saddle River, NJ: Prentice-Hall.

Venn, J. J. (2004). *Assessing students with special needs* (3rd ed.). Upper Saddle River, NJ: Prentice-Hall.

Webber, J., & Plotts, C. A. (2008). *Emotional and behavioral disorders: Theory and practice* (5th ed.). Boston, MA: Allyn and Bacon.

Wechsler, D. (2012). *Wechsler Preschool and Primary Scale of Intelligence-Fourth Edition*.

Bloomington, MN: NCS Pearson, Inc.

Wechsler, D. (2015). *Wechsler Intelligence Scale for Children-Fifth Edition*. Bloomington, MN: NCS Pearson, Inc.

Wesson, C. L., & King, R. P. (1992). The role of curriculum-based measurement in portfolio assessment. *Diagnostique, 18*(1), 27-37.

Wesson, C. L., & King, R. P. (1996). Portfolio assessment and special education students. *Teaching Exceptional Children, 28*(2), 44-48.

White, O. R. (1972). *Methods of data analysis in intensive designs*. Paper presented at the annual meeting of the American Educational Research Association.

Wicks-Nelson, R., & Israel, A. C. (2003). *Behavior disorders of childhood* (5th ed.). Upper Saddle River, NJL Pearson Education, Inc.

Williams, R. H., & Zimmerman, D. W. (1984). On the virtues and vices of standard error of measurement. *Journal of Experimental Education, 52*(4), 231-233.

Wolery, M., Strain, P. S., & Bailey, D. B. (1992). Reaching potentials of children with special needs. In S. Bredekamp & T. Rosegrant (Eds.), *Reaching potentials: Appropriate curriculum and assessment for young children* (pp. 92-111). Washington, DC: National Association for the Education of Young Children.

찾아보기

사 정 도 구

저자 소개

이승희(李承禧; Lee, Seunghee)

• **약력**

고려대학교 학사(교육학)

미국 California State University, Sacramento 석사(유아교육학)

미국 University of Illinois at Chicago 박사(특수교육학)

미국 Early Childhood Research and Intervention Program 선임연구원

미국 University of Illinois at Chicago 객원조교수

고려대학교 교육문제연구소 연구조교수

미국 University of Illinois at Chicago 방문교수

조선대학교 특수교육과 교수

현재: 조선대학교 특수교육과 명예교수

　　　시카고특수교육연구소 소장

• **저서**

특수교육평가(제1판)(학지사, 2006)

자폐스펙트럼장애의 이해(제1판)(학지사, 2009)

특수교육평가(제2판)(학지사, 2010)

자폐스펙트럼장애의 이해(제2판)(학지사, 2015)

정서행동장애개론(학지사, 2017)

특수교육평가(제3판)(학지사, 2019)

장애아동관찰(학지사, 2021)

자폐스펙트럼장애의 이해(제3판)(학지사, 2024)

• **역서**

정서·행동장애의 이해: 사례중심적 접근(제2판)(박학사, 2003)

정서·행동장애의 이해: 사례중심적 접근(제3판)(박학사, 2007)

• **대표논문**

응용행동분석, 특수교육, 정서·행동장애에 대한 긍정적 행동지원의 관계 고찰(2011)

정서행동장애 정의와 출현율의 개념 및 관계에 대한 체계적 고찰(2012)

DSM-5의 자폐스펙트럼장애에 관한 10문 10답(2014)

한국어판 ADHD 평정척도-IV(K-ARS-IV)의 현황과 개선방안(2015)

응용행동분석에서의 촉구와 용암법의 유형에 대한 고찰(2019)

응용행동분석에서의 배경사건과 동기조작 개념에 대한 비교 고찰(2020)

응용행동분석에서의 유지와 일반화의 관계 모델(2022) 外 다수

특수교육평가(제4판)
Evaluation in Special Education (4th ed.)

2006년 9월 30일 1판 1쇄 발행
2010년 2월 25일 1판 6쇄 발행
2010년 7월 30일 2판 1쇄 발행
2017년 2월 15일 2판 9쇄 발행
2019년 8월 30일 3판 1쇄 발행
2020년 5월 20일 3판 2쇄 발행
2024년 9월 20일 4판 1쇄 발행

지은이 • 이승희

펴낸이 • 김진환

펴낸곳 • ㈜ **학지사**

　　　　04031 서울특별시 마포구 양화로 15길 20 마인드월드빌딩

대표전화 • 02-330-5114　　팩스 • 02-324-2345

등록번호 • 제313-2006-000265호

홈페이지 • http://www.hakjisa.co.kr

인스타그램 • https://www.instagram.com/hakjisabook

ISBN 978-89-997-3199-0　933370

정가 27,000원

출판미디어기업 **학지사**

간호보건의학출판 **학지사메디컬** www.hakjisamd.co.kr
심리검사연구소 **인싸이트** www.inpsyt.co.kr
학술논문서비스 **뉴논문** www.newnonmun.com
교육연수원 **카운피아** www.counpia.com
대학교재전자책플랫폼 **캠퍼스북** www.campusbook.co.kr